"十二五"国家重点图书出版规划项目

中国社会科学院创新工程学术出版资助项目

总主编:金 碚

经济管理学科前沿研究报告系列丛书

THE FRONTIER RESEARCH
REPORT ON DISCIPLINE OF
HUMAN RESOURCE MANAGEMENT

吴冬梅 李淑玲 主编

人力资源管理学学科前沿研究报告

经济管理出版社
ECONOMY & MANAGEMENT PUBLISHING HOUSE

图书在版编目（CIP）数据

人力资源管理学学科前沿研究报告 2011/吴冬梅，李淑玲主编. —北京：经济管理出版社，2015.4
ISBN 978-7-5096-3694-7

Ⅰ.①人… Ⅱ.①吴… ②李… Ⅲ.①人力资源管理—研究报告—2011 Ⅳ.①F241

中国版本图书馆 CIP 数据核字（2015）第 066088 号

组稿编辑：张　艳
责任编辑：张　艳　丁慧敏　陈小宁
责任印制：司东翔
责任校对：张　青

出版发行：经济管理出版社
　　　　　（北京市海淀区北蜂窝 8 号中雅大厦 A 座 11 层　100038）
网　　址：www. E-mp. com. cn
电　　话：（010）51915602
印　　刷：三河市延风印装有限公司
经　　销：新华书店
开　　本：787mm×1092mm/16
印　　张：22.25
字　　数：501 千字
版　　次：2015 年 8 月第 1 版　2015 年 8 月第 1 次印刷
书　　号：ISBN 978-7-5096-3694-7
定　　价：69.00 元

·版权所有　翻印必究·
凡购本社图书，如有印装错误，由本社读者服务部负责调换。
联系地址：北京阜外月坛北小街 2 号
电话：（010）68022974　　邮编：100836

《经济管理学科前沿研究报告》专家委员会

主　任：李京文

副主任：金　碚　黄群慧　黄速建　吕本富

专家委员会委员（按姓氏笔划排序）：

方开泰	毛程连	王方华	王立彦	王重鸣	王　健	王浦劬	包　政
史　丹	左美云	石　勘	刘　怡	刘　勇	刘伟强	刘秉链	刘金全
刘曼红	刘湘丽	吕　政	吕　铁	吕本富	孙玉栋	孙建敏	朱　玲
朱立言	何　瑛	宋　常	张　晓	张文杰	张世贤	张占斌	张玉立
张屹山	张晓山	张康之	李　平	李　周	李　晓	李子奈	李小北
李仁君	李兆前	李京文	李国平	李春瑜	李海峥	李海舰	李维安
李　群	杜莹芬	杨　杜	杨开忠	杨世伟	杨冠琼	杨春河	杨瑞龙
汪　平	汪同三	沈志渔	沈满洪	肖慈方	芮明杰	辛　暖	陈　耀
陈传明	陈国权	陈国清	陈　宪	周小虎	周文斌	周治忍	周晓明
林国强	罗仲伟	郑海航	金　碚	洪银兴	胡乃武	荆林波	贺　强
赵顺龙	赵景华	赵曙明	项保华	夏杰长	席酉民	徐二明	徐向艺
徐宏玲	徐晋涛	涂　平	秦荣生	袁　卫	郭国庆	高　闯	符国群
黄泰岩	黄速建	黄群慧	曾湘泉	程　伟	董纪昌	董克用	韩文科
赖德胜	雷　达	廖元和	蔡　昉	潘家华	薛　澜	魏一明	魏后凯

《经济管理学科前沿研究报告》编辑委员会

总主编： 金 碚

副总主编： 徐二明　高　闯　赵景华

编辑委员会委员（按姓氏笔划排序）：

万相昱	于亢亢	王 钦	王伟光	王京安	王国成	王默凡	史 丹
史小红	叶明确	刘 飞	刘文革	刘兴国	刘建丽	刘 颖	孙久文
孙若梅	朱 彤	朱 晶	许月明	何 瑛	吴东梅	宋 华	张世贤
张永军	张延群	李 枫	李小北	李俊峰	李禹桥	杨世伟	杨志勇
杨明辉	杨冠琼	杨春河	杨德林	沈志渔	肖 霞	陈宋生	陈 宪
周小虎	周应恒	周晓明	罗少东	金 准	贺 俊	赵占波	赵顺龙
赵景华	钟甫宁	唐 鑛	徐二明	殷 凤	高 闯	康 鹏	操建华

序 言

为了落实中国社会科学院哲学社会科学创新工程的实施,加快建设哲学社会科学创新体系,实现中国社会科学院成为马克思主义的坚强阵地、党中央国务院的思想库和智囊团、哲学社会科学的最高殿堂的定位要求,提升中国社会科学院在国际、国内哲学社会科学领域的话语权和影响力,加快中国社会科学院哲学社会科学学科建设,推进哲学社会科学的繁荣发展具有重大意义。

旨在准确把握经济和管理学科前沿发展状况,评估各学科发展近况,及时跟踪国内外学科发展的最新动态,准确把握学科前沿,引领学科发展方向,积极推进学科建设,特组织中国社会科学院和全国重点大学的专家学者研究撰写《经济管理学科前沿研究报告》。本系列报告的研究和出版得到了国家新闻出版广电总局的支持和肯定,特将本系列报告丛书列为"十二五"国家重点图书出版项目。

《经济管理学科前沿研究报告》包括经济学和管理学两大学科。经济学包括能源经济学、旅游经济学、服务经济学、农业经济学、国际经济合作、世界经济、资源与环境经济学、区域经济学、财政学、金融学、产业经济学、国际贸易学、劳动经济学、数量经济学、统计学。管理学包括工商管理学科、公共管理学科、管理科学与工程三个学科。工商管理学科包括管理学、创新管理、战略管理、技术管理与技术创新、公司治理、会计与审计、财务管理、市场营销、人力资源管理、组织行为学、企业信息管理、物流供应链管理、创业与中小企业管理等学科及研究方向;公共管理学科包括公共行政学、公共政策学、政府绩效管理学、公共部门战略管理学、城市管理学、危机管理学、公共部门经济学、电子政务学、社会保障学、政治学、公共政策与政府管理等学科及研究方向;管理科学与工程包括工程管理、电子商务、管理心理与行为、管理系统工程、信息系统与管理、数据科学、智能制造与运营等学科及研究方向。

《经济管理学科前沿研究报告》依托中国社会科学院独特的学术地位和超前的研究优势,撰写出具有一流水准的哲学社会科学前沿报告,致力于体现以下特点:

(1)前沿性。本系列报告能体现国内外学科发展的最新前沿动态,包括各学术领域内的最新理论观点和方法、热点问题及重大理论创新。

(2)系统性。本系列报告囊括学科发展的所有范畴和领域。一方面,学科覆盖具有全面性,包括本年度不同学科的科研成果、理论发展、科研队伍的建设,以及某学科发展过程中具有的优势和存在的问题;另一方面,就各学科而言,还将涉及该学科下的各个二级学科,既包括学科的传统范畴,也包括新兴领域。

（3）权威性。本系列报告由各个学科内长期从事理论研究的专家、学者主编和组织本领域内一流的专家、学者进行撰写，无疑将是各学科内的权威学术研究。

（4）文献性。本系列报告不仅系统总结和评价了每年各个学科的发展历程，还提炼了各学科学术发展进程中的重大问题、重大事件及重要学术成果，因此具有工具书式的资料性，为哲学社会科学研究的进一步发展奠定了新的基础。

《经济管理学科前沿研究报告》全面体现了经济、管理学科及研究方向本年度国内外的发展状况、最新动态、重要理论观点、前沿问题、热点问题等。该系列报告包括经济学、管理学一级学科和二级学科以及一些重要的研究方向，其中经济学科及研究方向15个，管理学科及研究方向45个。该系列丛书按年度撰写出版60部学科前沿报告，成为系统研究的年度连续出版物。这项工作虽然是学术研究的一项基础工作，但意义十分重大。要想做好这项工作，需要大量的组织、协调、研究工作，更需要专家学者付出大量的时间和艰苦的努力，在此，特向参与本研究的院内外专家、学者和参与出版工作的同仁表示由衷的敬意和感谢。相信在大家的齐心努力下，会进一步推动中国对经济学和管理学学科建设的研究，同时，也希望本系列报告的连续出版能提升我国经济和管理学科的研究水平。

金碚

2014 年 5 月

前 言

经过半年多的努力,《人力资源管理学学科前沿研究报告》终于与读者见面了。作为《经济管理学科前沿研究报告》系列丛书的人力资源管理分报告,本书对国内外人力资源管理领域的研究成果进行了汇集和综述,包括学术论文、学术专著、学术会议、重大事件等内容。本报告具有以下特点:

1. 前沿性

本报告体现了国内外人力资源管理学科发展的最新前沿动态,包括本学术领域的最新理论观点与方法以及热点问题、重大理论创新等成果。

2. 系统性

本报告囊括了国内外人力资源管理学科发展的所有情况。一方面,报告内容涉及人力资源学科下的主要分支学科,既包括学科的传统研究范畴,也包括新兴研究领域。另一方面,本报告的内容形式涉及学术论文、学术专著、学术会议、重大事件、文献索引等众多方面。

3. 资料性

本报告不仅系统地总结和评价了人力资源管理学科的发展历程,还提炼出了国内外人力资源管理学术会议、重大事件以及相关的重要学术成果,因此具有工具书式的资料性,为后人进行人力资源管理学术研究提供了基础性研究史料。

本书具有广泛的适应面。首先,作为一本学术报告,本书主要适合人力资源管理领域的学者——包括教师、研究人员、博士研究生、硕士研究生——作为学术研究参考。其次,人力资源管理学科的实践性很强,本书所总结的许多研究成果也适合企业、事业、机关等部门的人力资源管理工作。

本书编写分工如下:第一章吴冬梅,第二章潘阳、刘佩杰,第三章李淑玲、廉欢,第四章李淑玲、潘阳,第五章潘阳、刘佩杰。最后由吴冬梅、李淑玲负责编撰全书。

吴冬梅

2014 年 11 月 21 日

目 录

第一章 人力资源管理学科2011年国内外研究综述 …………………………………… 001

第二章 人力资源管理学科2011年期刊论文精选 …………………………………… 013
    第一节 中文期刊论文精选 ………………………………………………………… 013
    第二节 英文期刊论文精选 ………………………………………………………… 228

第三章 人力资源管理学科2011年出版图书精选 …………………………………… 247
    第一节 中文图书精选 ……………………………………………………………… 247
    第二节 英文图书精选 ……………………………………………………………… 263

第四章 人力资源管理学科2011年大事记 …………………………………………… 285
    第一节 人力资源管理学科国内会议 ……………………………………………… 285
    第二节 人力资源管理学科国内重大事件 ………………………………………… 297
    第三节 人力资源管理学科国际会议 ……………………………………………… 302

第五章 人力资源管理学科2011年文献索引 ………………………………………… 307
    第一节 中文期刊索引 ……………………………………………………………… 307
    第二节 英文期刊索引 ……………………………………………………………… 329

后 记 …………………………………………………………………………………… 341

第一章 人力资源管理学科 2011 年国内外研究综述

对任何一门学科进行研究综述,首先要解决的问题是学科的理论体系问题。自 1954 年德鲁克提出"人力资源"的概念以来,人力资源管理理论取得了长足的发展,也出现了许多不同的理论分类方法或理论体系建构方法。但在众多的人力资源管理理论分类方法中,最受公认的是 Mohoney 和 Desktop 的分类方法。[①] Mohoney 和 Desktop 将人力资源管理研究划分为微观和宏观两个研究领域,宏观人力资源管理研究是整体导向型的,关注的是整体人力资源管理实践对组织绩效的影响;而微观人力资源管理研究是功能导向型的,关注的是单一的人力资源管理功能(如培训、薪酬等)对组织绩效的影响。本章对 2011 年国内外人力资源管理的研究综述,即以 Mohoney 和 Desktop 的理论分类为依据。此外,加入了特殊领域的人力资源管理理论研究(如政府部门的人力资源管理研究、科研院所的人力资源管理研究以及高等院校的人力资源管理研究等)成果。

一、2011 年国内外微观人力资源管理研究综述

微观人力资源管理的研究是以功能为导向的,关注的是单一人力资源管理功能(如人才的选、育、用、留某一职能)对组织绩效的影响。在我国又称之为最佳人力资源实践研究。下面我们分功能模块对 2011 年国内外微观人力资源管理领域有代表性的学术研究成果进行简要介绍和综述。

(一)职业生涯理论研究

翁清雄、席西民的论文《动态职业环境下职业成长与组织承诺的关系》[②]选取感知机会来描述企业员工所处的职业环境,研究动态职业环境下职业成长对组织承诺的影响机理。通过对 9 个城市 961 位企业员工进行问卷调查,采用验证性因素分析、相关分析、多元回归进行实证分析,研究发现:员工职业成长 4 个维度对情感承诺具有正向影响,并共同解释情感承诺 40% 的变异;除职业能力发展外,职业成长其余 3 个维度对持续承诺和规范承诺均有正向影响,并分别共同解释持续承诺 17% 的变异、规范承诺 25% 的变异;感知机会在职业成长与组织承诺间的关系起到了一定的调节作用。

[①] 吴冬梅,王默凡主编. 人力资源管理学学科前沿研究报告(2010)[M]. 北京:经济管理出版社,2013.
[②] 翁清雄,席西民. 动态职业环境下职业成长与组织承诺的关系[J]. 管理科学学报,2011(3).

张翼、樊耘的论文《人与环境匹配：一个基于员工—组织复合型视角的模型》[1]整理述评了 P-E fit 的不同概念定义和操作定义，从员工视角和组织视角分析整理了 P-E fit 各种理论，提出了 10 个相关命题，构建了一个基于员工—组织复合型视角的 P-E fit 综合评价模型。此模型不仅可有效测量 P-E fit，而且是一个可操作性强的人力资源管理实践模型。作者指出，学术研究已经证明了 P-E fit 的各种积极影响，管理者应尝试把理论成果应用到管理实践中。未来的 HRM 管理者必须关注员工与组织环境的匹配，更加善于利用各种技术手段，建立起员工与企业齐心协力、人尽其才的 HRM 模式。

（二）工作设计与任职资格管理

严鸣、凯利·Z.彭、安妮·玛利亚·弗朗西斯科的论文《工作设计对知识型员工和体力劳动者的不同影响：一项在中国准实验领域的研究》[2]以工作性质为调节变量来研究泰勒科学分工管理与工作丰富化这两种不同管理手段的适应性。作者在中国的准实验场研究发现，员工类型（知识型员工与体力劳动者）和工作特性与员工的工作成果之间有显著的交互作用。工作丰富化后，知识型员工有较高的满意度和任务绩效，而对于体力劳动者，满意度和绩效下降。这种模式的结果表明，工作丰富化和泰勒主义是否适用取决于工作性质。

苏勇、王淼、李辉的论文《工作设计对员工知识共享行为影响研究：以心理资本为中介变量》[3]在文献回顾基础上提出了工作设计、心理资本与知识共享行为之间关系的理论模型，运用实证研究对模型进行验证。通过验证显示，心理资本在工作设计和组织员工知识共享行为之间扮演了部分中介效应功能，工作设计对组织员工知识共享行为有显著正效应，论文进而提出了员工知识共享行为的提升路径。

蒋伟良的著作《任职资格管理与宽带薪酬设计》[4]认为，建立任职资格体系对很多企业的人力资源管理体系依然是一个巨大挑战和变革，即需要从原本的事务性人事管理，或热衷于考核和 KPI 的人力资源管理、绩效管理，走向以组织核心竞争力提升、员工个体能力发展为导向的人力资源能力管理。这些问题的解决需要一套完整的解决方案：建立任职资格管理体系，并建立与之相配套的培训体系、职能工资系统等。《任职资格管理与宽带薪酬设计》从任职资格管理和职能工资体系两大部分开展思考。这两个部分从本质上讲是一个整体，即任职资格体系在薪酬方面的应用接口就是职能工资系统，或者说任职资格体系是人力资源管理的中心和核心，周边模块属于它的应用领域，例如它涉及绩效接口和应用、培训接口和应用、薪酬接口和应用等。而职能工资系统的建立非常复杂，涉及职位分析、职位评估、薪酬策略、薪酬架构、宽带薪酬等一系列专业的设计方法。

（三）招聘研究

黄勋敬、赵曙明的论文《基于公文筐测验的商业银行高层管理人员选拔研究——以商

---

[1] 张翼，樊耘.人与环境匹配：一个基于员工—组织复合型视角的模型［J］.管理评论，2011（5）.
[2] 严鸣，凯利·Z.彭，安妮·玛利亚·弗朗西斯科.工作设计对知识型员工和体力劳动者的不同影响：一项在中国准实验领域的研究［J］.人力资源管理杂志［美］，2011（5/6）.
[3] 苏勇，王淼，李辉.工作设计对员工知识共享行为影响研究：以心理资本为中介变量［J］.软科学，2011（9）.
[4] 蒋伟良.任职资格管理与宽带薪酬设计［M］.北京：企业管理出版社，2011.

业银行高级人力资源经理岗位为例》①在采用文献法、访谈法和问卷法确定了银行高级人力资源管理者胜任力模型的基础上，设计和编制了适用于商业银行人力资源经理岗位的公文筐测验。研究结果表明，公文筐测验具有较高的信度和效度，可以在商业银行高层管理人员选拔中使用，但公文筐测验必须根据具体岗位来设计题目才能保证选拔的效果。

康拉德·施密特的论文《中国人才之战》②讨论了西方企业想要在华招聘和留住员工的战略问题。由公司执行委员会所做的调查发现，中国工人和应聘者更偏向为国内雇主工作的观点存在争议。同时还讨论了西方跨国公司如何竞争得到高潜力的中国员工和管理人员。论题包括通过加薪留住员工、改变业务模式，包括全球化，并提供可变动的长期职业发展路径。

（四）培训研究

丹尼斯·R.莱克、吉米·L.鲍威尔的论文《软硬技能之间的差异以及对培训转移的相对影响》③研究了培训效果转移中的一个重要领域——培训内容的差异对培训效果转移的影响。过去关于培训转移的大多数研究都认为，培训的内容对于培训效果转移是否成功无关紧要。本文将培训内容分为硬技能（技术）和软技能（自我认识和人际交往）培训两大部分。本文的论点是，这两种培训形式之间的显著差异及其培训效果转移差异被严重忽略了。过去一直强调与硬技能培训相比，软技能培训不太可能从训练转移到工作。这种缺乏软技能的转移会造成时间、精力和财力的极大浪费。本文表明，一个强大和全面的培训转移的发展模式必须考虑培训内容。

崔霞的著作《职业经理人培训效果综合评估体系研究》④是以职业经理人培训效果评估研究为突破点，为提高培训的有效性进行了有益的探索。全书从职业经理人培训效果评估的现状、问题和原因分析入手，以国内外管理培训过程研究、培训效果评估的相关研究、培训效果评估模型的相关理论和研究为基础，借鉴系统论、人力资本理论、绩效与平衡计分卡理论、终身教育等相关理论，紧密结合职业经理人特征和培训特点，采用问卷调查、访谈、结构方程模型、层次分析法等方法，提出、检验、修正并最终确立了具有规范性、系统性，操作性较强的职业经理人培训效果综合评估体系。

（五）职位评价与薪酬研究

职位评价是薪酬管理中非常重要的一种技术，其主要作用在于确定组织内部各职位之间的相对价值，从而为薪酬的内部公平性奠定基础。职位评价所得到的结果为职位等级结构，此结构与外部市场薪酬调查数据相结合，便可以确定组织内部各种不同职位的薪酬浮动范围。在排序法、分类法、要素比较法以及要素计点法四种常见的职位评价方法中，要

---

① 黄勋敬，赵曙明. 基于公文筐测验的商业银行高层管理人员选拔研究——以商业银行高级人力资源经理岗位为例 [J]. 管理学报，2011（6）.
② 康拉德·施密特. 中国人才之战 [J]. 哈佛商业评论，2011（3）.
③ 丹尼斯·R.莱克，吉米·L.鲍威尔. 软硬技能之间的差异以及对培训转移的相对影响[J]. 人力资源开发杂志 [美]，2011年春季刊.
④ 崔霞. 职业经理人培训效果综合评估体系研究 [M]. 北京：经济科学出版社，2011.

素计点法是得到应用最为广泛的一种定量化的职位评价方法。这种方法自20世纪40年代开始得到应用，到"二战"以后的数十年逐渐发展到鼎盛状态。然而近年来，随着企业所处的经济环境和社会环境发展变化，对于传统的职位评价方法的质疑也逐渐开始出现。有人认为传统的要素计点法仍然有实用价值，但需在操作时灵活掌握，即实行改良的要素计点法；也有人认为应当摒弃传统的职位评价方法，改为实行市场定价法（market pricing）；还有人提出应当将传统的计点法和市场定价法加以结合，实行宽带分类法（broad classification）。刘昕、贾蔷的论文《职位评价方法的演变历程及其最新进展》①探讨了职位评价方法的发展演变历程及其最新进展，论文结合职位评价方法的发展和演变过程，剖析几种不同的建议背后隐藏的基本假设，澄清其适用条件以及各自的优缺点，以期为我国企业未来的薪酬决策提供依据。

贺伟、龙立荣的论文《实际收入水平、收入内部比较与员工薪酬满意度的关系——传统性和部门规模的调节作用》②从社会比较理论视角，对实际收入水平、收入内部比较与个人工资和福利满意度的关系进行了对比研究，并检验了个人传统性、部门规模的调节效应。通过对14家企业49个部门共331名员工客观薪酬数据和主观薪酬满意度的调研，运用HLM对跨层数据进行统计分析后得出以下结论：员工的实际工资水平与工资满意度无显著相关，部门内的工资比较对工资满意度有正向影响，这种关系在低传统性员工中更加强烈，但在部门层面该作用效果无显著差异；相反，员工的实际福利水平对福利满意度有显著正向影响，部门内福利比较的预测作用则并不稳定，但对于低传统性员工、在规模较小的部门内，福利比较对福利满意度仍然有正向影响。以上研究结论不仅证明了工资和福利满意度两构念的独立性，还发现了两者的形成机制差异，为今后开展相关实证研究提供了理论基础。

（六）激励研究

什么是激励员工做创造性工作的最佳方法？帮助他们每天向前迈进一步。特里萨·M. 阿马布勒、史蒂芬·J.克莱默的论文《微小成就的力量》③在对知识型员工的日记分析的过程中，研究人员发现，没有什么比从事一份有意义的工作，并在其中有所进步更能激励他们积极的内在工作生活（情感、动机和认知的组合，是绩效的关键）。如果一个人是以积极和快乐的心情结束一天的工作，那他或她便取得了一些成就，尽管这成就很微小。如果一个人拖沓地走出办公室，没有参与感和快乐，那么挫折感便随之而来。这种进步的原则表明，管理者要了解哪些行动支持进步，如制定明确的目标、提供足够的时间和资源，并加以认可，同时，也要了解哪些行动会阻碍进步。即使是很小的成就也可以提高内在工作生活。作者为管理者们提供了一份清单，可以每天用来监督他们的进步和提高行动。

---

① 刘昕，贾蔷. 职位评价方法的演变历程及其最新进展 [J]. 中国人力资源开发，2011（7）.
② 贺伟，龙立荣. 实际收入水平、收入内部比较与员工薪酬满意度的关系——传统性和部门规模的调节作用 [J]. 管理世界，2011（4）.
③ 特里萨·M.阿马布勒，史蒂芬·J.克莱默. 微小成就的力量 [J]. 哈佛商业评论，2011（5）.

二、2011 年国内外宏观人力资源管理研究综述

宏观人力资源管理研究是系统导向型的，关注的是某一因素对人力资源系统的影响以及整体人力资源管理实践系统对组织绩效的影响。下面我们对 2011 年国内外宏观人力资源管理的有代表性突出理论成果进行综述。

（一）劳动力多元化与劳动力市场

李季、克里斯韦·伦格·楚、凯文·C.K.林、斯特西·廖的论文《新兴经济体中的年龄多元化与企业绩效：跨文化人力资源管理的启示》[1]测试了在跨国企业中年龄多元化对公司绩效的影响。基于公司以资源为基础的观点，本文认为员工年龄多样性会影响公司绩效。此外，本文还发现两个影响年龄多元化和企业绩效之间关系的变量，分别是公司的市场多元化水平及跨国公司母国文化。通过测试相关的假设在一个主要新兴经济体，即中华人民共和国，这个研究发现年龄多样性的一个重要和积极的作用，以及年龄多元化与公司盈利策略之间的互动影响。论文还发现在西方社会年龄多样性和公司盈利能力之间存在重要的联系，而东亚社会的公司却没有。

菲利普·泰勒的著作《趋向老龄化的劳动力——期待与愿景》[2]是一部富有启发性的著作，书中阐述了老年劳动力不断变化的状况、老年人就业公共政策的演变以及雇主行为的变化。它尝试解答一个关键性的问题：在老龄化社会里，老年劳动力会期待延长工作寿命，成功地过渡到退休吗？劳动力的老龄化挑战了目前许多政府和观察员延长工作年限的观点。作者通过对澳大利亚、日本、加拿大、英国、美国、荷兰、法国、德国的退休、养老政策的现状和政策及其执行的解读，提出：人口老龄化导致社会福利体系和经济遭受前所未有的威胁，年老员工首当其冲地承受了工业化国家应对经济转型和人口老龄化影响的冲击，他们的参与迫使社会经济结构重组、社会福利体系重构以及对老年人概念的重新定义。本书作者畅想了老年劳动力的愿景。认为各国政府必须确定限制对年老员工需求的因素，这是他们的义务，当然，更广泛地考虑年老且处于不活跃状态人的需要会很有价值。此外，政府作为公共决策者有必要对年老员工就业的目标进行认真研究，必须小心谨慎地推动年长者进入他们的能力不被重视的劳动力市场，并对年老员工给予必要的优先援助。作者提出的新的就业方案旨在为劳动者职业生涯的关键点提供帮助，以免他们在到达 50 多岁时积累了一系列使他们处于不利地位的特征，这些方案很可能比补救行动更有效。

赖德胜的著作《2011 中国劳动力市场报告：包容性增长背景下的就业质量》[3]以就业质量为主题，认为在扩大就业的同时要更加重视就业的质量。为此，本书系统论述了就业质

---

[1] 李季，克里斯韦·伦格·楚，凯文·C.K.林，斯特西·廖. 新兴经济体中的年龄多元化与企业绩效：跨文化人力资源管理的启示 [J]. 人力资源管理 [美]，2011（2）.
[2] 菲利普·泰勒. 趋向老龄化的劳动力——期待与愿景 [M]. 北京：社会科学文献出版社，2011.
[3] 赖德胜. 2011 中国劳动力市场报告：包容性增长背景下的就业质量 [M]. 北京：北京师范大学出版社，2011.

量的意义和含义，建立了一个包含6个维度指标，20个二级指标和50个三级指标的就业质量评价指标体系，并对各省市区2007年、2008年的就业质量进行了测算和评价。此外，本报告还分别研究了同就业质量密切相关的收入分配问题，以及特殊人群大学生（"蚁族"群体）、农民工、残疾人的就业和生存状况，同时还就中国社会保障状况及其公平性评估、变革中的劳动关系与劳资冲突等问题进行了研究，具有较强的时代性和前沿性。

（二）组织网络理论

管理研究经常探讨广泛组织现象中的社会网络及其效应。学者采用社会网络的角度来研究，已经产生了相当多的组织研究成果，其中主要的学术观点集中在：在同一水平的分析上，探索个人、团体或企业网络是如何与组织结果联系在一起的。然而，由于组织是多层次的系统，顾名思义，该组织网络理论理应在其范围内分为多个层次，涉及单层次的组织系统如何在较高和/或较低的层次影响网络。托马斯·P.莫利泰尔诺、道格拉斯·M.马奥尼的论文《组织网络理论：一个多层次的方法》①，作者在社会网络视角的基础上叠加了典型的多层次理论，用以派生组织多层次网络理论的广泛研究领域。这两种理论观点之间的联系是嵌套的网络系统的图论概念，以便作者探究组织单层次系统的可观察网络结构是如何与较高或较低层次系统上的网络结构及效应联系在一起的。

（三）战略人力资源管理

改革开放以来，中国的企业进入了一个充满机遇和希望的时代，同时也面临着激烈的竞争与严峻的挑战。随着全方位、多层次的对外开放，特别是在加入WTO以后，中国经济开始全面实现与国际经济的接轨，国内市场与国际市场融为一体，一个全新的经营环境摆在中国企业的面前，由此也推动了中国管理学理论研究的发展，本学科取得了丰硕的研究成果。赵曙明所著《中国企业的人力资源管理：全球视野与本土经验》②按照由宏观到微观、从广度到深度的逻辑顺序，围绕国际化经营与跨文化管理研究、中国人力资源管理研究、中国管理者的胜任素质研究以及中国管理未来研究的使命和亟待解决的前沿问题四大主题篇章，对多年的研究成果进行了一个系统的回顾和总结。

任润、李靖、张一弛的论文《"心往一处想、劲往一处使"：员工战略视线的作用机理》③采用国外学者最近提出的员工战略视线（包括目标视线和行动视线）的概念，探讨其对于员工工作绩效的影响机理。在一家民营企业中，作者首先通过定性分析开发了样本企业的员工战略视线量表，然后通过问卷调查获取了170份员工战略视线与主管评估的员工业绩之间的配对数据。研究发现员工的目标视线既对员工绩效有直接影响，也通过行动视线间接影响其工作绩效，这有助于我们深化对"心往一处想、劲往一处使"这一重要指导原则的理解。同时，员工的组织工作年限对上述中介关系起到整体性调节作用，即员工在组织中的工作年限越长，上述中介关系就越强；反之亦然。最后，本文讨论了研究结果

---

① 托马斯·P.莫利泰尔诺，道格拉斯·M.马奥尼. 组织网络理论：一个多层次的方法 [J]. 管理学期刊，2011（3）.
② 赵曙明. 中国企业的人力资源管理：全球视野与本土经验 [M]. 北京：北京师范大学出版社，2011.
③ 任润，李靖，张一弛. "心往一处想、劲往一处使"：员工战略视线的作用机理 [J]. 管理世界，2011（9）.

对企业人力资源管理实践的启示以及对未来研究的展望。

王辉、张文慧、忻榕、徐淑英的论文《战略型领导行为与组织经营效果：组织文化的中介作用》[①]采用实证研究的方法探讨中国组织情境下战略型领导者的领导行为对企业经营效果的影响作用，并检验组织文化的中介作用。研究结果表明：①战略型领导行为，如阐述愿景、开拓创新、人际沟通、监控运营和关爱下属5个维度对员工态度和企业绩效具有正向作用。②关爱下属和监控运营两个维度与组织文化的内部整合价值观正相关，而阐述愿景和开拓创新与外部适应的价值观正相关，而人际沟通维度对内部整合和外部适应价值观均有正向影响。③战略型领导行为通过内部整合与外部适应的价值观影响企业经营效果，即经由员工态度对企业绩效产生正向影响。

达娜·盖恩斯·罗宾逊、詹姆斯·C.罗宾逊的论著《人力资源成为战略性业务伙伴》[②]通过实践研究，发现战略性业务伙伴的主要职责是：与业务领导建立战略性业务伙伴关系；通过与业务领导合作，识别战略性合作机会；在与业务领导一起工作时要给业务工作增加价值，带领人力资源部门进行工作方式转变，即由传统工作方式向战略性工作方式转变。本研究表明，公司高管把人力资源部门排在销售部门和客户服务部门之后，重要性位列第三。企业对人力资源部门及其从业人员的战略性角色作用的发挥有着越来越高的要求。不过很遗憾，研究表明真正成为战略性业务伙伴的人力资源部门是非常少的。

贾建锋、赵希男所著《基于胜任特征的知识型企业战略性人力资源开发研究》[③]遵循系统性原则，在文献综述的基础上，给出了一个基于胜任特征的知识型企业战略性人力资源开发的研究框架。在此框架之下，沿着知识型企业的个体胜任特征开发、团队胜任特征开发和组织胜任特征开发三条路线展开研究。最后以DR公司为案例研究对象，采用案例研究方法佐证本书提出的相关理论的有效性。

颜爱民的论著《人力资源生态系统导论：系统的初步构建与应用研究》[④]从人的生物特性出发，运用现代自然科学和社会科学理论及研究工具，对复杂的社会人进行解析。本书分为理论和实证两篇。在理论篇中，作者将严谨而先进的生态学研究思想导入人力资源管理研究中，借鉴系统科学与系统工程技术方法，界定了人力资源生态系统的内涵、研究范畴。探索了人力资源生态系统的复杂性、稳定性，系统健康、系统竞争和系统演化等问题，初步构建了相应的人力资源生态系统研究模型；实证篇是作者带领研究团队进行企业人力资源生态系统专题应用和实证研究的阶段性成果，包括企业生态位、企业核心员工个体生态位、企业与核心员工匹配、企业核心员工生态位构建研究，企业人力资源生态系统稳定性、系统健康、系统演化等专题的应用和实证研究。

---

① 王辉，张文慧，忻榕，徐淑英.战略型领导行为与组织经营效果：组织文化的中介作用[J].管理世界，2011（9）.
② 达娜·盖恩斯·罗宾逊，詹姆斯·C.罗宾逊.人力资源成为战略性业务伙伴[M].北京：机械工业出版社，2011.
③ 贾建锋，赵希男.基于胜任特征的知识型企业战略性人力资源开发研究[M].北京：经济科学出版社，2011.
④ 颜爱民.人力资源生态系统导论：系统的初步构建与应用研究[M].北京：经济管理出版社，2011.

叶正欣、徐叶林、叶正茂所著《对外投资企业核心竞争力与人力资本研究》[①]从人力资本的角度，探索对外直接投资与竞争力、核心竞争力与人力资本的关系，并探讨中国对外直接投资企业的核心竞争力的构建。本书从人力资本的特点论述企业核心竞争力与人力资本的关系，证明了人力资本是企业核心竞争力的基石。其次，在给出个体人力资本与组织人力资本的区别后，进而说明组织人力资本与企业核心竞争力的关系，通过分析企业核心能力理论与战略人力资源管理理论的融合，并对WDS模型进行评述，进而提出形成企业核心能力的人力资本整合机制模型（MHCI模型）来进一步说明人力资本与企业核心能力的关系。最后，由于经营者人力资本是企业最重要的个体人力资本，因此，专门论述了经营者人力资本与企业核心竞争力的关系。

（四）组织行为学与人力资源实践

王震、孙健敏的论文《人力资源管理实践、组织支持感与员工承诺和认同——一项跨层次研究》[②]与以往将组织产出作为切入点的研究不同，本文基于社会交换和社会认定理论考察了组织人力资源管理实践对员工态度（情感承诺和组织认同）的影响及其作用机制。研究者使用跨层次分析技术对国内122家企业的601名员工进行分析，结果发现，组织人力资源管理实践对员工情感承诺和组织认同均有显著影响，员工知觉到的组织支持在其中起完全中介作用。本文在一定程度上整合了人力资源管理研究领域的"宏观"和"微观"取向，以"中观"视角证实了高绩效人力资源管理实践对员工态度的积极影响和内在机制。

王重鸣、李凯的论文《企业组织变革特征、人力资源策略与变革应对行为的实验研究：组织学习的视角》[③]使用基于多案例的实验学习技术，研究与检验了公司组织变革的关键特征和人力资源策略与变革策略，特别关注了组织学习的关键作用。基于110项组织变革案例情节的内容分析，本研究验证了变革的四项主要特征：风险创新性、动态整合性、网络互动性和文化多样性。组织变革过程的有效人力资源策略包括培训发展、招聘配置和绩效薪酬。统计分析结果表明，组织绩效受到多重因素影响和组织学习的中介效应，而组织学习各个维度中，实验尝试学习的效应最显著。组织学习促进了两种变革策略的效能期望，即文化学习策略和团队协同策略。

舒格曼和威廉的论著《领导力的八个维度》[④]向读者展示如何运用这8个维度对准自己来衡量自己的领导力：创业、活力、申明、包容、谦逊、协商、刚毅和指挥。作者探讨每个维度运用的优点和弱点。只运用其中一个维度是远远不够的，同时只建立在自己的优势上去评价也是片面的。要使评价有效，你需要运用所有8个维度来评价领导方式。这本书

---

① 叶正欣，徐叶林，叶正茂.对外投资企业核心竞争力与人力资本研究［M］.上海：上海财经大学出版社，2011.
② 王震，孙健敏.人力资源管理实践、组织支持感与员工承诺和认同——一项跨层次研究［J］.经济管理，2011（4）.
③ 王重鸣，李凯.企业组织变革特征、人力资源策略与变革应对行为的实验研究：组织学习的视角［J］.应用心理学，2011（2）.
④ 舒格曼，威廉.领导力的八个维度［M］.纽约：麦格劳—希尔教育出版公司，2011.

将给读者新的、有科学依据的见解，使读者能清晰地了解有效的领导力的评价标准以及如何达到这些标准。

约瑟夫·A.马齐里洛、凯伦·E.林克莱特的论著《德鲁克：管理中损失的艺术》[①]围绕德鲁克的创见——管理是一支道德力量而不是服务于非道德的市场的工具——为处于道德困境中的现代组织提供转型蓝图和升华指南，精确地界定了德鲁克没有来得及界定的作为人文学科的管理概念，在有效管理和人文精神之间建立起清晰的关联。本书认为管理者必须关注政治学、历史学、经济学和许多其他人文学科的根本概念，比如社会价值和标准、权力的使用和滥用、个体性格成长、创新和技术、善与恶的本质、经理人在健康社会里的作用等。本书提出了一种新的管理哲学，这一哲学建立在古今中外的领导者赖以有效地管理自我、经济和社会的基本原则。本书呼吁所有的管理者，不管是职业经理人还是企业家，放弃利润高于一切这一狭隘的商业观念，倡导管理者拥抱那些有助于建立好管理、好商业和好社会的不朽真谛，号召我们对今天的管理实践进行根本性的变革，在一切还来得及之前让改变发生，并为此提供了各种有益的创意、概念和实用建议。

平衡计分卡的开发人罗伯特·S.卡普兰教授是领导学领域的先驱，他不再把CEO看作是超级英雄，或是办公室角落里用意志力创造价值和颁布自上而下法令的宙斯。相反，现代的领导者拥有自省能力、善解人意、有自我意识，他们通常通过事例和激励领导别人，而不是使用权力和恐吓来领导别人。卡普兰在他的新书《该问镜子里面人什么?》[②]中写道："根据我的经验，如果领导们问正确的问题并且对于正确的问题采取公开的态度，当然就可以想出令人信服的观点"。关键是要找到正确的问题并且养成定期问他们问题的习惯。那么，处在麻烦中的领导者们应该被问及什么问题呢？下面是一个例子：

- 你是否为你的企业发展确定一个清晰的远景？
- 你是否为了达到这个远景而确定三个到五个关键的优先事项？
- 你如何支配时间，是否与你的关键优先事项相匹配？
- 你是否从你的主要下属那里征求反馈？
- 你是否为你的工作确定了潜在接班人？
- 如果今天你必须用一张白纸来改变你的组织机构，你会做出什么不同的事情？
- 你的言行和你说过的话是否一致？
- 你所追求的道路是否符合你对自己长处、短处和激情的评估？

孟慧、宋继文、孙志强和王威的论文《变革型领导如何影响员工的工作结果：一个有中介的调节作用分析》[③]通过对426名在职人员的调查，探讨了变革型领导对工作绩效与

[①] 约瑟夫·A.马齐里洛，凯伦·E.林克莱特.德鲁克：管理中损失的艺术 [M].纽约：麦格劳—希尔教育出版公司，2011.
[②] 罗伯特·S.卡普兰.该问镜子里面人什么? [M].珀尔修斯出版公司，2011.
[③] 孟慧，宋继文，孙志强，王威.变革型领导如何影响员工的工作结果：一个有中介的调节作用分析 [J].心理科学，2011 (5).

满意度的影响机制。最后采用 SPSS 13.0 和 Lisrel 8.7 对数据进行多层级线性回归分析,并依据温忠麟等(2006)的统计步骤分析了有中介的调节作用,得到如下结果:①在控制了年龄、性别与任职年限之后,自我效能在变革型领导与工作绩效、工作满意度之间都起部分中介作用;②核心工作特征在变革型领导与工作绩效之间起调节作用,调节作用需要通过自我效能作为中介变量。

谢俊、储小平、黄嘉欣的论文《主管忠诚、上下级冲突与员工工作态度——基于本土家族企业的实证研究》[1] 利用 14 家家族企业 360 名员工的样本,探讨了主管忠诚对员工工作满意度与离职倾向的影响机制,尤其是研究上下级关系冲突与任务冲突在其中的中介作用,及员工传统性的调节作用。回归分析结果表明,主管忠诚对员工工作满意度有显著的正向影响,对离职倾向有显著的负向影响;关系冲突与任务冲突在主管忠诚与工作满意度、离职倾向的关系中起部分中介作用;员工传统性在主管忠诚与任务冲突关系中起负向调节作用,即员工的传统性越高,主管忠诚与任务冲突之间的负向关系越强。

三、特殊领域的人力资源管理理论研究

(一) 政府部门人力资源管理

领导干部选拔任用工作是我国政治体制改革与政府管理中最为关键与重要的问题。萧鸣政的论文《关于当前我国领导干部公选制问题的探讨》[2] 对于当前我国领导干部公开选拔任用制度的概念形成、制度化基础、发展过程及其实践形式进行了初步探讨。对于考任制、选任制、竞任制与票决制等不同形式进行了独立的解释。对于当前领导干部的公选制,从学科理论上进行了基础分析,从实践过程层面进行了问题分析,就公选制如何改进竞聘者理论上的广泛性与实际中的有限性、评价主体的多元性与价值观的不一致性、标准的科学性与可操作性六大问题提出了相关的对策与建议。

于永达、战伟萍的论著《美国政府的人力资源管理》[3] 以中国政府对人才和人力资本的战略开发为应用背景,以美国公共人力资源管理理论、流程体系、法律框架、测评方法、数据资料为依托,评述了美国政府对人力资源的开发利用、教育培训、配置管理的过程、模式、机制改革及未来的发展趋势。对管理过程中所涉及的政治关系、权利义务、公共利益等方面也提供了典型案例。当前,由于技术的复杂性,政府部门中对经济、金融、计算机等专业人士的需求逐渐增加,对人员素质的要求也不断提高,这使得人力资源规划中对组织人员需求的设计、对绩效评估中标准的设定等问题也逐渐变得复杂多样。信息技术的快速发展和电子政务的推广对世界各地政府的在职公务员提出了共同挑战,这种环境要素

---

[1] 谢俊,储小平,黄嘉欣.主管忠诚、上下级冲突与员工工作态度——基于本土家族企业的实证研究 [J].经济管理,2011 (1).
[2] 萧鸣政.关于当前我国领导干部公选制问题的探讨 [J].北京大学学报(哲学社会科学版),2011 (6).
[3] 于永达,战伟萍.美国政府的人力资源管理 [M].北京:清华大学出版社,2011.

使得电子政务应用培训成为政府人力资源培训中的基础部分。一般的政府人力资源管理制度包括人员分类制度、招聘制度、薪酬制度、职业发展制度、培训制度、评估制度等。不同组织有着不同的制度要素，并且有着路径依赖的特点。

（二）大学人力资源管理

连锦波、武博所著《高校人力资源能力建设研究》[①]主张人力资源能力建设战略是通过人力资源能力增长对于物质、能量和信息的结构增效、替代增效、转化增效和产出增效去有效地克服传统生产力要素投入的边际效益递减，有效地提高高校的持续创新能力，有效地增强组织生存与发展的竞争力。本书对中国高校科教人力资源能力建设的现状进行调查分析，分析优势与不足，探讨新的对策，设计人力资源能力建设的评价指标体系，为中国高校科教人力资源能力建设战略的实施提供决策依据。

（三）科研机构人力资源管理研究

白春礼主编的《科研事业单位人力资源管理研究与实践探索》[②]在吸收最新人力资源管理理论、方法的基础上，对科研事业单位的热点问题进行了研究与分析，重点内容包括：提出了我国研究机构的人力资源配置模型；分析了科技人才吸引与凝聚组织优势与劣势；以重点实验室、青年人才、博士后队伍和技术支撑队伍中的科技人才为例，对科技人才群体进行了实证研究；最后本书通过对全球顶尖人才特征进行研究，包括获美国青年科学家与工程师总统奖的华人学者，从中总结出科技人才成长规律。

---

① 连锦波，武博. 高校人力资源能力建设研究 [M]. 北京：人民出版社，2011.
② 白春礼. 科研事业单位人力资源管理研究与实践探索 [M]. 北京：科学出版社，2011.

第二章 人力资源管理学科 2011 年期刊论文精选

第一节

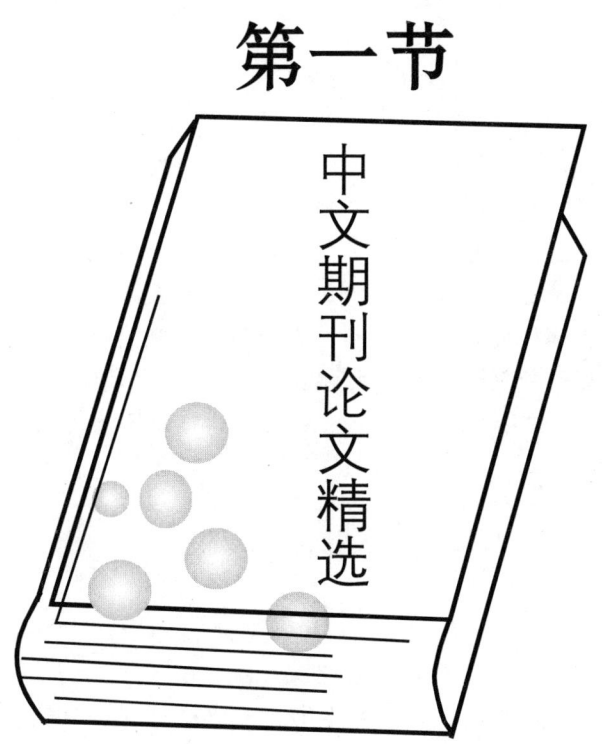

中文期刊论文精选

人力资源管理理论研究新进展评析与未来展望*

赵曙明

【摘　要】 近年来,在多元全球化、全球经济危机和低碳化经济的影响下,企业的经营环境呈现高度的动态性、复杂性与不确定性,这就要求人力资源管理理论对变化了的环境做出相应的反应。本文围绕胜任素质、员工敬业度、工作—家庭冲突、雇佣关系和跨文化管理这五个当前人力资源管理理论研究的新热点,对近几年的人力资源管理研究进行了梳理,并在此基础上结合环境变化,对未来人力资源管理研究的发展方向进行了展望,以期对我国人力资源管理理论研究的发展有所裨益。

【关键词】 人力资源　胜任素质　员工敬业度　工作—家庭冲突　雇佣关系　跨文化管理

一、引　言

20世纪80年代以来,随着信息技术的发展,经济全球化、知识共享、全球贸易和资本流动得到快速发展。在这个过程中,跨国企业和金融资本成为推动全球化发展的核心力量。跨国企业的发展对企业全球化经营下的有效管理提出了新的挑战,企业管理理论研究也进入了新的时期,正是在这种背景下,人力资源管理理论得到了全面发展。2005年,笔者围绕战略人力资源管理、国际企业管理和人力资源管理效益评估这三个重要的理论发展方向对人力资源管理研究进行了梳理。

然而,近年来,特别是在由美国次贷危机引发的全球经济危机发生后,全球的经济环境和管理情境出现了新的变化。首先,多元全球化的挑战。全球化发展的趋势已经不仅仅是经济的全球化,而是信息、知识和资源等的全面全球化。在多元全球化情境下,高度的

---

* 本文选自《外国经济与管理》2011年第1期。

动态性、复杂性与不确定性成为一种常态。其次,后经济危机时代的挑战。在此次经济危机之后,作为企业发展支撑性职能的人力资源管理应当如何应对,帮助企业更好地抓住机遇迎接挑战,也是企业管理者和理论研究者应该注意的问题。最后,新经济的挑战。经济危机以来,全球各国纷纷借机加大对新能源的投资和研发,这种由政府主导的对新能源的发展无疑会引起经济部门的调整和行业发展重点的改变,这种变化对企业的管理无疑也会产生很大的影响。

在新的经济背景和管理情境下,企业人力资源管理研究又有了新的发展。为了紧跟理论发展前沿以推动我国人力资源管理研究的发展,本文将对近几年来人力资源管理研究的新进展进行梳理和评析,并对未来的研究方向进行展望。

二、人力资源管理理论研究的新进展

近年来,人力资源管理理论研究的发展和关注重点的变化正是对高度动态不确定性环境的积极反应。笔者通过对近年来国外学者研究成果的回顾,将人力资源管理理论研究的主要新进展归纳为管理者职业化胜任素质研究、员工敬业度研究、工作—家庭冲突研究、雇佣关系研究和跨文化管理研究五个方面。

(一) 管理者职业化胜任素质研究

最早对胜任素质展开系统研究的是 McClelland (1973),他将胜任素质定义为与工作或者绩效或生活中其他重要成果直接相关或相联系的知识、技能、特质或动机。目前,国外的胜任素质研究主要可以归纳为特定行业职位胜任素质研究、职业化胜任素质研究和胜任素质的有效测评三个方面。

1. 特定行业职位胜任素质研究

理论研究最终是为了分析和指导具体实践的。近年来,特定行业职位胜任素质研究(Pillay、Goddard 和 Wilss,2005;Chilvers,2008;Graham、Harvey 和 Huang,2009;Sultana 和 Ronald,2009;Seezink、Poell 和 Kirschner,2009;David,2010)主要集中在政治、商业、教育等行业,这也反映了胜任素质研究逐渐从理论探索阶段向理论与实践应用相结合阶段发展的趋势。

2. 职业化胜任素质研究

对职业化胜任素质的探索 (Martínez,2008;Grollmann,2008;Johnson 等,2008;Sandberg 和 Pinnington,2009) 体现了胜任素质研究的另一个发展趋势。职业经理人阶层的兴起是管理职业化的最好体现,而对职业化管理者胜任素质的探索,则是规范职业经理人职业素养和职业技能的需要,也体现了企业管理活动对于具有较高胜任素质的职业经理人的需求。

3. 胜任素质的有效测评

目前，胜任素质测评方法主要来源于心理学和行为科学研究成果，目的在于将胜任素质管理体系与组织内部管理职能相结合，用于提升组织的竞争优势、创新能力和工作绩效。相关研究主要有：Houtzager（1999）将胜任素质管理和技能管理相结合，用于测量企业创新能力产出；Beck（2003）将胜任素质研究应用于提升人力资源的杠杆作用；Won 和 Pipek（2003）将胜任素质研究应用于组织内部知识分享；Colucci（2004）运用电子学习、语音技术和本体管理等模式进行了胜任素质研究；Draganidis 和 Mentzas（2006）提出了一个较为完整的胜任素质生命周期模型（参见图1）。

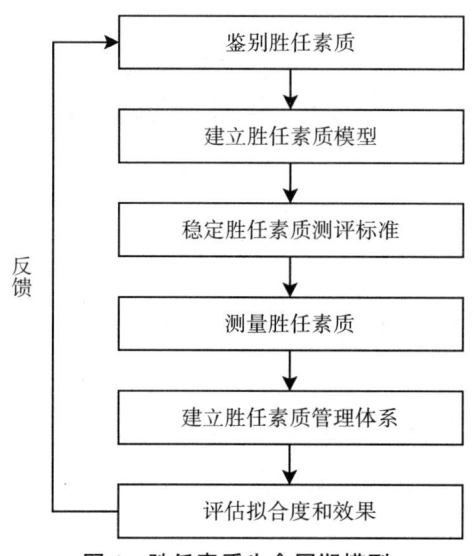

图1 胜任素质生命周期模型

资料来源：Fotis Draganidis, and Gregoris Mentzas. Competency Based Management: A Review of Systems and Approaches [J]. Information Management & Computer Security, 2006, 14 (1):51-64.

（二）员工敬业度研究

最早对员工敬业度展开研究的是 Kahn（1990），在随后的多年中员工敬业度研究几乎陷入停滞，直到 Maslach、Schaufeli 和 Leiter（2001）结合员工敬业度对工作倦怠问题展开研究，并且认为员工敬业对降低工作倦怠有积极意义，员工敬业度研究才重新引起学者们的极大兴趣（Harter、Schmidt 和 Hayes，2002；May、Gilson 和 Harter，2004；Saks，2006；Vance，2006；Czarnowsky，2008；Macey 和 Schneider，2008）。相关学者分别从不同的角度对员工敬业度展开了探索，并各自给出了员工敬业度的定义（参见表1）。

目前，员工敬业度方面的研究主要经历了三个阶段：第一个阶段以 Kahn（1990）的研究为基础，通过 Goffman（1961）、Maslow（1970）以及 Alderfer（1972）在行为科学方面的研究，提出员工敬业度问题；第二个阶段以 Maslach、Schaufeli 和 Leiter（2001）的研

表1 员工敬业度研究比较

研究者（年份）	主要贡献	对员工敬业度的定义	研究类型
Kahn（1990）	对员工敬业度和不敬业度展开早期理论性探讨。第一次将敬业度作为独立的研究构念，指出了工作的意义，安全性和可获得性对于员工敬业度的重要性	个人敬业度是员工个体"自我倾向"的应用和表现，它促进了员工在工作任务中"与他人合作"、"个人参与"以及"充分发挥作用"之间的相互联结	实证研究：对16名夏令营辅导员和16名金融企业员工展开的人种学研究
Maslach、Schaufeli 和 Leiter（2001）	继 Kahn（1990）之后最早推动员工敬业度理论发展的研究，界定了员工敬业度的概念内涵，并探讨了敬业对于降低工作倦怠的积极作用	Maslach 和 Leiter（1997）将员工敬业度定义为 Maslach 工作倦怠量表得分为正数的情况；Schaufeli 等（2001）则将员工敬业度定义为一种持续的、积极的情感激励状态，表现为员工在工作中具有高度的活力且心情愉悦	概念研究
Harter、Schmidt 和 Hayes（2002）	最早发表的考察单个企业员工敬业一满意度与绩效产出（企业利润）之间关系的研究文献，是最早涉及员工敬业度与企业效益关联度的研究之一	员工敬业度反映了员工个体在工作中的卷入程度和满意程度以及对工作的热情	实证研究：对7939家企业的跨领域元分析
May、Gilson 和 Harter（2004）	最早发表的对 Kahn（1990）的员工敬业度定义进行实证检验的研究文献	虽然 Kahn（1990）认为"敬业度是个体被雇用并且在身体、认知和情感上表现出来的对绩效的作用"，但是敬业度概念从来没有被真正明确过	实证研究：基于对美国中西部一家大型保险公司199名员工所做的调查
Saks（2006）	第一项明确地对员工敬业度的预测性和实际结果展开验证的学术研究。在此之前，实践研究者是唯一将工作与员工敬业度及员工敬业度之结果联系起来进行研究的群体	一个由认知、情感和行为组成的与企业员工个体绩效相关的理论构念	实证研究：基于对加拿大多伦多地区来自众多职业的102名从业者的调研
Vance（2006）	人力资源管理协会（SHRM）首次对员工敬业度和员工承诺进行的正式研究	虽然对员工敬业度和员工承诺进行了各种不同的界定和讨论，但是从未明确给出这两个概念的定义	概念研究
Czarnowsky（2008）	美国培训发展协会（ASTD）首次发表的有关员工敬业度的研究文献	认为"那些在精神上和情感上投入工作，并且通过自己的贡献帮助组织成功的员工"是敬业的员工	实证研究：基于对全球776名人力资源和学习总监的调查
Macey 和 Schneider（2008）	第一项将员工敬业度划分为特质、状态和行为三个不同但是相关的维度的研究。指出当前各种不同的组织理论可能都对组织中的员工敬业度研究有所裨益	特质敬业度被定义为"偏向于从特定的角度认识世界"；心理状态敬业度被定义为"对行为敬业度的一种前瞻性预测（涉及工作满意度、工作卷入程度、组织承诺和授权等）"；行为敬业度被定义为"个体在自主性工作中的努力程度"	概念研究

资料来源：根据 "B. Shuck, and K. Wollard. Employee Engagement and HRD: A Seminal Review of the Foundations [J]. Human Resource Development Review, 2010, 9 (1): 89-110" 翻译整理。

究为基础，引发了学者们对员工敬业度问题的普遍关注；第三个阶段是以 Macey 和 Schneider（2008）的研究为基础展开的对员工敬业度问题的深入探讨。

学者们对员工敬业度问题的研究仍然处在理论探索阶段，对员工敬业度的定义和内容仍然缺乏共识（Shuck 和 Wollard，2010），但是学者们普遍认为员工敬业度在组织中具有积极产出，包括提高生产率、利润率、员工安全感、员工健康水平以及员工继续投入工作的意愿，降低离职率、缺勤率等（Buchanan，2004；Wagner 和 Harter，2006；Fleming 和 Asplund，2007）。此外，学者们的研究还进一步确认了员工敬业度能够导致更高的顾客满意度和组织收入（Vance，2006；Wagner 和 Harter，2006），并且在员工敬业度与组织利润率之间建立起了直接的联系（Czarnowsky，2008；Ketter，2008）。

（三）工作—家庭冲突研究

工作和家庭是人们日常生活的两个主要组成部分，但是由于人们的精力和时间总是有限的，因此也就引发了工作—家庭冲突问题。工作—家庭冲突研究的理论基础主要是角色理论（Boulding，1995）、溢出理论（Kanter，1977）、补偿理论（Edwards 和 Rothbard，2000）和边界理论（Clark，2000）。

在过去的几十年里，学者们从多个方向和角度对工作—家庭角色的互相影响进行了深入的研究（Barling 和 Sorensen，1997；Greenhaus 和 Parasuraman，1999），并且认为工作和家庭之间的冲突会导致工作、家庭及生活满意度下降和工作、家庭角色压力上升等问题（Bedeian、Burke 和 Moffett，1989；Adams、King 和 King，1996；Netemeyer、Boles 和 McMurrian，1996；Perrewe、Hochwarter 和 Kiewitz，1999）。研究表明工作和家庭之间的持续冲突对工作的影响主要体现在导致员工工作绩效、工作卷入程度、组织承诺和健康水平下降等方面，此外经历工作—家庭冲突的员工更可能离职、缺勤和产生工作倦怠感（Netemeyer 等，1996；Kossek 和 Ozeki，1999；Allen 等，2000；Byron，2005；Mesmer-Magnus 和 Viswesvaran，2005a 和 2005b），而对于家庭而言，工作—家庭冲突则会降低个体的家庭和婚姻满意度、家庭生活参与度、家庭角色承担度，以及生活满意度，并会使个体产生源于压力的不良心理和身体症状以及不健康的生活习惯等（LaRocco 等，1980；Allen 等，2000；Frone，2003）。因此工作—家庭冲突一直是人力资源管理领域的一个重要研究方向。但是，之前学者们的研究主要强调工作—家庭冲突对个体工作和家庭生活的负面影响。

在研究过程中，随着人们对工作—家庭冲突问题理解的深入，一些学者提出了工作—家庭平衡概念（Barnett，1998；Grzywacz，2002；Frone，2003）。基于此，学者们的注意力开始转移到工作—家庭积极关系研究方面，越来越多的学者逐渐意识到在探讨工作与家庭之间关系的时候，仅仅关注消极冲突面是远远不够的；人们的工作和家庭之间，同样存在着互利互惠、相互有益的一面，即工作家庭增益（Greenhaus 和 Powell，2006）。因此，随着研究的深入，降低工作—家庭冲突，帮助员工实现工作和家庭两者之间的平衡就自然而然成为学者们的研究重点，诸如创造家庭友好型工作环境、提高上级对下属工作及家庭生活的支持、提供家庭友好型福利（如带薪产假/陪产假、灵活的工作时间、抚养援助等）等措施都受到了学者们的关注和企业的推广（Thompson 等，1999；Allen，2001；Mesmer-

Magnus 和 Viswesvaran，2005a 和 2005b）。此外，同事在降低工作—家庭冲突中的作用也引起了学者们的兴趣（Ray 和 Miller，1994；Carlson 和 Perrewe，1999；Mesmer-Magnus 和 Viswesvaran，2009）。

另外，跨文化视角的工作—家庭冲突也随着全球化企业管理的兴起逐渐引起学者们的注意，从跨文化角度理解工作—家庭冲突，探索不同文化情境下的工作—家庭冲突关系也成为近年来学者们的研究方向之一。表 2 列出了有关工作—家庭冲突的主要跨文化研究。

表 2 工作—家庭冲突跨文化对比研究总结

研究者（年份）	对比国家/地区	工作妨碍家庭与家庭妨碍工作交互作用	前因变量	结果变量
Aryee 等（1999）	中国香港	工作妨碍家庭对家庭妨碍工作的影响作用比家庭妨碍工作对工作妨碍家庭的影响作用要大	工作妨碍家庭：工作压力 家庭妨碍工作：家庭压力，但是家庭投入对家庭妨碍工作的作用不显著	工作妨碍家庭与整体幸福感呈直接正相关关系
	美国	工作妨碍家庭对家庭妨碍工作的影响作用与后者对前者的影响作用大致相等	工作妨碍家庭：工作压力 家庭妨碍工作：家庭压力、家庭投入	家庭妨碍工作与整体幸福感有直接正相关关系
Yang 等（2000）	中国		工作需要比家庭需要能更好地预测工作—家庭冲突	
	美国		员工感受到更多的家庭需要，家庭需要比工作需要能更好地预测工作—家庭冲突	
Luk（2001）	中国香港		工作妨碍家庭：工作时间、工作角色期望、职位 家庭妨碍工作：家庭投入、子女需求	家庭妨碍工作会导致工作满意度下降
	美国		工作妨碍家庭：职位 家庭妨碍工作：家庭结构	家庭妨碍工作会导致婚姻质量下降
Hill 等（2004）	48 国	集体主义国家家庭妨碍工作对工作妨碍家庭的影响作用最弱，工作妨碍家庭对家庭妨碍工作的影响作用最强	子女责任、赡养父母责任与家庭妨碍工作显著正相关，其影响在个人主义国家比在集体主义国家更大	
Wang 等（2004）	中国			工作妨碍家庭与离职意向显著正相关 家庭妨碍工作与离职意向显著正相关
	英国			工作妨碍家庭与离职意向显著正相关
Luo 等（2006）	中国台湾		感受到更多的工作需求和家庭需求	
	英国		工作负担与工作妨碍家庭正相关，家庭需求与家庭妨碍工作的正相关关系更强	

资料来源：王永丽，何熟珍. 工作家庭冲突研究综述：跨文化视角［J］. 管理评论，2008，20（5）：21-27.

(四) 雇佣关系研究

雇佣关系研究的主要理论基础是社会交换理论（social exchange theory）（Blau，1964）和诱因—贡献模型（inducements-contributions model）（March & Simon，1958）。目前，国内的雇佣关系研究主要是从社会交换理论发展起来的。在社会交换理论的基础上相继衍生出的对组织中员工治理关系和人力资源管理系统的研究为雇佣关系研究提供了理论基础。对雇佣关系的系统研究，始于 Tsui、Pearce、Porter 和 Hite（1995）发表的概念性论文，他们认为雇佣关系即员工—组织关系，是指组织一方面对员工实施一系列人力资源管理实践，另一方面期望员工做出贡献作为对相关激励措施的回报。在之后的研究中，Tsui、Wang 和 Zhang（2002）进一步将员工—组织关系描述为雇员和雇主之间正式的和非正式的经济、社会和心理联系。

为了应对高度动态、复杂和不确定的环境，企业不再将保持员工的忠诚度和维护工作安全作为雇佣关系的基础，而是将提供富有挑战性的工作、富有竞争性的薪酬计划和为员工提供学习与发展机会作为雇佣关系的基础（Roehling、Cavanaugh、Moynihan 和 Boswell，2000）。与此同时，关于员工与组织关系的研究也得到广泛的发展，心理契约（Rousseau，1995）、感知组织支持（Eisenberger、Huntington、Hutchison 和 Sowa，1986）、领导—成员交换关系（Graen 和 Uhl-Bien，1985）、员工—组织关系（Tsui、Pearce、Porter 和 Tripoli，1997）等方面的研究，均体现了学者们在研究雇佣关系方面所进行的探索和努力。

当前有关雇佣关系的研究大多延伸自 Tsui、Pearce、Porter 和 Tripoli（1997）的研究。Tsui 等按均衡的员工—组织关系和非均衡员工—组织关系将雇佣关系划分为准交易契约型、相互投资型、投资不足型和过度投资型四种模式，并在后来的文章中做了梳理（Tsui 和 Wu，2005）（参见图 2）。

		企业期望员工的贡献	
		低/窄	高/宽
企业提供给员工的诱因	低/窄	准交易契约型	投资不足型
	高/宽	过度投资型	相互投资型

图 2　雇佣关系模式划分

资料来源：Tsui A. S., and Wu J. B. The new Employment Relationship Versus the Mutual Investment Approach: Implications for Human Resource Management [J]. Human Resource Management，2005，44（2）：115-121.

Tsui、Pearce、Porter 和 Tripoli（1997）的研究结果表明，相互投资型雇佣关系在动态不确定性情境下是最有效的雇佣关系模式，这种雇佣关系模式与员工的态度和绩效呈显著正相关关系。他们同时也对其他三种雇佣关系模式进行了论述。Wang、Tsui、Zhang 和 Ma（2003）在 Tsui 的诱因—贡献模型的基础上，通过实证调研验证了相互投资型雇佣关系模式在我国情境下的有效性。Tsui 和 Wu（2005）以及 Zhang 等（2008）的研究也都验证了相互投资型雇佣关系模式的有效性。因此，当前的雇佣关系研究大多是对相互投资型雇佣关系有效性的验证和各种情境下调节作用的考察。Shore 等（2006）的研究按信任水平、投资程度、持续时间（长期导向/短期导向）、对关系的重视程度（社会—情感交换/纯粹的经济交换）四个主要特征区分了经济交换和社会交换，这有助于对雇佣关系模式进行新的探索，特别是有助于跳出以雇主为研究角度的研究思路，从员工个体或者群体的角度考察雇佣关系。

（五）跨文化管理研究

跨文化管理的兴起源于企业全球化经营的发展。随着企业全球化经营的发展，如何跨越不同的国家和地区、不同的文化以及不同的种群进行管理成为企业管理所亟待解决的问题。当前的跨文化管理研究可以从以下三个方面来概括：

首先，各种跨文化管理研究范式探索。一直以来关于跨文化管理研究，学者们有着不同的思路和范式。Sackmann 和 Phllips（2004）将跨文化管理研究模式归结为三种，分别是跨国比较研究模式（Hofst-ede，1980；Schwartz，1994；d'Iribarne，1997；Hofstede，2001；House，2004；Redding，2005）、文化相互影响研究模式（Kleinberg，1994；Brannen 和 Salk，2000；Maznevski 和 Chudoba，2000；Chevrier，2003）和多元文化视角研究模式（Sackmann，1997；Fischer 等，2005）。

其次，文化趋同性增强背景下的研究。之前的大多数涉及跨文化管理的研究基本都是基于各国文化具有显著的差异性，因此在不同国家应该采取不同的管理方法这一潜在假设的（Hofstede，1983；Boyacigiller 和 Adler，1991；Hofstede，1993 和 2001；Adler，2002；Gerhart 和 Fang，2005；Johns，2006；Gerhart，2008a），但是逐渐也有学者开始思考和研究全球化所导致的文化趋同对跨文化管理的影响（House 等，2004；Javidan 等，2004；Gerhart，2008b）。文化趋同性的增强不但导致跨文化管理研究焦点的改变，而且很可能会影响人们对跨文化管理的根本性理解。

最后，关于如何有效地组织不同文化背景的员工有效工作的研究。这方面的研究源于当前各国、各地区和各民族之间仍然存在显著文化差异的现实，这一现实使得如何消除多样化员工队伍中不同员工之间的文化差异性可能对团队工作有效性产生的负面影响，仍然是跨文化管理当前和未来一段时间需要解决的问题（Triandis，2001）。d'Iribarne（2009）以及其他众多学者的研究正是对这一问题的积极回应。

三、对人力资源管理理论研究新进展的评析

(一) 管理者职业化胜任素质研究评析

当前对胜任素质展开的广泛研究源于管理实践对有效管理者的需求。但是,有关职业化胜任素质的研究也存在着一定的不足,主要体现在以下两个方面:

1. 对胜任素质概念的理解不一致

从前文的分析可以看出,学者们对胜任素质的概念内涵缺乏共识,对胜任素质的具体内容同样存在着不同的理解,这种状况势必会影响胜任素质研究内容的界定。要切实推进胜任素质研究,首要的问题就是对概念的内涵和外延达成共识,否则将无法形成系统的理论体系。而且研究胜任素质的目的之一是通过标准化的测量工具识别具有胜任力的职业化管理者,但是人的个性的普遍存在使得依靠标准化的测量工具选拔具备既定胜任素质的管理者的努力,其有效性值得商榷。

2. 难以充分保证胜任素质测量模型和工具的效度

胜任素质测量模型的设计是否合理、测量结果在多大程度上是有效的,以及以什么标准判定是否有效,这些都是影响胜任素质研究发展的问题。此外,当前的胜任素质测量模型和工具基本是以欧美文化为基础,以欧美企业管理者为样本建立起来的,如何保证这种测量模型在我国情境下测量结果的信度以及应该针对我国情境做出哪些调整,都是值得研究者们深思的问题。

赵曙明 (2008) 的《我国管理者职业化胜任素质研究》是目前我国系统地研究管理者职业化胜任素质的专著,分别从理论、实证和应用三个方面比较全面地探析了国内外胜任素质研究的成果及其实际应用,对推动我国管理者职业化胜任素质研究具有积极的意义。

(二) 员工敬业度研究评析

员工敬业度研究当前最大的问题在于定义的混乱。正如前文所述,从 Kahn (1990) 提出员工敬业度概念到 Maslach、Schaufeli 和 Leiter (2001) 发表的论文再次引起学术界对员工敬业度问题的关注,学者们在员工敬业度概念的界定上一直以来始终没有达成共识,学者们大多从自身研究的角度对员工敬业度做出感性的判断 (Shuck 和 Wollard, 2010),这就在一定程度上影响了员工敬业度研究的推进,因为缺乏统一的定义必然会使得理论研究和实际应用处于混乱状态,也会使得员工敬业度对于提高组织绩效和降低员工离职率的作用及其传导机制难以得到有效的验证和测量。

虽然学者们在员工敬业能够导致组织生产率、利润率提高,员工安全感、健康水平、

持续投入工作意愿提高，离职率、缺勤率降低（Buchanan，2004；Wagner 和 Harter，2006；Fleming 和 Asplund，2007），以及顾客满意度和组织收入提高（Vance，2006；Wagner 和 Harter，2006）等方面已经取得了一定的研究成果，但是对于员工敬业度如何影响这些结果变量的探讨仍然处于几乎停滞的状态。因此，缺乏统一的员工敬业度定义，就要通过进一步的研究揭示员工敬业度对于生产率、利润率、离职率等结果变量的作用机理。

（三）工作—家庭冲突研究评析

早期对于工作—家庭冲突的研究主要着眼于个体时间和精力有限所引发的工作—家庭矛盾而展开（Barling 和 Sorensen，1997；Greenhaus 和 Parasuraman，1999），但是随着研究的推进，有学者提出了工作—家庭平衡概念（Barnett，1998；Grzywacz，2002；Frone，2003）。因此，当前工作—家庭冲突研究的关键就在于，一方面要减少工作和家庭之间的矛盾冲突，即减少工作妨碍家庭和家庭妨碍工作现象；另一方面要实现工作和家庭的平衡，即协调个体在家庭和工作两方面的时间和精力的分配。例如，工作—家庭增益研究（Greenhaus 和 Powell，2006）就是对实现工作—家庭平衡的一种尝试，相关理论认为人们的工作和家庭之间，同样存在着互利互惠、相互有益的一面，即从其中一个领域获得的经验能够提高个体在另一个领域的角色绩效。工作—家庭增益这个概念意味着工作和家庭能够为个人提供各种资源，如尊重、收入及其他有助于提升个体在其他生活领域表现的资源（Carlson、Kacmar、Wayne 和 Grzywacz，2006）。已有研究表明在工作—家庭平衡关系中，"工作—家庭增益"和"缓解工作—家庭冲突"扮演着不同的角色（Grzywacz 和 Marks，2000a 和 2000b；Wayne、Musisca 和 Fleeson，2004）。也有学者从我国文化背景出发，认为在我国文化背景下工作和家庭两方面是相结合的，我国传统上认为工作比个人的安逸更重要，工作对于家庭的贡献胜于竞争（Redding，1983；Redding 和 Wong，1986）。

（四）雇佣关系研究评析

当前关于雇佣关系的研究大多是对 Tsui、Pearce、Porter 和 Hite（1995）的概念性研究以及 Tsui、Pearce、Porter 和 Tripoli（1997）在诱因—贡献模型基础上提出四种雇佣关系模式特别是相互投资型雇佣关系模式研究的深化和延伸。这充分说明了 Tsui 等对于雇佣关系研究的重要贡献，同时也说明了雇佣关系研究当前所陷入的困境。因为按照诱因—贡献模型，最优的雇佣关系模式应当是相互投资型雇佣关系模式，但是从实践来看，理论上最优的相互投资型雇佣关系模式并没有为大多数企业所采用。相反，大多数企业所采用的是准交易契约型雇佣关系（quasi-spot-contract employee-organization relationship）模式，这一雇佣关系模式强调雇主与雇员之间的雇佣关系仅仅是基于物质激励的。目前还没有理论能够对这一现象做出解释。

另外，Tsui 等的诱因—贡献模型是在美国文化背景下针对美国企业的雇主和雇员构建的，那么，美国情境下的最优模式——相互投资型雇佣关系模式在其他情境下是否也是最优模式呢？在何种情况下相互投资型雇佣关系模式并非最优甚至可能是不合适的模式呢？

这些问题都值得学者们在研究雇佣关系的过程中进行深入的思考。

（五）跨文化管理研究评析

跨文化管理研究的兴起是人力资源管理理论对于企业全球化经营所做出的反应。多年以来的跨文化管理研究成果有效地帮助全球运营的企业解决了很多跨国管理难题。跨文化管理研究的兴起是基于各国文化差异性的，随着全球文化趋同性的增强，这一跨文化管理研究所赖以展开的潜在假设受到了巨大的挑战。部分学者（House等，2004；Javidan等，2004；Gerhart，2008b）近年来展开的文化趋同性增强情境下的跨文化管理探索就是为应对这一挑战所做出的努力。但当前各国、各地区和各民族之间的文化差异性仍然比较显著，因此针对这种差异性对跨文化管理展开深入的研究仍然显得十分必要。

总而言之，理论发展的目的是为了更好地指导实践。人力资源管理理论的发展也始终是为了应对和满足变化了的人力源管理实践的需要的，理论的发展只有与实践的需要良好匹配，才能够更好地促进经济社会和企业管理的发展。

四、人力资源管理理论研究展望

理论研究的发展进步总是通过对既有理论的质疑而实现的，作为我国企业管理者还面临着如何有效地将西方管理理论与我国情境相结合的问题。本文基于环境的高度动态性、复杂性和不确定性特征，对未来人力资源管理理论研究的发展趋势做出展望，以期对我国人力资源管理理论研究的发展和相关领域学者的研究有所裨益。笔者结合多年的人力资源管理教学、理论研究和企业管理咨询实践，从以下几个方面展望未来人力资源管理理论研究和实践发展的主要趋势：

（一）应对多元全球化带来的全球文化

全球化已经在多个层面同时展开，全球政治、经济和风俗习惯等都在实现全球化，而推动这种多元全球化的，正是跨国公司、国际贸易和国际金融资本这三股力量。各国的政治、经济、文化将在这三股全球化的主要推动力量的影响下日渐趋同，而趋同的最终结果就是形成一种全球文化。因此，无论是人力资源管理还是企业管理的其他领域都应当积极地思考在全球文化下如何运作，跨文化管理也将逐渐为全球文化管理所取代。

在这种全球文化下，当前基于各国文化差异性所建立起来的跨文化人力资源管理理论无疑需要得到系统的调整。而要探索全球文化下的管理，首要的问题就是识别全球文化的特征，这可能需要通过政治学、人类学、社会学、经济学和管理学等多学科交叉合作才能实现。在经济危机之后，全球政治、经济、文化的融合得到进一步增强，全球性的政治、经济合作也得到进一步强化，在这种全面全球化的趋势下，探讨全球文化下的企业管理将是未来管理研究的一个宏观发展趋势。因此，学者们的研究视角也应当跳出某一专业领域的限制，以全球文化为背景思考实践中具体的管理问题，探索在全球文化下如何发挥人力资源管理的各种具体职能特别是战略职能。

（二）雇佣关系管理

未来雇佣关系研究着重需要注意的方面包括：

1. 开辟新的雇佣关系研究视角

Tsui 等开发的诱因—贡献模型是从雇主角度考察雇主与雇员之间的雇佣关系的，并且是以美国文化为背景针对美国企业的雇主和雇员做出的判断。要开辟新的雇佣关系研究视角，主要要注意以下两点：第一，要从雇员或者雇员与雇主双方的角度（Coyle-Shapiro 和 Kessler，2002）考察雇佣关系；第二，要摆脱诱因—贡献模型的角度考察雇佣关系，例如有学者从心理契约角度对雇佣关系进行探讨（Robinson，1990；Rousseau，1995）。

2. 跨文化雇佣关系管理

跨文化雇佣关系管理是指对全球化经营的跨国企业中不同国籍、不同文化背景的员工与组织之间雇佣关系的管理。有效地管理员工队伍的多样性是众多跨国企业所面临的现实问题，如何协调不同国籍、不同文化背景的员工之间以及这些员工与组织之间的关系，形成稳定而高效的员工队伍，是企业跨文化雇佣关系管理所要解决的问题。其中，对外派员工的跨文化雇佣关系管理是学者们应当着重研究的方面。

3. 我国情境下的雇佣关系管理

我国文化的特质与西方完全不同，因此研究我国情境下的雇佣关系具有特殊的意义。另外，对我国社会"关系"的研究近年来也吸引了许多学者的兴趣（Xin 和 Pearce，1996；Tsang，1998；Park 和 Luo，2001；Chen 等，2004；Fu、Tsui 和 Dess，2006），但是探讨"关系"对企业和员工之间雇佣关系影响的研究几乎还是空白。"关系"对于我国企业和员工雇佣关系的影响可能体现在：员工与上级或者同事之间建立的特殊的工作、情感或利益"关系"，或者类似于家族企业中成员之间可能存在的特殊的亲情和友情等"关系"都有可能使得员工和企业之间的雇佣关系发生微妙的变化。与此同时，随着2008年新的《劳动合同法》的实施，我国企业中员工与企业之间的雇佣关系发生了新的变化，这也已经引起相关学者的关注（赵曙明，2009）。

总体而言，雇佣关系领域的研究方兴未艾，特别是国内对于雇佣关系的研究尚处于探索过程。未来国内的人力资源管理理论研究者应加强雇佣关系研究，探索和构建新的雇佣关系模型。

（三）高度动态性、复杂性和不确定性下的人力资源管理

高度的动态性、复杂性和不确定性已经成为当前企业运营环境的总体特征，那么管理理论特别是人力资源管理理论的发展就应该对变化了的环境做出积极的回应。这既需要进一步强化人力资源管理的战略性职能，同时也需要学者们探索动态情境下人力资源管理的

新职能以及人力资源管理研究的新方法和新工具。领导—成员交换、员工敬业度、工作嵌入、心理契约和组织公民行为等方面的研究就是人力资源管理研究者对于这种动态环境下的人力资源管理问题进行的探讨。对于我国的人力资源管理研究者而言，还应该进一步解决西方理论与本土实践的对接问题，以更好地帮助我国企业提升在多元全球化、后经济危机时代和新经济下的竞争力。

（四）人力资源管理具体职能研究的深化

虽然经过长期的发展，人力资源管理已经系统地建立起了包括工作分析与工作设计、吸引潜在雇员（招募）、挑选雇员（甄选）、教导雇员如何完成工作和为未来做准备（培训和开发）、评估雇员的表现（绩效管理）、酬劳雇员（薪酬）、创造积极的工作环境（劳动关系）、支持组织战略（人力资源规划和变革管理）（雷蒙德·诺伊等，2005）、职业生涯管理、战略性人力资源和国际人力资源管理等在内的一整套体系，并且在企业管理实践中收到了良好的效果。但是，管理实践始终是变化的，人力资源管理的具体职能也应当随着变化着的管理实践进行调整和深化。因此，深化人力资源管理具体职能研究也是未来人力资源管理研究的一个发展方向。

（五）人力资源管理理论的本土化

对于国内的人力资源管理研究者来说，人力资源管理研究还面临着需要本土化的问题。现代管理理论大多是西方学者特别是美国学者的研究成果，是依托美国文化和管理实践，以美国员工为基础得出的结论。随着我国市场经济的不断完善和企业的发展，迫切需要以我国情境为基础总结和探索适合我国企业的管理理论。人力资源管理理论作为企业管理理论的一个分支，同样需要与我国的具体情境进行对接，这是我国企业管理者和理论研究者应当充分重视的问题。

参考文献

［1］McClelland, D. C. Testing for Competence Rather Than for Intelligence［J］. American Psychologist, 1973, 28（1）: 1-15.

［2］Sandberg J., Pinnington, A. H. Professional Competence as Ways of Being: An Existential Ontological Perspective［J］. Journal of Management Studies, 2009, 46（7）: 1138-1170.

［3］Kahn W. Psychological Conditions of Personal Engagement and Disengagement at Work［J］. Academy of Management Journal, 1990, 33（4）: 692-724.

［4］Maslach C., Schaufeli, W. B., Leiter, M. P. Job Burnout［J］. Annual Review of Psychology, 2001, 52（3）: 397-422.

［5］Edwards, Jeffrey R., Nancy P. Rothbard. Mechanisms Linking Work and Family: Clarifying the Relationship between Work and Family Constructs［J］. Academy of Management Review, 2000, 25（1）: 178-199.

［6］Clark S. C. Work/family Border Theory: A New Theory of Work/Family Balance［J］. Human Relations, 2000, 53（6）: 747-770.

[7] Greenhaus J. H., Powell G. N. When Work and Family are Allies: A Theory of Work-family Enrichment [J]. Academy of Management Review, 2006, 31 (1): 72-92.

[8] Carlson D. S., Perrewe P. L. The Role of Social Support in the Stressor-strain Relationship: An Examination of Work-family Conflict [J]. Journal of Management, 1999, 25 (4): 513-540.

[9] Tsui A. S., Pearce J. L., Porter L. W., Hite, J. P. Choice of Employee Organization Relationship: Influence of External and Internal Organizational Factors. in G R Ferris (Ed.). Research in Personnel and Human Resource Management [J]. Greenwich, CT: JAI Press, 1995, 13: 117-151.

[10] Tsui A. S., Pearce J. L., Porter L. W., Tripoli, A. M. Alternative Approaches to the Employment Organization Relationship: Does Investment In Employees Pay Off? [J]. Academy of Management Journal, 1997, 40 (5): 1089-1121.

[11] Shore L. M., Tetrick L. E., Lynch P., Barksdale K. Social and Economic Exchange: Construct Development and Validation [J]. Journal of Applied Social Psychology, 2006, 36 (4): 837-867.

[12] Redding S. G. The Thick Description and Comparison of Societal Systems of Capitalism [J]. Journal of International Business Studies, 2005, 36 (2): 123-155.

[13] Maznevski M., Chudoba K. Bridging Space over Time: Global Virtual Team Dynamics and Effectiveness [J]. Organization Science, 2000, 11 (5): 473-492.

[14] Chevrier S. Cross-cultural Management in Multinational Project Groups [J]. Journal of World Business, 2003, 38 (3): 141-149.

[15] Boyacigiller N. A., Adler N. J. The Parochial Dinosaur: Organizational Science in a Global Context [J]. Academy of Management Review, 1991, 16 (2): 262-290.

[16] Hofstede G. Culture's Consequences: Comparing Values, Behaviors, Institutions, and Organizations Across Nations [M]. Thousand Oaks, CA: Sage, 2001.

[17] Gerhart B., Fang M. National Culture and Human Resource Management: Assumptions and Evidence [J]. International Journal of Human Resource Management, 2005, 16 (6): 975-990.

[18] Johns G. The Essential Impact of Context on Organizational Behavior [J]. Academy of Management Review, 2006, 31 (2): 386-408.

[19] 赵曙明. 我国管理者职业化胜任素质研究 [M]. 北京：北京大学出版社, 2008.

[20] Park S. H., Luo Y. Guanxi and Organizational Dynamics: Organizational Networking in Chinese Firms [J]. Strategic Management Journal, 2001, 22 (5): 455-477.

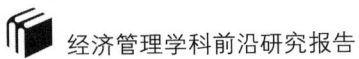
经济管理学科前沿研究报告

The Comments on the New Developments of the Theoretical Research of HRM and the Future Prospects on the Theoretical Research of HRM

Zhao Shu-ming

Abstract: In recent years, with the effects of multiple globalization, global economic crisis and low-carbon economy, the business environment is highly dynamic, complexity and uncertainty characteristics, which requires the theory of human resource management to make a appropriate response to the changes of the environment. This paper focus on competency, employee engagement, work-family conflict, the employment relationship and cross-culture management of the five current human resource management theory research, reviewing the study of human resource management in recent years, and on this basis, combined with the environment change, this paper makes a future prospects on research direction of human resource management, in order to benefit the development of China's human resource management theory.

Key Words: human resource; competency; employee engagement; work-family conflict; employment relationship; cross-cultural management

人力资源管理实践、组织支持感与员工承诺和认同
——一项跨层次研究*

王 震 孙健敏

【摘 要】与以往将组织产出作为切入点的研究不同，本文基于社会交换和社会认定理论考察了组织人力资源管理实践对员工态度（情感承诺和组织认同）的影响及其作用机制。研究者使用跨层次分析技术对国内122家企业的601名员工进行分析，结果发现，组织人力资源管理实践对员工情感承诺和组织认同均有显著影响，员工知觉到的组织支持在其中起完全中介作用。本文在一定程度上整合了人力资源管理研究领域的"宏观"和"微观"取向，以"中观"视角证实了高绩效人力资源管理实践对员工态度的积极影响和内在机制。

【关键词】人力资源管理实践 组织支持感 情感承诺 组织认同 跨层次研究

一、问题的提出

过去20年里，学者们在人力资源管理实践的作用和效果研究上取得了长足进展，大量研究证实了它对组织绩效的正向影响（Combs，Liu，Hall & Ketchen，2006；苏中兴，2010；张一弛、李书玲，2008）。然而，一些学者（Grant & Shields，2002；Macky & Boxall，2007）指出，这一领域的研究者过分关注了"组织产出"，而忽略了员工对人力资源管理实践的反应。实际上，从员工角度进行考察十分必要，它可以帮助本文回答两个问题：第一，对组织绩效有促进作用的人力资源管理实践对员工是否也有积极影响？如果人力资源管理实践对组织绩效的促进作用是以牺牲员工利益为代价的，这个组织就不是一个

---

* 本文选自《经济管理》2011年第4期。

健康的组织。第二，在人力资源管理实践与组织绩效关系中，员工扮演了什么样的角色？一些研究者认为它们之间的关系需要通过员工反应来实现，因此，呼吁有更多的研究考察人力资源管理实践对员工的影响（Wright & Boswell, 2002）。可惜的是，虽然此类研究很有意义，但到目前为止从员工角度进行的考察仍不充分，主要表现在：首先，尽管一些研究者考察了人力资源管理实践与员工态度和行为的关系，但这些研究大多持单一实践观点，关注点是人力资源管理的某些具体实践活动（Wayne, Shore & Liden, 1997）。实际上，人力资源管理实践各方面并不是相互独立的，它们必须作为一个内部契合的系统才能发挥最大作用（Delery & Doty, 1996）。其次，如果人力资源管理系统对员工有一定的影响，这种影响是通过何种机制发生的？已有研究者指出，人力资源管理实践可能并不直接影响员工态度和行为，而是通过员工对组织采取的人力资源管理实践的认知和评价来实现（Meyer & Smith, 2000; Ostroff & Bowen, 2000），因此，对两者间中介效应的探讨值得关注。最后，以往的研究在分析层次上可分为两类：一是在组织层次上探讨人力资源管理实践与整合的员工反应的关系；二是在个体层次上考察员工知觉的人力资源管理实践与自身态度和行为的关系。这两类研究都能揭示二者的关系，但又都存在不足（Hom, Tsui, Wu, Lee, Zhang, Fu & Li, 2009）组织层的研究忽略了同一组织内员工反应的个体差异，而个体层的研究则难以准确考察组织变量对员工反应的影响。针对这种情况，一些学者（Wright & Boswell, 2002）呼吁开展一些整合宏观人力资源管理实践和微观结果的多层次研究，以更系统地考察人力资源管理实践对员工态度和行为的影响。

　　基于以上三点，本文试图考察组织人力资源管理实践系统对员工态度反应的影响以及组织支持感的中介作用。本文选择情感承诺和组织认同作为考察变量是因为：第一，在所有态度变量中，情感承诺与人力资源管理实践的关系得到了最广泛的探讨，但这些研究均不同程度地存在上文列举的不足，本文希望对此进行改善，针对目前还较少有研究讨论人力资源管理实践与组织认同关系的现象，本文希望借此丰富此类研究；第二，大量的研究证实情感承诺和组织认同对组织绩效有促进作用（如 Gong, Law, Chang Xin, 2009），因此，关注人力资源管理实践与这两个变量的关系能在一定程度上揭示人力资源管理实践影响组织绩效的内在机制；第三，虽然情感承诺和组织认同都是员工积极的情感体验和影响绩效的重要变量，但它们分别是从社会交换和社会认定视角对个体和组织之间心理联系的描述，在前因和后果变量上存在差异（Knippenberg & Sleebos, 2006），因此，同时考察这两个变量能增加研究结果的说服力和推演性。本文的研究框架如图 1 所示。

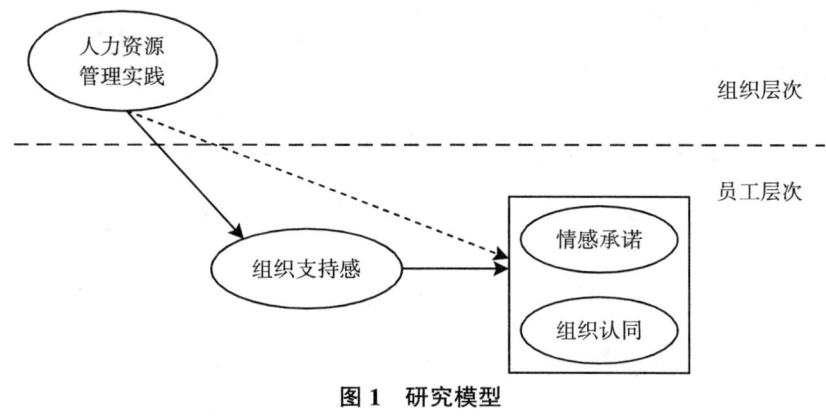

图 1　研究模型

二、理论基础与研究假设

（一）人力资源管理实践与情感承诺、组织认同

根据战略人力资源管理学派的观点，员工态度和行为在很大程度上由组织人力资源管理实践塑造，这些人力资源管理实践通过营造信任感和强化互惠规范，构成了员工和组织之间特定的心理联系（Arthur，1994）。早期研究者指出，人力资源管理实践是组织和员工基于互惠和社会交换关系的相互投资（Tsui，Pearce，Porter & Tropoli，1997；Tsui & Wu，2005）。在发展与员工的关系时，如果组织在提供常规物质性回报之外，还有一些有利于员工成长和发展的人力资源活动（如对员工实施全面培训、开展职业生涯管理等），员工会将这些活动看作是组织对他们的承诺，进而基于交换和互惠原则增加对组织的承诺感（Setton，Bennett & Liden，1996；Whitener，2001）。组织认同作为另一个反映员工和组织心理联系的概念，也受人力资源管理实践影响。根据社会认定理论，当员工意识到组织的善意举动时，他们作为"组织人"的自我认定意识会得到强化，而这种意识的强化正是认同组织的核心所在（Mael & Ashforth，1992）。由此，本文提出如下假设：

H1：组织人力资源管理实践对员工情感承诺（a）和组织认同（b）有正向影响。

（二）人力资源管理实践与组织支持感

组织支持感是员工对组织重视他们贡献、关心他们福祉的程度的总体看法，员工对组织支持程度的感知受组织政策和实际行为的影响（Eisenberger，Fasolo & Davis，1990）。人力资源管理实践是组织政策和行为在人力资源管理方面的反映，当这种实践有益于员工时，员工就会感受到组织的重视和关心，进而提高对组织支持程度的感知和评价。从以往研究来看，已有一些证据表明，某些人力资源管理实践与组织支持感有正相关关系，如

Wayne 等（1997）基于个体层次的研究发现，员工知觉到的晋升和职业发展实践对组织支持感有正向影响；Takeuchi，Chen & Lepak（2009）基于组织层次的研究表明，高绩效工作系统与组织支持氛围有正相关关系。不同于这两项研究，本文依照最初的概念层次，将人力资源管理实践作为组织层的变量，将组织支持感作为员工对组织支持程度的个人化感知来考察二者的关系。由此，本文提出如下假设：

H2：组织人力资源管理实践对员工组织支持感有正向影响。

（三）组织支持感与情感承诺、组织认同

基于社会交换理论，组织支持感与情感承诺的关系得到了普遍证实（Eisenberge 等，1990）。相比之下，组织支持感和员工认同的关系研究还相对较少。根据社会认同理论，组织对员工的重视和关心能够增加员工作为组织成员的自豪感，在这种情况下，他们更倾向于将组织的成败与自己联系在一起，并不断将组织的价值观和规范内化为自身的价值观和规范，从而增强对组织的认同感。最新的一项研究证实了它们之间的正相关关系（Edwards & Peccei，2010）。由此，本文提出如下假设：

H3：组织支持感对员工情感承诺（a）和组织认同（b）有正向影响。

（四）组织支持感在人力资源管理实践与情感承诺、组织认同关系中的中介作用

在人力资源管理实践与员工态度关系中，已有研究考察了可能存在的中介变量，如个体层面的程序公平感、主管信任和组织层面的组织氛围等。本文认为，组织支持感在二者关系中起中介作用，是因为：第一，组织表现出来的有利于员工成长和发展的人力资源管理实践能帮助组织和员工形成一种高质量的交换关系，组织支持感在很大程度上反映了这种交换关系的质量，较高的组织支持感会进一步使员工意识到有义务去回报和认同组织（Setton 等，1996）；第二，人力资源管理实践并不必然能够提升员工的承诺和认同感，它们之间可能要通过员工的知觉和评价才能发生联系（Meyer & Smith，2000；Ostroff & Bowen，2000）。人力资源管理实践在很大程度上是组织传达价值理念的信号和载体，当组织重视和关心员工的理念通过人力资源管理实践展现并被员工知觉和给予积极性的归因后，他们才会意识到组织的支持，进而基于社会交换和社会认定原则表现出对组织的承诺和认同。因此，员工对组织的承诺和认同更多地受人力资源实践所传达的理念以及员工对这种理念认知的影响，而不是人力资源管理实践本身（Guzzo & Noonan，1994）。在实证方面，已有一些研究考察了组织支持感在人力资源管理实践与情感承诺关系中的中介效应（Meyer & Smith，2000；Nasurdin，Hemdi & Guat，2008）。不过，这两项研究都是基于个体层次对单一人力资源管理实践的考察，在视角和分析层次方面还有可改善之处。由此，本文提出如下假设：

H4：组织支持感在组织人力资源管理实践与员工情感承诺（a）和组织认同（b）关系中起中介作用。

三、研究方法

（一）研究样本和程序

考虑到组织层变量由员工报告，本文确保每家组织的人力资源管理实践由 5~7 名随机抽取的员工进行评价。研究者通过中间人在全国 966 家企业中发放了 1200 份调查问卷。在收回 158 家企业反馈的问卷后进行废卷处理工作，将反应倾向过于明显、数据缺失过多以及同一组织少于 4 名员工回答的问卷剔除，最后得到了来自制造、信息服务和软件、批发零售、住宿餐饮、金融以及房地产等行业的 122 家企业的 601 份有效问卷，平均每家组织有 4.93 名员工参与调查。表 1 列出了有效样本的企业和员工特征。

（二）测量工具

1. 组织层面

在人力资源管理实践的测量上，以往研究主要通过人力资源经理进行评价，但人力资源经理有可能高估所在组织的人力资源管理实践，而且单一评价源会影响测量的可靠性（Bowen & Ostroff，2004）。因此，本文借鉴最新一些研究（Wu & Chaturvedi，2009）的做法，从员工角度进行测量。在测量工具上，本文使用 Delery & Doty（1996）的高绩效工作系统量表，并进行了少量修订。考虑到国内有研究者（张一弛、李书玲，2008）指出，其中的就业安全维度的信度过低，本文没有测量这一维度。本文最后使用的量表包含 19 个项目，涉及内部晋升、全面培训、绩效管理、利润分享、工作分析和员工参与六类人力资源管理实践，要求员工根据实际情况从"1—非常不同意"到"7—非常同意"中做出选择。按照以往研究（Wu & Chaturvedi，2009）的建议，本文用六个维度的均分来衡量人力资源管理实践系统的应用程度和水平。

2. 员工层面

组织支持感、情感承诺和组织认同的测量分别采用 Eisenberger 等（1990）的九个项目、Meyer & Smith（2000）的六个项目和 Mael & Ashforth 的六个项目的量表。

表 1 研究样本的构成和特征

组织特征	类别	数量（人）	比例（%）
所有制	外/合资	33	27.0
	民营	40	32.9
	国有	49	30.1
人员规模	100 人及以下	25	20.5
	101~500 人	35	28.7

续表

组织特征	类别	数量（人）	比例（%）
人员规模	501~3000 人	31	25.4
	3000 人以上	31	25.4
成立年限	10 年及以下	35	28.7
	11~20 年	33	27.1
	20 年以上	47	38.5
员工特征	类别	数量（人）	比例（%）
性别	男	352	58.6
	女	248	41.3
年龄	30 岁及以下	373	62.0
	31~40 岁	197	32.8
	40 岁以上	31	5.2
工作年限	3 年及以下	228	37.9
	4~10 年	320	53.2
	10 年以上	53	8.8
教育程度	高中及以下	32	5.3
	专科和本科	488	81.2
	硕士及以上	81	13.4

（三）数据聚合和共同方法偏差问题检验

考虑到组织支持感、情感承诺和组织认同也由员工根据实际情况从"1——非常不同意"到"5——非常同意"中做出选择，本文使用 Harman 单因子检验法考察了可能存在的共同方法偏差问题。结果发现，三因子模型与数据有很好的拟合度（$\chi^2/df = 4.41$，$GFI = 0.90$，$NFI = 0.89$，$CFI = 0.91$，$RMSEA = 0.75$），且拟合效果远远好于单因素模型，表明数据不存在严重的共同方法偏差问题。

本文从组内同质性和组间差异性两个方面考察了将员工知觉的人力资源管理实践聚合到组织层面的可行性。结果表明，人力资源管理实践系统的 r_{wg} 系数为 0.95，组间方差达到显著水平（$F = 37.34$，$p < 0.01$），表明同一组织内的员工对人力资源管理实践的评价有较高程度的一致性，员工的知觉和评价可以聚合到组织层；不同组织在人力资源管理实践上有显著差异，在组织间考察它们是有意义的。

表 2 研究变量的描述性统计结果、相关系数矩阵和信度

	M	SD	1	2	3	4
个体层变量（n = 601）						
1 组织支持感	2.90	0.82	(0.87)			
2 情感承诺	3.12	0.87	0.68**	(0.85)		
3 组织认同	3.50	0.79	0.53**	0.70**	(0.81)	
4 人力资源管理实践知觉	3.33	0.78	0.61**	0.54**	0.38**	(0.92)
组织层变量（n = 122）						
1 人力资源管理实践	3.33	0.75	(0.94)			

注：**$p < 0.01$；*$p < 0.05$（双尾）；对角线处括号内数值为相应量表的信度。

四、研究结果

研究变量的相关系数矩阵如表 2 所示。结果表明,组织支持感与情感承诺($r = 0.68$,$p < 0.01$)和组织认同($r = 0.53$,$p < 0.01$)有中等程度正相关关系,员工知觉到的人力资源管理实践与组织支持感($r = 0.61$,$p < 0.01$)、情感承诺($r = 0.54$,$p < 0.01$)以及组织认同($r = 0.38$,$p < 0.01$)均有显著正相关关系,这为跨层次分析提供了基础。

本文使用多层线性模型技术验证研究假设。结果如表 3 所示。研究者对除因变量之外的其他变量进行总中心化处理,并首先设定一个不包含预测变量的虚模型,以分解组织支持感(M1)、情感承诺(M4)和组织认同(M9)的方差。结果表明,这三个变量的组间与总方差之比分别为 69%、72% 和 63%,因此,可以进行多层次分析。其次,将两个层次上的控制变量加入方程 M2、M5 和 M10,结果发现,控制变量中仅有教育程度对组织支持感($\gamma_{30} = -0.08$,$p < 0.05$)、情感承诺($\gamma_{30} = -0.13$,$p < 0.01$)和组织认同($\gamma_{30} = -0.11$,$p < 0.01$)以及民营所有制类型对组织认同($\gamma_{02} = -0.32$,$p < 0.05$)的影响显著,因此,在本文在后续模型中剔除了其他不显著的控制变量。最后,使用截距估计模式在 M3、M6 和 M11 中加入第二层预测变量,结果表明,在控制了其他变量后,人力资源管理实践对组织支持感($\gamma_{05} = 0.70$,$p < 0.01$)、情感承诺($\gamma_{05} = 0.68$,$p < 0.01$)和组织认同($\gamma_{05} = 0.40$,$p < 0.01$)均有显著影响,且相比虚模型和控制变量模型,各模型均有额外的组间方差解释量,假设 1 和假设 2 得到证实。在 M7 和 M12 里,组织支持感对情感承诺($\gamma_{50} = 0.79$,$p < 0.01$)和组织认同($\gamma_{50} = 0.72$,$p < 0.01$)的影响达到显著水平,且各模型的组内残差相对虚模型和控制模型有明显减少,支持了假设 3,对于假设 4,本文进行了跨层次中介效应分析,结果发现,当第一层的组织支持感进入 M8 和 M13 后,方程的组内方差和总体方差解释量相比 M16 和 M11 有明显增加,组织支持感对情感($\gamma_{50} = 0.78$,$p < 0.01$)和组织认同($\gamma_{50} = 0.73$,$p < 0.01$)均有显著影响,但第二层的人力资源管理实践对情感承诺($\gamma_{05} = 0.14$,ns)和组织认同($\gamma_{05} = -0.10$,ns)的影响均变得不显著,表明组织支持感完全中介于人力资源管理实践与情感承诺和组织认同的关系,假设 4 得到支持。

表 3　人力资源管理实践、组织支持感对情感承诺和组织认同的影响

变量	组织支持感 (M1~M3)			情感承诺 (M4~M8)					组织认同 (M9~M13)				
	M1	M2	M3	M4	M5	M6	M7	M8	M9	M10	M11	M12	M13
固定效应截距 (γ_{00})	2.89**	2.89**	2.89**	3.12**	3.12**	3.12**	3.12**	3.12**	3.49**	3.49**	3.49**	3.49**	3.50**
个体层变量 (L1)													
性别 (γ_{10})		−0.09			0.03					−0.00			
年龄 (γ_{20})		0.00			0.00					−0.00			
教育程度 (γ_{30})		−0.08*	−0.07**		−0.13**	−0.15**	−0.07**	−0.07**		−0.11**	−0.11**	−0.04*	−0.04*

续表

变量	组织支持感 (M1~M3)			情感承诺 (M4~M8)					组织认同 (M9~M13)				
	M1	M2	M3	M4	M5	M6	M7	M8	M9	M10	M11	M12	M13
工作年限 (γ_{40})		−0.01			−0.01					−0.01			
组织支持感 (γ_{50})							0.79**	0.78**				0.72**	0.73**
组织层变量 (L2)													
外/合资企业 (γ_{01})		−0.01			0.04					−0.15			
民营企业 (γ_{02})		−0.22			−0.23					−0.32*	−0.08		
国有企业 (γ_{03})													
组织规模 (γ_{04})		−0.00			0.00					−0.00			
人力资源管理实践 (γ_{05})			0.70**			0.68**		0.14			0.40**		−0.10
随机效应方差分解													
组内残差 (σ^2)	0.21	0.20	0.21	0.22	0.21	0.21	0.08	0.08	0.23	0.22	0.22	0.10	0.10
组间残差 (μ_{00})	0.46	0.48	0.20	0.56	0.55	0.28	0.33	0.32	0.39	0.38	0.29	0.38	0.38
组内方差解释量 (R^2_{within})			0.00			0.00	0.62	0.62			0.04	0.57	0.57
组间方差解释量 ($R^2_{bet\,vivin}$)		0.57			0.49	0.40	0.42			0.26	0.03	0.03	
总方差解释量 (R^2_{Indid})		0.39			0.35	0.46	0.48			0.18	0.23	0.23	
模型偏差 (Model deviance)	1068.11	1108.90	980.55	1103.74	1133.43	1025.90	551.76	549.83	1090.28	1129.95	1059.91	703.02	702.88

注：所有制类型以国有企业为参照系进行了虚拟化处理；所有系数均为稳健标准误差下的非标准化系数；$R^2_{Indid} = R^2_{within} * (1 - ICCI) + R^2_{bet\,vivin} * ICCI$，其中 ICC (1) 为各因变量在虚模型中组间方差与总方差之比。本文同时关注了两个层次上的控制变量，因此，本文中的 R^2_{within} 和 $R^2_{bet\,vivin}$ 表示与零模型相比，组内和组间方差被预测变量额外解释的比例；*p＜0.05 **p＜0.01（双尾）；HLM 难以处理第 2 层变量的缺失值，因此，本文未将有较多缺失的组织成立年限放入模型中。

五、讨论与结论

（一）结果与讨论

借助多层线性模型分析技术，本文整合了人力资源管理研究领域的"宏观"取向和"微观"取向，以"中观"视角考察了人力资源管理实践对员工态度反应的影响及其中介机制，结果证实了本文提出的 4 组假设。

首先，高绩效人力资源管理实践对员工情感承诺和组织认同有正向影响，表明人力资源管理实践能塑造和改变员工对组织的态度反应。尽管以往有研究探讨了人力资源管理实践与情感承诺的关系，但它们在变量测量和分析层次方面均存在一些不足，因此，本文对二者关系的考察仍有价值。本文还基于社会认定理论考察了其对组织认同的影响，其结果也与预期相一致。情感承诺和组织认同都是描述员工与组织心理联系的构念，它们已被证实与组织绩效有显著相关关系，因此，本文也在一定程度上间接证实了员工态度在人力资源管理实践和组织绩效关系的中介作用（Wright & Boserll, 2002）。总体来看，本文的跨层次研究与以往学者在个体和组织层面的研究结果是一致的，即高绩效人力资源管理系统对员工情感承诺和组织认同的提升和促进作用可以概化到不同的分析层面。但是，相比单一层面的研究，基于跨层次视角的考察能通过连接不同的分析层面，避免研究中可能出现的生态谬误和原子谬误问题，从而更准确地揭示组织人力资源管理实践对员工的影响（Ostroff & Bowen, 2000; Wright & Boswell, 2002）。

其次，在证实了人力资源管理实践对员工情感承诺和组织认同的显著影响后，本文进一步考察了这种影响的内部作用机制。本文考察了人力资源管理实践对组织支持感，以及组织支持感对员工承诺和认同的影响，并在此基础上证实了组织支持感在人力资源管理实践和情感承诺和组织认同关系中的中介作用。与 Knippenberg & Sleebos（2006）的研究结果相一致，本文发现，人力资源管理实践和组织支持感对情感承诺的影响效果均强于它们对组织认同的影响，说明人力资源管理实践对员工态度有显著影响主要是因为双方存在着社会交换和互惠关系（Tsui & Wu, 2005）。完全中介效应的发现，表明人力资源管理实践对员工态度的影响并非是直接的，人力资源管理实践首先塑造员工对组织的知觉和影响员工对"人—组织关系"的定位，这种知觉和定位继而导致他们对组织的承诺和认同感（Ostroll & Bowen, 2000）。实际上，这与社会信息处理理论也是相吻合的，即只有在组织的人力资源管理实践被员工以积极的方式进行认知和评价时，这些实践活动才能通过强化员工的社会交换和社会认定意识，提升他们的承诺和认同感（Salancik & Schmit, 1978）。

（二）研究贡献、不足与展望

本文的贡献表现在：首先，本文考察了人力资源管理实践与员工情感承诺和组织认同的关系，从员工反应角度探讨了人力资源管理实践的有效性；其次，本文构建和证实了人力资源管理实践通过组织支持感影响员工态度的系统模型，发现了人力资源管理——员工反应关系的内部机制。本文也具有一定的实践意义。结合以往学者在员工态度和组织绩效关系问题上的发现，本文的研究暗示，人力资源管理对组织绩效的影响至少是部分通过员工态度来发生作用的，因此，管理者应从人力资源管理实践出发提高员工对组织的承诺感和认同感，以最终提高组织绩效、中介效应的存在表明，员工对人力资源管理的反应不完全取决于实践本身，还包括员工对这些实践的感知和理解，因此，组织在管理实践中应更多地关注员工对这些实践的看法和评价。

本文还存在一些不足：一是本文使用的横截面研究设计难以考察组织人力资源管理实践通过组织支持感影响员工态度的动态过程；二是本文通过 5~7 名员工来测量每家企业的人力资源管理实践，但这些随机选取的员工对人力资源管理实践的认识可能不具有代表性；三是本文使用了在西方被广泛使用的量表对人力资源管理实践进行了测量，但这种高绩效人力资源管理系统在中国组织中是否适用仍有待于进一步考察（苏中兴，2010）。

本文最后指出了一些未来的研究方向。首先，尽管一些研究者认为人力资源管理实践应作为一个系统而发挥作用，但有一些研究表明，不同的人力资源管理实践对员工态度有不同的影响，因此，未来的研究者可以开展基于人力资源管理单一实践观和系统观视角的比较研究（Whitener，2001）；其次，在对人力资源管理实践与员工关系问题进行探讨时，相比中介机制、调节机制受到的关注更少（张燕、王辉、樊景立，2008），本文建议未来研究者在二者关系中加入一些情境特征，以考察二者发生关系的边界条件；最后，员工的反应涉及动机、态度和行为等各方面，未来的研究应考察更多的变量，只有这样，才能系统地揭示人力资源管理实践与员工反应之间存在的复杂关系。

参考文献

［1］Arthur J. B. Effects of Human Resource Systems on Manufacturing Performance and Turnover［J］. Academy of Management Journal, 1994, 37（3）: 670-687.

［2］Bowen D. E., Ostroff, C. Understanding HRM-Firm Performance Linkages: The Role of the Strength of the HRM System . Academy of Management Review, 2004, 29（2）: 203-221.

［3］Combs J., Liu Y. M., Hall A., Ketchen, D. How Much Do High Performance Work Practices Matter? A Meta-Analysis of Their Effects on Organizational Performance［J］. Personnel Psychology, 2006, 59（3）: 501-528.

［4］Delery J. E., Doty D. H. Modes of Theorizing in Strategic Human Resource Management: Tests of Universalistic, Contingency, and Configurational Performance Predictions［J］. Academy of Management Journal, 1996, 39（4）: 802-835.

［5］Edwards M. R., Peccei R. Perceived Organizational Support, Organizational Identification, and Employee Outcomes: Testing A Simultaneous Multifoci Model［J］. Journal of Personnel Psychology, 2010, 9（1）: 17-26.

［6］Eisenberger R., Fasolo P., Davis, V. Effects of Perceived Organizational Support on Employee Diligence, Innovation and Commitment［J］. Journal of Applied Psychology, 1990, 75（1）: 51-59.

［7］Gong Y., Law, K. S., Chang, S., Xin, K. R. Human Resources Management and Firm Performance: The Differential Role of Management Affective and Continuance Commitment［J］. Journal of Applied Psychology, 2009, 94（1）: 263-275.

［8］Grant D., Shields J. In Search of the Subject: Researching Employee Reactions to Human Resource Management. Journal of Industrial Relations, 2002, 44（3）: 313-334.

［9］Guzzo R. A., Noonan K. A. Human Resource Practices as Communications and the Psychological Contract［J］. Human Resource Management, 1994, 33（3）: 447-462.

［10］Hom P. W., Tsui A. S., Wu, J. B., Lee, T. W., Zhang, A. Y., Fu, P. P., Li, L. Explaining Employment Relationships with Social Exchange and Job Embeddedness［J］. Journal of Applied Psychology, 2009, 94（2）: 277-297.

［11］Knippenberg D. V., Sleebos, E. Organizational Identification Versus Organizational Commitment: Self-Definition, Social Exchange and Job Attitudes［J］. Journal of Organizational Behavior, 2006, 27（5）: 571-584.

［12］Macky K., Boxall P. The Relationship between High Performance Work Practice and Employee

Attitudes: An Investigation of Additive and Interaction Effects [J]. International Journal of Human Resource Management, 2007, 18 (4): 537-567.

[13] Mael F., Ashforth B. E. Alumni and Their Alma Mater: A Partial Test of the Reformulated Model of Organizational Identification [J]. Journal of Organizational Behavior, 1992, 13 (1): 103-123.

[14] Meyer J. P., Smith C. A. HRM Practices and Organizational Commitment: Test of A Mediation Model [J]. Canadian Journal of Administrative Sciences, 2000, 17 (4): 319-331.

[15] Nasurdin A. M., Hemdi A. M., Guat, L. P. Does Perceived Organizational Support Mediate the Relationship between Human Resource Management Practices and Organizational Commitment [J]. Asian Academy of Management Journal, 2008, 13 (1): 15-36.

[16] Ostroff C., Bowen D. E. Moving HR to A Higher Level: HR Practices and Organizational Effectiveness. In KJ Klein, S W J Kozlowski. (Eds.), Multilevel Theory, Research, and Methods in Organizations [M]. San Francisco: Jossey-Bass, 2000.

[17] Salancik A. M., Schmit M. J., Johnson, R. A Social Information Processing Approach to Job Attitudes and Task Design [J]. Administrative Science Quarterly, 1978, 23 (2): 224-253.

[18] Settoon R. P., Bennett N., Liden, R. C. Social Exchange in Organizations: Perceived Organizational Support, Leader-Member Exchange and Employee Reciprocity [J]. Journal of Applied Psychology, 1996, 81 (3): 219-227.

[19] Takeuchi R., Chen G., Lepak, D. P. Through the Looking Glass of a Social System: Cross-Level Effects of High-Performance Work Systems on Employees' Attitudes [J]. Personnel Psychology, 2009, 62 (1): 1-29.

[20] Tsui A. S., Pearce J. L., Porter, L. W., Tropoli, A. M. Alternative Approaches to the Employee-Organization Relationship: Does Investment in Employees Pay Off [J]. Academy of Management Journal, 1997, 40 (5): 1089-1121.

[21] Tsui A., Wu J. B. The New Employment Relationship Versus the Mutual Investment Approach: Implications for Human Resource Management [J]. Human Resource Management Journal, 2005, 44 (2): 115-121.

[22] Wayne S. J., Shore L. M., Liden, R. C. Perceived Organizational Support and Leader-Member Exchange: A Social Exchange Perspective. Academy of Management Journal, 1997, 40 (1): 82-112.

[23] Whitener E. M. Do High Commitment Human Resource Practices Affect Employee Commitment? A Cross-Level Analysis Using Hierarchical Linear Modeling [J]. Journal of Management, 2001, 27 (5): 515-535.

[24] Wright P. M., Boswell, W. R. Desegregating HRM: A Review and Synthesis of Micro and Macro Human Resource Management Research [J]. Journal of Management, 2002, 28 (3): 247-276.

[25] Wu P. C., Chaturvedi, S. The Role of Procedural Justice and Power Distance in the Relationship between High Performance Work Systems and Employee Attitudes: A Multilevel Perspective [J]. Journal of Management, 2009, 35 (5): 1228-1247.

[26] 苏中兴. 转型期中国企业的高绩效人力资源管理系统：一个本土化的实证研究 [J]. 南开管理评论, 2010 (4).

[27] 张一弛, 李书玲. 高绩效人力资源管理与企业绩效：战略实施能力的中介作用 [J]. 管理世界, 2008 (4).

[28] 张燕, 王辉, 樊景立. 组织支持对人力资源措施和员工绩效的影响 [J]. 管理科学学报, 2008 (4).

经济管理学科前沿研究报告

Human Resource Management Practice, Perceived Organizational Support and Employee Commitment and Identification: A Cross-Level Study

Wang Zhen Sun Jian-min

Abstract: Based on social exchange theory and social identity theory, this paper examined the effectiveness of human resource management (HRM) practice in perspective of employee attitudinal reaction. Results of organizational HRM practice on employees' affective commitment to and positive identification with the organization, and the mediating role of their perceived organizational support. By integrating the macro and micro approach, this study supported the positive effect of HRM practice on employee attitudes and mechanism through the meso approach.

Key Words: HRM practice; perceived organizational support; affective commitment; organizational identification; cross-level study

"心往一处想、劲往一处使": 员工战略视线的作用机理*

任 润 李 婧 张一弛

【摘　要】本文采用国外学者最近提出的员工战略视线（包括目标视线和行动视线）的概念，探讨其对于员工工作绩效的影响机理。在一家民营企业中，作者首先通过定性分析开发了样本企业的员工战略视线量表，然后通过问卷调查获取了170份员工战略视线与主管评估的员工业绩之间的配对数据。研究发现员工的目标视线既对员工绩效有直接影响，也通过行动视线间接影响其工作绩效，这有助于我们深化对"心往一处想、劲往一处使"这一重要指导原则的理解。同时，员工的组织工作年限对上述中介关系起到整体性调节作用，即员工在组织中的工作年限越长，上述中介关系就越强；反之亦然。最后，本文讨论了研究结果对企业人力资源管理实践的启示以及对未来研究的展望。

【关键词】员工战略视线　工作绩效　组织工作年限

一、引　言

战略人力资源管理研究大都从企业层面探寻人力资源管理实践对于企业绩效的影响，却忽视了人力资源的本体——"员工"——在创造企业绩效中的意义，特别是他们对于企业战略的认知和行为上的认同对于企业绩效的影响。很多学者已经指出需要在这个领域的研究中更多地关注员工所扮演的角色（Delery and Shaw, 2001; Fulmer, Gehrart and Seott, 2003; Wright and Boswell, 2002）。针对这一问题，Bosewell (2006) 提出了员工战略视线（Line of Sight, LOS）的概念。员工战略视线是指员工个体对组织战略目标本身以及如何用具体行动去实现这一目标的理解程度。相应地，员工战略视线包含员工对于组织战略目标的理解——目标视线（Line of Sight-Objective, LOS-O），和员工对于达到组织战略目标

---

* 本文选自《管理世界》2011年第9期。

所需具体行动的理解——行动视线（Line of Sight-Actino，LOS-A）。这也就是中国管理领域多年来一直倡导的员工与企业领导"心往一处想、劲往一处使"的理念。Boswell（2006）研究开发了员工战略视线的测量，探索了影响员工战略视线的因素，并分析了员工战略视线对员工态度的影响（如组织忠诚度、工作满意度、焦虑和离职倾向等）。该研究从员工的角度重新审视了企业的人力资源管理与组织战略之间的结合，是战略人力资源管理研究领域的一个新视角，值得更加深入地探讨。

然而，Boswell（2006）的研究存在着两个方面的问题：首先，它没有研究员工战略视线对其工作绩效的影响。其次，它对目标视线和行动视线两个维度仅作为独立变量进行了实证研究，没有关注并探讨两者之间可能存在的联系。理论上，这两个维度并不是孤立的：员工对组织战略目标的理解会影响并指引员工对实现目标所需要的具体行动的理解。换言之，员工目标视线有可能通过影响其行动视线来影响其工作绩效。已有研究并没有探讨这种极为重要的过程。

此外，虽然国内很多学者已经开始对战略人力资源管理研究产生了浓厚的兴趣（如程德俊、赵曙明，2006；张一弛、张正堂，2004），然而关注员工个体层面的战略人力资源管理研究多来源于西方。因此，在将一些管理理论应用于中国情境之前，应该采用中国的企业和员工样本进行本土情境的研究与验证。

针对现有研究的局限性，本文将在员工个体层面上研究：第一，员工战略视线（包括目标视线和行动视线）对于员工工作绩效的影响；第二，员工战略视线的两个维度（即目标视线和行动视线）在影响员工工作绩效过程中是否存在着中介关系。此外，本文还将以组织中的工作年限为例，探索员工特征对上述可能的中介关系的调节作用。

本文的结构如下：第二节回顾战略人力资源管理和员工战略视线的相关理论，说明员工战略视线对工作绩效的影响，并发展相应的假设。第三节介绍样本数据的采集和分析方法。第四节报告数据分析的结果，对假设进行检验。第五节讨论本研究的理论贡献和管理启示，指出本研究存在的局限并对未来研究提出建议。

二、文献回顾与研究假设

（一）战略人力资源管理中的员工

战略人力资源管理是组织为达到某一目标而有计划进行的一系列人力资源管理活动（Wright and McMahan，1992）。资源基础理论（Resoucre Based Theory，Bnarey，1991；Wright and McMahan，1992）是战略人力资源管理的基础性理论模型，它强调企业可持续竞争优势的获取主要依赖于组织内部的一些关键资源，而这些资源必须具备有价值的、稀缺的、难以替代的和难以模仿的这样4个特征。Bamye（1991）把组织的资源划分为三类，分别是物质资源（如厂房、设备等）、人力资源（员工拥有的经验、判断力和智慧等）和组织资源（如组织结构、计划和控制体系、组织内外的非正式关系等）。企业的物质资源、组织资源甚至人力资源的管理实践都很容易被对手复制，但是企业独特的人力资源却很难被复制或模仿（Banrey，1991）。由此可见，具有高技能、高智能的员工所反映的人力资源最有可能构成企业的可持续竞争优势资源（Wright、McMahann and McWilliams，1994）。因此，资源基础理论强调了"人力资源"在企业中具有的战略意义。

战略人力资源管理的另一个重要理论是角色行为理论（Role Theory，Katz and Kahn，1966）。该理论提出，组织中的每位个体都扮演着组织和社会系统中的多重角色。不同的角色期望会相应地影响成员的态度和行为。当员工根据期望而展现的行为与组织战略匹配时，该行为就是有效的。而企业的人力资源管理实践能够激励员工表现出相应战略所需要的有效角色行为（颜士梅，2003）。换言之，人力资源之所以成为组织可持续竞争优势的重要来源之一，就是因为与战略相匹配的员工角色行为是组织获取竞争优势的关键。

由此可见，学者们对战略人力资源管理有一个共识，即企业的人力资源可以成为企业可持续竞争优势的重要来源之一。而这其中的一个关键条件就是企业的员工能够准确理解并认同组织的战略目标，并在行动上与组织战略目标的要求保持一致。国内学者蒋建武和赵曙明（2007）也指出，战略人力资源管理应通过培养员工符合组织战略要求的能力和行为来创造组织的核心竞争优势，实现组织绩效。张一弛、李书玲（2008）在企业层次上论证了人力资源管理通过促进企业战略的实施能力对企业绩效的积极作用。此外，吴春波、高中华与洪如玲（2010）的研究也表明在人力资源管理随着企业成长而不断成熟并最终成为企业的"业务合作伙伴"的过程中，调动员工对企业目标的认同与支持对企业发展的重要影响。尽管上述研究都意识到员工的目标和行为与组织战略相一致的重要性，但是它们并没有从员工的角度出发深入探讨这种一致性对员工绩效的意义与影响。

（二）员工战略视线（LOS）

针对员工的态度和行为与组织战略相一致的重要性，已经有西方学者开展了一些研究（Turss，2001；Wright and McMahan，1992）。例如，Turss（2001）的研究发现，如果员工态度与组织战略相匹配，将有助于组织成功实现其战略目标。Schuler 和 Jackson（1987）也指出，组织可以通过人力资源管理实践来激发符合组织经营战略所需要的员工态度与行为。虽然这些研究强调员工在实现组织战略过程中的重要性，但它们大多聚焦于人力资源管理实践或员工的胜任力（如能力和特质），却很少关注员工是否知道该如何贡献他们的力量。Boswell（2006）采用了不同的研究视角，提出员工战略视线的概念，关注员工个体是否了解组织的战略目标，即目标视线；以及员工个体是否知道如何有效地贡献自己的力量来帮助组织达到战略目标，即行动视线。员工战略视线对于实现组织战略目标的重要性可以通过控制理论（Control Theory）来解释。"控制"可以被理解为使个体的行为符合组织利益的任何过程（Tannenbaum，1962）。如果员工能够准确理解组织的战略目标和实现该目标所需的行动，也即员工战略视线程度越高，那么员工行为符合组织利益与需要的可能性就越大。

从团队的角度来看，员工战略视线也是非常重要的。Zander（1977）曾指出强有力的、一致的团队动机对于团队的有效性至关重要。如果将企业理解为一个大的团体，那么当每位员工的动机与企业目标一致的时候，企业才是最有效的。相反，当员工对组织战略目标的理解没有与组织的实际目标达成一致时，他们可能会产生偏离的甚至与组织利益冲突的目标，进而阻碍组织战略目标的实现（Guzzo and Shea, 1991）。这一结论符合强调塑造员工思维使其与组织目标一致的研究（Mintbzerg, 1957；Simon, 1991）。Simon（1991）曾指出："若想组织运转良好，员工逐字接受指令是不够的……他们必须积极主动地运用全部知识与技能为了达到组织的目标而前进。"当员工能够形成一种与组织目标一致的决策思维模式（即员工战略视线程度高），他们就会自主地进行决策，做出有助于组织达成战略目标的行为。因此，要帮助组织实现战略目标，员工需要完成比"工作职责"所规定的要广泛得多的任务。角色理论也指出，员工在组织内扮演多种角色，除了作为员工完成本职工作，还需要作为组织的一分子理解组织的全局与远景。只有这样才能帮助组织实现战略目标（Lawler, 1994）。企业可以通过招聘、培训和薪酬激励等人力资源管理实践提高员工的战略视线，并使之成为符合资源基础理论提出的有价值、稀缺、难以替代和难以模仿的独特资源。因此，具有较高水平战略视线的员工能够成为企业的战略性人力资本，从而有利于企业实现其战略目标并取得竞争优势。

通过上述讨论可以看出，员工战略视线是指员工对组织战略目标的内涵以及如何为实现这些目标而贡献自己力量的理解，它与现有文献中其他的相近概念明显不同。现有文献中的个人—组织匹配（P-O fit, Kristof, 1996）强调个人应与组织的文化、价值观和资源相匹配，而员工战略视线强调的是员工与组织战略目标而不是文化或价值观的一致性。尽管一些研究个人—组织匹配的学者认为匹配的一个隐含假设就是员工会朝着组织目标努力（George, 1992；Kristof, 1996），但是这些文献中并没有探讨员工是否了解组织目标并知道他们应如何努力。因此，员工战略视线这一概念的提出是对传统的个人—组织匹配文献的进一步深化与发展。另一个相关的概念是目标一致性（Goal Congruence, Vaneouver, Millsap and Peters, 1994；Yukl and Fu, 1999）。但是，现有文献中的目标一致性主要是指员工与直接上级对该员工的具体工作目标达成共识，而没有讨论员工是否了解组织的短期或长期战略目标。综上所述，员工战略视线与其他相关概念有着显著区别，Bowsell（2006）也通过实证分析验证了这一点。

（三）员工战略视线与其工作绩效

员工战略视线分为目标视线与行动视线两个维度（Boswell, 2006）。我们认为，当员工对于组织战略目标与实现目标所需要的具体行动的理解程度较高时，他们的工作绩效也会随之提高。这是因为员工的目标视线程度高意味着员工个人与组织之间具有更高程度的共享心智模式（Nelson, 1997），而员工的行动视线程度高则意味着员工的贡献与组织的期望之间具有更高程度的一致性（Bowsell, 2000）。同时，员工的战略视线程度高会减少员工工作过程中的任务模糊和角色冲突（Boswell and Boudreau，2001），而员工在目标明确情况下的绩效明显好于目标模糊情况下的绩效（Staw and Boettger，1990）。进一步说，当员工发现自己对组织的目标具有显著的贡献，他们将表现出更高的业绩水平（Steers and Porter，1991）。特别是当员工的工作表现难以监督或者绩效水平难以测量从而导致组织的绩效管理面临"道德困境"的难题时，高水平的员工战略视线对于组织目标的达成将具有更加突出的意义（Boswell and Boudreau，2001）。因此，具体化为目标视线和行动视线的员工战略视线水平将直接影响员工的工作绩效水平。由此得到假设1。

假设1a：员工目标视线与员工绩效正相关。

假设1b：员工行动视线与员工绩效正相关。

Boswell（2006）仅将战略视线中的目标视线与行动视线两个维度作为独立的变量来研究它们与结果变量（员工态度）的关系。然而，我们认为员工对于组织战略目标的理解（即目标视线）将指引员工对于实现组织战略目标所需行动的理解（即行动视线）。员工只有充分地理解并认同组织战略目标的内涵，才能更好地理解和认同组织战略目标对自己行为的期望与要求，正如"劲往一处使"的前提必然是"心往一处想"一样。目标设置理论（Goal-setting Theory, Locke and Latham，1990）指出，目标具有指示的作用，使人们把注意力指向与目标相关的事物。同时，这一指示作用可以发生在认知和行为两个层面。一方面，个体在认知层面上理解、认同目标；另一方面，个体也展示出实现目标所需要的行为。此外，目标还具有动力的作用，能够激发个体的积极性，付出更多的努力。最后，目标能够影响行为的持久性，使得个体坚持指向目标的行为，从而更有可能实现目标（Locke and Latham，1990）。企业通常可以通过为员工设立具有一定难度的目标来激发员工的工作动力和高水平的工作绩效。企业战略目标就起到了上述作用，进而对员工产生一定的激励效果。具体来说，当员工对企业的战略目标有较好的理解时，即目标视线水平较高时，该视线会从三个方面对其行动视线产生影响，分别是指示行为方向、激发更多努力以及坚持，从而提高员工对实现战略目标所需具体行动的理解（即行动视线）。而行动视线又将直接影响员工行为，最终达到组织期望的绩效。换言之，当员工个体对目标认同水平高时，他们就会对实现目标的恰当行为有更好的理解，并更愿意表现出这些行为。结合已有文献关于目标一致性（Vancouver等，1994；Yukl and Fu，1999）和目标视线（Boswell，2006）的研究发现，我们认为目标视线在对员工绩效产生直接影响的同时，也将通过行动视线间接地影响员工绩效。即行动视线将对目标视线与员工绩效之间的关系产生部分的中介作用。综上所述，我们提出假设2。

假设2：员工行动视线对其目标视线与工作绩效的关系起到部分中介作用，即员工目标视线既直接影响其工作绩效，同时也通过行动视线间接影响其工作绩效。

员工战略视线与工作绩效之间的关系强弱会受到员工个体特征的影响。与员工战略视线的作用密切相关的特征包括员工在组织中工作年限的长短，因为它能够反映出员工在组织中经验的多少，以及对组织目标、政策和程序的理解程度（March and Simon，1958）。与工作年限短的员工相比，组织工作年限较长的员工对组织目标理解的程度更高，认同的程度也更好。这类员工通过多年的工作经验积累了许多隐含知识，因此也更能准确理解达到组织目标所需要的具体行动，他们对组织目标的实现有着更加重要的作用。这类员工的态度、知识、技能与行为更有可能具有稀缺、有价值、难以复制和难以替代的特性（Barney，1991），从而帮助企业提高绩效。

因此，员工在组织中的工作年限越长，其对组织的战略目标以及如何行动来实现这些目标就会有更深刻和更准确的理解。同时，随着工作年限的增长，员工对如何完成工作以及组织内部的工作流程也更为得心应手，更容易取得较好的工作绩效。所以在这种情况下，员工的目标视线通过行动视线影响其工作绩效的可能性就会较高。相反，当员工在组织中的工作年限较短时，其对组织的战略目标和所需的具体行动缺少充分的理解，对工作的完成更多地受到他们对该岗位工作规范的认知以及自身现有的知识、技能和经验的局限。因此，同组织工作年限较长的员工相比，工作年限较短的员工从既定目标视线产生正确的行动视线程度将较低。在这种情况下，员工的目标视线通过行动视线作用于其工作绩效的关系就会较弱。因此，我们提出假设3。

假设3：员工行动视线对其目标视线与员工绩效之间关系的中介作用受到员工在该组织工作年限的调节。具体而言，员工在组织中的工作年限越长，上述的中介作用机制越强；反之亦然。

三、研究方法

（一）研究样本与数据收集方法

作者选取了国内一家汽车空调生产企业的员工作为研究对象。该企业主要从事与各种车型配套的汽车空调的开发与生产，并试图开拓家用空调市场。鉴于公司目前的产品线较为单一，结构较为简单，规模适度，公司实际战略目标的统一性得到了有效的保障，从而更加有利于针对员工理解公司战略目标和具体行动的个体差异进行研究。研究结合了访谈和问卷调查的方式，分为两个阶段。在第一阶段，作者首先对高级管理人员进行访谈，并根据访谈结果开发该企业员工战略视线的量表。随后，在第二阶段，使用第一阶段开发的员工战略视线量表向员工发放问卷，并通过该公司的人力资源部门获得了员工最近一次绩效考评的数据，还运用人事信息系统中的一些个体特征数据与问卷中员工自述的结果进行了核对验证以减少偏差。在访谈和问卷调查中，作者都说明了其身份和研究目的，强调了员工的个人信息以及问卷的回答结果都会严格保密，不会向公司方面透露，并要求大家如实填写。

(二) 第一阶段——样本企业员工战略视线量表的开发

由于每个企业都有不同的战略目标和具体的行动措施,因此现有文献中并没有一个统一的员工战略视线量表,而是根据特定样本企业开发出针对性较强的量表。尽管每家企业会有各自的目标视线和行动视线的具体内容,但这并不影响其概念本身的内涵,只是在量化研究的操作层面会有不同。本研究针对样本企业的量表开发过程严格遵从关于员工战略视线研究领域中普遍接受和认可的程序。具体来说,我们按照 Bowsell (2006) 的方法根据样本企业的情况自行开发员工战略视线量表。员工战略视线的操作性定义为:比照公司高层管理团队,员工对公司战略目标理解的准确程度(即目标视线),以及对相应各具体行动重要性的理解的准确程度(即行动视线)。

为了测量员工是否理解组织的战略目标、是否知道该如何为之努力,首先要开发出一般公司常用的战略目标以及相应的具体行动,然后再进一步准确定义出适用于样本企业的战略目标及行动。参照现有文献中的测量 (Boswell, 2006; Chadwick and Cappelli, 1998; Delery and Doty, 1996) 和对一般战略目标的描述 (Porter, 1980、1996),本研究选取了 8 条一般公司普遍采用的战略目标,包括提供低价格的产品;提供标准化/一致的产品和服务;开发创新的产品;提供突出的服务;综合的一站式服务;品牌认可;开发新的市场;提供专业化的产品。鉴于公司高层管理人员在公司的战略目标制定以及战略实施中所起的关键作用 (Mintzberg, 1983; Vroom, 1960),作者对公司的 3 位高层管理人员(总经理与两位副总经理)分别进行了访谈,请他们衡量以上的 8 条战略目标是否能够准确反映出样本企业的战略目标,并做出必要的删减、增加,或表述上的调整,以确保开发出适用于样本企业的战略目标量表。3 位高管人员的反馈显示,以上的战略目标虽然不是为样本企业量身订制的,但具备很好的代表性,他们没有对条目做出增减,仅对文字表述提出了修改意见,修改后的内容请见表 1。同时,作者请高管人员对应每条战略目标,根据公司的具体情况,提出 3~5 条能够反映该战略目标所要求的员工具体行动;每项行动条目应该具体并易于执行,同时还要对公司全体员工具有比较普遍的指导意义(具体行动举例请参见表 1)。随后,作者组织 3 位高管人员一起进行了座谈,对应每项战略目标,针对大家写出的行动条目进行讨论、筛选与合并。最后,每项战略目标保留了 3 条行动条目,共计 24 条。国内某大学组织管理系的一名教授和两名研究生针对开发出的 8 条战略目标与 24 条行动条目进行了进一步的推敲与修改,确认了行动条目与战略目标之间的对应关系,并使其语言更加精准凝练,便于理解。

表 1 样本企业的战略目标与具体行动举例

战略目标	具体行动举例
提供低价格的产品	在工作中杜绝各种浪费,节省开支
提供标准化产品和服务	严格遵守工作规则
开发创新的产品	不断研发更加环保和性价比更高的空调系统
提供卓越的客户服务	站在顾客角度思考问题

续表

战略目标	具体行动举例
提供综合的"一条龙"服务	熟悉产品的各部件与性能
培养顾客对品牌的忠诚	积极向顾客宣传本公司产品的品牌
开发新的市场	积极收集中高端汽车空调市场的信息
按顾客需要提供产品和服务	为不同的车型量身定制所需的空调

战略目标与相应的具体行动确定以后，为了设立准确性标杆，作者向3位高层管理人员再次发放了问卷。请他们就开发出的战略目标和具体行动对于样本企业的重要性进行打分（7点量表，1=完全不重要，7=非常重要）。每位高层管理人员单独打分，3人在每一条目上的打分均值作为衡量员工战略视线的标杆。前人的研究对这样的做法也有过探讨，有学者认为高管人员对于组织目标的设定往往起着相当大的影响作用，而且他们之间的意见非常一致（Etzioni，1961；Mintzberg，1983），Vroom（1960）也曾在他对组织目标的研究中采用过类似的方法。为了确保高管人员对于企业战略目标和具体行动重要性的看法具有一致性，在计算每道条目的均值之前，首先分别计算了他们在每一条目上的评价者一致性信度（r_{wg}值），结果显示关于战略目标和具体行动条目的内部一致性的均值分别为0.092与0.099，表明高管人员对每一条战略目标和具体行动重要性的看法较为一致，因此作者可以将他们在每个题目的打分取均值，作为衡量员工战略视线的标杆或基础。

（三）第二阶段——调查问卷收集

此次调研共向员工发放问卷270份，收回198份（回收率73%），剔除存在填写质量问题的问卷（如大量题目没有填写，或大量题目选择同样的答案）和尚无绩效考评数据的新员工填写的问卷，有效问卷为170份（63%）。在有效样本中，男性占67%，已婚者占53%，平均年龄为29.9岁；61%的员工为大专及以上学历；81%为普通员工（非管理人员、无下属；员工在该企业的平均工作年限为4年。此外，7%的员工与公司签订了无固定期限劳动合同，71%的员工签订了固定期限劳动合同，其余为派遣员工。人口统计变量基本符合样本公司的员工组成情况。

（四）员工战略视线的测量

在问卷调查中，员工针对在第一阶段开发出的公司战略目标和具体行动条目的重要性进行打分（7点量表，1=完全不重要，7=非常重要）。员工对这两部分题目的打分从1分到7分不等，均值分布于4.48和6.42之间，标准差分布于0.85和1.55之间。战略目标和具体行动条目的信度分析结果表明本研究中开发出的两个量表有一定的可信度，Cronbach alpha系数分别为0.77和0.96（具体题目见附录）。

如前文所述，我们要衡量的是员工对公司战略目标与具体行动重要性理解的准确程度，员工的战略认知即是员工对题目的打分，而使用的标杆为高管人员的打分均值。因此判断员工对战略认知的准确程度依赖于他们与高管人员评分的偏差，偏差越小说明员工对企业战略的理解和对所需行动的理解越准确。参照现有文献中对于打分准确性的研究（Cronbach，1955），测量员工理解公司战略目标和知晓如何去具体实施的准确程度，主要是计算评分人（本研究中的员工）对于一系列题目（本研究中的战略目标和具体行动题目）给出的打分和那些题目真实估值之间的协方差或距离。真实估值可以由专家的判断来决定（Sulsky and Bazzer，1955），本研究中是由公司3位高层管理人员决定的。在计算这种准确程度的时候，我们并不直接计算员工打分与标杆之间的差值，因为这样的差值包含了员工总体打分倾向和员工在每一题目上的差异这两种差异来源，我们希望控制住员工的总体打分倾向（即员工在各题目上打分的均值），来衡量员工对于战略目标或具体行动重要性理解的差异。Cronbach（1955）提出了计算打分准确性的4种方法，本研究中涉及的目标视线与行动视线的计算适用于其中的差异海拔（Differntial Elevation）方法（Boswell，2006）。差异海拔通过控制员工总体打分倾向之后计算员工在某一组条目上的差异程度来表示其准确性（Cardy and Dobbins，1994）。目标视线与行动视线的差异海拔是分别计算的，并各自乘以–1，因此得出的数值越大意味着员工理解组织各项战略目标和具体行动的重要性越准确。具体的计算公式如下：公式（1）是员工理解战略目标（LOS_O）的准确性（即目标视线），公式（2）是员工理解具体行动（LOS_A）的准确性（即行动视线）。

$$LOS_O = -1 \times \sqrt{\frac{1}{n}\sum_{i=1}^{n}\left[(x_i - \bar{x}) - (t_i - \bar{t})\right]^2} \quad (1)$$

其中，$n = 8$；x_i为员工对战略目标第i题的打分；$\bar{x}$为员工对战略目标的8道题目打分的均值；t_i为第i题的真实估值；$\bar{t}$为战略目标8道题目真实估值的均值。

$$LOS_A = -1 \times \sqrt{\frac{1}{k}\sum_{j=1}^{k}\left[(x_j - \bar{x}) - (t_j - \bar{t})\right]^2} \quad (2)$$

其中，$k = 24$；x_j为员工对具体行动第j题的打分；$\bar{x}$为员工对具体行动的24道题目打分的均值；t_j为第j题的真实估值；$\bar{t}$为具体行动24道题目真实估值的均值。

（五）其他研究变量的测量

员工绩效采用样本企业最近一次的绩效考评结果，绩效考评的方式是每位员工的直接上级按照统一的标准为员工打出的百分制分数。在本研究的样本中，员工绩效最低68分，最高95分，均值为82.31分，标准差为6.22分。

本研究中还测量了员工感知的组织程序公平（即组织中达到分配结果所使用的程序的公平程度，Thihaut and Walker，1975），使用的量表为Colquitt（2001）总结的程序公平量表。我们使用了其中的4个条目，如"评价我的工作绩效的程序是公平的"（7点量表，1=完全不公平，7=非常公平；α=0.94）。文献表明组织公平，尤其是程序公平，对员工的工作绩效有显著影响（Colquitt，Conlon，Wesson，Porter and Ng，2001），因此在本研究中我们把程序公平作为了控制变量。

问卷的最后一部分包括了个体特征变量的测量，年龄以实际值衡量，性别定义为哑变量（1=男，0=女）。教育水平（学历）的测量为分类变量（1=初中及以下；2=高中及同等学力；3=大专及同等学力；4=大学本科及以上）。职位层级定义为哑变量（1=有下属，0=无下属）。员工在组织中的工作年限以实际年限测量。文献中的一些研究表明不同层级员工对组织战略的理解会存在差异。例如，Minizberg（1983）指出，相对于层级较低的员工，管理人员拥有更多关于组织战略的信息，具有较高水平的战略视线。而层级较低的员工拥有的信息量少，并且这些有限的信息基本上只来自于上级有选择性的传达。因此，对于不同职位层级的员工来讲，员工战略视线对于结果变量的影响程度不同。而性别、年龄以及教育程度都会对员工的思维与行为产生影响。因此，我们在回归分析中将员工的年龄、性别、教育水平和职位层级作为控制变量，组织工作年限作为调节变量。

四、数据分析与结果

本研究首先对数据进行了描述性统计分析，表2列出了本研究中使用的变量的均值、方差以及相关系数。可以看到主要变量之间存在比较普遍的相关性。目标视线与员工绩效存在显著的正相关关系（$r = 0.19$，$p < 0.05$），行动视线与员工绩效存在一定的正相关关系（$r = 0.13$，$p < 0.10$），目标视线与行动视线之间也存在显著的正相关关系（$r = 0.21$，$p < 0.01$）。

为了验证本研究中提出的假设1和假设2，我们采用了层级回归的分析方法，使用的统计软件为SPSS16.0，分析结果见表3。假设1a提出目标视线与员工绩效正相关。表3中模型2对假设1a的分析结果支持该假设（$\beta = 0.19$，$p < 0.01$）。假设1b提出行动视线对员工绩效有积极影响。表3模型3对假设1b的分析结果支持这一假设（$\beta = 0.20$，$p < 0.01$）。

表2 各变量均值、方差和相关系数矩阵

变量	M	SD	1	2	3	4	5	6	7	8
1. 年龄	29.94	8.30								
2. 性别	0.67	0.47	−0.15*							
3. 教育水平	2.94	1.14	0.04	−0.03						
4. 职位	0.39	0.49	−0.08	0.17*	0.54**					
5. 工作年限	4.04	3.84	0.74**	−0.31**	−0.09	−0.18*				
6. 程序公平	4.53	1.56	0.04	−0.00	−0.37**	−0.29**	0.08			
7. 目标视线	−1.20	0.42	0.03	−0.00	−0.05	−0.01	0.07	0.01		
8. 行动视线	−0.91	0.29	−0.02	−0.15*	−0.01	−0.08	−0.01	0.14+	0.21**	
9. 绩效水平	82.31	6.22	−0.08	0.08	0.20*	0.27**	−0.08	−0.32**	0.19*	0.13+

注：$N = 170$；+$p < 0.10$；*$p < 0.05$；** $p < 0.01$。

表 3　对假设 1 和假设 2 的层级回归分析结果

	模型 1	模型 2	模型 3	模型 4	模型 5
	DV=员工绩效	DV=员工绩效	DV=员工绩效	DV=行动视线	DV=员工绩效
控制变量					
年龄	−0.08	−0.07	−0.08	0.01	−0.07
性别	0.05	0.04	0.08	−0.17*	0.07
教育水平	0.01	0.02	−0.01	0.07	0.01
职位	0.19*	0.18*	0.20*	−0.05	0.19*
组织工作年限	0.04	0.02	0.06	−0.10	0.04
程序公平	−0.26**	−0.26**	−0.29**	0.16+	−0.29**
自变量					
目标视线		0.19**		0.22**	0.16*
行动视线			0.20**		0.16*
Adj.R^2	0.11	0.14	0.14	0.06	0.16
ΔR^2		0.04**+	0.04**+		0.02*
F	4.51**	5.07**	5.04**	2.54*	5.11**
ΔF		7.35**+	7.20**+		4.64*

注：N=170；+p<0.10；*p<0.05；**p<0.01；表中报告的是标准化回归系数；a 模型 2 与模型 1 之间的 ΔR^2 及 ΔF；b 模型 3 与模型 1 之间的 ΔR^2 及 ΔF；c 模型 5 与模型 2 之间的 ΔR^2 及 ΔF。

假设 2 提出行动视线对目标视线与员工绩效之间的关系起到部分中介作用。根据 Baron 和 Kenny（1986）的建议，对中介变量的检验需要满足 4 个条件：①自变量（目标视线）与因变量（员工绩效）显著相关；②中介变量（行动视线）与因变量显著相关；③自变量与中介变量显著相关；④当控制中介变量后，自变量对因变量没有显著影响或其影响显著下降。由于假设 1a 得到支持，因此条件①被满足；假设 1b 得到支持，满足了条件②；从表 3 模型 4 的结果中可以看出，目标视线显著影响行动视线中（β=0.22，p<0.01），因此满足条件③；在控制了行动视线后，目标视线对员工绩效的影响从模型 1 中的 0.19（p<0.01）下降到 0.16（p<0.05；见表 3 中模型 5），模型 5 与模型 2 之间的 ΔR^2 为 0.02（p<0.05），因此满足条件④。由此我们可以得出行动视线对目标视线和员工绩效之间的关系起到部分中介作用。我们进一步对中介变量的间接影响进行了 Sobel 检验（Sobel，1982），结果显著（z=1.74，p<0.05），表明目标视线通过行动视线对员工绩效的间接影响是显著的。综上所述，假设 2 得到了支持。

假设 3 提出行动视线对目标视线与员工绩效之间关系的中介作用强弱受到员工组织工作年限的调节。具体来说，员工在组织中的工作年限越长，上述的中介作用越强。为了验证调节中介关系的假设，需要在线性回归方程中同时检验中介作用和调节作用。我们根据 Muller、Judd、Yzerbyt（2005）以及 Preaeher、Rucker、Hayes（2007）的建议，检验了以下 4 个条件：①自变量（目标视线）对中介变量（行动视线）有显著影响；②自变量与调节变量（组织工作年限）的交互作用对中介变量有显著影响，或者中介变量与调节变量的交互作用对因变量（员工绩效）有显著影响；③中介变量对因变量有显著影响；④自变量通过中介变量对因变量的间接影响程度随调节变量的强弱而变化。最后一个条件，即条件④，是调节中介关系的本质（Preacher 等，2007）。换言之，如果自变量通过中介变量对因变量的间接影响随调节变量的变化而有不同，就产生了调节中介关系。

在验证假设 2 的过程中，我们发现目标视线对行动视线有显著影响，因此满足条件①。为了检验条件②，我们用层级回归分析方法检验了组织工作年限与目标视线的交互作用对行动视线的影响以及组织工作年限与行动视线的交互作用对员工绩效的影响，分析结果见表 4。从表 4 模型 1 中可以看出目标视线与组织工作年限的交互作用对行动视线没有显著影响（$\beta = 0.41$，ns）；但是表 4 模型 2b 表明行动视线与组织工作年限的交互作用对员工绩效有显著影响（$\beta = 0.59$，$p < 0.05$），并且该模型与模型 2a 相比有显著提高（$\Delta R^2 = 0.006$，$p < 0.005$），满足条件②中的第二种情况，因此条件②得到满足。在验证假设 b1 的过程中，我们已经发现行动视线对员工绩效有显著影响。因此，调节中介关系验证的条件③也得到满足。

表 4　调节中介关系的层级回归分析结果

变量	DV = 行动视线	DV = 员工绩效	
	模型 1	模型 2a	模型 2b
年龄	0.01	−0.06	−0.04
性别	−0.18*	0.07	0.12
教育水平	0.09	−0.02	−0.04
职位	−0.05	0.16+	0.17*
程序公平	0.14+	−0.23**	−0.27**
组织工作年限	0.29	−0.84**	−0.49*
目标视线	0.08	0.50***	0.51**
目标视线 × 组织工作年限	0.41	−0.93***	−1.16**
行动视线			0.05
行动视线 × 组织工作年限			0.59*
Adj.R^2	0.07	0.22	0.27
ΔR^2			0.06***
F	2.58*	6.85	7.18**
ΔF			6.60***

注：N = 170；+$p < 0.10$；*$p < 0.05$；**$p < 0.01$；表中报告的是标准化回归系数；a 模型 2b 与模型 2a 之间的 ΔR^2 及 ΔF。

为了检验条件④，即行动视线对目标视线与员工绩效的中介作用会随着员工的组织工作年限的长短而有所不同，我们使用了 Preacher 等（2007）提出的统计检验方法，用 Aroian（1947）的间接关系的完全标准差来计算当调节变量处于不同水平时自变量与因变量间接关系的 z 值。我们根据 Preacher 等（2007）的建议采用组织工作年限均值加减 1 个标准差来代表组织工作年限的长短。表 5 列出了不同组织工作年限下间接关系的估值、标准差、z值和显著性水平。可以看出，当员工的组织工作年限较长时，目标视线通过行动视线作用于员工绩效的间接影响较强（2.20，p<0.05）；而当员工的组织工作年限较短时，目标视线通过行动视线作用于员工绩效的间接影响变弱并且不显著（0.07，n.s.）。由上述结果可以看出，检验调节中介关系的条件④得到满足。综上所述，假设3得支持，即员工目标视线通过行动视线对员工绩效的间接影响受到员工组织工作年限长短的调节。具体来说，当员工组织工作年限较长时，上述中介关系较强。

表5 行动视线对目标视线和员工绩效中介关系在不同组织工作年限下的间接作用

调节变量	间接作用	SE	z	P
组织工作年限：较短	0.07	0.21	0.35	0.73
组织工作年限：较长	2.20	0.96	2.29	0.02

五、讨论与结论

本研究从战略人力资源管理的视角出发，探讨了个人层面上的员工战略视线（目标视线和行动视线）对其工作绩效的影响。通过对国内一家民营企业的调查研究，我们发现员工的目标视线对员工绩效既有直接影响，也会通过员工的行动视线对绩效产生间接影响。同时，我们还发现员工的目标视线通过行动视线进而影响员工绩效这一中介机制会受到员工组织工作年限的调节，即员工在组织中的工作年限越长，上述中介关系也就越强。这一发现有助于我们从学理上深刻地理解"心往一处想，劲往一处使"的重要性和作用机理。

本文的理论意义在于：第一，尽管许多学者和经理人员非常认同组织与员工的匹配与协同是战略人力资源管理的关键，但是系统而深入的研究证据却十分有限。本研究是按照Boswell（2006）的思路，运用中国员工样本研究员工与组织的匹配对于组织战略价值的较早探索之一。与Boswell（2006）只研究了员工的战略视线对员工态度的影响不同，我们在本研究中探讨了员工战略视线对其工作绩效这一重要结果变量的影响，从而提升了员工战略视线这一概念的理论价值，拓宽了战略人力资源管理的研究领域。第二，本研究以中国企业的员工作为样本进行实证研究并取得了有价值的研究结果，这说明员工战略视线这一概念在中国情境下同样是有意义的。而且，由于员工战略视线的两个维度——目标视线和行动视线——的含义与我们长期以来一直倡导的"心往一处想，劲往一处使"高度一致，本研究也是运用西方的概念和研究范式科学化地解析中国传统管理文化和管理思想的作用机理的有益尝试。第三，员工战略视线的测量过程虽然比较复杂，但是与MacDuffie（1995）根据样本企业特征制定关于工作系统和人力资源管理实践量表的研究策略相似，这种有针对性的测量确保了变量的信息能够更充分地反映研究对象的具体情境，提高了研究结论的针对性和内部效度,有助于揭示采用通用性测量手段难以说明的管理现象。

从管理启示的角度看,本研究的结果表明同一个组织中的员工对组织战略目标的理解以及对如何行动来有效地实现这些战略目标的理解可能存在很大差异。因此,辨析组织的战略目标固然重要,但是研究组织的员工是否理解以及如何理解组织的战略目标和该战略目标所要求的具体行动也具有同样甚至更多的现实意义和应用价值。特别地,员工的目标视线在直接影响员工绩效的同时还会通过员工的行动视线间接影响员工绩效,而且这一中介作用机制还将受到员工在组织中工作年限长短的正向调节。这说明组织为了提高员工的绩效可以采用信息分享和无障碍沟通等管理方式让员工准确地理解组织的战略,并通过培训等管理方式让员工清楚地知道应该如何为实现组织的战略目标而努力工作。以绩效考核为例,本研究的结果说明,在业绩考核过程中,经理人员不仅需要能够确定符合组织战略需要的关键业绩指标和关键行为指标,而且还需要与员工进行充分而有效的沟通交流,从而帮助员工理解组织的战略目标及其行为含义,才能真正提高员工绩效和组织整体绩效。而且,对于那些在组织工作年限较长的员工而言,这种信息分享和沟通交流的效果也将更加明显。

本研究也存在着一定的局限性。第一,本研究采用横断面(Cross-sectional)数据作为研究的依据。这虽然能够反映变量之间的关系,但是对因果关系的确定无法提供强有力的支持。尽管本研究中的因变量——员工工作绩效的测量采用了上级报告的方式,但是由于条件限制,我们采用的是样本企业最近一次年度绩效考评的结果,而对员工战略视线的测量是在绩效考核之后(两者相差3个月)。然而,由于员工战略视线具有一定的稳定性,一旦形成不会在短期内发生显著变化;因此,我们认为本文变量测量的局限不会严重损害研究结论。在后续研究中,研究者应该收集时间序列数据,进一步验证员工战略视线与工作绩效之间的因果关系,从而检验本研究结果的可靠性。

第二,本研究仅探讨了员工战略视线对其工作绩效的影响,没有考察员工战略视线对态度和情感的影响。未来的研究设计可以综合 Boswell(2006)和本文的研究设计,同时检验员工战略视线对态度、情感、行为和实际工作绩效的影响。同时,这一研究还有利于检验员工的态度是否在战略视线对绩效的影响中起到中介作用。

第三,在本文的数据分析中,程序公平感与员工的工作绩效显著负相关(表2,$r=-0.32$,$p<0.01$)。在回归分析中,程序公平也与工作绩效呈现出显著的负相关关系(见表3和表4)。这与大多数文献中程序公平感对员工绩效的积极影响是相反的(Colquitt 等,2001)。出现这一现象的原因可能与我们的样本公司的特点有关。这是一家民营制造企业,其高管团队的领导风格比较独裁。企业中受教育程度较高的中层管理人员参与决策的机会较少,感知到的程序公平感较低;然而,这些管理人员在工作中表现优秀,对企业的贡献非常重要,得到的由上级评价的业绩考核分数很高(表2的相关系数也反映了企业这一特点)。此外,过去的研究中也有学者发现程序公平与员工的工作绩效负相关(Kanfer,Sawyer,Earley and Lind,1987)或不相关,如 Earley 和 Lind(1987)只在实验研究中发现了程序公平与绩效相关,但在实地调查研究中却没有发现两者之间的相关关系。因此,

本研究中程序公平与员工的工作绩效存在负相关关系不能说明与现有文献完全不一致。

第四，由于本研究的样本企业只有3位高管，因此该企业的战略目标视线和行动视线的基准条目都由这3位高管列出。这在一定程度上隐含了目标与行动的因果关系（Torpe and Liberman, 2003）。但是，由于本研究侧重讨论员工对企业战略目标视线和行动视线的不同理解程度对其工作绩效的影响，这就不仅需要企业里有一个客观而明确的战略目标和行动计划，而且目标与行动之间应具有一定的匹配关系，这对本研究而言至关重要。样本企业高管同时提供目标视线与行动视线的基准条目在客观上有助于提高测量员工对目标视线和行动视线理解的准确性。当然，在未来的研究中，如果研究者采用有更多位高管的样本企业，由其中一部分高管提供目标视线条目，而由另一部分高管提供行动视线条目，将会使研究结果更加严谨。

本文采用了 Boswell（2006）提出的新概念——"员工战略视线"作为研究的核心概念，选取了我国一家民营汽车空调生产企业的员工作为样本，通过定性和定量的研究方法从员工的角度对战略人力资源管理的研究领域进行了拓展。本文的研究表明员工的战略视线对员工的工作绩效有积极的影响。具体而言，员工的目标视线不仅直接影响员工绩效，而且还通过行动视线间接影响工作绩效；这一中介过程还将受到员工的组织工作年限长短的正向调节。这也意味着"心往一处想、劲往一处使"的信念对于充分发挥那些服务于企业多年的"老员工"的作用将具有更大的价值。

参考文献

［1］程德俊，赵曙明. 高参与工作系统与企业绩效：人力资本专用性和环境动态性的影响［J］. 管理世界，2006（3）.

［2］蒋建武，赵曙明. 战略人力资源管理与组织绩效关系研究的新框架［J］. 管理学报，2007（11）.

［3］吴春波，高中华，洪如玲. 民营高科技企业成长过程中人力资源管理角色演化模式研究——基于H公司的案例研究［J］. 管理世界，2010（2）.

［4］颜士梅. 国外战略性人力资源管理研究综述［J］. 外国经济与管理，2003（9）.

［5］张一弛，李书玲. 高绩效人力资源管理与企业绩效：战略实施能力的中介作用［J］. 管理世界，2008（4）.

［6］张一弛，张正堂. 高绩效工作体系的生效条件［J］. 南开管理评论，2004（5）.

［7］Aroian L.A. The Probability Function of theProduct of Two Normally Distributed Variables［J］. Annals of Mathematical Statistics, 1947（18）: 265–271.

［8］Barney J. Firm Resources and Sustained Competitive Advantage［J］. Journal of Management, 1991, 17（1）: 99–120.

［9］Baron R.M., D. A. Kenny.The Modera–tor–Mediator Variable Distinction in Social Psychological Research: Conceptual, Strategic and Statistical Considerations［J］. Journal of Personality and Social Psychology, 1986, 51（6）: 1173–1182.

［10］Boawell W.R. Employee Alignment and the Role of "Line of Sight"［J］. Human Resource Planning, 2000, 23（4）: 48–49.

［11］Boswell W.R. Aligning Employees with the Organization's Strategic Objectives: Out of "Line of

Sight"[J]. Out of Mind.Journal of Human Resource Management, 2006, 17(9): 1489-1511.

[12] Boswell W. R., Boudreau, J. W. How Leading Companies Create, Measure and Achieve Strategic Results Through "Line of Sight"[J]. Management Decision, 2001, 39(10): 851-859.

[13] Candy R.L., G. G. Dohhins. Performance Appraisal: Alternative Perspectives [M]. Cincinnati OH: South-Western. 1994.

[14] Chadwick C., P. Cappelli. Alternatives to Generic Strategy Typologies in Strategic Human Resource Management, in Wright, P., Dyer, L., Boudreau, J. and G. Milkovich (eds.). Strategic Human Resources Management in the Twenty-first Century, Supplement 4 to G.R.Ferris (ed.), Research in Personnel and Herman Resource Management [M]. JAI Press, 1998.

[15] Colquitt J. A.On the Dimensionality of Organizational Justice: A Construct Validation of a Measure [J]. Journal of Applied Psychology, 2001, 86(3): 386-400.

[16] Colquitt J. A., D. E. Conlon, M. J. Wesson, C. O. LH. Porter, K. Y. Ng. Justice at the Millennium: A Meta-Analytic Review of 25 Years of Organizational Justice Research [J]. Journal of Applied Psychology, 2001, 86: 425-445.

[17] Cronbach L. J. Processes Affecting Scores on "Understanding of Others" and "Assumed Similarity" [J]. Psychological Bulletin, 1955, 52: 177-193.

[18] Delery J. E., D. H. Doty. Modes of Theo-ruing in Strategic Human Resource Management: Tests of Universalistic, Contingency, and Configurational Performance Predictions [J]. Academy of Management Journal, 1996, 39: 802-835.

[19] Delery J. E., J. D. Shaw, The Strategic Management of People in Work Organizations: Review, Synthesis and Extension [J]. Research in Personnel and Human Resources Management, 2001, 20: 165-197.

[20] Earley P. C., E. A. Lind.Procedural Justice and Participation in Task Selection: The Role of Control In Medialing Justice Judgments [J]. Journal of Personality and Social Psychology, 1987, 52: 1148-1160.

[21] Etzioni A. A Comparison. Analysis of Complex Organizations [M]. New York: Free Press, 1961.

[22] Fulmer I. S., Gerhart, B., K. S. Scott.Are the 100 Best Better? An Empirical Investigation of the Relationship between Being A "Great Place to Work" and Firm Performance [J]. Personnel Psychology, 2003, 56: 965-993.

[23] George J. M. The Role of Personality in Orga-nizational Life: Issues and Evidence [J]. Journal of Management, 1992, 18: 185-213.

[24] Guzzo R. A., G. P. Shea.Group Performance and Intergroup Relations and Organizations, in Dunnette, M. D. and L. M. Hough, (eds.). Handbook of Industrial and Organizational Psychology [M]. Palo Alto, CA: Consulting Psychologists Press Inc, 1991.

[25] Kanfer R., Sawyer J. E., Earley P. C., E.A.Lind. Fairness and Participation in Evaluation Proceduress Effects on Task Attitudes and Performance [J]. Social Justice Research, 1987, 1: 235-249.

[26] Katz D., R. L. Kahn .The Social Psychology of Organizations [M]. New York: Wiley, 1966.

[27] Kristof A. Person-Organization Fit: An Integrative Review of Its Conceptualizations, Measurement and lmplicanons [J]. Personnel Psychology, 1996, 49: 1-49.

[28] Lawler E. E. III.From Job-Based to Competency-Based Organizations [J]. Journal of Organizational Behavior, 1994, 15: 3-15.

[29] Locke E. A., G. P. Latham. A Theory of Goal Setting and Task Performance [M]. Englewood Cliffs,

1990.

[30] Macduffie J.P. Human Resource Bundles and Manufacturing Performance: Organizational Logic and Flexible Production Systems in the World Auto Industry [J]. Industrial&Labor Relations Review, 1995, 48 (2): 802–835.

[31] March J. G., H. A. Simon. Organizations [M]. New York: John Wiley, 1958.

[32] Mintzberg H. Power In and Around Organizalions, Englewood Cliffs [M]. NJ: Prentice Hall, 1983.

[33] Mintzberg H. The Strategy Concept I: Five P's for Strategy [J]. California Management Review, 1987, 30: 11–24.

[34] Muller D. Judd C. M., V. Y. Yzerbyt. When Moderation is Mediated and Mediation is Moderated [J]. Journal of Personality and Social Psychology, 2005, 89: 852–863.

[35] Nelson J. The Boundaryless Organization: Implications for Job Analysis, Recruitment and Selection [J]. Human Resource Planning, 1997, 20: 39–49.

[36] Porter M. E. Competitive Strategy [M]. New York: Free Press, 1980.

[37] Porter M. E. What is Strategy? [J]. Harvard Business Review, 1996, 74: 61–78.

[38] Preacher K. J. Rucker, D. D., A. F. Hayes.Addressing Moderated Mediation Hypotheses: Theory, Methods and Prescriptions [J]. Multivariate Behavioral Research, 2007, 42: 185–227.

[39] Schuler R. S., S. E. Jackson. Linking Com-petitive Strategies with Human Resource Management Practices [J]. Academy of Management Executive, 1987, 1: 207–219.

[40] Simon H. A. Organizations and Markets [J]. Journal of Economic Perspectives, 1991, 5: 25–44.

[41] Sobel M. E. Asymptotic Confidence Intervalsfor Indirect Effects in Structural Equation Models, in Leinhardt, S. (ed.), Sociological Methodology [M]. Washington, D. C.: American Sociological Association, 1982.

[42] Staw B. M., R. D. Boettger. Task Revi-sion: A Neglected Form of Work Performance [J]. Academy of Man-agement Journal, 1990, 33: 534–559.

[43] Steers R. M., Porter, L. W.Motivation and Work Behavior [M]. New York: McGraw Hill, 1991.

[44] Sulsky L. M., W.K. Balzer, Meaning and Measurement of Performance Rating Accuracy: Some Methodological and Theoretical Concerns [J]. Journal of Applied Psychology, 1988, 73: 497–506.

[45] Tannenbaum A. S. Control in Organizations: Individual Adjustment and Organizational Performance [J]. Administrative Science Quarterly, 1962, 7: 236–257.

[46] Thibaut J., L. Walker.Procedural Justice: A Psychological Analysis. Hillsdale [M]. NJ: Erlbaum, 1975.

[47] Trope Y., N. Liberman.Temporal Construal [J]. Psychological Review, 2003, 110: 403–421.

[48] Truss C. Complexities and Controversies in Linking HRM with Organizational Outcomes [J]. Journal of Management Studies, 2001, 38: 1121–1149.

[49] Vancouver J. B., Millsap, R. E., P. A. Peters. Multilevel Analysis of Organizational Goal Congruence [J]. Journal of Applied Psychology, 1994, 79: 666–679.

[50] Vroom V. H. The Effects of Attitudes on Perception of Organizational Goals [J]. Human Relations, 1960, 13: 229–240.

[51] Wright P. M., W. R. Boswell. Desegregating HRM: A Review and Synthesis of Micro and Macro Human Resource Management [J]. Journal of Management, 2002, 28: 248–276.

[52] Wright P. M., G. C. McMahan.Theoretical Perspectives for Strategic Human Resource Management [J]. Journal of Management, 1992, 18: 295-320.

[53] Wright P. M., McMahan, G. C. and A. McWilliams.A Human Resources and Sustained Competitive Advantage: A Resource-Based Perspective [J]. International Journal of Human Resource Management, 1994, 5 (2): 301-332.

[54] Yukl G., P. P. Fu .Determinants of Delegation and Consultation by Managers [J]. Journal of Organizational Behavior, 1999, 20: 219-232.

[55] Zander A. W.Groups at Work, San Francisco. CA: Jossey-Bass, 1977.

"Integrating Everyone's Thoughts and Efforts Direct to One Goal": The Mechanism of Employee Strategic Sight

Ren Run   Li Jing   Zhang Yi-chi

Abstract: The foreign scholars have recently proposed employee strategic sight (including the target line of sight and the action line of sight) concept, this paper uses it to investigate its effect on work performance. In a private enterprise, the authors first make a qualitative analysis to develop the sample enterprise strategic sight scale, making a questionnaire investigation to get 170 matching datas about the staff strategic sight and the competent staff performance assesed by managers. The study found their target line of sight had a direct impact on employee performance and through the action of the line of sight to indirect impact on job performance, which helps us to deepen the understanding of the important guiding principle of "Integrating everyone's thoughts and efforts direct to one goal". At the same time, the employee's organizational working life to the whole of the intermediary relations play an entirety mediated role: the longer working life, the degree of intermediary relation is stronger; and vice versa. Finally, this paper discusses the implications of the results to the practice of human resource management of enterprises and the prospects for future research.

Key Words: staff strategic sight; job performance; organizational working life

企业组织变革特征、人力资源策略与变革应对行为的实验研究：组织学习的视角*

王重鸣　李　凯

【摘　要】 在快速发展的全球化和知识经济背景下，各类组织急需通过变革创新来适应动态环境和开拓发展。本研究使用基于多案例的实验学习技术，研究与检验了公司组织变革的关键特征和人力资源策略与变革策略，特别关注了组织学习的关键作用。基于110项组织变革案例情节的内容分析，本研究验证了变革的四项主要特征：风险创新性、动态整合性、网络互动性和文化多样性。组织变革过程的有效人力资源策略包括培训发展、招聘配置和绩效薪酬。统计分析结果表明，组织绩效受到多重因素影响和组织学习的中介效应，而组织学习各个维度中，实验尝试学习的效应最显著。组织学习促进了两种变革策略的效能期望，即文化学习策略和团队协同策略。

【关键词】 组织变革特征　人力资源策略　跨案例研究　组织学习　变革策略

一、引言：研究的背景

近年来，全球化和信息化日益带来新的更具动态的组织变革，面临超竞争环境的企业组织必须通过变革以达成与环境的新匹配（王重鸣，2003；汪淼军、张维迎、周黎安，2006）。主要的变革类型包括全球商务、信息技术、公司创业和并购重组。为了提升变革管理的能力，需要对有别于传统变革的关键特征加以系统的研究与分析（侯嘉政、陈宜伸、张宏荣，2010）。同时，关于组织变革的有效策略的关键条件仍然不很清楚。本研究主要关注战略性人力资源管理实践，以及成功的组织变革所需要的组织学习机制与人力资源支撑。从方法论上讲，更多研究采用了跨案例分析技术，使用多案例分析的方法来产生构思、假设以及中观层面的理论。Eisenhardt 和 Graebner（2007）指出，通过多案例研究

---

* 本文选自《应用心理学》2011年第2期。

构建理论是将丰富的定性数据与主流的演绎研究相联系的最好方法。组织变革活动对人力资源配套提出了新的挑战。许多研究将人力资源配置、培训发展和绩效薪酬管理定义为吸引、选择和保留胜任的员工以达成组织目标的过程（Ployhart，2006；Kang, Morris & Snell, 2007；张小兵，2010）。这些问题在组织变革背景下十分突出，尤其是全球经营、信息化变革背景下的跨文化人力资源管理成为关键的重要挑战。研究表明，组织变革中较多采用的有以下三种策略：一是压力整合策略，在组织变革背景下，必须运用人力资源策略减低变革压力，整合各方资源，提升变革凝聚力并通过变革构建新的竞争优势；二是文化学习策略，常见的跨区域扩张、并购重组和全球经营都会带来文化冲突问题，显著影响组织沟通、行为规范和变革效能；三是团队协同策略，对新部门和多业务单元团队的运作模式是战略协同的重要条件，其解决方案包括跨职能团队等。Edmondson（2008）针对组织变革与发展的机制提出"组织学习模型"，包括了五个阶段环节：实验尝试学习、信息收集学习、信息分析学习、信息传递学习和教育培训学习，而促进因素则包括心理安全、尊重差异、开放心态、心理反思、领导风格、学习导向和绩效导向等。该模型为分析组织变革的整合机制提供了有效的框架。本研究则运用组织学习这一视角，提出一个组织变革与组织学习的整合框架，见图1。

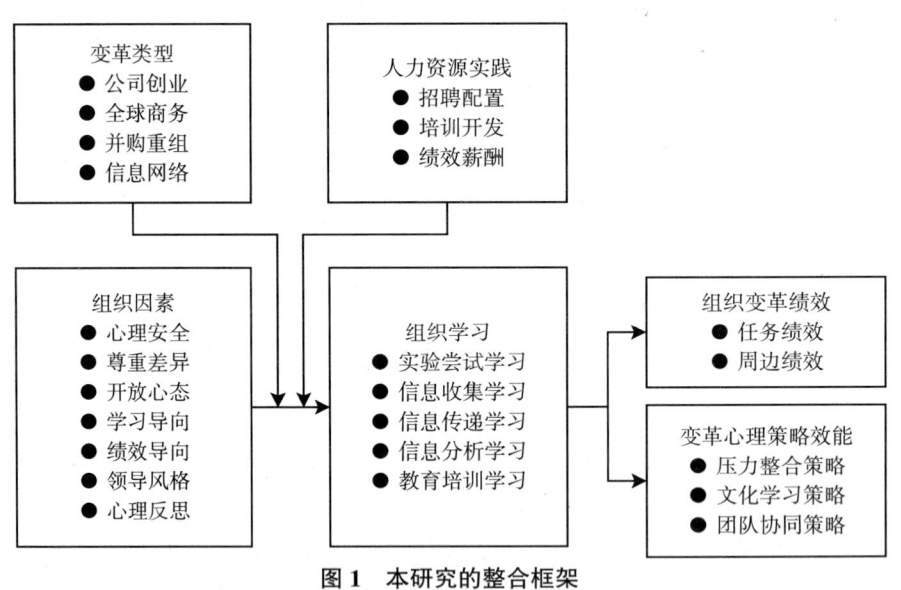

图 1　本研究的整合框架

其基本假设是：组织因素对于组织学习模式具有显著的影响，进而提升组织绩效和变革心理策略的效能，而这一关系又受到变革类型和人力资源实践的制约或缓冲。同时，组织变革下的关键任务特征又对组织因素产生显著的效应。本研究试图回答的问题是：组织学习究竟如何促进变革的整合、学习与协同，即其机制如何？

二、方　法

（一）被试

110名具有工作经验的MBA学生参加了本研究。其中，68名MBA学生，42名EMBA学员。被试主要来自某省企业，平均年龄33.2岁。表1给出了被试的背景信息。

表1　被试的背景信息

编号	变量	取值	频次	频率
1	性别	男性	80	72.73%
		女性	30	27.27%
2	职位	高层管理	35	31.82%
		中层管理	54	49.09%
		基层管理	8	7.27%
		基层员工	13	11.82%
3	部门	生产采购	8	7.27%
		财务	11	10.00%
		营销	30	27.27%
		人力资源	12	11.00%
		技术	20	18.18%
		战略	29	26.36%
4	公司规模	1~100	23	20.91%
		100~500	25	22.73%
		500~1500	23	20.91%
		多于1500	39	35.45%
5	销售额	小于3亿元	38	34.55%
		大于3亿元	72	65.45%
6	所有制类型	民营	30	27.30%
		国有	41	37.30%
		合资	10	9.10%
		外资	23	20.90%
		混合所有制	6	5.50%

（二）实验操作

本研究采用实验室案例研究方法（Yin，2004），以基于计算机的案例分析作为实验任务。由被试阅读相关的变革案例，并作出判断、决策与学习。研究关注四种变革类型和三种人力资源实践，共形成12种变革与人力资源类型。在每种类型下，包含了3种相关的案例情节。作为实验操作，给被试阅读案例以便检验其进入组织变革情景的程度，提升决策和解决方案的生态效度。案例材料主要来自前期研究与访谈（见表2）。

表2 案例材料与问题情节

变革类型*	HR挑战**	案例名称	案例情节
1	1	电器公司并购外企	民营企业并购国有企业且成功实施
1	1	传媒公司并购新传媒	新媒体公司合并，实现规模经济性
1	1	家电并购外企	并购实现区域扩张渐进式接管策略
1	2	家电并购电器	并购中发生的激烈文化冲突
1	2	家电并购电子	成功的文化融合，且绩效显著增长
1	2	铝业并购材料	保留原先管理团队，培训实现整合
1	3	电器并购外企	民营企业并购国有企业，提升薪酬
1	3	啤酒并购纯啤	啤酒产业通过并购提升竞争力
1	3	电器并购药业	以并购进入新产业，实现业务转型
2	1	服饰虚拟经营	使用IT系统控制整个连锁系统
2	1	食品IT实施	使用IT系统控制成本上涨
2	1	民企IT实施	民营企业如何用IT构建竞争优势
2	2	民企IT人员配置策略	IT分公司实施信息化提供社会服务
2	2	民企IT培训	对员工进行密集培训实现组织转型
2	2	网络培训和学习系统	公司使用在线培训实现员工发展
2	3	电器ERP实施	通过顶层支持成功实施ERP系统
2	3	水泥IT实施	水泥制造商的IT实施措施
2	3	办公自动化平台	使用办公自动化平台提升工作效率
3	1	IT企业全球化	使用海外甄选和配置策略
3	1	IT企业国际配置策略	混合配置策略进行甄选和配置
3	1	家电国际人事选拔	使用胜任力模型作为选拔工具
3	2	IT企业国际化培训	强调对本土员工进行培训
3	2	电子企业全球化	使用培训作为提升战略竞争力工具
3	2	民企全球人力资源策略	使用外派人员的策略
3	3	IT企业国际化绩效评价	强调不同国家之间差异
3	3	电子国际化心理契约	用文化策略提升员工的心理契约
3	3	鞋业国际化绩效和薪酬	使用国际化的绩效指标系统
4	1	汽车企业组织重构	通过组织重构实现环境适应
4	1	家电组织调整	组织结构和配置策略随产品变化
4	1	汽车企业配置策略	竞争性上岗实践
4	2	汽配企业的创新管理	鼓励员工的创新
4	2	家电培训系统	建立培训中心
4	2	汽车企业培训系统	强调培训项目的文化内涵

续表

变革类型*	HR挑战**	案例名称	案例情节
4	3	电梯公司薪酬冲突	基于绩效的薪酬策略引发罢工事件
4	3	汽车企业绩效考核	启动新的绩效评估指标
4	3	电子公司薪酬策略战略转型	使用薪酬策略表明公司的战略意图

注释：* 变革类型：1=并购重组；2=信息技术；3=全球经营；4=公司创业。** 人力资源挑战：1=招聘配置；2=培训发展；3=绩效薪酬。

（三）操作检验

被试阅读案例材料后，要求根据下列问题做出评价（利克特5点量表）：①案例中变革策略的有效性如何；②该案例与组织变革的相关度如何；③该案例解决本公司问题的价值度如何。本研究计算了三个案例评价的平均数与标准差，结果见表3。从表3可见，平均有效性、相关度和价值度均较高（分别为4.06、4.05和3.15）。可以认为，案例阅读作为一种实验操作是有效的。

表3 操作检验的描述统计（n = 110）

变量	均值	标准差
案例1有效性	3.98	0.89
案例1相关度	4.03	0.94
案例1价值度	3.07	1.21
案例2有效性	4.02	0.9
案例2相关度	4.1	0.68
案例2价值度	3.16	1.14
案例3有效性	4.17	0.78
案例3相关度	4.02	0.81
案例3价值度	3.23	1.19
总体有效性	4.06	0.61
总体相关度	4.05	0.62
总体价值度	3.15	0.93

（四）实验任务

实验任务由Dreamweaver 8.0编制。实验环境由一台服务器和100台台式电脑组成。填写背景信息，并选择一种变革类型和主要人力资源实践类型。详细描述其公司中启动的一项变革措施，包括变革起因、过程、难点和结果。接着，完成组织学习问卷，评估所在公司组织学习过程。并呈现三个变革与人力资源类别相同的变革案例。评价案例策略属性作为操作检验。并提出三项解决方案，分别为聚焦压力管理与整合策略、文化管理与学习策略和团队管理与协同策略。对所提出的策略类型，对其实施的有效性进行预测（5点利克特量表）。

(五)测量

本研究的测量工具来自 Edmondson (2008),分别包含以下子量表:心理安全感(5题)、尊重差异(4题)、开放心态(4题)、心理反思(5题)、学习导向(7题)、绩效导向(6题)、领导风格(6题)和绩效量表(8题)。

三、结　果

(一)组织变革特征

表4给出变革类型的频次描述统计分析结果。

表4　变革类型的频次

类型	频次	频率(%)
公司创业	22	20
并购重组	19	17.3
全球经营	16	14.5
信息变革	13	11.8
其他类型	40	36.4

被试描述了各自公司中的一项典型变革举措,答案以半结构化的形式给出,分别讨论了变革起因、策略或步骤、变革阻力、变革大致结果。对110项变革案例进行了内容分析,得到变革的四维特征:风险创新性、动态整合性、网络互动性和文化多样性。①风险创新性:公司创业包含风险因素、新业务拓展和组织变革;②动态整合性:公司面临全球竞争和动态变革及业务整合,特别是通过流程再造实现变革目标;③网络互动性:变革背景下日益实现纵向一体化和横向联盟化以及上下游公司网络式互动;④文化多样性:来自跨区域并购重组或引入战略合作者带来文化多样性,公司国际化策略和海外市场拓展带来文化惯例和行为习惯等多种挑战。

(二)人力资源策略

表5表明,主要人力资源策略类别是招选配置、培训发展和绩效薪酬。①招选配置策略:组织变革带来配置策略调整,修订能力模型,关注新兴业务能力和跨区域团队配置;②培训发展策略:许多公司使用培训策略,举办变革管理课程,帮助员工发展,强调新技术学习和组织认同;③绩效薪酬策略:商业模式变革带来原有薪酬模式效能下降,许多公司设计基于平衡计分卡的绩效评估与激励系统。

表 5　人力资源策略的频次

类型	频次	频率（%）
招选配置策略	43	39.1
培训发展策略	31	28.2
绩效薪酬策略	35	31.8

（三）组织学习因子

表 6 给出了组织学习的因素分析结果。得到的五个因子分别命名为 F1 教育培训学习、F2 信息传递学习、F3 信息采集学习、F4 信息分析学习以及 F5 实验尝试学习。研究还对绩效导向、领导风格与组织变革绩效做出因子分析（见表 7~表 9）。

表 6　组织学习的因素荷重

变量	条目	荷重 F1	F2	F3	F4	F5	α
F1 教育培训	开展教育和培训活动	0.79	0.24	0.01	0.18	0.18	0.89
	启动新举措进行培训	0.79	0.21	0.01	0.16	0.05	
	轮换到新岗位时培训	0.77	0.15	0.23	0.12	0.04	
	新雇用员工适当培训	0.67	0.21	0.06	0.04	0.29	
	定期进行培训/进修	0.67	0.31	0.32	0.09	0.02	
	本单位非常重视培训	0.66	0.16	0.12	0.12	0.44	
F2 信息传递	客户/代理商相互交流	0.06	0.77	0.29	0.05	0.17	0.87
	其他单位/团队的专家	0.28	0.72	0.1	0.1	0.1	
	组织外部的专家指导	0.42	0.70	0.16	0.16	0.11	
	与别单位专家分享信息	0.42	0.68	0.09	0.02	0.05	
	供应商相互交流学习	0.06	0.66	0.35	0.06	0.26	
	内部专家经常分享信息	0.19	0.64	0.07	0.23	0.19	
	快速向决策者传递新知识	0.29	0.53	0.24	0.14	0.28	
F3 信息采集	采集有关竞争者信息	0.12	0.2	0.71	0.14	0.22	0.81
	经济社会发展的信息	0.09	0.28	0.71	0.27	0.19	
	采集有关客户的信息	0.05	0.1	0.66	0.27	0.22	
	同类最佳组织绩效信息	0.32	0.01	0.63	0.05	0.36	
	与竞争者绩效比较信息	0.31	0.05	0.61	0.27	0.2	
	有关技术发展趋势信息	0.11	0.24	0.61	0.28	0.1	
F4 信息分析	在讨论时不关注不同观点	0.06	0.08	0.11	0.71	0.21	0.77
	讨论关键决策基本假设	0.02	0.24	0.17	0.69	0.29	
	成员讨论能提不同观点	0.1	0.18	0.12	0.65	0.34	
	讨论不涉及普遍观点	0.12	0.04	0.05	0.60	0	
	讨论能产生有价值争论	0.15	0.14	0.06	0.59	0.48	

续表

变量	条目	荷重					α
		F1	F2	F3	F4	F5	
F5 实验尝试	正式流程对新实践评价	0.21	0.1	0.04	0.01	0.72	0.74
	尝试提供新的产品或服务	0.14	0.08	0.14	0.41	0.66	
	用原型或模拟尝试想法	0.09	0.03	0.29	0.03	0.55	
	尝试新的工作方式	0.32	0.34	0.01	0.35	0.48	
	解释变异（%）	14.8	13.67	11.36	10.62	9.78	总计 60.24

表7 绩效导向的因素荷重

因素	项目简写	因素荷重		α 系数
		F1	F2	
F1	本单位只在确信能成功才自愿承担职责	0.86	−0.03	0.74
	本单位最重视能影响短期绩效的工作	0.78	0.24	
	本单位成功关键在于承担不会错的任务	0.78	0.02	
F2	本单位强调通过出色工作留下深刻印象	0	0.84	0.77
	本单位要紧绩效达成目标，完成数量指标	0.13	0.83	
	解释变异（%）	39.46	28.82	总计 68.27

注：F1 = 稳定导向，F2 = 卓越导向。

表8 领导风格的因子荷重

因素	项目简写	因素荷重		α 系数
		F1	F2	
F1	经理设立论坛投入资源识别问题	0.91	0.02	0.75
	经理办多论坛投入资源改进反思	0.75	−0.06	
	经理常询问探究问题以促使思考	0.70	0.14	
	经理承认知识信息技术学习需求	0.57	0.45	
F2	经理会批评不同于自己想法的观点	−0.22	0.85	0.66
	经理欢迎大家提出自己的想法	0.47	0.72	
	解释变异（%）	41.07	24.31	总计 65.38

注：F1 = 学习促进，F2 = 意见开放。

表9 组织变革绩效的因子荷重

因素	项目简写	因素荷重		α 系数
		F1	F2	
F1	任务绩效	0.85	0.33	0.75
	卓越工作	0.83	0.17	
	工作效率	0.80	0.27	
	技术创新	0.78	−0.06	
	工作质量	0.76	0.36	
	解题能力	0.75	0.16	

续表

因素	项目简写	因素荷重 F1	因素荷重 F2	α系数
F2	实现预算	0.08	0.84	0.66
	实现时序	0.26	0.81	
	解释变异（%）	48.26	21.43	总计 69.70

注：F1 = 任务绩效，F2 = 周边绩效。

（四）组织学习和绩效的关系

表 10 为以上主要变量描述统计与相关矩阵。组织学习则与心理安全感、差异尊重、开放性、学习导向、心理反思、领导风格与学习促进、意见开放等正相关，心理安全感、实验尝试、信息分析、信息收集、教育培训和信息传递等则与任务绩效呈正相关，稳定导向和关系冲突与任务绩效呈负相关。尤其是，组织学习正面促进文化学习策略和团队协同策略的效能期望，领导意见开放促进团队协同策略的效能期望，反思时间与信息传递正面促进文化学习策略的效能期望，信息收集正面促进团队协同策略。

表 10 主要变量描述统计和相关矩阵（n = 110）

因素	均值(标准差)	1	2	3	4	5	6	7	8	9	10	11	12	13	14	15	16	17	18	19
心理安全	4.40(1.35)																			
差异尊重	4.30(1.26)	0.82**																		
开放思维	4.70(1.36)	0.73**	0.73**																	
学习导向	5.10(1.25)	0.62**	0.58**	0.69**																
心理反思	4.60(1.22)	0.40**	0.48**	0.44**	0.27**															
稳定导向	4.60(1.34)	−0.56**	−0.50**	−0.44**	−0.42**	−0.28**														
卓越导向	5.30(1.22)	0.06	0.04	0.07	0.15	−0.03	0.17													
学习促进	2.90(0.99)	0.43**	0.36**	0.39**	0.54**	0.14	−0.25**	−0.03												
意见开放	4.40(1.07)	0.42**	0.40**	0.49**	0.37**	0.46**	−0.24*	0.06	0.24*											
实验尝试	4.10(1.46)	0.58**	0.55**	0.56**	0.52**	0.38**	−0.29**	0.14	0.41**	0.41**										
信息分析	4.50(1.16)	0.53**	0.50**	0.62**	0.46**	0.46**	−0.44**	0.23*	0.27**	0.47**	0.45**									
信息采集	5.60(1.16)	0.29**	0.35**	0.48**	0.42**	0.27**	−0.12	0.08	0.24*	0.34**	0.41**	0.37**								
教育培训	5.20(1.34)	0.36**	0.45**	0.49**	0.52**	0.39**	−0.33**	−0.09	0.33**	0.39**	0.41**	0.32**	0.41**							

续表

因素	均值（标准差）	1	2	3	4	5	6	7	8	9	10	11	12	13	14	15	16	17	18	19
信息传递	4.60(1.38)	0.48**	0.49**	0.60**	0.70**	0.23*	-0.39**	-0.06	0.52**	0.34**	0.41**	0.37**	0.50**	0.60**						
任务绩效	4.80(0.95)	0.49**	0.49**	0.48**	0.52**	0.29**	-0.25**	0.09	0.41**	0.37**	0.55**	0.49	0.48**	0.43**	0.49**					
周边绩效	5.10(1.05)	0.14	0.18	0.22*	0.04	0.15	-0.13	-0.13	0.04	0.37**	0.13	0.28**	0.42**	0.26**	0.16	0.42**				
组织学习	4.80(0.94)	0.61**	0.62**	0.74**	0.70**	0.45**	-0.41**	0.08	0.48**	0.50**	0.74**	0.66**	0.69**	0.76**	0.79**	0.64**	0.34**			
压力整合	3.90(0.81)	-0.12	0.02	-0.04	0	0.16	0.01	0.03	-0.01	0.11	0.20*	0.07	0.13	0.23*	0.08	0.27**	0.20*	0.16		
文化学习	4.10(0.71)	-0.01	0.15	0.07	0.1	0.26**	0.12	-0.06	0.11	0.1	0.19	0.06	0.18	0.25**	0.21*	0.29**	0	0.23*	0.45**	
团队协同	3.90(0.91)	0.12	0.07	0.22*	0.05	0.17	0.1	0.04	0.01	0.20*	0.18	0.15	0.22*	0.22*	0.17	0.25*	0.09	0.27**	0.31**	0.44**

注：*$p<0.05$，**$p<0.01$。

（五）组织学习的中介效应

表11表示回归分析结果，组织学习是促进任务绩效水平的直接因素，其他促进因素通过组织学习对绩效水平产生影响。

表11 回归分析结果（n = 110）

变量	任务绩效			
心理安全	0.29（0.07）**		0.13（0.07）	0.11（0.08）
学习导向	0.34（0.08）**		0.02（0.09）	0.05（0.09）
实验尝试		0.29（0.06）**		0.24（0.07）*
信息分析		0.20（0.07）*		0.16（0.08）
信息收集		0.17（0.08）		0.18（0.08）
教育培训		0.08（0.07）		0.07（0.07）
信息传递		0.16（0.07）		0.11（0.08）
组织学习			0.55（0.12）***	
F	23.70**	14.39**	23.93**	10.29**
R^2	0.30**	0.43**	0.41**	0.39**

注：* $p<0.05$，** $p<0.01$，*** $p<0.001$。

可以注意到组织学习的完全中介作用，而组织学习作为单独自变量的模型解释效力最高，解释了总变异的43%。心理安全和学习导向作为自变量解释了总变异的30%，但是把组织学习因素加入回归模型，这两个因素的回归系数变得不显著。更进一步将组织学习的五个维度加入模型，实验尝试是唯一的完全中介变量。因此，可以得出结论，认为组织学习是组织提升其绩效和组织能力的机制，而实验尝试是通过引入新实践并且进行选择的具体行动，该模型获得了良好的支持。

表 12　变革策略的效能期望回归模型

变量	压力整合		文化学习			团队协同	
	1	2	3	4	5	6	7
心理安全		−0.36（0.10）		−0.33（0.11）			
差异尊重		0.38（0.10）*		0.36（0.10）*			
开放思维		−0.08		−0.10（0.09）	0.34（0.07）**		0.28（0.08）*
心理反思		0.29（0.07）*		0.26（0.07）*			
学习导向		0.15		0.09（0.09）			
稳定导向		0.25（0.06）*		0.25（0.06）*	0.24（0.07）*		0.23（0.07）*
卓越导向		−0.11		−0.08（0.06）			
学习促进		0.11		0.10（0.08）			
意见开放		−0.01		−0.02（0.08）			
实验尝试							
信息分析							
信息收集						0.24（0.09）*	0.12（0.09）
教育培训	0.21（0.06）*		0.25（0.05）**	0.16（0.07）			
信息传递							
F	4.57*	2.63**	7.04**	2.55**	5.60**	5.78*	4.12**
R^2	0.03**	0.12**	0.06**	0.13**	0.08**	0.05*	0.08*

四、讨 论 与 结 论

组织变革是管理心理学研究中最为活跃的领域之一。本研究的案例研究结果表明，组织所面临竞争环境越来越高度不确定和具有风险性，各类企业组织都在经历急剧的组织变革。案例分析验证了组织变革具有风险创新性、动态整合性、网络互动性和文化多样性等特征，组织变革的有效人力资源策略主要是招选配置、培训发展和绩效薪酬。实验判断任务表明，心理安全感等促进因素对组织绩效的影响通过组织学习为完全中介效应。教育培训是影响压力整合策略效能期望；差异尊重、反思时间、稳定导向和教育培训则影响文化学习策略效能期望，开放性、稳定导向和信息收集是影响团队协同策略效能期望的主要因素。

参考文献

［1］侯嘉政，陈宜伸，张宏荣. 企业动态能力、组织变革策略与组织变革绩效之探索性研究［J］. 经营理论丛，2010，6（1）：23-47.

［2］汪淼军，张维迎，周黎安. 信息技术、组织变革与生产绩效——关于企业信息化阶段性互补机制的实证研究［J］. 经济研究，2006（1）：65-77.

［3］张小兵. 人力资源管理系统和组织学习：知识吸收能力影响的实证研究［J］. 科技进步与对策，2010，27（6）：125-129.

［4］Edmondson, A. C. The Competitive Mperative of Learning［J］. Harvard Business Review, 2008, 86 (7/8): 60-67.

［5］Eisenhardt, K. M., Graebner, M. E. Theory Building from Cases: Opportunities and Challenges［J］. Academy of Management Journal, 2007, 50 (1): 25-32.

［6］Kang, S. C., Morris, S. S., Snell, S. A. Relational Archetypes, Organizational Learning, and Value Creation: Extending the Human Resource Architecture［J］. Academy of Managemeet Review, 2007, 32 (1): 236-256.

［7］Ployhart, R. E. Staffing in the 21st Century: New Challenges and Strategic; Opportunities［J］. Journal of Management, 2006, 32 (6): 868-897.

［8］Wang, Z. M. Managerial Competency Modeling and the Development of Organizational Psychology: A Chinese Approach［J］. International Journal of Psychology, 2003, 38 (5): 323-334.

［9］Yin, R. Case Study Research: Design and Methods (2nd ed.)［M］. Newbury Park. CA: Sage, 2004.

An Experimental Study on Firm Organizational Change, HR Strategy and Change Coping Behaviour: An Organizational Learning Perspective

Wang Zhong-ming　Li Kai

Abstract: Under the rapid development of globalization and knowledge economy, various organizations are urgently needed to adapt to the dynamic environment and new development through change, learning and innovation. In this study, we used the multi-case experimental learning technique to test the key characteristics of organizational change and relevant human resource and change strategies, especially the crucial effects of organizational learning. With the content analysis of 110 organizational change scenarios, four key characteristics were verified: risky innovation, dynamic integration, network interaction and cultural diversity. Training development, recruitment placement and performance compensation are effective human resource management strategies for organizational change process. The results of statistical analysis showed that multiple factors affected organizational performance while organizational learning played an intervening effect. Among dimensions of organizational learning, experimental learning was most significant on performance. This study also show that organizational learning enhanced the change effectiveness by facilitating two change strategies: cultural learning strategy and team coordination strategy.

Key Words: organizational change characteristics; human resource management strategy; cross-case study; organizational learning; change strategy

关于当前我国领导干部公选制问题的探讨*

萧鸣政

【摘　要】 领导干部选拔任用工作是我国政治体制改革与政府管理中最为关键与重要的问题。本文对于当前我国领导干部公开选拔任用制度的概念形成、制度化基础、发展过程及其实践形式进行了初步探讨。对于考任制、选任制、竞任制与票决制等不同形式进行了独立的解释。对于当前领导干部的公选制，从学科理论上进行了基础分析，从实践过程层面进行了问题分析，就公选制如何改进竞聘者理论上的广泛性与实际中的有限性、评价主体的多元性与价值观的不一致性、标准的科学性与可操作性六大问题提出了相关的对策与建议。

【关键词】 选拔任用制度　领导干部评价　人才培养与开发

政治路线确定之后，干部就是决定的因素。对于各级领导干部的选拔任用权是国家政治中最核心的政治权力，是政府治理中最难以解决的焦点。领导干部选拔任用方式的改革，不仅是政治体制与管理机制改革的核心内容，更是发展社会主义民主政治的迫切需要。努力建立科学高效的领导干部选拔任用方式，是提升政府执行力的关键，是巩固执政党执政力的基础。《国家中长期人才发展规划纲要（2010—2020年）》提出了尽快创新领导干部选拔任用机制的新要求，2010年9月我国政府又专门颁布了《2010—2020年深化干部人事制度改革规划纲要》。2011年7月1日，胡锦涛总书记在庆祝中国共产党成立90周年大会上特别指出，领导干部的选拔任用，"关系党和人民事业继往开来、薪火相传的根本大计"。所以，领导干部选拔任用问题研究十分关键而重要，本文将在概括、比较与分析我国领导干部选拔任用方式的基础上提出一些问题及其改进的相关建议。

---

* 本文选自《北京大学学报》2011年第6期。

一、领导干部公选制及其实践形式的分析

所谓领导干部,在本文是指在一个团队或者群体中担任领导职务的人,是一种广泛意义上的基于职位职务的人员解释。领导干部选拔任用方式,就是关于领导干部选拔与任用活动中所制定的一系列标准与方法。纵览中国古今几千年来的领导干部选拔任用方式,分析在各种文献研究中出现的相关名称,大概有原始竞选、贵族世袭、察举、贡举、保举、九品中正、科举、首长任命、组织推举、民主推选、公推公选、提名酝酿、票决制、聘任制、任期制、公开招聘、合同协议制、任期制、竞争上岗、委任、聘任、选任等。这些干部选拔任用方式大体可以归纳为选举、荐举、科举、选任、竞任、委任与聘任。其中选举为广大民众的推选或者投票选举;荐举为少数专家与权威的推选,或者组织与团队的推荐,例如古代的察举与九品中正、现代的民主推选与领导推选都是荐举;科举为通过学科知识技能考试的竞选(竞争选拔)。公选是基于选举、荐举与科举基础之上的一种综合选拔方式。

(一) 领导干部公选方式的制度化分析

公选是公开选拔领导干部方式的一种简称,据有关权威部门的统计,自 2007 年 10 月以来,全国通过公选方式选拔的厅局级以下的干部 23.4 万人。有关民意调查表明,实行公选方式已经连续 3 年被干部群众评为最有成效的领导干部人事制度改革举措。公选只是众多领导干部选拔任用方式中的一种,它何以会成为我国当前领导干部选拔任用的主流方式,它是如何从一种选拔任用方式成为一种选拔任用制度的呢,换句话说,它是如何制度化的呢?我们将从实践基础、政治思想、组织人事与制度保证等不同方面,进行一些相关的分析与探讨。

关于什么是公选制,人们已经有许多研究。有的学者认为,公开选拔领导干部制度(以下简称为公选制)是根据领导职位的条件要求,面向社会通过公开考试与考核相结合的检测手段,筛选出领导干部人选的制度。其特点在于面向社会公开招聘职位,采取不同于传统的干部考察方式,把笔试与面试的考核形式引进干部选拔过程并且作为必要程序。

笔者同意上述观点,但认为公选制,就是选拔任用者向一定范围内公开领导干部职位与要求,公开选拔的程序、选拔的标准与时间,申请者根据自身条件进行自由选择报名,组织人事部门进行资格审查,合格者参与一定的笔试与面试等方式,评价者根据申请者的表现与成绩进行评价,任用者依据评价结果与规定选择任用领导者的一种制度化方式。它是一种广泛吸取我国传统的选举、荐举与科举各种优点基础之上更为综合与创新的一种干部选拔任用制度。其特点在于"公"字。即选拔任用职位的"公开",评价者与工作人员的"公心",选拔任用结果的"公示",申请者被选拔任用机会的"公平",选拔任用程序

的"公正"。公选制体现了"平等"下的"民主"、"竞争"与"择优"下的"公正",体现了一定范围内群众的知情权、参与权、选择权与监督权。

公选制是我国干部人事制度改革开放的重要成果,催化其从一种选拔任用方式向制度化转变的机制,主要在于以下四个方面的生成基础。

1. 实践基础

实践是任何一种政治制度产生与发展的动力源泉。尽管在一些地方与单位,人们对于干部选拔任用方式,有过许多重要的探索与实践,但是,形成当前我国公选制的实践基础是起源于1980年重庆市公用局干部的招聘工作。当时,在重庆市委组织部与人事局的支持与帮助下,重庆市公用局面向社会公开招聘3名副经理、1名工程师与2名会计师。公选制的大规模实践发展于1988~1992年时期。

2. 政治思想基础

政治思想是任何一种政治制度产生与发展的精神力量。尽管以前或多或少地涉及与提出过公开选拔干部的相关思想与文件,但是对于当前公选制直接产生影响的政治思想基础,主要来源于邓小平当时关于干部选拔任用制度改革的相关论述。1980年,邓小平在"党和国家领导制度的改革"一文中明确指出,"领导制度、组织制度问题更带有根本性、全局性、稳定性和长期性。这种制度问题,关系到党和国家是否改变颜色"。领导制度与组织制度的关键与核心,是领导干部的选拔与任用问题。"有些单位,群众自己选出的干部,一些毛遂自荐、自告奋勇担任负责工作的干部,很快就作出了成绩,比单是从上面指定的干部合适得多"。

3. 组织人事基础

组织人事是维系一项政治制度运行与发展的人才基础。没有相应的人员与组织机构作保证,政治制度即使颁发了也难以付诸管理实践与产生社会效果。公选制的组织人事基础,主要在于我国从中央到各省市县成立的"领导干部公开选拔工作办公室"与"领导干部考试与测评中心"。这些专门的管理机构的成立,大大推动了党政领导干部公选制在我国各级党政机关实行的速度与力度。

4. 制度保障基础

制度保障是一项政治制度发展与成熟的关键标志。任何一项政治制度的广泛实践与深化,必须有相应配套的一系列政策文件与条例出台。公选制的制度保障基础,主要是1995年以后中央颁布的一系列文件与条例。1995年中央颁布了《党政领导干部选拔任用工作暂行条例》,1999年中央组织部颁发了《关于进一步做好公开选拔领导干部工作的通知》,2000年先后颁布了《全国公开选拔党政领导干部考试大纲(试行)》与《深化干部人事制度改革纲要(2001—2010)》,2010年中共中央颁布了《深化干部人事制度改革规划纲要(2010—2020年)》,在这些文件与条例中明确提出,要推行公开选拔领导干部制度,规范程序,改进方法,降低成本。实现公开选拔党政领导干部工作的规范化、制度化。特别指出,到2015年通过竞争性方式选拔的厅局级及以下的党政领导干部不少于三分之一。

自从1980年以来,公选制起始于实践探索,颁布于中央文件。经过20年的试验、试行、推行与实行，到 2000 年，终于以中央下发的《深化干部人事制度改革纲要 (2001—2010)》为标志，形成了我国党政领导干部的公选制度，并且为后来公选制在我国的全面实行奠定了政治基础与社会基础。

（二）领导干部公选制的实践过程与形式类型

公选制，自从 1980 年实践探索以来，其发展经历了多个发展阶段。本文基于对公选制实践层面、政治层面与制度层面的综合分析，认为我国的公选制大体经历了四个阶段。即 1980~1987 年的试验阶段、1988~1992 年的试行阶段、1993~1999 年的推行阶段与 2000 年到现在的实行阶段。这种阶段的划分，也主要是基于公选制的生成、成熟与践行的发展过程。

公选制经过三十多年的实践，目前形成了包括公开考试制度、公推公选制度与竞争上岗制度等不同形式。具体来说，它们在实践中大体体现为"一推双考"、"公推公选"、"双推双考"、"两推一考"、"三推三考"、"公推直选"、"两推一选"、"三推一选"、"三推两选"、"三推三考两票决"和"三推两考一选"等。对于这些形式的类别划分，人们存在不同的观点，作出了多种不同的划分，目前还处于探讨之中。在本文中，我们认为，目前我国领导干部公选的基本手段，主要体现为"考"、"选"、"推"与"议"。因此，本文主张把目前领导干部公选制的实践形式划分为以考试、考评与考察为主的考任制，以推荐、自荐与选举为主的选任制，以竞岗、竞聘与竞争为主的竞任制，以领导集体民主投票为主的票决制。还有以上述一种或者多种结合的综合选任制。

1. 考任制

其特点是在领导人选产生的初始环节与决定环节上，都是以考为主，以推为辅。其选拔任用环节主要包括职位及其资格条件面向社会公布、申请报名、资格审查与公布、统一笔试与面试。在这里，领导干部的初始人选主要是由笔试产生，最终人选完全由面试当场产生。例如有些地方的"一推双考制"与"双推双考"。

2. 选任制

其特点是在领导人选产生的初始环节与决定环节上，都是以选为主，辅以推与考。其选拔任用环节主要包括职位及其资格条件面向社会公开、社会各方推荐报名与自我推荐报名、资格审查与公布、统一笔试或者投票初选、候选人演讲再次投票选举直接产生最终人选。例如有些地方的"两推一选"与"三推两选"。

3. 竞任制

其特点是在领导人选产生的初始环节与决定环节上，都是以竞争性的笔试、面试或者选举为主，辅以推与议。其选拔任用环节主要包括职位及其资格条件面向社会公开、社会各方推荐报名与自我推荐报名、资格审查与公布、统一竞争性的笔试或竞争性演说、评委评分或者投票选举直接产生最终人选。例如有些地方实行的"公推公选"与组织内部的"竞争上岗"。其实，在公选制的其他形式中也包括了竞任，因为职位公开后，选拔过程中的任何一个环节，都会有多个申请者报名参加，但是职位是有限的。因此，每个环节都或多或少地存在竞争情况，需要根据竞争结果与顺序来确定合适的任用者。

4. 票决制

其特点是在领导人产生的初始人选与最终人选的环节上，都是以投票决定的方式为主。其选拔任用环节主要包括职位及其资格条件面向社会公开、社会各方推荐报名与自我推荐报名、资格审查与公布、统一竞争性的笔试或评委独立投票选举、当场公布结果或者再次投票选举产生最终人选。例如，"三推三选两票决"。

二、领导干部公选制的学理分析

以上四种类型与综合选任制，展现了当前我国领导干部公开选拔任用实践中的基本方式。这些"公选制"类型，在一定意义上，是对于古今中外各种领导干部选拔任用制度的一种综合，凸显了公开、民主与竞争的原则。其基础特征是公开性，核心特征是民主性，关键特征是竞争性。公正性与公平性等其他特点是衍生特征。

在以前的各种"官吏"或者干部选拔任用制度中，贵族世袭制、察举制、委任制与聘任制，都多少带有一定的秘密与神秘色彩。为了保证有关领导干部选拔任用的效率与效果，相关信息完全被个别决策者与组织部门的少数人掌握。科举制与选任制虽然带有一定的公开性，但是公开程度远不如今天的公选制。所以，公开性是公选制的首要特征，也是原生特征与基础特征。

在公选制中，领导干部候选人的产生，可以自己举荐、他人举荐、领导举荐与群众举荐。对于候选人的评价，一般包括群众评议、民主测评与公开面试中的众多评委评分。评委一般在5~9人，甚至更多。评委中包括用人部门领导、相关部门领导与外聘专家。面试中还有观众提问与评分。在面试后的实际考察中，还要进一步听取方方面面的意见。这些做法充分体现了民众参与性与民主决策性等特点，贵族世袭制、察举制、聘任制与委任制中民主性比较缺乏，科举制与选任制中民主性也不如公选制的系统与有代表性。因为科举是以考定人，选举制中是以数定人。谁多一票谁就胜出。实际上选举制在所有参与投票的人中，每个投票人对于被选举人的了解、理解与评价并非同样清楚、同样深刻、同样客观公正与准确。这种差异性，从人才评价的专业视角来看，应该通过一定的加权技术体现与解决。换句话说，这种全民投票等量齐观的选举制中，尤其在参与投票的人不是全体公民而只是部分的情况下，存在较大的系统误差。所以我们应该采取一定的方法，实行更为科学的民主选举制。一方面扩大广大公民对于被选举人的知情权，另一方面，分层分类进行民主选举，给予不同层级的人以不同的权重。从这点上来说，公选制向前走了一步。

大家知道，公开领导干部选拔任用过程中的相关信息本身不是目的，目的是要让所有合格的人才都有资格来参加公选活动；让所有有意愿参与竞争的人才都有机会来参与竞争活动。竞争有公平竞争与不公平竞争。公平竞争与公正评价是民主的重要形式。没有竞争的选拔是一种低效的选拔，缺乏竞争性的选拔是一种没有真正民主意义的选拔。因此，竞争性应该成为公选制的关键特征。公开既是民主的基础，也是公平竞争的基础。在贵族世袭制、察举制、科举制、委任制、选任制与聘任制等各种领导干部选拔任用制度中，虽然存在一定的竞争性，但是由于这些制度的公开性与民主性都没有公选制的程度高，所以制约了竞争性在这些选拔任用制度中的充分挥发，其竞争性难以超过公选制中的竞争性。

从政治上看，公选制具有民主政治建设的战略意义；从开发上看，公选制具有提升领导干部竞争能力与品质的价值，能够促进党政领导人才素质的自我提升；从管理上看，公选制具有化解党政领导干部选拔任用中人情矛盾与规制规范虚弱的问题。

新中国成立六十多年来，经济体制与管理工作大胆探索与改革，从计划经济迈向市场经济，从一元化的国有体制转向了多元化的综合和谐发展体制，在我国的经济建设工作中取得了令世界瞩目的伟大成就。与此同时，我国的政治体制与管理工作也在不断努力改进。建立了人民代表大会制度这一根本政治制度，建立了中国共产党领导的多党合作和政治协商制度、民族区域自治制度以及基层群众自治制度等构成的基本政治制度。民主政治建设不断加快，政治体制与社会体制改革创新不断推进。废除了实际上存在的领导干部职务终身制，确保了国家政权机关和领导人员有序更替。但是问题依然存在，公选制将为干部管理制度的进一步改革与民主政治建设作出新贡献。

民主性是公选制的核心特征。由于我们国家是从半封建半殖民制度跨越到社会主义制度，与西方国家相比，时间短，经验少。经济基础不够健全，政治基础不够完善，民主意识与素质还有待进一步提高。目前还难以模仿西方式的民主形式，但是我们必须建立适合中国国情的民主政治方式。适合目前中国国情的民主政治方式应该是一种循序渐进式的民主政治，是一种内部式的民主政治。公选制把民主性带入干部制度的改革中，带入政治制度的核心中，带入各级组织的管理实践中。领导干部岗位一旦有空缺，面向社会公开招聘，让组织内部与外部符合条件的公民自由申请，平等竞争，公正排序，优化配置。在一定意义上实现了民主参与、民主监督与民主决策，大大改进了传统的领导组阁与组织委任的单一形式，使国家政权机关管理和领导干部管理工作在民主氛围中进行有序、科学与和谐的更替。

竞争性是公选制的关键特征，通过公开选拔机制，一方面可以引导领导干部自觉自主自动进行职业生涯规划设计，依据自己选择的目标岗位，积极准备，进行自我开发，认真学习，提升素质；另一方面，公选制可以激励广大领导人才从基层管理岗位开始，尽早树立竞争意识，培养竞争素质，增强竞争能力，提升执政能力。变"组织要我干"为"我要为组织干"，变"走上层路线"为"从基层建功立业"，变"建立社会关系"为"培养自身素质"，变"靠领导提携"为"靠自己竞争"。充分体现与展现了公民的自主自强与自我个性，这些因素都是民主政治与精神建立的基础。

由于中国人一直安分守己，服从组织，目前我们的党政领导干部竞争意识与竞争能力都还不够，与西方发达国家的领导人才相比，在竞争技能方面差距较大。只要我们坚持公选制并且不断改进，就可以大大提高我国党政领导干部的竞争能力，参与外部竞争，参与国际竞争。

目前，我国公选制中的竞争性还不够，基本属于非博弈性竞争。这种竞争比较表面，缺乏深入性。如果参与竞聘的人表现含蓄、时间短，那么，观众评委就难以充分了解竞争各方的内在素质与相关能力。因此，为了进一步提升领导干部的竞争力，我们可以在某些岗位引入博弈性的竞争演说、答辩与辩论。我们建议公选制，应该从非博弈性竞争向博弈性竞争过渡，从内部竞争向外部竞争过渡，从国内竞争向国际竞争发展。

公选制，由于它的公开性、民主性与竞争性，还可以在一定程度上解决领导干部选拔任用实践中人情制约与法制不足问题。

中国历来是个重视人际关系的国家，这种人情文化导致人才评价时，人们对于自己同事的缺点评价不敢坚持原则，难以反映真实情况，从而影响评价的公正性和真实性。在调查研究关于我国人才评价的缺陷这一问题时，约77%的被访者认为人才评价中的主观性太强，55%的被访者认为人情关系对评价的公正性影响严重。

每次干部晋升提拔，领导时常左右为难。都是与自己共事多年的同志，表现都很积极，工作上没有什么大问题，没有功劳有苦劳，都应该得到晋升与提拔。但是数额有限，只有一部分人能够得到提拔。领导从感情上难以做到让谁上不让谁上。采取公选制，则能够在一定程度上为领导摆脱这种人情纠纷找到有效依据，而且大家都乐于接受。

因此，我们认为，公选制具有多方面的意义。开发学上有助于领导干部的能力培养与提升；政治学上有助于社会主义民主政治的建设与发展；管理学上有助于化解领导干部选拔中的人情问题与管理矛盾。

三、当前领导干部公选制实践困境与改进建议

以上我们主要从理论上分析了公选制的相关价值与意义，然而，公选制在实践过程中，也存在一些矛盾问题。就目前情况来看，主要存在以下几个方面的矛盾。

（一）竞聘者理论上的广泛性与实际中的有限性问题

从理论性上来看，我们任何一个职位的公开选拔，其所有的职位要求、选拔程序、标准方法等信息要以公告的方式，面向全社会公开，这样大大拓展了选人用人的范围，体现了面向社会不拘一格选拔任用人才的政治理念，改变了由少数人选人和在少数人中选人的保守做法。但是，我们发现，并非能够保证前来参加竞聘的人都优秀。实际上，一些坐在公选面试竞聘席上的人，并非我们事先想象的那么多、那么好。例如，2008年湖南省湘潭市公开选拔范围都是面向全市，但8个公选职位中却有4个职位因报考人数达不到开考要求而被迫停考，出现了"报名荒"。2006年笔者也参加过国家某金融机构人力资源部副处长职位的公开选拔面试，发现前来应聘的人素质并不理想。许多合格的人并没有得到相关的信息。因此，参与竞争的人并非都优秀，这种情况下，我们选拔任用出来的领导干部

也就并非是最优秀的。

可以采取的改进策略之一是，让公示时间足够长，一般公示时间应该在 3 个月以上。我们有些单位的公开选拔信息面向社会公开的时间太短，许多人来不及发现就没有了。策略之二是，适当延长招募时间与进行组织动员。一旦发现报名竞聘的人过少，我们应该及时延长时间，进行组织动员。策略之三是，分析媒体信息对于招募者的有效性，提高针对性。确保我们想招募的领导人才能够了解到我们的公开选拔信息。策略之四是，适当放宽非核心性的应聘条件。

有些职位出现"报名荒"的现象，主要是资格条件限定绝对化、片面化与缺乏合理性。公开选拔的目的就是让天下人才为我所用，以最大限度的资格准入实现最小的人才浪费，保证机会平等。但是目前有些地方对报考者的年龄、学历、资历等自然条件比较严格，甚至采取"一刀切"。这将会使一些实践经验丰富、适合从事领导工作而因为学历低一点与年龄高一点的真实人才被埋没，客观上容易造成新的"机会不平等"。

（二）评价主体的多元性与价值观的不一致性问题

公开选拔任用领导干部的基本宗旨之一是"公正"性与"民主"性，参与评价的主体必须具有多元性，只有评价主体的多元性，才能保证评价结果的"公正"性与"民主"性。因此在公开选拔任用过程中，我们需要进行民意测验，需要主管领导、直接领导、同级与下级代表、外部专家以及其他职位工作相关者参加评价。但是，由于参与评价工作的每个人员价值观不一样，视角与评价中的关注点不一样，所以评价的结果与任用单位或者领导所认同的结果并不一致。出现评价主体中的主导者"失控"现象。

我们可以采取的改进策略之一是，对于参加公开选拔任用活动的所有评价人员进行评价标准与方法的培训，把握正确的评价方法与评价标准的衡量标志；策略之二是，采用职位说明书方法，让每个评价者明确选拔任用职位的核心素质与其他重要条件，引导各个评价者的视角聚焦于职位所需要的核心素质；策略之三是，对于第一个竞聘人评价后进行分析、讨论与点评，大家统一把握该职位的评价尺度与标准，确定标杆，以标杆为基础进行比较评价。还要反思公选主导者的标准与方法是否存在问题。

（三）标准的科学性与可操作性问题

为了保证领导干部公开选拔任用的"公平"与"公正"，评价标准往往要求知识、经验、能力与素质等各方面的评价内容应有尽有，每个方面又分成许多评价项目，每个项目还划分为优、良、中、差不同的标准等级，每个标准等级再进行具体的内涵定义、外延描述与分数规定，结果是评价标准显得十分科学、具体与全面。但是，一到评价者的手中，评价者认为过于复杂，难以记忆，不好操作，最后只好把这些系统全面的标准搁置一边，还是按照自己习惯的与记忆的标准评价。

我们可以采取的改进策略之一是，对评价指标进行量化、概化与简化，通过量化进行聚类分析与主成分分析，达到评价指标的简化与概化目的；策略之二是，对评价指标进行分解，进行相关性分析，寻找衡量每个评价指标的操作标志；策略之三是，标准体系建构实行点面结合、三点一面的几何结构方式，对于每个方面的素质设置三个项目，每个项目设置三个评价标志；策略之四是，横析纵比相结合，横析标志纵比标杆，评价自己能够把握的素质标志。

（四）方法的多样性与评价成本的控制性问题

为了保证领导干部公开选拔任用中的"竞争"与"择优"性，采取的评价方法往往多种多样。包括调档进行资格审查、笔试筛选、面试挑选、组织考察、会议票决、任前公示等多个环节。资格审查在于基本经验把关，笔试筛选在于知识、思维特点与基本素质的测试，面试挑选在于综合素质的比较，组织考察在于业绩与品德素质鉴别，会议票决在于体现民主选择，任前公示在于隐蔽问题的检验。应该说，分别测评，层层把关，有助于全面评价与竞争择优。但是一方面，并非方法越多越好，方法越多，系统误差也会随着增大；另一方面，方法越多，时间成本与经济成本随之增加，往往让许多人望而却步。

公开选拔程序复杂，环节较多，工作量大，从公布宣传公开选拔信息直至考察任用，快则两个多月，慢则近半年，这种长周期的选人用人，影响了被选拔任用岗位的工作进展与效率。同时，发布公告，安排场地，外出命题，聘请面试考官、阅卷人员等，要花费大量的人力、物力和财力，直接导致经费投入居高不下。

我们可以采取的改进策略之一是，在保证公平有效的前提下尽量减少不必要的评价程序与方法，如果竞聘人资历与学历相当，报考人数不多的情况下，可以直接进入面试。策略之二是，可以把上一轮的评价结果告诉下一轮的评价者，把前面的评价结果告诉后面的评价者，提高评价的综合性、准确性与效率性。策略之三是，在一定的候选人范围内按照不同方法实行分项计分、综合加权的方法进行总分排序，不是逐轮逐项淘汰。目前的逐轮逐项淘汰做法，虽然减少了后面的人数，但是同时也减少了后面方法的筛选作用的范围，影响了整个选拔任用体系的有效性。策略之四是，按照公开选拔任用职位的特点与性质，把适合于关键素质评价的方法提前进行，按照各种方法的筛选的功能与作用依次排用。

（五）结果的合适性与满意度的不一致性问题

任何一次领导干部的公开选拔与任用，评价者都是在极力寻找自己认为优秀的人选，挑选该职位的合适人选（因为优秀不一定合适）。但是，任何一次公开选拔任用，都不同程度地存在不满意现象。让所有评价主体满意与社会满意的情况极少。让考官满意的合适人选不一定是组织满意的合适人选，让组织满意的合适人选不一定是领导满意的合适人选，让领导满意的合适人选不一定是让群众满意的合适人选。让直接领导满意的合适人选不一定是让主管领导满意的人选。因为同样一个职位，与不同职位之间、与不同人员之间所存在的工作关系是不一样的，所期望的工作行为与素质要求也就不太一样。主管领导希望听话，直接领导希望能干，下级群众希望亲和，社会公民希望公正。

我们可以采取的改进策略之一是，通过工作分析方法，让不同的评价主体共同了解所选拔任用岗位的职责与任职条件，聚焦在岗位关键素质要求的满足上；策略之二是，依据该职位与各评价主体的工作关系，依次综合提升不同方面的满意度；策略之三是，按照关键职责要求及其重要性排序，依次满足核心评价主体的满意度。

（六）提高公信度与政治安全性的问题

《国家中长期人才发展规划纲要（2010—2020年）》明确提出，要深化领导干部选拔任用制度改革，提高选人用人公信度。领导干部公开选拔中的"公开、公平、公正"性要求，关键要落在公信度上。整个的选拔任用过程及其结果要让人民群众心理认同与社会赞同，就必须标准公开、过程公开、结果公开、方法公开与所有信息公开。自觉接受社会公众的监督与检查，经得起社会与历史的考验与检验。但是，公开本身不是目的。选拔任用领导干部的最终目的，是为一定的政治战略目标实现服务的，是为提高执政能力服务的，是为提高行政效率与巩固政权服务的。因此具有一定的政治安全性要求。为了保证政治安全性，有些岗位就不敢拿出来进行公开选拔，有些信息就不敢在社会上公开透明。因此，人们认为公选制的公信度还有待提高。

我们可以采取的改进策略之一是，严把资格审查关，增加履历分析，保证进入公开选拔任用活动人选的资格与质量，让所有进入面试与笔试的人基本合格可用。笔试与面试设计的目的主要集中在竞争选优上。策略之二是，笔试主观题实行双人背靠背阅卷评分制度，当分歧较大时，采取第三方阅卷评分。当场统计面试分数，公布评价结果，提高笔试、面试考官认同度。策略之三是，基于职位要求选拔任用，对事不对人。并且对于选拔任用过程与结果进行全程监督与公认度等级评价。策略之四是，对于选拔任用后的领导干部进行试用期的跟踪辅导与指导，帮助他们尽快适应岗位工作，发挥内在素质与作用。

总之，领导干部选拔任用问题，是国家治理与政府管理中的关键问题与重大问题，既是民主政治问题又是管理艺术问题，是世界各国都在做但又一直没有做好的问题。无论我们选择哪一种制度，都会存在利与弊的问题。尽管公选制目前还存在一定问题，但是，从目前情况来看，它是相对适合我国实际情况的一种选择。对于公选制，我们的态度是既要坚持又要改革；要在具体的实施过程中，根据实际情况进行具体分析；要针对性与公平性相结合、综合性与成本性相结合、民主性与安全性相结合，以保证我国领导干部的选拔任用制度的先进性，保持公选制与国家民主政治制度、国家整体的发展战略以及世界发展趋势的高度一致性。

参考文献

［1］胡锦涛. 在庆祝中国共产党成立90周年大会上的讲话［M］. 人民出版社，2011：13.
［2］吴瀚飞. 中国公开选拔领导干部制度研究［M］. 中国社会科学出版社，2002：50，52.
［3］中共中央组织部. 组工通讯，1982：74.
［4］邓小平文选（第2卷）［M］. 人民出版社，1994：325，333.
［5］李术洲. 公开选拔党政领导干部制度研究综述［J］. 理论月刊，2011（2）.

经济管理学科前沿研究报告

On the Present System of Open Selection of Leading Officials in China

Xiao Ming-zheng

Abstract: The selection and appointment of leading officials are critical and important to both the reform of political system and the government administration in China. This paper tentatively discusses the concept of institutionalized basis, the process of development and the form of practice concerning the system of open selection and appointment of leading officials in China. This paper also gives an independent explanation of the systems of appointment by examination, by selection, by competition and by voting. This paper does not only make a theoretical analysis of the present system of open selection of leading officials, but also makes practical research on the problems in the present system of open selection of leading officials. Besides, this paper gives some suggestions on how to improve the effectiveness of this system.

Key Words: The system of open selection of leading officials; evaluation of leading officials; talents training and development

动态职业环境下职业成长与组织承诺的关系*

翁清雄　席酉民

【摘　要】选取感知机会来描述企业员工所处的职业环境，研究动态职业环境下职业成长对组织承诺的影响机理。通过对 9 个城市 961 位企业员工进行问卷调查，采用验证性因素分析、相关分析、多元回归进行实证分析。研究发现：员工职业成长 4 个维度对情感承诺具有正向影响，并共同解释情感承诺 40% 的变异；除职业能力发展外，职业成长其余 3 个维度对持续承诺和规范承诺均有正向影响，并分别共同解释持续承诺 17% 的变异、规范承诺 25% 的变异；感知机会在职业成长与组织承诺间的关系起到了一定的调节作用。

【关键词】职业成长　组织承诺　职业环境　感知机会　职业目标

引　言

动荡的新经济已经改变了组织的结构和管理模式，雇主和员工的心理契约也随之发生变化，并最终转变了人们的职业价值观和对待工作的态度。人们的职业追求变得没有边界，职业转换和工作流动成为普遍的现象。这种变化对个人以及组织都产生了重要影响，人们将职业成长视为工作选择的最重要标准之一，很可能会因对组织提供的发展机会不满而离职，通过工作流动来进一步实现职业成长。员工希望能够在组织中获得迅速的职业成长，而组织则希望拥有高承诺的员工。那么，员工职业成长与组织承诺是否具有内在联系？Alvi 和 Ahmed 对巴基斯坦 2000 位员工的实证研究发现，员工感知的晋升机会对组织承诺有正向影响。刘小平和王重鸣指出，个人发展机会是影响员工对企业承诺最重要的因素之一，龙立荣等通过实证研究表明晋升公平、注重培训对组织承诺具有积极的影响。可见，关于职业成长与组织承诺之间的关系的研究已经引起了学者们的重视，产生了一些很有价值的研究结论。但仍存在一些值得继续深入研究的问题：第一，组织承诺是个多维的

---

* 本文选自《管理科学学报》2011 年第 3 期。

概念，而现有的研究并没能揭示员工职业成长在情感承诺、持续承诺和规范承诺各自形成过程中的作用；第二，晋升没能完全解释职业成长，它只是职业成长的一个方面，而关于职业成长的其他维度与组织承诺的关系还有待研究；第三，职业成长与组织承诺之间的关系还可能受到其他因素的调节作用。本文主要通过实证探讨职业成长4个维度对员工情感承诺、持续承诺、规范承诺的作用机理。

一、文献综述与研究假设

（一）职业成长

职业成长的概念，按照Graen等的理解，指的是个人沿着对自己更有价值的工作系列流动的速度。这一概念较好地刻画了员工在工作转换过程中的职业成长问题，也表明了职业成长是一个速度的概念。然而明显存在两点不足之处：一是这一概念忽略了员工在没有发生工作转换时的职业成长问题，员工在没有发生工作流动时也存在着与职业能力发展、报酬增长等相关的职业成长。二是Graen等提出的这一概念比较抽象，还需要进一步进行操作化。翁清雄等通过实证研究对企业员工职业成长问题进行了操作化界定，他们指出，职业成长包括组织内职业成长与组织间职业成长。组织内职业成长是指员工在目前所在组织内部的职业进展速度，包括员工在目前单位内的职业能力发展速度、职业目标进展速度、晋升速度与报酬增长速度4个维度。而组织间职业成长则指的是员工在工作流动过程中所发生的职业成长。翁清雄等在研究中对职业成长的4个维度进行了阐释：职业目标进展是指目前的工作与职业目标、职业成长的相关性；职业能力发展指目前的工作对员工的职业技能、职业知识、工作经验的促进程度；晋升速度指在目前工作单位中，员工的职务晋升速度以及晋升的空间；报酬增长则主要指的是员工在目前组织内部的薪酬提升速度以及继续得到提升的可能性。本文主要研究员工在组织内的职业成长问题，采用翁清雄和席酉民所编制的职业成长4维结构量表进行测量，该量表经实证检验具有良好的信度和效度。

关于职业成长的研究主要集中于探讨影响职业成长的前因变量，包括人口统计学变量（如性别、种族、年龄、婚姻状况、任职期），个体特征，与决策者相似的个性特征，社会背景相似性，社会资本，以及人力资本等。关于职业成长结果变量的现有研究还比较缺乏。

（二）职业成长对组织承诺的作用

员工职业成长的达成不仅需要员工自身的努力，更需要组织的支持，员工在组织内部职业成长的过程，不仅将使得员工对组织目标产生内在认同，而且也将员工的行为与组织的发展逐渐捆绑在一起。另外，员工职业成长的获得更是组织与员工之间的互惠行为，内在的心理契约，当员工获得良好的职业成长时，会逐渐在内心里形成对组织的回报倾向。

1. 职业成长与情感承诺

情感承诺，即由于员工对组织目标和组织价值的认同，而形成的对组织的情感依附。Meyer 等认为具有高情感承诺的员工想继续留在组织内工作是因为他们需要。Hackman 和 Oldham 认为当雇员的需求得以满足、才能得以发挥、价值观得以表达时，他们的工作态度会更加积极，情感也会更加依附于组织。Meyer 和 Herscovitch 认为情感承诺的产生有 3 种来源：①对工作任务产生内在投入；②感知到工作任务本身或者完成工作任务的相关价值；③对工作任务本身以及完成工作任务目标的认同。在特定组织内，员工要实现快速的职业成长，需要组织为其提供发展的平台和有挑战性的任务，使得员工能够找到发挥其才能的舞台，在完成具有挑战性工作任务的过程中学到新知识，积累新经验，并获得组织认同。因此，可以推断：当一个员工在完成工作任务中能够实现快速的职业成长时，会对其工作任务产生很高的认同和内在投入，感知到完成工作任务的价值，其情感承诺会很高。反之，如果员工在组织中职业成长缓慢，那么他对工作任务的认同就会比较低，也很难投入其中，相应地，其情感承诺也会较低。因此，提出如下假设：

假设 1：员工在组织中职业成长越快，对组织的情感承诺越高。

假设 1a：员工在组织中的职业目标进展越快，对组织的情感承诺越高；

假设 1b：员工在组织中的职业能力发展越快，对组织的情感承诺越高；

假设 1c：员工在组织中的晋升速度越快，对组织的情感承诺越高；

假设 1d：员工在组织中的报酬增长越快，对组织的情感承诺越高。

2. 职业成长与持续承诺

持续承诺，即员工为不失去已有职位和多年投入所换来的待遇而不得不继续留在该组织工作的行为倾向。持续承诺反映员工对离职成本的认知，任何会增加离职感知成本的变量都可以被视为其前因变量，具有高持续承诺的员工想留在组织内是因为他们需要，离职会对员工职业成长造成威胁，这种威胁来自几个方面。

（1）离职会对员工职业目标进展产生影响。职业目标进展也就是目前的工作与职业目标、职业理想的相关性。如果这种相关性很强，那么当前的工作对个人实现其职业目标非常有价值，离开现有工作岗位的成本就很高。

（2）离职会对员工的职业能力发展产生影响，也会导致已积累的特殊工作技能的浪费，一方面，员工在组织内职业能力发展越顺畅，积累起来的特殊工作技能也就越多，这些特殊技能在离开组织后就会丧失其发挥的空间和舞台，个人在市场竞争中优势就会减弱。因此，当员工在现有工作上的职业能力发展很好时，离职的成本非常高；反之，则离职成本较低。另一方面，职业能力发展较快时，个人的职业竞争力得到提升，在劳动力市场上获得新工作的难度降低，离职的风险和成本也进一步降低。简而言之，员工职业能力发展对持续承诺的影响是双向的。

（3）离职会使员工在组织中赢得的晋升机会丧失。员工在组织中获得了较多的晋升机会，就意味着他已经为组织发展付出了诸多努力。这时，如果他跳槽离开原来单位，那么他原先的所有努力都会付诸东流，离职的成本很高，而选择留在原来单位继续努力以期待晋升是较为明智的选择。相反，当员工在组织中明显感觉到没有晋升的机会，晋升速度缓慢时，他在离职时就没有太多顾忌，而跳槽反而可能带给其更好的发展机会和空间。所以，员工在组织内的晋升速度与其离职的成本呈正相关，晋升机会越大、晋升速度越快，离职成本越高。同理，当员工在组织内具有较高的报酬增长机会和速度时，离职对其来说是不合算的，也带来了更高的离职成本，也就是员工在组织内部的报酬增长与其持续承诺具有正向的相关性。

基于以上分析，提出如下假设：

假设 2：员工在组织中职业成长越快，对组织的持续承诺越高。

假设 2a：员工在组织中的职业目标进展越快，对组织的持续承诺越高；

假设 2b：员工在组织中的职业能力发展速度与其对组织的持续承诺不相关；

假设 2c：员工在组织中的晋升速度越快，对组织的持续承诺越高；

假设 2d：员工在组织中的报酬增长越快，对组织的持续承诺越高。

3. 职业成长与规范承诺

规范承诺，即员工受社会责任感和社会规范约束而形成承诺感。具有高规范承诺的员工想留在组织内是因为他们觉得应该如此。Gouldner 认为互惠是人们行为的普遍准则，他指出这种互惠规范包括：①人们应该帮助曾帮助过他们的人。②人们不应当伤害帮助过他们的人，互惠原则同样也适用于员工和组织之间的关系，当员工感觉得到组织对其个人的发展提供帮助时，就会从内心里感觉到应该回报组织。Wiener 提出员工之所以会认为有责任、有义务继续留在组织中效力，不仅取决于他在进入组织前已经形成的内在道德规范，也取决于组织提供的发展经费（比如为员工深造学习提供费用），取决于组织为雇员发展提供的培训。Meyer 和 Herscovitch 认为规范承诺来源于对相关行为规范的内在化，以及在接受组织利益后产生的报答需求。基于以上分析，可以推断：当组织为员工提供良好的发展平台，通过各种培训提升员工职业能力，为员工晋升提供机会，使得员工在组织内部可以获得较好的职业成长时，员工也就会对组织产生规范承诺，从内心里感觉到自己应该报答组织。基于以上分析，提出如下假设：

假设 3：员工在组织中职业成长越快，对组织的规范承诺越高。

假设 3a：员工在组织中的职业目标进展越快，对组织的规范承诺越高；

假设 3b：员工在组织中的职业能力发展越快，对组织的规范承诺越高；

假设 3c：员工在组织中的晋升速度越快，对组织的规范承诺越高；

假设 3d：员工在组织中的报酬增长越快，对组织的规范承诺越高。

（三）感知机会在组织承诺形成中的调节机制

本文选取感知机会来描述员工所处的职业环境。感知机会是个体感知到可获得的替代性工作机会的多寡。感知机会受到了自身的人力资本和社会资本存量以及外界经济环境的影响。高学历、高职位的员工感知机会高于低学历、低职位员工；在经济发达地区，特别是企业集聚程度较高的区域，员工在组织外部获得新工作的机会相对比较多，员工的感知机会也比较多。感知机会在员工组织承诺形成中的作用比较复杂，本文认为，感知机会并不能直接作用于员工的组织承诺，但是对员工的职业成长与组织承诺的关系起到了调节作用，如图1所示。下面就感知机会的调节作用进行详细分析。

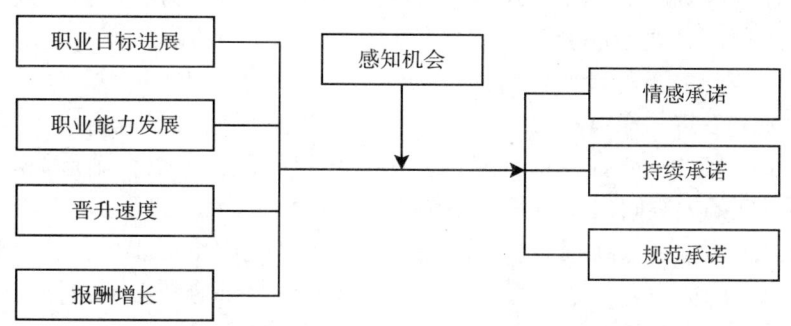

图1 感知机会在职业成长—组织承诺关系中的调节作用

1. 感知机会在情感承诺形成中的调节作用

情感承诺的形成一方面是来自于员工对组织的积极态度和情感依附，另一方面是在完成组织任务过程中逐步形成的对组织目标的认同。正如 Maslow 在需求理论中所指出的，人具有归属需求，组织归属感是人们的内在心理需求。Atkinson 和 Feather 认为，任何情境下人们都会产生追求成功成就动机以及避免失败的动机。Weiner 则认为一个人的成就动机大于避免失败的动机时，便能接受富有挑战性的工作；而避免失败的动机大于成就动机时，则会选择较容易成功的工作。按照成就动机的理论推理，对于那些感知机会较少的员工来说，他们避免失败的动机相对较高，更可能会把自己定位在组织内部发展，而不愿意冒风险离开组织，对组织也有更高的归属需求，这种定位决定了员工更加可能在组织内部获得职业成长并对组织产生较强的情感依附。再者，当感知机会较少时，员工在获得职业成长的过程中，会逐渐形成组织是可靠的、可以信任的认同，较为容易地对组织产生情感依附。相反，对于那些感知机会较多的员工来说，他们追求成功的动机更高，对组织的归属需求相对较弱，会产生观望心理，他们很难把自己定位在组织内部，在组织中工作的时候也会试图去观察组织外一些好的发展机会。因此，对于感知机会较高的员工，他们的情感承诺相对较弱，且受到职业成长的影响作用较低。基于以上分析，提出如下假设：

假设4：感知机会对职业成长与情感承诺之间的关系起到了调节作用，随着员工的感知机会增加，职业成长对情感承诺的影响逐渐减弱。

假设4a：感知机会对职业目标进展与情感承诺之间的关系起到了调节作用；

假设4b：感知机会对职业能力发展与情感承诺之间的关系起到了调节作用；

假设4c：感知机会对晋升速度与情感承诺之间的关系起到了调节作用；

假设4d：感知机会对报酬增长与情感承诺之间的关系起到了调节作用。

2. 感知机会在持续承诺形成中的调节作用

员工持续承诺的产生主要来源于对离职成本的感知，离职成本越高，则持续性承诺越高。若员工在组织内的职业成长非常顺利，则离职代价很高。然而，这种代价的评估对于具有不同感知机会的员工来说意义有所不同。

Heider 认为，人的行为原因不外乎两大类：一类是外界原因，如个人周围的环境、他人的影响和任务的难易程度；另一类是个人自身的原因，如能力、动机、兴趣、努力程度等。若将行为的原因归之为前者，称为外部归因（或情境归因），个人可以对其行为结果不负什么责任；若归之于后者，称为内部归因（或称特质归因），个人对其行为结果应当负责。Weiner 研究发现，成就动机水平高低不同的人在成败归因方面存在一定的差异，成就动机水平高的人倾向于将成功看作是内部因素导致的，将失败看作是外部因素导致的；而成就需求水平低的人则倾向于将成功归因于内部因素，将失败归因于自身能力不足。从归因理论出发，可以推断，高感知机会的员工，一方面他们更可能将自己所获得的快速职业成长归因为自己的能力和努力，另一方面他们在组织外部有较多的选择机会，因此，他们的持续承诺受到组织内职业成长的影响较弱；低感知机会的员工会将自己所获得的职业成长归因为组织的贡献，而觉得如果离开目前的工作单位，重新再找到能实现良好职业成长的单位就比较困难，因此，他们的持续承诺与组织内职业成长相关性很强。也就是说，高感知机会的员工，其持续承诺受到职业成长的影响相对较弱。因此，提出如下假设：

假设5：感知机会对职业成长与持续承诺之间的关系起到了调节作用，随着员工的感知机会增加，职业成长对持续承诺的影响逐渐减弱。

假设5a：感知机会对职业目标进展与持续承诺之间的关系起到了调节作用；

假设5b：感知机会对职业能力发展与持续承诺之间的关系起到了调节作用；

假设5c：感知机会对晋升速度与持续承诺之间的关系起到了调节作用；

假设5d：感知机会对报酬增长与持续承诺之间的关系起到了调节作用。

3. 感知机会在规范承诺形成中的调节作用

规范承诺的形成来自于员工的内在责任、互惠原则和对组织的回报心理。对于低感知机会的员工来说，他们更加能够体会到组织的关怀，因为他们要在组织外部找到更好的新工作相对比较困难，所以低感知机会的员工对组织产生的规范承诺更多地来源于回报心理，他们的规范承诺相对比较稳定，虽然也会受到职业成长的影响，但这种作用相对比较弱。而高感知机会的员工，则会认为个人职业成长的获得主要来源于自身努力，他们的规范承诺主要来源于互惠原则。当组织提供快速的晋升速度和报酬增长时，他们就会很好地为组织服务，而如果组织提供的晋升速度和报酬增长很慢，则他们对组织的规范承诺就会很低。因此，高感知机会的员工，他们的规范承诺受到职业成长的影响作用更显著。因此，提出如下假设：

假设6：感知机会对职业成长与规范承诺之间的关系起到了调节作用，随着员工的感知机会增加，职业成长对规范承诺的影响逐渐增强。

假设6a：感知机会对职业目标进展与规范承诺之间的关系起到了调节作用；

假设 6b：感知机会对职业能力发展与规范承诺之间的关系起到了调节作用；

假设 6c：感知机会对报酬增长与规范承诺之间的关系起到了调节作用。

二、研究设计

（一）研究对象

本文研究的对象为企业员工，考虑到不同企业间的差异，在同一企业中获取的样本不超过 10 个，在同一个城市中平均要从 10~25 个企业获取不同的数据。另外，为了避免不同地域之间的差异，在样本选取中，对同一个城市的样本数量基本保持相对一致。本文分别在广东的深圳和中山、浙江的杭州和宁波、湖北的武汉、云南的昆明、河南的郑州和洛阳、福建福州这 9 个城市各选取 10~25 家企业进行问卷调查。调查共发出问卷 1200 份，回收 1109 份，有效问卷 961 份。其中，深圳 108 份，占 11.24%，洛阳 97 份，占 10.09%，福州 101 份，占 10.51%，武汉 86 份，占 8.95%，郑州 70 份，占 7.28%，中山 101 份，占 10.51%，昆明 113 份，占 11.76%，宁波 81 份，占 8.43%，杭州 204 份，占 21.23%。

（二）测量工具

共有 3 个概念包括职业成长、组织承诺和感知机会需要进行测量。调研问卷的所有问项都采用 5 级 Likert 量表，即非常符合为 5 分，比较符合为 4 分，不确定为 3 分，不太符合为 2 分，非常不符合为 1 分。

1. 职业成长的测量

翁清雄和胡蓓开发了职业成长的测量量表，之后翁清雄和席酉民又对这一量表进行了修订，该量表经检验具有较好的效度和信度。职业成长量表包含 4 个维度，分别是职业目标进展、职业能力发展、晋升速度、报酬增长，总共 15 个问题项。职业目标进展通过"目前的工作使我离自己的职业目标更近一步"等 4 个问题项进行测量；职业能力发展通过"目前的工作促使我掌握新的与工作相关的技能"等 4 个问题项进行测量；晋升速度通过"在目前工作单位的职务提升速度较快"等 4 个问题项来测量；报酬增长采用"到目前的工作单位后，我的薪资提升比较快"等 3 个问题项进行测量。在本文中，职业目标进展、职业能力发展、晋升速度、报酬增长的一致性信度分别为 0.860、0.848、0.796、0.783，而折半信度分别为 0.846、0.795、0.764、0.736。

2. 组织承诺的测量

组织承诺量表主要参考 Allen 和 Meyer 发展出来的组织承诺量表修订而成，3 个维度的分量表均由 6 个问题项组成，共计 18 个问题项，采用"我很乐意长时间在目前的单位工作下去"等 6 个问题项测量情感承诺；采用"离开目前的工作单位，我可以选择的合适工作很少"等6个问题项测量持续承诺；而采用"即使这样做对我有利，我并不会认为离开目前的工作单位是正确的"等6个问题项测量规范承诺。

为了检验组织承诺量表的效度，采纳Chen和Francesco、Lee等的建议，采用验证性因素分析比较了1维模型（所有项目共享1个因子）、2维模型（情感承诺与规范承诺共享1个因子）、3维模型与4维模型（持续承诺分为两个因子）的拟合情况。结果发现，3维模型对数据的拟合最好（Chi-Squares/df = 2.16，GFI = 0.89，AGFI = 0.85，RMSEA = 0.071，NNFI = 0.95，CFI = 0.96。结果表明，各个观测变量在相应的潜变量上的标准化载荷系数均在0.6以上，并小于1，而且全部通过了t检验，在$p < 0.001$的水平上显著，数据分析也显示各个项目的误差都小于0.6。这说明组织承诺量表具有充分的收敛效度。情感承诺、持续承诺、规范承诺3个分量表的一致性信度分别为0.87、0.84、0.78，折半信度分别为0.81、0.76、0.72，表明各个量表的信度水平都比较理想。

3. 感知机会的测量

本文结合Wheeler等和Hui等在研究中采用的感知机会量表，选取并修订了4个研究题项，"离开这个单位重新找一份这样的工作对我来说并不难"、"我觉得自己在组织外部的发展机会很多"、"以我目前的技能和条件，重新找一份自己满意的工作很容易"、"离开目前这个单位，我有很多可选择的其他工作机会"，这4个问题项的一致性信度为0.747，折半信度为0.722。

三、数据分析

（一）相关分析

人口统计学变量、感知机会、职业成长、组织承诺各变量之间的相关如表1所示。从表1可以看出：情感承诺与职业成长4个维度均显著正相关，其中与职业目标进展的相关最高（r = 0.61，p = 0.000），其次为晋升速度（r = 0.49，p = 0.000），报酬增长（r = 0.47，p = 0.000）；持续承诺与职业目标进展（r = 0.28，p = 0.000）、职业能力发展（r = 0.09，p = 0.045）、晋升速度（r = 0.36，p = 0.000）、报酬增长（r = 0.36，p = 0.000）均显著相关；规范承诺与晋升速度的相关最高（r = 0.44，p = 0.000），与职业目标进展（r = 0.39，p = 0.000）、职业能力发展（r = 0.23，p = 0.000）、报酬增长（r = 0.39，p = 0.000）也显著正相关。

此外，规范承诺与性别显著相关，男性的规范承诺较女性高；年龄与情感承诺（r = 0.10，p < 0.05）正相关；学历与职业目标进展（r = 0.17，p = 0.000）、职业能力发展（r = 0.18，p = 0.000）、情感承诺（r = 0.10，p = 0.044）以及感知（r = 0.17，p = 0.000）正相关。因此在下面做回归分析时，需要对部分人口统计学变量进行控制。另外，感知机会与

职业成长、职业承诺均相关，在做回归时，应对该变量进行控制。

表 1 相关分析的结果

	均值	方差	1	2	3	4	5	6	7	8	9	10
性别 a	1.30	0.46										
年龄	29.11	7.54	−0.05									
学历 b	2.32	0.92	0.06	0.04								
感知机会	3.19	0.66	−0.06	−0.00	0.17**							
目标进展	3.30	0.77	0.00	−0.02	0.17**	0.14**						
能力发展	3.67	0.74	0.04	0.01	0.18**	0.16**	0.45**					
晋升速度	2.88	0.84	−0.01	−0.01	0.00	0.13**	0.34**	0.33**				
报酬增长	2.91	0.88	−0.10*	−0.02	0.02	0.14**	0.40**	0.27**	0.48**			
情感承诺	3.41	0.72	0.01	0.10*	0.10*	0.23**	0.61**	0.43**	0.49**	0.47**		
持续承诺	2.94	0.75	−0.08	0.05	−0.04	0.01	0.28**	0.09*	0.36**	0.36**	0.41**	
规范承诺	3.14	0.73	−0.03*	0.09	0.03	0.11**	0.39**	0.23**	0.44**	0.39**	0.45**	0.47**

注：* $p < 0.05$，** $p < 0.01$，a：1－男性，2－女性；b：1－大专以下，2－大专，3－本科，4－硕士及硕士以上。

（二）回归分析

为了研究职业成长对组织承诺的影响，分析感知机会对"职业成长—组织承诺"关系的调节作用，分别以情感承诺、持续承诺和规范承诺为因变量进行多元回归。

1. 以情感承诺为因变量

在方程 1 中，首先以情感承诺为因变量，以职业成长为自变量进行多元回归，接着逐步加入交互变项进行回归，结果如表 2 所示。

表 2 回归分析结果

		方程 1 情感承诺	方程 2 持续承诺	方程 3 规范承诺
	自变量	β	β	β
第 1 步	性别	0.01	−0.09	−0.01
	年龄	0.09	0.03	0.08
	教育水平	0.09	−0.07	0.01
	感知机会	0.22***	0.03	0.14**
	F	0.67***	1.61	2.40*
	R^2 (Ajusted R^2)	0.06 (0.05)	0.08 (0.01)	0.02 (0.01)
第 2 步	性别	0.02	−0.08	−0.00
	年龄	0.11**	0.04	0.08*
	教育水平	−0.05	−0.13*	−0.08
	感知机会	0.11	−0.01	0.07
	职业目标进展	0.51***	0.33**	0.40***

续表

		方程1 情感承诺	方程2 持续承诺	方程3 规范承诺
	自变量	β	β	β
第2步	职业能力发展	0.17***	−0.02	0.04
	F	45.74***	83.1***	15.06***
	Δβ	116.19***	21.40***	39.44***
	R^2 (Ajusted R^2)	0.41 (0.40)	0.11 (0.10)	0.19 (0.17)
第3步	性别	0.03	−0.07	0.01
	年龄	0.12**	0.04	0.09*
	教育水平	−0.02	−0.09	−0.04
	感知机会	0.07	−0.06	0.02
	职业目标进展	0.37**	0.16**	0.22***
	职业能力发展	0.16**	−0.02	0.03
	晋升速度	0.16**	0.15*	0.24***
	报酬增长	0.14**	0.22***	0.13*
	F	42.18***	11.77***	16.21***
	Δβ	19.02***	19.78***	22.72***
	R^2 (Ajusted R^2)	0.46 (0.45)	0.59 (0.83)	0.27 (0.26)
第4步	性别	0.03	−0.07	0.00
	年龄	0.12**	0.04	0.08
	教育水平	−0.02	−0.09	−0.03
	感知机会	0.37***	0.14*	0.19***
	职业目标进展	0.15***	−0.04	0.05
	职业能力发展	0.16***	0.14*	0.22***
	晋升速度	0.15**	0.24***	0.16**
	报酬增长	0.07	−0.06	0.05
	PO × GP	−0.04	−0.10	−0.14*
	PO × CD	−0.06	−0.13*	0.07
	PO × PS	−0.02	0.13*	0.20**
	PO × RG	0.07	0.07	0.07
	R^2 (Ajusted R^2)	0.46 (0.45)	0.22 (0.21)	0.31 (0.30)
	F	0.12**	9.99***	14.56***
	F-Change	−0.02	3.19*	5.61***

注：* $p < 0.05$，** $p < 0.01$，*** $p < 0.001$。
PO—感知机会，GP—职业目标进展，CD—职业能力进展，PS—晋升速度，RG—报酬增长。

在第1步中，只有感知机会对情感承诺有显著的影响，而且人口统计学变量与感知机会对情感承诺的解释力度很低（$R^2 = 0.06$）。第2步在自变量中加入职业目标进展与职业能力发展，回归方程F值为45.74（$p < 0.001$），回归方程显著，职业目标进展与职业能力发展对情感承诺的作用均显著。在第3步，将职业成长的4个因子同时放入回归方程，回归

方程显著（F = 42.18***）。4个因子对情感承诺的作用均显著，其中职业目标进展的影响最为显著（β = 0.37，p < 0.001），其次为职业能力发展（β = 0.16，p < 0.001），而晋升速度（β = 0.16，p < 0.01）和报酬增长（β = 0.14，p < 0.01）对情感承诺的影响显著性相对低一些。第3步相对于第一步 R^2 增加 0.40，表明职业成长能够共同解释情感承诺40%的变异。因此，假设1a、假设1b、假设1c、假设1d得到支持。第4步，将职业成长与感知机会的交互变项引入回归方程，结果发现，感知机会对职业成长与情感承诺之间的关系并未起到调节作用。因此，假设4被拒绝。

2. 以持续承诺为因变量

在方程2中，以持续承诺为因变量，先以职业成长为自变量进行多元回归，接着逐步加入交互变项进行回归，结果如表2所示。第1步中，控制变量对持续承诺的影响并不显著，而且控制变量对持续承诺的解释力度很低（R^2 = 0.02）。在基准模型的基础上，第2步在自变量中加入职业目标进展与职业能力发展，回归方程 F 值为 8.31（p < 0.001），回归方程显著，职业目标进展对持续承诺的作用显著，而职业能力发展对持续承诺的影响不显著。第3步，继续考察晋升速度与报酬增长对持续承诺的影响，结果发现回归方程显著（F = 11.77***），R^2 为 0.19 相对于基准模型 R^2 增加 0.17，表明职业成长能够解释持续承诺17%的变异。职业成长4个因子中，除职业能力发展对持续承诺的影响不显著，其他3个因子对持续承诺的影响都较为显著，其中报酬增长的作用最强（β = 0.22，p < 0.001），其次为职业目标进展（β = 0.16，p < 0.01），而晋升速度的作用相对较弱（β = 0.15，p < 0.05）。因此，假设2a、2c、2d得到支持，而假设2b没有获得数据的支持。

接着，在方程的第4步中，加入感知机会和职业成长的交互变项，以检验感知机会对"职业成长—持续承诺"关系的调节作用，结果发现，"感知机会×职业能力发展"和"感知机会×晋升速度"均进入回归方程，且回归系数显著，模型相对于第3步具有显著改善（ΔF = 3.19*）。图2给出了感知机会对职业能力发展与持续承诺关系的调节模式，结果表明，在高感知机会情况下，职业能力发展对持续承诺的影响不显著，而对于低感知机会的员工来说，职业能力发展对持续承诺具有正向的显著影响。而图3给出了感知机会对晋升速度与持续承诺关系的调节模式，该图表示：随着员工感知机会的增加，晋升速度对持续承诺的作用逐渐增强。因此，假设5b、5c得到支持，而假设5a、5d均没有得到数据支持。

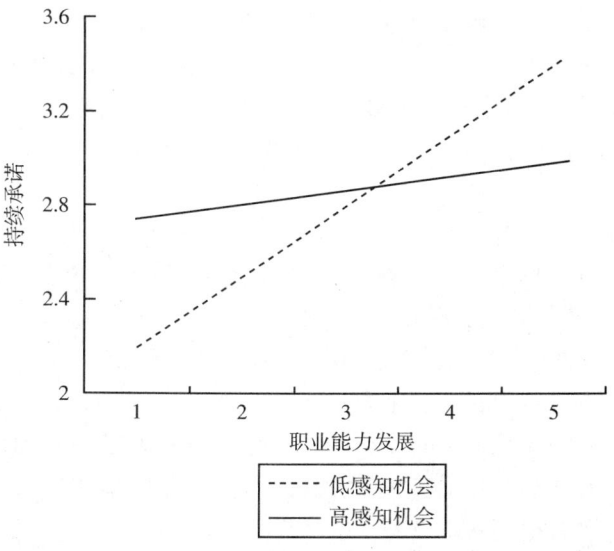

图2　感知机会对职业能力发展与持续承诺关系的调节

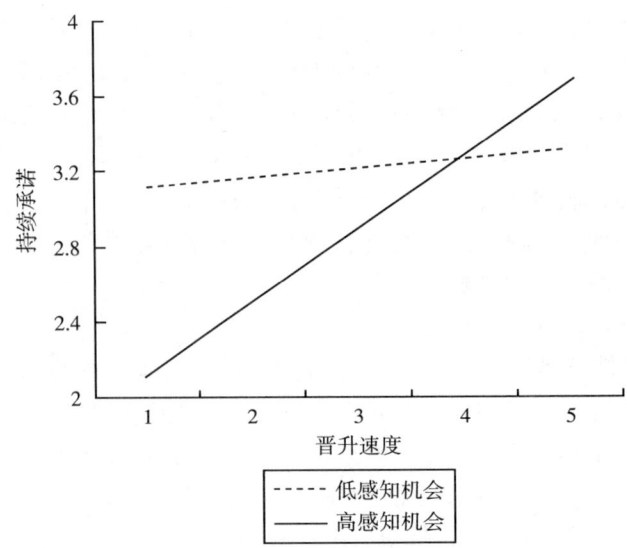

图 3　感知机会对晋升速度与持续承诺关系的调节

3. 以规范承诺为因变量

在方程 3 中，以规范承诺为因变量，采用逐步回归的方式进行分析，结果如表 2 所示。在第 1 步中，控制变量只有感知机会对规范承诺存在显著影响，控制变量对规范承诺的解释力度很低（$R^2 = 0.02$）。第 2 步，在自变量中加入职业目标进展与职业能力发展，回归方程 F 值为 39.44（$p < 0.001$），回归方程显著，职业目标进展对规范承诺的作用显著，而职业能力发展的作用不显著。第 3 步，将职业成长的 4 个因子全部加入回归方程，结果发现回归方程显著改善（$\Delta F = 22.72**$），$R^2 = 0.27$，相对于基准模型增加 0.25，表明职业成长能够解释规范承诺 25% 的变异。职业成长 4 个因子中，除职业能力发展对规范承诺的影响不显著，其他 3 个因子对规范承诺的影响都较为显著，其中晋升速度的作用最强（$\beta = 0.24$，$p < 0.001$），其次为职业目标进展（$\beta = 0.22$，$p < 0.001$），而报酬增长的作用相对较弱（$\beta = 0.13$，$p < 0.05$）。因此，假设 3a、3c、3d 得到支持，而假设 3b 没有获得数据的支持。

接着，在方程的第 4 步中，加入感知机会和职业成长的交互变项，以检验感知机会对"职业成长—规范承诺"关系的调节作用，结果发现，"感知机会×职业目标进展"、"感知机会×晋升速度"进入回归方程，且回归系数显著，回归模型具有显著改善（$\Delta F = 14.58***$），R^2 增加 0.04。图 4 给出了感知机会对职业目标进展与规范承诺关系的调节模式，该图表示：随着员工感知机会的增加，职业目标进展对规范承诺的作用逐渐减弱。图 5 给出了感知机会对晋升速度与规范承诺关系的调节模式，该图表示：随着员工感知机会的增加，晋升速度对规范承诺的作用逐渐增强。因此，假设 6a、6c 得到支持，而假设 6b 没有得到数据支持。

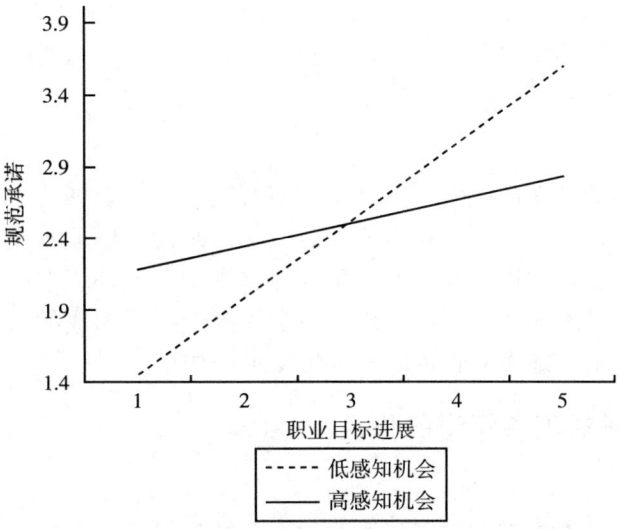

图 4 感知机会对职业目标进展与规范承诺关系的调节

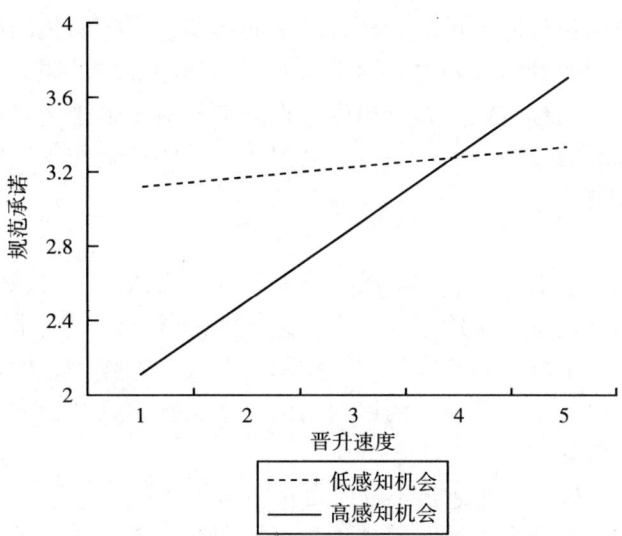

图 5 感知机会对晋升速度与规范承诺关系的调节

四、结束语

具有高组织承诺的员工被认为可以产生许多有利于组织发展的积极行为，比如组织公民行为、高工作绩效。但是，现在对于大多数的工人来说，职业已经变得日益不稳定，工作流动、职业转换、失业成较为普遍的现象。在这样的职业环境下，如何提升员工的承诺成为当前研究的热点。本文探讨了职业成长对员工组织承诺形成的作用，拓展了关于承诺的研究，为企业培育员工承诺的管理实践提供了理论依据。

（一）职业成长对组织承诺的作用

1. 主要结论

关于职业成长对员工承诺的作用，主要的研究结果包括：①员工职业成长对情感承诺均具有显著的正向影响，其中职业目标进展的作用最显著，其次为职业能力发展，而晋升速度和报酬增长的作用略小，员工职业成长能够解释情感承诺40%的变异；②职业目标进展、晋升速度和报酬增长对持续承诺有显著的正向影响，报酬增长的影响作用最显著，其次为职业目标进展，职业目标进展对持续承诺的影响作用最弱，职业成长共同解释持续承诺17%的变异；③职业目标进展、晋升速度和报酬增长对规范承诺有显著的正向影响，晋升速度与职业目标进展的影响作用较显著，而报酬增长的影响作用较弱，职业成长共同解释规范承诺25%的变异。

2. 理论贡献

之前关于组织承诺前因变量及其形成基础的研究一直未能取得新突破，主要是局限于研究工作特性、组织气候、工作角色以及人与组织匹配等方面。而本文的研究则突破了原有研究的局限，关注到了员工职业成长在组织承诺形成中的作用，实证研究结果也充分说明，员工职业成长可以非常有效地预测组织承诺。本文在下列几个方面拓展了关于职业成长与组织承诺的理论研究。

（1）研究结论表明员工职业成长不仅仅是员工应该关注的问题，而且值得引起组织的重视。虽然已有一些学者指出组织应该关注员工的职业成长以获取员工对组织的回报，但是并没有实证检验员工职业成长与组织承诺之间的内在联系。本文的结论充分说明，在组织为员工的职业成长做出努力的同时，将获得员工对组织的高承诺，这将导致员工产生许多有利于组织发展的行为。

（2）研究结论充实了关于情感承诺的前因变量的文献。虽然 Meyer 和 Herscovitch 已经意识到员工对工作任务价值的认知、对工作任务的投入和认同是员工产生情感承诺的来源，但却没能揭示员工对工作任务的这种认同是如何产生的。本文的研究结论充分表明，员工在组织内实现快速职业成长是促进员工对组织产生高情感承诺的重要原因。可以推断，如果员工能够在实现组织目标的同时获得自身职业的快速成长，那么他们对工作任务本身就会有较高的投入和认同，从而对组织的目标产生高的认同。

（3）研究进一步阐明了员工持续承诺产生的基础。持续承诺产生于员工对离职成本的感知，这种离职成本更多地体现为员工在组织内长期积累的各种优势将随着离职而瞬间丧失。员工在组织内要获得高报酬增长和晋升速度需要长期的积累，当员工离职时，这种先前的努力和积累就无法得到回报。这个研究结论和先前的一些研究结论是一致的，如Shouksmith 也指出晋升机会是员工持续承诺的重要预测变量。职业目标进展也能直接影响员工的持续承诺，这个研究结论可以成为员工持续承诺前因变量文献的补充。

（4）本文的结论支持 Meyer 和 Allen 关于"员工接受组织利益后产生的报答需求是员工规范承诺的来源"的假设。研究结果显示，职业成长能解释规范承诺变异的 26.1%，职业成长有 3 个维度对规范承诺有显著的正向作用。可以推断，具有较高职业成长的员工能够更加明确地感知到组织对其的关心和帮助，基于互惠原则，员工也从内心里感觉到自己应该回报于组织。虽然职业能力发展对规范承诺的影响作用不显著，但是随着职业能力发展的提升，报酬增长对规范承诺的作用增强。

（二）感知机会的作用

关于感知机会对职业成长与组织承诺关系的调节作用，本文的主要结论包括：①感知机会对职业能力发展与持续承诺的关系起到了调节作用，随着感知机会增大，员工在组织内的职业能力发展对持续承诺的作用降低；②感知机会对晋升速度与持续承诺的关系起到了调节作用，随着员工感知机会增大，晋升速度对持续承诺的作用增强；③感知机会对职业目标进展与规范承诺的关系起到了调节作用，随着感知机会的增大，员工在组织内的职业目标进展对规范承诺的作用降低；④感知机会对晋升速度与规范承诺的关系起到了调节作用，随着感知机会的增大，晋升速度对规范承诺的作用逐渐增强。

高感知机会的员工，他们的职业目标的达成更多地依靠于自身的规划，他们的职业目标进展主要来源于自身的努力，而且他们在组织外部的发展机会较多。因此，他们的职业目标进展对规范承诺的影响不太显著；当发觉自己在组织内部的晋升速度较低时，对组织的持续承诺和规范承诺会迅速降低，他们会认为并不需要也不应该继续留在组织中服务。相反，对于低感知机会的员工，他们的职业目标的达成更多依靠于组织的规划和指导，他们在组织外部并没有多的机会。因此，他们获得职业目标进展时，会对组织产生一种较高的回报倾向，其职业目标进展对规范承诺的作用较为显著；他们对组织的持续承诺和规范承诺受到晋升速度的影响较小，因为即使组织内部的晋升速度较低他们也没有其他可以选择的工作。

职业能力发展较快而感知机会小的员工主要是那些拥有组织所需求的专门技能的员工，虽然他们的职业能力发展较快，但由于所拥有的这种职业能力主要适用于组织内部，而离开了组织则所积累的这种专门的技能就很难得以展现，因此，对这些员工来说，他们的职业能力发展越快，离开组织的成本就更高，而留在组织中继续发展对他们更有利，即低感知机会的员工他们的职业能力发展对持续承诺的影响更加显著。

(三) 管理启示

通过本文的研究,可以对人力资源管理实践提出以下几点具体建议。首先,本文的结论对企业员工招聘活动具有一定的指导作用。由于员工职业目标进展对其情感承诺、持续承诺、规范承诺均有显著影响,因此,在人才招聘时要注重考察员工自身的职业规划和职业目标,如果员工个人的职业目标、职业规划和企业所提供的工作岗位、发展环境比较匹配,则录用后员工更能产生高的组织承诺。其次,在人员的使用和配置上应关注员工的职业规划和个人目标,加快员工的职业目标进展。由于职业目标进展是提升员工组织承诺的重要因素,因此,努力推进员工的职业目标进展将促进组织和个人的共同发展。再次,组织应努力促进员工的职业能力发展,从而提高员工对组织的情感承诺。可以通过给员工安排具有挑战性的工作任务、采取师傅带徒弟的形式让员工在完成工作任务的同时得到提升和锻炼,提升其对组织目标、组织工作任务的认同。同时,应给员工提供必要的培训和受教育机会,使员工能保持其职业竞争力。最后,在晋升员工时应充分考虑员工自身的职业目标,结合员工的个人需要与组织的发展需要。当组织在晋升员工的同时也考虑到他个人的发展目标,从而促进了员工个人的职业目标进展,则员工就会对组织产生较高的情感承诺。

参考文献

[1] 胡蓓,翁清雄,杨辉. 基于求职者视角的组织人才吸引力实证分析——以10所名牌大学毕业生的求职倾向为例 [J]. 预测,2008,27 (1):53-59.

[2] Weng, Q. X., McElroy, J. C. Vocationial Self-Concept Crystallization as a Mediator of the Relationship Between Career Self-Man-Agament and, Job Decision Effectiveness [J]. Journal of Vocational Behavior, 2010,76 (2):234-243.

[3] Aivi, H. L., Almed, S. W. Assessing Organizational Commitment in a Developing Country: Pakistan A case study [J]. Human Relations,1987,40 (5):267-280.

[4] 刘小平,王重鸣. 组织承诺及其形成过程研究 [J]. 南开管理评论,2001,4 (6):58-62.

[5] 龙立荣,方俐洛,凌文铨. 组织职业生涯管理及效果的实证研究 [J]. 管理科学学报,2002,5 (4):61-67.

[6] Graen G. B., Chun H., Dharwvadkar R., et al. Predicting Speed of Managerial Advancement over 23 Years Using a Parametric Duration Analysis. A Test of Early Leader-Member-Exchange Early, Job Performance Early Career Success, and University Prestige //Best Papers Proceedings Making Global Partnerships Work Association of Japanese Business Strxdies,1997:75-89.

[7] 翁清雄,胡蓓. 员工职业成长的结构及其对离职倾向的影响 [J]. 工业工程与管理,2009,14 (1):14-21.

[8] 翁清雄. 职业成长对员工承诺与离职的作用机理研究 [J]. 华中科技大学,2009.

[9] 翁清雄,席酉民. 职业成长与离职倾向:职业承诺与感知机会的调节作用 [J]. 南开管理评论,2010,13 (2):119-131.

[10] Seibert, S. E., Kraimer, M. L. The Five-Factor Model of Personality and Career Success [J]. Journal of Vocational Behavior, 2001, 58 (1): 1-21.

[11] Schaubroeck, J. Lam, S. K. Hov Similarity to Peers and Supervisor Influences Organizational Advancement in Different Cultures [J]. Academy of Managament Jounal, 2002, 45 (6): 1120-1136.

[12] Markham, W. T., Harlan, S. L., Hackett, E. J. Promotion Opporlunity in Oganization Causes& Consequences [J]. //Rowland K., Ferris G. Research in Personnel&Human Resource Managament, 1987 (5): 223-287.

[13] Sebert, S. E., Kraimer, M. L., Liden, R. C. A Social Capital Theory of Career Success [J]. Academy of Managament Journal, 2001, 44 (2): 219-238.

[14] Wayne, S.J., Liden, R. C., Kraimer, M. L., et al. The Role of Human Capital Motivation and Supervisor Sponsorship in Predicting Career Success [J]. Journal of Organizational Behavior, 1999, 20 (5): 577-595.

[15] Meyer, J. P., Alien, N. J., Smith, C. A. Commitment to Organizations and Occupations: Extension and Test of a Three-Component Conceplualization [J]. Journal of Applied Psychology, 1993, 78 (4): 538-551.

[16] Haclanan, J. R., Oidham, G. R. Motivation Through the Design of Worlk: Test of a Theory [J]. Oganizational Behavior and Human Performance, 1976, 16 (2): 250-279.

[17] Meyer, J. P., Herscovitchl Commitment in The Workplace: Toward a General Model [J]. Human Resouree Managament Review, 2001, 11 (3): 299-326.

[18] Meyer, J.P., Alien, N. J. A Three-Component Conceptualization of Organizational Commitment [J]. Human Resource Management Review, 1991, 1 (1): 64-98.

[19] Arthur, M. B., Inkson, K., Pringle, J.K. The New Careers Individual Action& Econanic Change [M]. London: Sage, 1999.

[20] Gouldner, A. W. The Norm of Reciprocity: A Preliminary Statement [J]. American Sociological Review, 1960, 25 (2): 161-178.

[21] Wiener, Y. Commitment in Organizations: A Nomative View [J]. Acadamy of Managament Review, 1982, 7 (3): 418-428.

[22] Wheeler, A. R., Buckley, M. R., Halbesleben J R, et al. The Elusive Criterion of Fit Revisited. Toward an Integrative Theory of Multidimensional Fit [A] //J.Martocchio Eds, Research in Personnel and Human Resource Managament [C]. EIsevier/JA I Press, Greenwich, CT, 2005: 265-304.

[23] Maslow, A. Motivation and personality [M]. New York: Harper& Row, 1954.

[24] Atkinson, J. W., Feather, N. T. A Theory of Achievement Motivation [M]. New York: Wiley & Sons, 1966.

[25] Weiner, B. Implications of the Current Theory of Achievement Motivation for Research and Perfomance in the Classroom [J]. Psychology in the Schools, 1967, 4 (2): 164-171.

[26] Heider, F. The Psychology of Interpersonal Relations [M]. New York: Willey, 1958.

[27] Weiner, B. An Attributional Theory of Motivation and Emotions [J]. New York Spsingr-Verlag, 1986.

[28] Alien, N. J., Meyer, J. P., The Measurement and Antecedents of Affective Continuance and Normative Commitment to the Organization [J]. Journal of Occupational Psychology, 1990, 63 (1): 1-18.

[29] Chen, Z. x., Francesco, A. M. The Relationship between the Three Components of Commitment and Employee Perfomance in Chinas [J]. Journal of Vocational Behavior, 2003, 62 (3): 490-510.

[30] Lee, K., Allen, A. J., Smith, C. A. A Meta-Analytic Review of Occupational Commitment. Relations with Person and Work-Related Variables [J]. Journal of Applied Psychology, 2000, 85 (5): 799-811.

[31] Wheeler, A. R., Gallagher, V. C., Brouer, R. L., et al. When Person-Organization (mis) Fit and (dis) Satisfation Lead to Turnover. The Moderating Role of Perceived Job Mobility [J]. Journal of Managerial Psychology, 2007, 22 (2): 203-219.

[32] Hui, C., Law, K. S., Chen, Z. X. A Structural Equation Model of the Effects of Negative Affectivity Leader-Member Exchange and Perceived, Job Mobility on In-Role and Extra-Role Perfoanance: A Chinese Cased [J]. Organizational Behavior and Human Decision Processes, 1999, 77 (1): 3-21.

[33] Milkvard, L. J., Hopkins, L. J. Psychological Contracts Organizational and Job Commitment [J]. Journal of Applied Social Psychology, 1998, 28 (16): 1530-1556.

[34] Mooanan, R. H., Niehoff, B. P., Ogan, D. W. Treating a Employees Fairly and Organizational Citizenship Behavior: Sorting out the Effects of Job Satisfaction Organizational Commitment and Procedural Justices [J]. Employee Responsbilities and Rights Journal, 1993, 6 (3): 209-225.

[35] Shouksmith, G. Variables Related to Organizational Commitnent in Health Professionals. Psychological Reports, 1994, 74 (3): 707-711.

Relationship between Career Growth and Organizational Commitment in Dynamic Career Environment

Weng Qing-xiong, Xi You-min

Abstract: The paper used perceived opportunities to describe career environment and research the impact mechanise of employee's career growth on organizational commitment in dynamic career environment 961 employees in 9 cities anticipated the investigation. Confirmatony factor analysis, correlation analysis and regression analysis were used to conduct the data. The results found that four dimensions of career growth had significant positive impact on emotional commitment which could explain 40 percents variation of emotional commitment; three dimensions of career growth expect career capacity development had significant positive impact on both of continuance commitment and normative commitment which could explain 17 percents of continuance commitment and 25 percents of normative commitment, perceived opportunities mediated the relationship between career growth and organizational commitment.

Key Words: career growth; organizational commitment; career environment; perceived opportunities; career goal

工作设计对员工知识共享行为影响研究：
以心理资本为中介变量*

苏 勇 王 森 李 辉

【摘 要】 通过探讨工作设计、心理资本与知识共享行为之间的关系，进而总结分析出组织员工知识共享行为的提升路径。在文献回顾基础上提出研究理论假设模型，运用实证研究对理论假设模型进行验证。通过验证显示，心理资本在工作设计和组织员工知识共享行为之间扮演了部分中介效应功能，工作设计对组织员工知识共享行为有显著正效应。

【关键词】 知识共享行为　心理资本　职务设计　中介效应

一、绪 论

企业核心竞争力的维持和提升必须以知识为基础。知识共享是组织获得竞争优势的重要支柱（Beamish，2010；Argote 和 Lngram，2000；Cohen 和 Levinthal，1990；Kogut 和 Zander，1995；Robertson，1999）。同时，著名管理学家 March 和 Simon 在 1958 年也提出，一般组织的创新都来自借鉴和融合而非独立发明，这强调了组织知识共享的重要性。知识共享的高低对于组织的重要性在实务界与学术界都得到了认可。在 Arthur Andersne（1999）所提出的重要公式 $K = (I + P)S$ 中，K 表示知识，I 表示信息，+表示技术，P 则是人，S 就是共享。该公式体现了知识共享在多种要素作用整合中的催化效应。众多学者也通过实证验证了组织内员工间的知识共享对于提高组织创新能力和绩效的重要性（Nonaka，1994；Szulanski，1996；Collins 和 Smith，2006；仲理峰等，2007）。Chao（1998）以及 Gold（2001）认为只有提高员工知识共享行为，方可进行有效的组织整合和协调内部活动。汤发良等（2002）认为知识共享可以改善企业的创新能力、促进创新等，最终提高企业的竞争优势。

---

* 本文选自《软科学》2011 年第 9 期。

目前关于提升知识共享的研究焦点主要集中于相关技术手段层面，许多企业注重数据库和信息管理系统的开发和应用，以便最大限度地储存、利用和分享知识。尽管知识共享的技术手段得到快速发展，但是单纯依靠技术性渠道无法实现高效的知识共享。文献研究表明，在组织引入技术以实现知识分享的过程中，决定组织内的知识分享能否成功的关键在于员工知识分享行为，而不是网络构建和信息系统设计（McDermott 和 O'Hell，2001；Kristian 和 Senja，2004）。因此，影响知识共享的一个主要原因在于知识拥有者与需求者双方是否具有积极的知识共享行为，这已经成为促进企业内部知识共享效果提升的关键所在。

由于员工知识共享行为是员工自身共享意愿和共享能力的结果，James B. 和 Fred Luthans（2009）认为，员工共享意愿不仅依赖于不同的工作设计特征，也源于员工自身的心理。同时，心理资本（Psychological Capital，以下简称 PC）的研究在社会科学研究领域呈迅猛发展之势（Adler P. S.和 Kwon S.，2002；Goldsmith，Darity W.和 Vcum J. R.，1996；Luthans F.，Youssef C. M.和 Avolio B. J.，2006；Luthans 和 Voussef C. M.，2004；James Bavey 和 Fred Luthans，2009；仲理峰，2007）。此外，Peter 等（2009）认为不同心理素质的员工在促进知识流动、传播与扩散的表现是不一样的。Tsoukas 和 Mylonopoulos（2004）认为，员工个体的不同心理以及不同特性的组织其共享行为有明显的不同。这表明，员工的心理资本和组织的工作设计在员工知识共享行为中具有某种关系。基于已有的研究成果表明，职务设计与心理资本有一定的关系，并且心理资本在工作设计影响员工知识共享行为的过程中可能起到重要的作用。本研究所指的员工知识共享行为主要涉及的是员工之间的知识相互交换，主要包括知识的发送和知识的获得（Hooff 和 de Leeuw，2004）。也就是说，本文的潜变量知识共享行为的显变量指标为知识的接收和知识的发送。

二、文献回顾与理论假设

（一）工作设计与员工知识共享行为

工作设计（Job Design，JD）指的是具体工作内容和工作过程的决定，即相关任务和活动的识别并且以一种方式对任务进行分配，使组织能够从员工处获得利益。工作设计是一项基础的人力资源管理活动，其重要性主要在于它对组织目标实现过程及内容在岗位上的分解和描述以及对员工的激励（Lawler、Hackman 和 Kaufman，1973）。关于工作设计的研究过程主要从工作本身转移到对员工工作积极性的影响，组织绩效以及工作设计本身的影响因素等。如 Lawler、Hackman 和 Kaufman（1973）认为："工作设计对员工具有很强的激励性，而激励会加强员工知识共享的意愿。"Grant（2008），Adam M. Grant 和 Yitzhak Fried（2010）从社会认知学视角研究表明，不同的工作设计会影响员工对组织的认知、对组织的归属感，从而影响员工的行为。更有意思的是，Clegg（2007），Martin Kilduf 和 Daniel J. Brass、Alicia A.和 Grandey（2010）研究证明工作设计不但有助于员工自己了解自己，还对员工之间的信任有影响；同时，Grant（2007）认为"工作设计对员工的亲社会行为意愿具有一定的影响作用。员工知识共享意愿是形成知识共享行为最基本的先决条件之一。Nonaka（1995）和 Haas M.（2004）、James Bavey 和 Fred Luthans（2009）通过实证研究证明，工作设计会通过组织激励而作用于员工间的知识共享行为。特别是随着自我工作团队的日益增多，工作合作系统本身就要求知识的融合（James，2009）。组织理论也一直认为工作设计结果之一就是可能影响员工间的知识共享行为。通过以上已有研究，本研究提出自己的研究假设：

假设 1：工作设计对组织知识共享行为有正向的显著影响。

本文对于工作设计变量借助 Hackman 和 Oldham's（1976）的工作三特征理论，则得到本文的潜变量工作设计的显变量指标，即主动性、任务识别和工作反馈。

（二）心理资本与知识共享行为

心理资本理论是受积极心理运动的影响而发展起来的，著名的组织行为学专家 Luthans（1998）把积极心理学成果应用到组织行为学中，提出了积极组织行为学（Positive Orgination Behavior，POB）。后来，POB 把理论与应用研究重点放在了积极心理状态对领导及员工绩效的影响上，在此基础上，Luthans（2004）等把自信、希望、乐观、坚韧四种积极心理状态合并成为更高层次的核心概念，并称之为心理资本（PC）。虽然，直接对心理资本与组织知识共享行为关系的研究还比较欠缺，但关于心理资本在组织行为学和人力资源管理领域的研究已经十分普遍。如 Avey Patera 和 West（2006）通过实证研究了心理资本与员工缺勤行为间的关系，结果显示，心理资本比工作满意度和组织承诺能更好地预测员工的缺勤行为。Turner N.、Barling J.和 Zacharatos A.（2002）研究表明，心理资本对人的生活态度、价值取向及世界观都有非常大的影响。同时，Luthans（2005）也研究表明，心理资本是个体的心理潜能与积极优势，不但可以促使员工完成角色内行为，而且还会表现出旨在帮助他人的组织公民行为，这就包括乐于将自己的默会知识进行发送，以便和同事共享。Yixiang Zhang 等（2010）认为心理安全感是影响组织知识共享的一个关键因素。而我们知道高心理资本意味着高心理安全感。也就是高心理资本的员工能更好地进行组织的知识共享，包括知识的发送和接收。综合以上论述，心理资本对人的各种行为是有影响的。虽然心理资本与员工工作行为的关系有了一些证据，但是具体的心理资本对组织知识共享行为这种关系需要进一步的研究。因此，基于以上分析，本文提出自己的研究假设：

假设 2：心理资本对组织知识共享行为有正向的显著影响。

在本研究中，笔者也将借助 Luthans 的四维度量表作为本研究潜变量——心理资本的显变量指标，即自信、希望、乐观和坚韧性。

而关于心理资本中介效应的研究主要有：Cole（2006）认为，心理资本有时还可能中介其他变量对员工行为的影响,他以失业员工为对象的研究发现,在失业后的主观满意感与再就业行为的关系中,心理资本起着中介作用,即心理资本水平越高,主观满意感对再就业的影响作用就越明显。Luthans(2008)等研究表明心理资本在组织支持性气氛对工作绩效的影响中起到中介作用。这自然让人想到,PsyCap在职务设计与员工知识共享行为的关系中可能起到中介作用。虽然,还没有关于PsyCap在职务设计影响员工知识共享行为中作用的研究,但是,Renn和Vandenberg(1995)研究了关键心理状态(Critical Psychological States,CPS)在工作特征模型的中介作用,结果发现,关键心理状态在工作设计与员工绩效之间确实有一定的中介作用。这为本文的心理资本中介作用研究提供了一定的依据和思想来源。基于以上分析,笔者提出如下研究假设:

假设3:心理资本是组织知识共享行为的关键驱动要素,在工作设计与组织知识共享行为关系中起着中介作用。

(三)工作设计与心理资本

工作设计与心理资本都是组织行为学研究的重要概念,那么它们之间有一定的关系吗?目前,对这一问题的研究极少,但是关于工作设计对心理资本影响的分析在一些文献中还是能零星地找到一些。例如,Luthans(2007)在谈到组织因素对个体行为影响时认为,除了显性的物质资源外,组织内部的工作设计是一个重要的变量。如果没有好的工作设计,员工找不到工作的方向和意义,则再好的员工,他的工作积极性都得不到发挥。事实上,工作设计混乱的组织,自然员工的工作意愿降低,工作效率低下。同时,Hester(2006)认为,适当的奖励,尤其是积极的、建设性的反馈、上级认同与关注等不仅可以鼓励员工积极的行为,还可以动摇员工的信念和态度。基于如上论述,笔者提出以下假设:

假设4:工作设计直接正向影响员工心理资本水平。

综合以上论述及各个假设,可以得到本研究的基本关系模型,见图1。

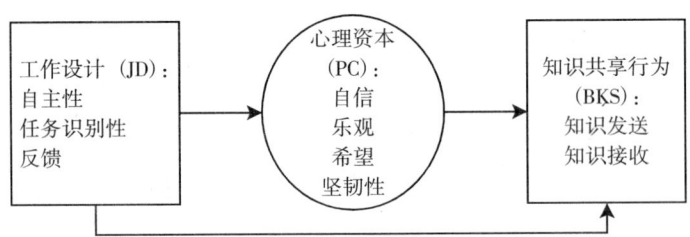

图1 工作设计、心理资本与组织知识共享行为基本关系模型

三、研究方法

(一) 问卷设计与样本选择

本研究的问卷由两部分组成,第一部分为被测者所在企业及个人的基本信息,包括企业性质、企业规模、企业人数和个人职务与学历背景。第二部分为本研究所涉及内容:心理资本测量、工作设计测量及组织知识共享行为测量。

此次问卷调查是在2009年12月至2010年3月间进行的。问卷分别由企业相关负责人和企业正式员工填写,要求各个层级、不同岗位的员工匿名填写,以避免个别岗位的职务个性对结论的影响,减少系统误差。本研究主要采取现场填写与电子邮件两种形式直接回收相关数据。同时,问卷填写人来源的多元性也确保能够有效减少数据搜集时的系统误差,从而保证数据可靠性与真实性。本研究样本地域遍及成都、重庆、广州、深圳及上海的28家企业,其中以民营和国有企业为主。虽有部分中外合资和外商独资企业,但企业员工基本都是本土的,也基本没有股份。企业所涉行业主要为制造、机械、化工、医药、房地产、金融、零售和咨询等各主要行业。问卷共发放840份,回收397份,回收率为47.2%,其中有效问卷265份。265名最终参与者的平均年龄是34岁,其中男性162人(63.2%),女性103人(36.8%)。参与者中有24人是高中学历(9%),41人是技校学历(15%),71人是大专学历(27%),92人是大本学历(35%),30人是研究生学历(11%),7人是博士学历(3%)。对回收数据采用SPSS13.0软件包和LISREL8.70软件包进行处理分析。量表统一采用李克特5分制法,即1~5分,1分代表非常不赞成,5分表示完全赞成。

(二) 测量工具及问卷的信度分析

首先采用SPSS11.50进行PCA(主成分)分析,考察量表的效度,包括收敛效度与判别效度。计算得到KMO值为0.885,Bartlett球体检验值在0.000水平上显著,表明数据适合进行主成分分析(郭志刚,1999)。其次采用Cronbach的内部一致性系数(α系数)来分析信度,采用Nunnally(1978)与Churchill和Peter(1984)所建议的信度标准来判定。在效度检验方面,由于本研究所使用问卷项目全部来自过去的文献,很多学者都曾使用这些量表测量相关变量,本研究在最终确认问卷之前,通过咨询相关领域的专家、预试并修正问卷的部分提法、内容,因此问卷具有相当的内容效度(Content Validity),也应该能够符合构建效度的要求。但考虑到我国具体国情,所以本研究仍以探索性因子分析、克伦巴赫α系数检验和验证性因子分析来验证本研究各量表的构建效度(Construct Validity)。

对于三个维度的变量,其效度检验都采用主成分分析法的探索性因子分析、克伦巴赫

α系数检验和验证性因子分析。其具体分析结果如下：

1. 工作设计（JD）

工作设计使用 Hackman 和 Oldham（1976）的工作特征理论，即工作设计特征内容为主动性、任务识别和工作反馈。工作设计量表维度经过主成分分析方法的探索性因子分析，特征值大于 1.0。运用 SPSS11.50 软件对工作设计维度下的三项目进行探索性因子分析，得到工作设计维度下三个项目因子负荷值分别自主性为 0.910，任务识别性为 0.875、反馈性为 0.830，再经克伦巴赫 α 系数的检验，自主性、任务识别及反馈性量表总的一致性系数为 0.875（检验标准同上），说明内部结构良好，满足研究需要。

此外，通过 LISREL8.70 软件对自主性、任务识别及反馈进行验证性因子分析，得到三个测量项标准化因子负荷最小为 0.685，虽然小于一般要求的 0.707，但许多研究者认为这个限制可以适当权变和放大，可以以 0.650 作为最低标准（Barclay 等，1995；Chin，1998）。因此，说明工作设计维度下各个项目之间具有独立变动特征，符合研究要求。

2. 心理资本（PC）

对心理资本的测量主要借用改造后的 Luthans' PCQ 的四维量表，即自信、希望、乐观与坚韧性。心理资本维度经过主成分分析方法的探索性因子分析，特征值大于 1.0。运用 SPSS11.50 软件对心理资本维度下的四项目进行探索性因子分析，得到心理资本维度下四个项目因子负荷值分别是自信为 0.820、乐观为 0.895、坚韧性为 0.730、希望为 0.340。一般而言，对于所有测度指标而言，标准化因子负荷要高于有关研究所建议的最低临界水平为 0.707（Carmine 和 Zeller，1979），说明心理资本中希望项目在本研究中没有能通过验证。因此，心理资本维度的项目便从自信、乐观、希望以及坚韧性四项调整为自信、乐观和坚韧性三项。再对剩余的三项进行克伦巴赫 α 系数的检验，自信、乐观及坚韧性量表总的一致性系数为 0.905，说明内部结构良好，满足研究需要。

此外，通过 LISREL8.70 软件对自信、乐观及坚韧性进行验证性因子分析，得到三个测量项标准化因子负荷最小为 0.883（检验标准同上），因此说明心理资本此时的维度下项目之间具有独立变动特征，符合研究要求。

3. 知识共享行为（BKS）

员工知识共享行为主要涉及的是员工之间的知识相互交换，因此，本文知识共享行为测量借助于 Hooff 和 de Leeuw（2004）研究形成的量表，即知识的发送和知识的获得。

知识共享行为维度经过主成分分析方法的探索性因子分析，特征值大于 1.0。运用 SPSS11.50 软件对组织知识共享行为维度下的 2 项目进行探索性因子分析，得到知识共享行为维度下 2 项目因子负荷值分别是知识发送为 0.870、知识接收为 0.850。再经克伦巴赫 α 系数的检验，2 项目总的一致性系数为 0.915（检验标准同上），说明内部结构良好，满足研究需要。

此外，通过 LISREL8.70 软件对量表进行验证性因子分析，得到 2 个测量项标准化因子负荷最小为 0.870（检验标准同上），说明知识共享行为维度下各个项目之间具有独立变动特征，符合研究要求。

同时，本研究综合信度也得到了较好满足，所有潜变量综合信度系数值都明显大于有关研究所建议的最小临界值 0.707（最小值是 0.783）。对于所有测度指标而言，大部分测量项的标准化因子负荷也都明显高于有关研究所建议的最低临界水平 0.650（Carmnines 和 Zeller，1979；Shimp 和 Sharma，1987；Barclay 等，1995；Chin，1998），而且都具有较强的统计显著性（P<0.005），充分显示了极强的收敛效度。最后，本项研究中潜变量的平均提炼变差（AVE）都大于 0.500（最小值是 0.7），从而满足了对 AVE 的要求（Formell 和 Larcker，1981）。

四、研究结果

（一）描述性统计及相关性分析

表 1 给出了各个变量的均值、标准差和相关系数。由表 1 中结果可知，其主要变量的方差较小、标准差较大，表明数据在一定程度上存在偏分和变异较小的特点。从相关系数可以看出，心理资本、工作设计和知识共享行为显著相关，这为假设提供了初步的支持，也说明组织的确通过提升员工心理资本水平来增强组织知识共享行为，心理资本在知识共享行为与工作设计之间可能起到了中介作用。本文将运用结构方程模型进一步验证。

表 1　各变量的均值、标准差、相关系数

	均值	标准差	1	2	3
1. 心理资本	4.23	0.73	1.0		
2. 职务设计	4.25	0.80	0.23***	1.0	
3. 知识共享行为	4.06	0.92	0.26**	0.32***	1.0

注：** 表示 p<0.05（2-TaiLed），*** 表示 p<0.01（2-TaiLed）。

（二）心理资本中介效应检验

本文的重点是研究心理资本在工作设计对组织知识共享行为影响中的中介作用，而要判断一个变量的中介作用，根据 Baron 和 Kenny（1986）、Gow（2006）和 Kenneth Cole（2009）的研究，必须对变量关系描述的三个方程进行检验，其方程如下，相应的路径图见图 2。

$$Y = cX + e_1 \tag{1}$$

$$M = aX + e_2 \tag{2}$$

$$Y = c'X + bM + e_3 \tag{3}$$

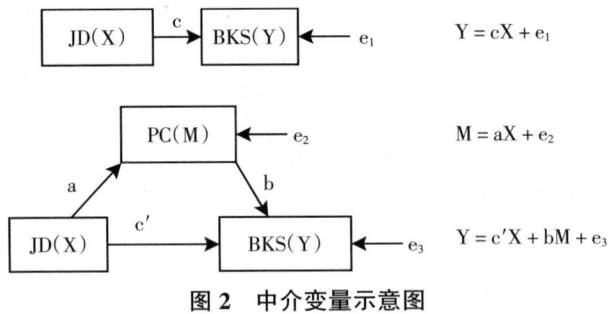

图2 中介变量示意图

其具体要求为：①自变量（JD）与因变量（BKS）之间显著相关，即方程1中c不等于零；②自变量（JD）与中介变量（PC）之间显著相关，即方程2中a不等于零；③因变量（BISS）与中介变量之间显著相关，即方程3中b不等于零。只要上述三个条件成立，则说明中介效应是可能存在的。然后再检验是完全中介还是部分中介，如果c'不显著则说明是完全中介，如果c'显著但小于c则说明是部分中介。

同时，关于潜变量的关系分析，我们知道无法直接用回归分析完成（温忠麟等，2004），而本文所讨论的自变量和因变量都是潜变量。但Bollen K. A.（1989）指出："中介效应是间接效应，无论变量是否涉及潜变量，都可以用结构方程模型分析中介效应。所以本研究将利用结构方程的路径分析来进行检验。根据中介变量示意图，再结合结构方程模型原理可以得到本研究的两个结构方程路径关系模型，具体见图3。

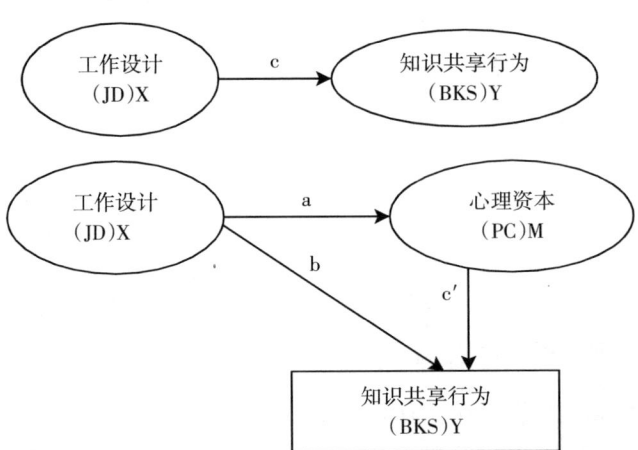

图3 工作设计、心理资本与知识共享行为间路径关系图

为避免共线性和回答偏差的影响，本研究在运用LISREL8.70软件进行结构方程运算以前便对各个变量做了中心化处理。通过LISREL8.70软件运算，可以得到上述关系模型的结构方程，结果见图4和图5。

工作设计与知识共享行为间关系的结构方程输出后，其结构方程中CFI为0.80，CHI为12.61，df为4，P值为0.0000，表明卡方值显著；RMSEA（Root Mean Square of Error

Approximation）意为近似误差的均方根，其值为 0.070（小于 0.08），表明模型拟合度在可接受范围内。因为温忠麟、侯杰泰（2004）指出，RMSEA 小于 0.05 表示模型拟合得好，而在 0.05~0.08 之间表示模型基本可以接受。而根据图 4 可知工作设计与知识共享行为间的路径系数为 0.55，说明工作设计与知识共享行为显著相关，因此，假设 1 通过验证。

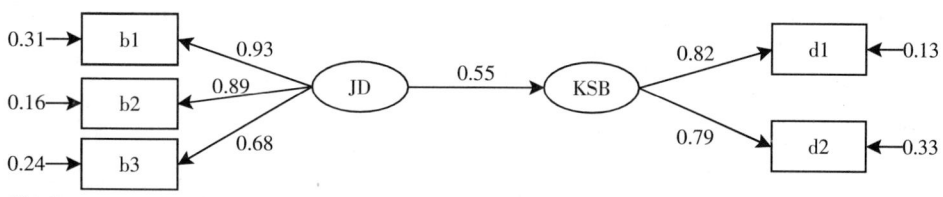

图 4　工作设计与知识共享行为间的结构方程输出结果

心理资本、工作设计与知识共享行为间关系的结构方程输出后，其结构方程中 CFI 为 0.50，CHI 为 195.857，df 为 136，P 值为 0.0000，表明卡方值显著；RMSEA（Root Mean Square of Error Approximation）意为近似误差的均方根，其值为 0.036（小于 0.05），表明模型的拟合度非常好。因为温忠麟、侯杰泰（2004）指出，RMSEA 小于 0.05 表示模型拟合得好，而在 0.05~0.08 之间表示模型基本可以接受。同时，根据图 5 可知工作设计与知识共享行为间的路径系数为 0.55，说明工作设计与心理资本间关系显著，因此，假设 4 通过验证。心理资本与知识共享行为间的路径关系系数为 0.51，说明心理资本与知识共享行为间的关系显著，因此假设 2 通过验证。

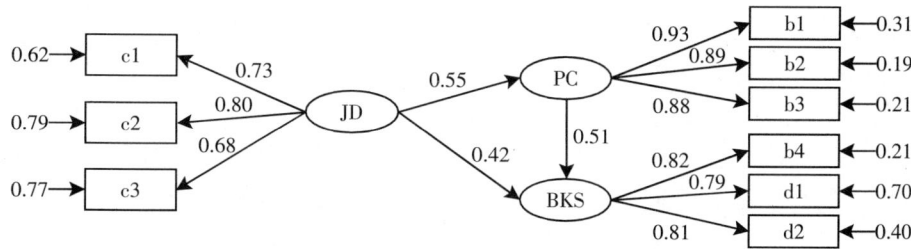

图 5　心理资本、职务设计与知识共享行为间的结构方程输出结果

根据本文前述的关于中介变量的检验要求，而本研究的结构方程运算已经清楚显示，自变量与因变量之间存在显著关系，中介变量与因变量之间关系显著，自变量与中介变量关系显著，即 a、b、c 都不为零，说明中介效应是绝对存在的，因此本研究假设通过验证。而经过运算 c′(c′ = 0.42) 小于 c(c = 0.55)，这表明心理资本在工作设计与知识共享行为间的中介效应是部分中介。

（三）心理资本中介效应值及效应比值的计算

温忠麟、侯杰泰（2004）指出，依据路径分析中的效应分解的术语，中介效应属于间接效应（indirect effect），c 是自变量 X 对因变量 Y 的总效应，ab 是经过中介变量 M 的间接效应（也就是中介效应），c′是直接效应。此时，自变量、中介变量与因变量之间存在如下关系：

$$c = c' + ab \tag{4}$$

根据温忠麟、侯杰泰（2004）的中介效应值计算公式以及上述的模型运算结果，可以求得在本研究中，心理资本中介效应值 ab = 0.55 − 0.42 = 0.13。

再根据温忠麟、侯杰泰（2004）研究中所提出的中介效应占全部效应的比值计算公式：

$$\text{中介效应比例} = a \times b/c \tag{5}$$

由此，可以得到本研究中心理资本作为中介效应的比例值，即心理资本作为中介变量所占的中介总效应比例 = 0.51 × 0.55/0.42 = 90.5%。这表明，虽然心理资本在工作设计与知识共享行为间是部分中介，但所占的中介效应比例相当高。因此，心理资本是组织知识共享行为的关键驱动要素，在工作设计与组织员工知识共享行为之间起着强烈的中介效应。

五、结　论

前文中借助 SPSS11.5 软件和 LISREL8.70 软件中的统计分析工具，对来自全国各地的 28 家有效企业样本信息进行了数据处理和分析。总体来说，结果令人满意，证实了本研究的核心内容和假设。接下来，结合研究背景条件和研究对象具体情况对研究结果作更为深入细致的说明。

首先，本研究的主要理论贡献是检验了工作设计对组织知识共享行为的影响，以及心理资本对这些关系的中介作用。即本文理论假设得到了验证，组织员工间知识共享行为的提升和增强不仅与员工本身的自身素质，特别是心理资本有关，也与组织的工作设计关系紧密，更突出的特点是，不同的工作设计将会导致不同的员工心理资本作用发挥，从而影响员工的知识共享意愿，最终影响员工的知识共享行为。因此，这就要求组织不但要在员工招聘、培训及员工任务分配时认真研究、挖掘、塑造员工的心理资本，而且需要在组织进行工作设计的时候充分考虑对员工的激励，从而提升组织知识共享能力，以获取竞争优势。

其次，经过探索性因子分析，将国外学者基本认同的心理资本四要素改为了三要素，分别为自信、乐观和坚韧性，从而将希望去掉。这说明，在中国文化背景下，人们一般将"希望"特征归入"乐观"。可以解释为，在中国文化语境下，说人们对未来充满希望，就表示他对未来预期很乐观。这一结果表明，国外先进经验我们需要认真学习。但是，在学习的过程中，我们应当将先进经验与我国具体国情相结合，开发出新的、适合我国国情的理论和技术。

最后，心理资本在工作设计与组织员工知识共享行为之间起着中介效应作用。这表明，组织员工知识共享行为的研究不仅要研究组织员工个体层面的心理资本，还需要研究组织层面的工作设计。这也印证了著名管理学家 Fredrickson B. L.（2002）及 Hesterly 等（2009）关于知识共享的研究观点，即知识共享行为的增强关键在于员工个体意愿，而员工知识共享的意愿除了员工本身的个性特征外，最重要的就来自于组织的设计，而工作设计则是整个组织设计中最重要的一环。

参考文献

［1］James, B., Fred Luthans. Encouraging Knowledge Sharing Among Employees: How Job Design Matters [J]. Human Resource Management, 2009, 48 (6): 871-893.

［2］Tsoukas, H., Mylonopoulos. Introduction: Knowledge Construction and Creations in Organizations. British [J]. Journal of Management, 2004, 15 (S1): S1-S8.

［3］Fuller, J. B., Marler, L. E., Hester, K. Promoting Felt Responsibility for Constructive Change and Proactive Behavior: Exploring Aspects of an Elaborated Model of Work Design [J]. Journal of Organizational Behavior, 2006, 27: 1089-1120.

［4］Grant, A. M. The Significance of Task Significance: Job Performance Effects, Relational Mechanisms, and Boundary Conditions [J]. Journal of Applied Psychology, 2008, 93: 108-124.

［5］Adam, M. Grant, Yitzhak, Fried, Sharon, K. Parker, Michael Frese. Putting Job Design in Context: Introduction to the Special Issue [J]. Journal of Organizational Behavior, 2010: 145-157.

［6］Grant, A. Relational Job Design and the Motivation to Make a Prosocial Difference [J]. Academy of Management Review, 2007, 32 (2): 393-417.

［7］Luthans, F., Youssef, C. M. Positive Psychological Movement [J]. Organizational Dynamics, 1998, 35 (2): 44-53.

［8］Avey, J. B., Patera, J. L., West, B. J. Positive Psychological Capital A New Lens to View Absenteeism [J]. Journal of Leadership and Organizational Studies, 2006, 13: 42-60.

［9］Turner, N., Barling, J., Gacharatos, A. Positive Psychology at Work. C. R. Snyder, S. J. Lopez. Handbook of Positive Psychology [M]. Oxford, UK: Oxford University Press, 2002.

［10］Luthans, F., Avolio, B., Walumbwa, F., et al. The Psychological Capital of Chinese Workers: Exploring the Relationship with Performance [J]. Managementand Organization Review, 2005 (1): 247-269.

［11］Yixiang Zhang, Yulin Fang, Kwok-Kee Wei, Huaping Chen. Exploring the hole of Psychological Safety Inpromoting the Intention to Continue Sharing Knowledge Invirtual Communities [J]. International Journal of Information Management, 2010.

［12］Bollen, K. A. Structural Equations with Latent Variables [M]. New York: Wiley, 1989.

［13］侯杰泰，温忠麟，成子娟. 结构方程模型及其应用 [M]. 教育科学出版社，2004.

［14］温忠麟，张雷，侯杰泰等. 中介效应检验程序及其应用 [J]. 心理学报，2004, 36 (5): 614-620.

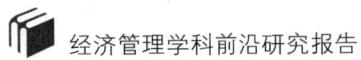

Studying on the Impact of Work Design on Staff Knowledge-sharing Behavior: Psychological Capital as an Intermediary Variable

Su Yong　Wang Sen　Li Hui

Abstract: This paper discusses the relationship between the work design, psychological capital and knowledge-sharing behavior, and then finds the path of creating and enhancing staff knowledge sharing behavior. Based on reviewing the literature, it proposes the hypothesis research model and verifies it empirically. The result shows that psychological capital plays a role of mediating effect between the work design and staff knowledge sharing behavior and the work design has a significant positive effect on staff knowledge sharing behavior.

Key Words: knowledge-sharing behavior; psychological capital; work design; mediating effect

变革型领导如何影响员工的工作结果：
一个有中介的调节作用分析*

孟 慧 宋继文 孙志强 王 威

【摘 要】 本文通过对 426 名在职人员的调查，探讨了变革型领导对工作绩效与满意度的影响机制。最后采用 SPSS 13.0 和 LISREL 18.7 对数据进行多层级线性回归分析，并依据温忠麟等（2006）的统计步骤分析了有中介的调节作用，得到如下结果：①在控制了年龄、性别与任职年限之后，自我效能在变革型领导与工作绩效、工作满意度之间都起部分中介作用；②核心工作特征在变革型领导与工作绩效之间起调节作用，调节作用需要通过自我效能作为中介变量。文章最后讨论了本研究的理论和实践意义。

【关键词】 变革型领导 自我效能 核心工作特征

一、引 言

从 20 世纪 80 年代开始，研究者们就开始关注变革型领导的研究，直到今天对变革型领导理论的探索仍然占据着领导研究的中心地位。大量研究已经表明变革型领导与员工工作态度、工作绩效等存在正向关系（Avolio、Zhu、Koh & Bhatia，2004；Dvir、Eden、Avolio & Shamir，2002；Shin & Zhou，2003；Wang、H. Law Hackett、Wang D.X. & Chen，2005）。然而，关于变革型领导行为与员工表现之间的中间作用过程的研究仍然处于初级阶段（Shamir，1991），加强变革型领导对员工工作态度（如员工满意度）和绩效的影响机制与过程的研究，能够帮助我们更好地揭示变革型领导的内在作用方式（Bass，1999）。因此，本研究将深入探讨变革型领导影响员工工作结果的过程机制。由于工作满意反映了员工的工作心理状态和生活质量，是以员工为中心的，而工作绩效则反映了员工的工作产出，是对组织的一种贡献，是以组织为中心的，因此，本研究选取员工工作满意感和工作

---

* 本文选自《心理科学》2011 年第 5 期。

绩效来衡量员工的工作结果。

变革型领导通过让员工意识到所承担任务的重要意义，激发下属高层次需要，建立互相信任的氛围，促使下属为了组织、团队和部门的利益而牺牲自己的利益，并达到超过原来期望的结果（Bass，1995）。员工的工作绩效是一个组织赖以生存和发展的必要条件，变革型领导通过自身的人格魅力、愿景激励、智力激发和个人化的关怀，使员工自愿效仿领导者的行为，对未来充满希望，并在工作中能采取积极乐观进取的工作态度，从而促进员工绩效的不断改进。已有的实证研究强烈地支持了变革型领导与下属的工作绩效之间的正向关系（Boerner Eisenbeiss & Griesser，2007；Lowe Kroeck & Sivasubramaniam，1996；Piccolo & Colquitt，2006；Sosik Kahai & Avolio，1999）。此外，变革型领导者能够通过自己的魅力和言行激励下属努力追求具有挑战性的目标并充分体验工作的内在价值，这样的领导者在工作中能将组织的愿景与下属的需要相结合，积极促进下属需要的满足，因此，具有变革型领导风格的管理者能够提高下属的工作满意感（孟慧，2005）。已有的实证研究和元分析都表明与变革型领导者一起工作的员工会具有更高的参与性，具有更高的满意度，会感受到更多的授权、被激励、对组织的承诺，并且表现出较少的负面行为（Bass & Riggo，2006；Bono & Judge，2003；Griffith，2004；Walumbwa、Wang、Lawler & Shi，2004）。

自我效能概念是 Bandura 的社会学习理论中的一个组成部分，起源于社会认知理论（Alexander & Winne，2006），它强调认知对个体心理和行为的影响。自我效能指个体对自己是否有能力去实施某一行为的期望，是人们对自己实现特定领域行为目标所需能力的信心或信念，它对个体的成长和发展起着至关重要的作用。以往的研究中，自我效能作为变革型领导影响过程的中介变量的研究还很少。一些研究者提出，愿景激励使下属产生明确的发展预期，对他们表达出较高的期望，并对他们实现目标的能力充满信心，从而提高下属的自我效能感（Eden，1992），而个性化关怀提高了领导者对追随者的理解和对下属不同需要及观点的重视程度，这些行为都可以发展下属的信心和自我效能感（Sosik et al.，1999）。一些实证研究也发现变革型领导行为可以影响和提高追随者的自我效能感（Kirkpatrick & Locke，1996；Schyns，2001）。

在归因活动中，效能感强的人倾向于把成功归因为自己的能力和努力，而把失败归因为技能的缺乏和努力的不足。这种思维方式反过来促使个体提高动机水平，发展行为技能，从而有利于活动的成功。自我效能感还会影响个体在活动中的努力程度以及在活动中当面临困难、挫折、失败时对活动的持久力和忍耐力。特别是对于那些富有挑战性或是带有革新性质的创造活动而言，这种持久力和忍耐力是保证活动成功的必不可少的条件之一（高申春，2000）。虽然，自我效能对绩效的正向影响作用已经在不同的环境和工作中得到了研究支持，但自我效能感对工作满意感的影响研究并不多。一些研究者认为一般自我效能应该会通过实际工作上的成功来影响员工的工作满意度，自我效能高的个体能够更有效率地处理困难问题，在面对失败时会表现出更高程度的坚持性，从而使他们更可能获得有价值的成果并从中获得满足感（Judge & Bono，2001）。因此，我们认为变革型领导对员工绩效及工作满意度的影响可以通过员工自我效能的改变来发挥作用。

同时，Piccolo 和 Colquitt（2006）研究发现核心工作特征在变革型领导与动机和目标承诺之间起到了中介作用。变革型领导与工作特征理论的这一结合开启了变革型领导影响的潜在中介变量的一个新领域。它将一个潜在的以工作为基础的中介变量加入到了以往研究中以领导和个人为基础的机制的研究中，使得对中介变量的研究从以往的对领导成员交换关系、员工对领导或组织的信任以及员工对自我的感知和评价等抽象概念的研究转向与实际工作相关的具体概念的研究上来。

核心工作特征包括 5 个维度（Hackman & Oldham，1976）：①技能多样性（Skill Variety），即完成一项工作涉及的范围——包括各种技能和能力；②工作完整性任务同一性（Task Identity），即在多大程度上工作需要作为一个整体来完成——从工作的开始到完成并取得明显的成果；③任务重要性（Task Significance），即自己的工作在多大程度上影响其他人的工作或生活——不论是在组织内还是在工作环境外；④主动性（Autonomy），即工作在多大程度上允许自由、独立，以及在具体工作中个人制定计划和执行计划时的自主范围；⑤反馈（Feedback），即员工能及时、明确地知道他所从事的工作的绩效及其效率。根据这一模型，一个工作岗位可以让员工产生三种心理状态：感受到工作的意义、工作的责任和了解到工作的结果。也就是说，如果一个岗位的核心工作特征比较高，员工会对工作的意义感、责任和结果有更清楚的认识，从而强化了变革型领导对员工自我效能的影响。基于此，我们认为核心工作特征可能在变革型领导和自我效能间起调节作用。

综合上述，本研究将以企业员工为主要对象，探讨自我效能和核心工作特征在变革型领导影响员工绩效及工作满意感的作用机制中的角色。本研究得出以下的假设模型，如图 1 所示：

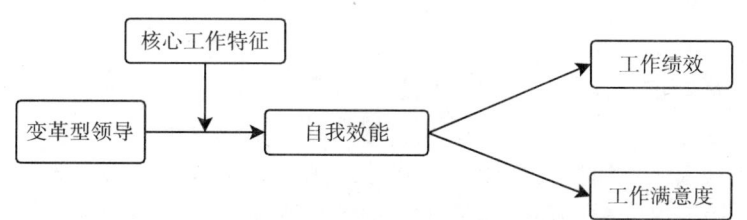

图 1　自我效能、核心工作特征在变革型领导与领导有效性之间的作用

二、方　法

（一）被试

本研究向多个行业中的组织雇员和管理人员发放问卷 500 份，回收 465 份，回收率为

93%，最后有效问卷426份，问卷有效率为91.6%。公司所属行业涵盖银行、石化、渠道、媒体、通信、政府、教育、医疗等。有效被试平均年龄为36.61岁，最小年龄17岁，最大年龄58岁，男性占54.3%，女性占45.7%。下属教育程度：初中及以下2.5%，高中/中专12.4%，大专33.9%，本科46.8%，研究生及以上4.5%。下属任职时间：1年以下14.40%，1年到2年18.50%，2年到3年11.60%，3年到5年15.70%，5年到10年18.80%，10年以上21.1%。行业类型：公共事业33.30%，金融24.20%，其他企业42.5%。上司平均年龄39.54岁，最小20岁，最大60岁，男性占75.4%，女性占24.60%。上司教育程度：初中及以下1.8%，高中/中专5.50%，大专25.1%，本科59.90%，研究生及以上7.60%。

（二）研究工具

1. 变革型领导

本研究选用中国文化下的变革型领导问卷TLQ（Transformational Leadership Questionnaire）（李超平、时勘，2005），共26个题目，采用6级评分法进行评分，从完全不符合到完全符合。本研究中，我们把变革型领导作为一个整体构念进行测量，该量表的内部一致性系数为0.98。

2. 自我效能和核心工作特征

采用Schwarze等（Schwarzer & Jerusalem，1995）的一般自我效能感量表中文版，共10个题目。本研究中，该量表的内部一致性系数为0.94。采用Hackman & Oldham编制的核心工作特征量表（Hackman & Oldham，1975），共15个题目。本研究中，把核心工作特征作为一个整体构念进行测量，该量表的内部一致性系数为0.94。这两个量表均采用6评分，从完全不符合到完全符合。

3. 员工满意度和工作绩效

采用Tsui等编制的员工总体满意度问卷（Tsui、Pearce、Porter & Tripoli，1997），共6个题目，采用6级评分，从非常不满意到非常满意。本研究中，该量表的内部一致性系数为0.89。采用Tsui等编制的11个题目的量表（Tsui、Pearce、Porter & Tripoli，1997）测量工作绩效，采用6级评分，从明显低于平均水平到明显高于平均水平。本研究中，该量表的内部一致性系数为0.940。

4. 控制变量

在回归分析中，我们选取一些人口统计学的变量作为控制变量，这些控制变量分别为：员工年龄、员工性别、员工的教育程度、员工在该单位的任职时间、上司的年龄、上司的性别、上司的教育程度以及行业类型。

（三）施测程序和统计处理

施测过程中采用主试到公司现场收集数据的方式。最后将有效数据全部输入电脑，使用SPSS13.0和LISREL8.7软件，通过信度分析、验证性因素分析、相关分析和层次回归分析等对各个量表的信效度以及假设模型进行检验。

(四) 有中介的调节作用

在以往研究中，学者的研究模型或是调节模型，或是中介模型。模型中除了自变量和因变量，就只有一个第三变量。但事实上，许多情况下可能既存在中介变量，也存在调节变量的影响。因此就有学者（温忠麟、张雷、侯杰泰，2006）研究了有中介的调节变量和有调节的中介变量两种模型。对于有中介的调节作用，温忠麟等提出了以下检验步骤：

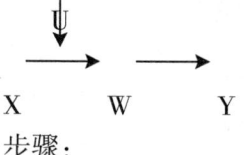

步骤：

(1) 做 Y 对 X，U 和 UX 的回归，UX 系数显著，说明 U 对 Y 与 X 的关系的调节效应显著。

(2) 做 W 对 X，U 和 UX 的回归，UX 系数显著。

(3) 做 Y 对 X，U，UX 和 W 的回归，W 显著。

在第 (3) 步，若 UX 不显著，则 U 的调节效应完全通过中介变量 W 起作用。

本研究中 X 为变革型领导行为，U 为核心工作特征，W 为自我效能，Y 为工作绩效和工作满意度。我们运用多层回归分析法进行了有中介的调节作用的计算。

三、结　果

(一) 各变量的描述性统计和相关矩阵

为了验证本研究所使用量表的结构效度，以及这些量表所测量的各构念的区分效度，我们进行了验证性因子分析（Confirmative Factor Analysis，CFA）。由于题目量比较多，我们将研究所涉及的五个主要量表的所有条目先进行了打包（parceling）处理。验证性因素分析的结果表明模型拟合指标 NFI、NNFI、CFI、GFI 分别为 0.98、0.98、0.99、0.89，$\chi^2/df = 3.00$，RMSEA = 0.066，各因子载荷均在 0.73 到 0.96 之间，说明了本研究所选量表具有良好的效度。

表 1 列出了各变量的平均值、标准差以及变量间的相关系数。相关分析结果表明：变革型领导与自我效能、核心工作特征、工作绩效以及工作满意度都呈现显著正相关关系，其相关系数分别为 0.63、0.50、0.42 和 0.68；自我效能与核心工作特征、工作绩效以及工作满意度之间也都呈现显著正相关关系，相关系数分别为 0.59、0.55、0.57；核心工作特征与工作绩效以及工作满意度之间也呈现正相关关系，相关系数分别为 0.63 和 0.61；工

作绩效与工作满意度之间呈现显著正相关关系，相关系数为 0.47。由此可见，接下来可以通过层次回归法进一步检验自我效能感的中介作用和核心工作特征的调节作用。

表1 各变量相关系数

	M	SD	1	2	3	4	5	6	7	8	9	10	11	12	13
1	31.61	8.60	1												
2	0.54	0.50	0.26**	1											
3	3.38	0.85	−0.14**	0.07	1										
4	2.09	0.87	−0.18**	0.11**	0.29**	1									
5	6.25	7.02	0.66**	0.10*	−0.22**	−0.17**	1								
6	39.54	7.85	0.49**	0.11**	−0.12*	−0.24**	0.41**	1							
7	0.75	0.43	0.24**	0.30**	0.03	0.12*	0.19**	0.24**	1						
8	3.66	0.77	−0.07	−0.04	0.49**	0.28**	−0.06	−0.17**	0.03	1					
9	4.74	0.94	0.16**	0.02	0.03	−0.07	0.09	0.01	−0.01	0.28**	(0.98)				
10	4.51	0.83	0.27**	0.13**	0.07	−0.14**	0.15**	0.09	0.06	0.15**	0.63**	(0.94)			
11	4.16	0.92	0.25**	0.07	−0.03	−0.21**	0.18**	0.15**	0.01	0.04	0.50**	0.59**	(0.94)		
12	4.45	0.79	0.27**	0.17**	0.04	−0.04	0.26*	0.13**	0.08	0.07	0.42**	0.55**	0.63**	(0.94)	
13	4.30	0.97	0.24**	0.06	−0.03	−0.13**	0.20**	0.12*	0.08	0.14**	0.68**	0.57**	0.61**	0.47**	(0.89)

注：1. 1~13分别代表下属性别、下属学历、行业、任职时间、上司年龄、上司性别、上司学历、变革型领导、自然效能感、核心工作特征、工作绩效、工作满意度；2. *p<0.05，**p<0.01，下同。

（二）变革型领导对工作绩效、工作满意度的影响——自我效能感的中介作用分析

表2的回归分析结果表明，在控制了下属年龄、性别等控制变量后，变革型领导对工作绩效、工作满意度和自我效能都有显著的正向影响；自我效能对工作绩效和工作满意度影响显著；加入自我效能后，变革型领导对工作绩效和工作满意度的影响仍然显著，但影响程度明显减弱。这说明自我效能在变革型领导与工作绩效、变革型领导与工作满意度之间都存在部分中介作用。

表2 自我效能对变革型领导与工作绩效、工作满意度关系的中介效应分析

变量	工作绩效			工作满意度			自我效能	
	模型1	模型2	模型3	模型4	模型5	模型6	模型7	模型8
下属年龄	0.08	0.02	−0.02	0.12	0.02	0.00	0.20*	0.10
下属性别	0.11	0.10	0.08	0.04	0.03	0.02	0.07	0.06
下属学历	0.11	0.15*	0.10	−0.07	−0.03	−0.06	0.10	0.14*
任职时间	0.17*	0.17*	0.17*	0.05	0.06	0.06	0.00	0.01
公共事业	0.06	0.01	−0.04	0.19*	0.09	0.06	0.20*	0.11*
金融2	−0.24*	−0.17*	−0.20*	−0.15*	−0.03	−0.05	−0.03	0.07
上司年龄	0.00	0.02	0.02	−0.01	0.03	0.03	−0.04	−0.01

续表

变量	工作绩效			工作满意度			自我效能	
	模型1	模型2	模型3	模型4	模型5	模型6	模型7	模型8
上司性别	−0.07	−0.02	−0.05	−0.02	0.06	0.05	−0.01	0.07
上司学历	0.08	−0.08	−0.06	0.24*	−0.02	−0.01	0.18*	−0.06
变革型领导		0.40*	0.15*		0.65*	0.53*		0.60*
自我效能			0.41*			0.21*		
R^2	0.16*	0.29*	0.39*	0.15*	0.50*	0.52*	0.13*	0.42*
ΔR^2	0.16*	0.13*	0.10*	0.15*	0.35*	0.02*	0.13*	0.29*

（三）自我效能对员工工作绩效、工作满意度的影响——核心工作特征的调节作用分析

表3显示了核心工作特征的调节作用可以通过自我效能的中介作用发挥作用，也称核心工作特征为"有中介的调节变量"。核心工作特征能够正向调节变革型领导对自我效能感的影响。而变革型领导对工作绩效以及与核心工作特征的交互影响都需要通过自我效能作用中介变量进行传递。自我效能完全中介了变革型领导及其与核心工作特征的交互对工作绩效的影响，而相对工作满意度的影响则不显著。由此可见，核心工作特征能够调节变革型领导与工作绩效之间的关系，调节作用需要通过自我效能的中介作用，但在变革型领导与工作满意度的关系上不具有调节作用。

表3 核心工作特征通过自我效能为中介变量影响变革型领导与员工工作绩效关系的调节作用分析

变量	自我效能					工作绩效			
	模型1	模型2	模型3	模型4	模型5	模型6	模型7	模型8	模型9
下属年龄	0.19*	0.10	0.07	0.05	0.08	0.02	−0.03	−0.05	−0.06
下属性别	0.07	0.06	0.04	0.04	0.11	0.10	0.07	0.07	0.06
下属学历	0.09	0.13*	0.10*	0.10*	0.11	0.15*	0.11*	0.11*	0.08
任职时间	0.00	0.01	0.00	0.01	0.17*	0.17*	0.15*	0.17*	0.16*
公共事业	0.19*	0.11*	0.05	0.05	0.06	0.01	−0.08	−0.08	−0.09
金融	−0.03*	0.08	0.05	0.05	−0.26**	−0.17*	−0.21**	−0.22**	−0.23**
上司年龄	−0.04	−0.01	−0.02	0.01	−0.00	0.02	0.01	0.03	0.03
上司性别	−0.00	0.08	0.07	0.05	−0.07	−0.02	−0.03	−0.04	−0.06
上司学历	0.17*	−0.07	−0.04	−0.04	0.08	−0.08	−0.03	−0.03	−0.02
变革型领导		0.60*	0.44**	0.50**		0.40**	0.14*	0.19*	0.07
核心工作特征			0.33**	0.30**			0.52**	0.49**	0.43**
交互作用项				0.16**				0.11*	0.08
自我效能									0.23**
R^2	0.10**	0.40**	0.47**	0.49**	0.14**	0.27**	0.45**	0.46**	0.49**
ΔR^2	0.12**	0.29**	0.07**	0.02**	0.16**	0.13**	0.18**	0.01**	0.03**

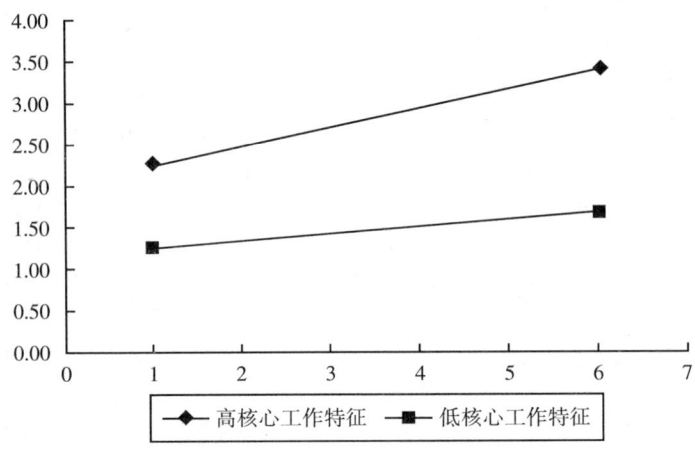

图 2　核心工作特征在变革型领导与工作绩效之间的调节效应图

四、讨　论

本研究以中国独特的儒家文化和当前特殊的经济社会环境为背景，通过对来自多个行业的企业员工的调查，探索了变革型领导对员工工作绩效和工作满意度的作用机制。本研究发现领导者表现出变革型领导行为能够帮助下属提升其自我效能感水平，使下属对自己的能力充满信心，从而有力地促进下属的工作绩效和工作满意感。这一结果也与以往研究较为一致。显然，变革型领导能够通过促进员工更加主动、有激情地从事自己的工作、积极进行思考，来增强他们对外界的控制感，使员工在面对各种困难时觉得自己是有能力来应付这些困难的，提高了他们的自我效能，从而保证工作的顺利完成，实现自身工作绩效的大幅提高。同时，由于自我效能是作为个体对自己能力认可程度的一种心理状态而存在，这种心理状态在伴随个体发展的过程中，对个体在各个方面的行为都会造成巨大而深刻的影响，包括影响到员工的工作满意度。

在本研究中，虽然我们发现核心工作特征在变革型领导与工作绩效之间起到了调节作用，调节作用需要通过自我效能为中介产生影响，但在变革型领导与工作满意度之间却不存在调节作用。后一结果有可能与一些未被控制的个体特征变量有关。事实上，个体的行为是个人因素和环境因素交互作用的结果，而无论是个人因素还是环境因素都是错综复杂的。在个人因素中，个人的人格和情绪智力则是潜在的重要影响因素。例如，情绪智力被认为是感知情绪的能力，产生某种情绪以帮助思维的能力，理解情绪和掌握情绪知识的能力，调节情绪以促进情绪和情绪知识发展的能力（Mayer & Salovey，1997）。如果个体情绪智力比较高的话，那么在许多工作环境中，个体通常都会表现出一种较高的满意度，因为他往往都可以自己赋予工作和生活重大意义，因此他可以很好地调整自己的情绪，使自已处于一种良好的心理状态，并且，高情绪智力有助于下属认识领导行为和领导过程的实质而采取相应的"应对"策略（刘益、刘军、宋继文、吴维库，2007）；而如果情绪智力比较低的话，那么个体就会容易受到外界的影响，因而产生较大的心理和情绪波动，影响到自己在各方面的满意度，当然也包括工作满意度。因此，未来的研究应该进一步将员工的情绪智力等个人因素纳入变革型领导作用机制的模型中，以充分揭示变革型领导对员工工作结果的影响过程。此外，跨文化研究和多层级研究也是十分必要的，变革型领导在不同层级是否有不同的影响作用，变革型领导在不同文化环境中，又如何与文化因素相互作用产生影响（宋继文、孙志强、孟慧，2009），这些问题都有待于未来进一步探索。

总体来看，本研究结果对于进一步加深关于变革型领导对领导有效性作用机制的理解具有一定的贡献，也为组织提高员工工作绩效和满意度的努力提供了方向。在当代快速变化的组织环境中，组织必须关注和培养变革型领导，以激发和提高员工的自我效能感，促进员工工作满意度的提升和工作绩效的提高，进而促进组织整体绩效的提高，实现组织的可持续发展。此外，本研究的结果也为领导调整和改善自身的领导风格和行为方式提供了理论上的支持和指导，有利于领导通过不断地完善和提高自己来影响员工及整个组织朝着有利的方向共同发展。

五、结　论

根据本研究的结果，我们得到如下结论：①变革型领导对自我效能、工作绩效、工作满意度都有显著的正向影响；②自我效能对工作绩效、工作满意度有显著的正向影响；③自我效能在变革型领导与工作绩效、工作满意度之间起部分中介作用；④核心工作特征在变革型领导与工作绩效之间起调节作用，调节作用需要通过自我效能为中介变量。核心工作特征在变革型领导与工作满意度之间的调节作用不存在。

参考文献

［1］高申春. 自我效能理论评述［J］. 心理发展与教育，2000（1）：60-63.

［2］李超平，时勘. 变革型领导的结构与测量［J］. 心理学报，2005，37（6）：803-811.

［3］刘益，刘军，宋继文，吴维库. 不同情商水平下领导行为与员工组织承诺关系的实证研究［J］. 南开管理评论，2007，10（2）：12-18.

［4］孟慧. 认真性与下属工作满意感——变革型领导的中介作用［J］. 心理科学，2005，28（5）：1237-1239.

［5］宋继文，孙志强，孟慧. 变革型领导的中介变量：一个整合的视角［J］. 心理科学进展，2009，17（1）：147-157.

［6］温忠麟，张雷，侯杰泰. 有中介的调节变量和有调节的中介变量［J］. 心理学报，2006，38（3）：448-452.

[7] Alexander, P.A., Winne, P.H.-Handbook of Educational Psychology (2rd ed.). Lawrence Erlbaum Associates, 2006.

[8] Avolio, B. J., Zhu, W., Koh, W., Bhatia, P. Transformational Leadership and Organizational Commitment: Mediating Role of Psycholoical Empowerment and Moderating Role of Structural Distance [J]. Journal of Organizational Behavior, 2004, 25 (8), 951-968.

[9] Bass, B.M. Theory of Transfomational Leadership Redux [J]. The Leadership Quarterly, 1995, 6 (4): 463-478.

[10] Bass, B.M. On the Taming of Charisma: A Reply to Janice Beyer [J]. Leadership Quarterly, 1999, 10: 541-553.

[11] Bass, B.M., Riggo, R. E. Transfomational Leadership (2nd ed.). Mahwah, New Jersey: Lawrence Erlbaum Associates, Publishers Boemer, S., Eisenbeiss, S. A. & Griesser, D. Follower Behavior and Organizational Performance; The Impact of Transfomational Leaders [J]. Journal of Leadership and Organizational Studies, 2007, 13 (3), 15-26.

[12] Bono, J.E., Judge, T.A. Self-concordance at Work: Toward Understanding the Motivational Effects of Transformational Leaders [J]. Academy of Management Journal, 2003, 46 (5): 554-571.

[13] Dvir, T., Eden, D, Avolio, B.J., Shamir, B. Impact of Transformational Leadership on Follower Development and Performance: A Field Experiment[J]. Academy of Management Journal, 2002, 45 (4): 735-744.

[14] Eden, D. Leadership and Expectations: Pygmalion Effect and other Self-fulfilling Prophecies in Organizations [J]. Leadership Quarterh, 1992, 3 (4): 271-305.

[15] Griffith, J. Relation of Principal Transformational Leadership School Staff Job Satisfaction, Staff Turnover, and School Perfomance [J]. Journal of Educational Administration, 2004, 42 (3): 333-356.

[16] Hackman, J. R., Oldham, G.R. Development of the Job Diagnostic Survey [J]. Journal of Applied Psychology, 1975, 60 (2): 159-17.

[17] Haclanan, J. R., Oldham, G. R. Motivation through the Design of Work: Test of a Theory [J]. Organizational Behavior and Hunan Performance, 1976, 16 (2): 250-279.

[18] Judge, T. A., Bono, J. E. Relationship of Core Self-evaluations Traits-self-esteem, Generalized self-efficacy, Locus of Control, and Emotional Stability——With Job Satisfaction and Job Performance: A Meta-analysis [J]. Journal of Applied Psychology, 2001, 86 (1): 80-92.

[19] Kirkpatrick, S. A., Locke, E. A.Direct and Indirect Effects of Three Core Charismatic Leadership Components Onperformance and Attitudes [J]. Journal of Applied Psychology, 1996, 81 (1): 36-51.

[20] Lowe, K. B., Kroeck, K.G., Sivasubramaniam, N. Effectiveness Correlates of Transfom Ational and Transactional Leadership: A Meta-analytic Review of the MLQ Iiterature [J]. Leadership Quarterly, 1996, 7 (3): 385-425.

[21] R. F., & Colquitt, J. A. Transformational Leadership and Job Behaviors: The Mediating Role of Core Job characteristics [J]. Academy of Management Journal, 2006, 49 (2): 327-334.

[22] Schwarzer, R., Jerusalem, M. Generalized Self-Efficacy Scale. In J. W. S. Wright, & M. Johnston (Fds.), Measures in Health Psychology: A User's Portfolio. Causal and Control Beliefs [M]. Windsor, LJK: NFER-NELSON, 1995.

[23] Schyns, B. The Relationship between Employees' Self-monitoring and Occupational Self-efficacy and perceived Transformational Leadership [J]. Current Research in Social Psychology, 2001, 7 (3): 30-42.

[24] Shamir, B. The Charismatic Relationship: Alternative Explanations and Predictions [J]. Leadership Quarterly, 1991, 2 (2): 81–104.

[25] Shin, S. J., Zhou, J. Transformational Leadership, Conservation and Creativity: Evidence from Korea [J]. Academy of Management Journal, 2003, 46 (6): 703–714.

[26] Sosik, J.J., Kahai, S.S., Avolio, B.J. Leadership Style, Anonymity, and Creativity in Group Decision Support Systems: The Mediating Role of Optimal Flow [J]. Journal of Creative Behavior, 1999, 33 (4): 227–254.

[27] Tsui, A. S., Pearce, J. L., Porter, L. W., Tripoli, A. M. Alternative Approaches to the Employee-organization Relationship: Does Investment in Employees Pay off? [J]. Academy of Management Journal, 1997, 40 (5): 1089–1121.

[28] Walumbwa, F. O., Wang, P., Lawler, J. J., Shi, K.. The Role of Collective Efficacy in the Relations between Transformational Leadership and work Outcomes [J]. Journal of Organizational and Occupational Psychology, 2004, 77 (4): 515–53.

[29] Wang, H., Law, K. S., Hackett, R. D., Wang, D. X., Chen, Z. X. Leader–Member Exchange as a Mediator of the Relationship between Transfomational Leadership and Follower's Performance and Organizational Citizenship Behavior [J]. Academy of Management Journal, 2005, 48 (3): 420–432.

How Transformational Leadership Influences Employee's Job Outcomes: An Analysis of the Mediated Moderation Effect

Meng Hui　Song Ji-wen　Sun Zhi-qiang　Wang Wei

Abstract: In this paper, through the investigation of 426 on-the-job personnel, probes into the mechanism of the effect of transformational leadership on job performance and satisfaction. Finally, using SPSS 13 and Lisrel8.7 for hierarchical linear regression analysis of the data, and according to Wen Zhonglin (2006) statistical analysis steps the intermediary regulatory role, the results are as follows: (1) after controlling for age, gender and tenure, self-efficacy plays a partial mediating effect between transformational leadership and job performance, job satisfaction; (2) the core job characteristics play a regulatory role in transformational leadership and job performance, regulating role through the self-efficacy as a mediator. The article finally discusses the research significance in theory and practice.

Key Words: transformational leadership; self-efficacy; core job characteristics

人与环境匹配：一个基于员工—组织复合型视角的模型*

张　翼　樊　耘

【摘　要】 人与环境匹配（P-E fit）的纷繁概念和理论导致匹配的评价颇为模糊，这也给理论研究和管理实践造成了困扰。整理述评了 P-E fit 的不同概念定义和操作定义，从员工视角和组织视角分析整理了 P-E fit 各种理论，提出了十个相关命题，构建了一个基于员工—组织复合型视角的 P-E fit 综合评价模型。此模型不仅可有效测量 P-E fit，而且是一个可操作性强的人力资源管理实践模型。

【关键词】 人与环境匹配　员工—组织复合型视角　评价模型　操作模型

引　言

人与环境匹配（Person-Environment fit，P-E fit）的概念在组织心理学、组织行为学和人力资源管理中都是非常重要的。P-E fit 研究关注的是人与工作环境之间的适应性（compatibility）及其前因后果。P-E fit 与招聘和选择决策、职业选择、工作压力、工作满意度、绩效、组织承诺、离职以及心理健康有关。然而，关于 P-E fit 的研究尚有许多问题需要解决，如：①P-E fit 纷繁的概念和丰富的理论令研究者和管理者困惑；②有些基础性的问题在理论上尚未达到广泛一致——P-E fit 被通过各种关于人与环境的构念来检验，如个人人格与组织中他人人格，员工能力和工作需要，员工的需要和工作的报酬，以及个人和组织价值观团等。本研究的目的是通过分析整理 P-E fit 的多种概念定义、操作定义及其相关理论，在此基础上发展出一个在理论上全面、客观的综合评价模型，同时在人力资源管理实践中也是有效的、可操作性强的 P-E fit 操作模型，以此对理论研究作出探索，并为管理实践提供一个新的有效的管理工具。

---

* 本文选自《管理评论》，2011 年第 5 期。

一、人与环境匹配的概念定义和操作定义述评

人与环境匹配（P-E fit）通常被定义为当个人和工作环境之间在双方特征很好地吻合时的适应性，其理论源于行为交互理论，该理论对人与组织环境之间的交互作用给予了持续的关注。关于 P-E fit 的不同概念解释纷繁复杂，而几乎每种概念定义又可根据数种不同的操作定义来测量。这些纷繁的定义和理论不仅令研究者很容易产生混淆和对前人研究的谬解，从而影响研究者在研究中发展出不同的构念、变量和测量方法以检验理论，甚至导致错误的结论。本研究整理了基于不同视角下的 P-E fit 概念解释及其操作定义，将其归纳为以下四种：

（一）相似性匹配（supplementary fit）

将 P-E fit 解释为"人与环境之间的相似性"比较近于"适应性"的一般定义。这种解释认为个人在具有或达到组织环境的某些相似特征时会比较匹配。源出于此概念定义的操作定义又主要有以下两种，一种是个人人格与组织人格的匹配，另一种是个人价值观与组织价值观/组织文化匹配。前者的代表性研究是 Schneider 提出的著名的 ASA（Attraction-Selection-Attrition）模型，为人与组织环境匹配的形成机制提供了解释；支持后者的许多组织行为学者对于价值观的一致性比较认同，因此这方面研究很多。此两种操作定义，学者们或者各持其一，或者将二者结合起来予以认可。就含义而言，A-S-A 模型比价值观匹配模型更丰富一些，因此测量的范围会大于后者，在管理实践中的解释力也应该更强一些。

（二）互补性匹配（complementary fit）

将 P-E fit 解释为互补性匹配的研究者更重视在人与组织环境双方需要的满足在匹配中的作用，认为匹配是因为对方具有某种可以满足己方需要，和/或者弥补己方不足的特质，其操作定义为以下二者之一或二者之结合：①组织/工作要求和员工能力的匹配（Demands-Abilities fit，D-A fit）；②员工需要和工作回报的匹配（Needs-Supplies fit，N-S fit）。根据这种观点，N-S fit 是指当组织满足个人需要或偏好时产生的匹配，D-A fit 意指当个人的能力满足组织需求时产生的匹配，个人与组织环境双方是因为满足对方的需要和要求而匹配。

（三）相似性匹配和互补性匹配

Muchinsky 和 Monahan 认为相似性匹配仅仅代表了组织中人与人之间的匹配，用来解释人与环境匹配是不够的，人与环境匹配应该有相似性匹配和互补性匹配两种不同的情

形。这种解释代表另一种重要的主流观点。

Kristof 整合了有关相似性匹配和互补性匹配的概念定义，提出了著名的双因素匹配（相似性匹配和/或互补性匹配）模型。Cable 和 DeRue 的三因素匹配（价值观匹配，N-S fit 和 D-A fit）模型是对双因素匹配模型的发展。这两种操作定义对于 P-E fit 在理论层面和现实层面的解释力大为增强，尤其是前者的影响颇为深远。

（四）感知的匹配和真实的匹配

Harrison 将人与环境匹配解释为感知的（主观的）匹配与真实的（客观的）匹配之间的区别。感知的匹配是指一个人对适应环境的判断，在操作中直接询问个人他认为匹配存在的程度。真实的匹配是分别评定个人与环境的特征，通过比较个人和环境两个层面的特征进行测量。Caplant 的研究表明主观的匹配比客观的匹配能更精确地描述匹配的真实状况。Ravlin 和 Ritchie 的研究结果也表明："感知的匹配"和"真实的匹配"会相互作用，并对员工的工作态度产生影响。因此，将"感知的匹配"和"真实的匹配"作为不同的构念理解是合理的。P-E fit 通常被看作一个心理现象，其主流的操作定义和测量方法是主观感知的研究方法；而研究方法越真实、越客观也就越有效。关于感知的匹配和真实的匹配的讨论体现了 P-E fit 研究对于理论在现实世界中有效性的关注。

以上关于 P-E fit 不同观点和理论体现了基于不同视角的研究成果。理论研究对于管理实践的指导意义在于能为后者提供改进的启示，并在管理实践效果上体现出来。然而，上述纷繁的理论和交错的视角交织在一起，对于有效指导管理实践增加了难度。因此，下文将分别从更贴近于管理实践的员工视角和组织视角分析整理上述 P-E fit 理论，以期发展出有效的 HRM 实践管理方法。

二、人与环境匹配：员工视角与组织视角

尽管 Muchinsky 和 Monahan 关于 P-E fit 的概念解释被广为接受，但他们还是认为"关于匹配的确切含义仍然是不完全清楚的"。P-E fit 是个人和环境两方面的匹配，但以往的 P-E fit 研究大多关注的是员工感知的匹配，要求员工直接评价个人与环境之间的匹配，是基于员工个人视角的研究。另外，组织作为环境的代表，在招聘员工、组织社会化和人力资源管理（HRM）实践中处于主导地位，是人与环境之间关系中重要一方。基于组织视角对于个人 P-E fit 的评价代表组织层面的感知，属于间接主观感知的匹配，应该是更客观、更真实的匹配。然而，组织感知的员工的 P-E fit 被长久地忽略了。将个人感知的和组织感知的 P-E fit 均纳入视野的研究全面代表了两个层面的匹配感知，这种全面、系统的研究在理论上更有说服力，在管理实践中才会更有效。因此，更全面的 P-E fit 感知应该是个人与组织这两个主体对个人与环境匹配状况感知的综合评价。

（一）基于员工视角的 P-E fit 感知

员工感知的 P-E fit 一般是指员工个人感知的结果，是员工对自己"在环境中很好地匹配"的判断。员工感知的 P-E fit 在哪些构念上具有显著性，并且能够较好地预测相应的个人心理和行为的结果，是基于员工视角的 P-E fit 研究的核心命题。

首先，个人在很大程度上是通过 N-S fit 来感知 P-E fit 的。理论上讲，人们将时间和精力投入事业，在很大程度上是为了获得他们所需要的回报，这些需要可能是经济方面的（如工资水平）、社会方面的（如荣誉头衔），或者心理方面的（如满足权力欲望）等等。需求满足理论的基本假设是人们的需求得到满足的时候会产生更加积极的工作态度，这也几乎是所有激励理论的出发点。Kristof-Brown 等关于 P-E fit 的元分析发现：差不多在每个案例中，N-S fit 都对个人态度和行为有着最重要的影响，其次才是相似性匹配。这些结果与 Cable 和 Edwardst 的研究相一致，展示了心理需要的满足和价值相合在影响工作态度上扮演着独特和相对同等的角色。有些 P-E fit 研究者更重视员工需要被组织和工作回报满足的程度，故以此来考察 P-E fit。因此，Cable 和 DeRue 认为个人判断他们事业的成就主要还是看他们的工作是否能够满足自身的需要，所以 N-S fit 是员工感知 P-E fit 的重要因素。

其次，个人感知的 P-E fit 是以个人与组织环境之间的价值观和人格一致为核心的相似性匹配。如上文所述，几乎所有的研究发现员工与组织的价值观的一致和个人对于组织的态度之间存在着强的正相关关系。Judge 和 Cable 研究也表明应聘者客观 P-O fit（所偏好的企业文化与所申请企业的文化之间的一致性）和主观感知的 P-O fit 均与组织吸引相关。

最后，对于个人感知的 P-E fit 研究而言，D-A fit 不是一个有效的构念。通常关于 P-E fit 的研究认为：感知的 P-E fit 是通过个人感知的价值观一致和人格一致（相似性匹配的操作定义），以及个人需要与工作环境一致（其操作定义与 N-S fit 略同）获得的，而一般不涉及员工个人感知的 D-A fit。仅有少数的 P-E fit 研究将个人感知的 D-A fit 作为一个独立构念，如 Cable 和 DeRue 的研究与 Lauver 和 Kristof-Brown 的研究，然而这两个研究的结果都表明 D-A fit 与员工工作绩效等结果变量之间的关系不显著。这也印证了上文所述的以 Edwards 等学者对于员工"感知的匹配"结果的真实性提出了质疑，尤其是在 D-A fit 维度上。

本研究认为：相对于相似性匹配和 N-S fit 而言，员工个人对于 D-A fit 的关注度会差一些，自报告的 D-A fit 主观性也更强，更容易受到员工个人心理因素的影响，一般不易得到真实的结果。因此，员工自报告的 D-A fit 的构念效度是很值得怀疑的，其显著性及其对结果变量的预测不显著是合理的。D-A fit 应该被解释为组织/环境要求被个人的知识、技能和能力等满足的状况，在很大程度上被组织的要求、偏好及其变化所主导，故组织应该能比个人更客观、更准确地理解和评价员工的 D-A fit。因此，如果换个角度，从组织视角去测量员工的 D-A fit，结果会更加让人信服。

综上所述，员工感知的 P-E fit 主要是互补性匹配（其操作定义为 N-S fit）和相似性匹配（可通过价值观一致、人格一致和目标一致等测量）；而员工感知的 D-A fit 的感知对于 P-E fit 研究缺乏有效性。根据 Cable 和 DeRue 的观点，相似性匹配和 N-S fit 两个维度是相互独立的，而且均可以影响 P-E fit 感知结果。当相似性匹配或 N-S fit 提高或者降低时，会对 P-E fit 的总体感知结果产生积极或者消极的影响。要改善 P-E fit 感知，可通过分别或同时提高相似性匹配和 N-S fit 来达成。如果要保持 P-E fit 不下降，当相似性匹配和 N-S fit 二者之一下降时，另一个必须提高一定程度作为补偿。本研究将 P-E fit 的不同维度相互独立、同向地对 P-E fit 整体感知结果产生影响的这种关系称为"相互补偿作用"。据此，本研究提出三个命题如下：

命题1：在个人感知 P-E fit 中，相似性匹配和 N-S fit 是相互独立的维度。

命题2：个人感知的相似性匹配越高，则其感知 P-E fit 越高。

命题3：个人感知的 N-S ft 越高，则其感知 P-E fit 越高。

如图1所示，根据员工感知的相似性匹配和 N-S fit 之高低不同程度，基于员工视角的 P-E fit 感知会产生四种结果。当员工感知的相似性匹配和 N-S fit 越高时，总体感知的 P-E fit 也越高（最佳匹配在 A 方格）；当员工感知的相似性匹配和 N-S fit 越低时，总体感知的 P-E fit 也越低（最差匹配在 D 方格）。当员工感知的相似性匹配和 N-S fit 这两个维度中有一个较高而另一个较低时，产生的总体的 P-E fit 感知结果介于上述两种匹配结果之间（B 方格和 C 方格）。

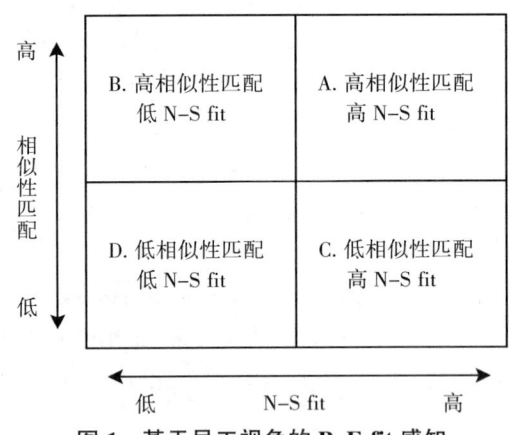

图1 基于员工视角的 P-E fit 感知

（二）基于组织视角 P-E fit 感知

基于组织视角的 P-E fit 感知集中体现于组织在招聘中和 HRM 实践中对员工 P-E fit 状况的评价。Smith 提出的组织在招聘中对于应聘者的三个方面要求也可归结为组织对于个人与环境的相似性匹配和 D-A fit 的要求。Kristof-Brown 研究了组织招聘者感知的应聘者的 P-E fit，结果表明 P-J fit 和 P-O fit 作为两个可辨识的独立因素均对招聘者的雇佣决定具有预测性，而通常对于 P–J fit 和 P–O fit 的概念解释和操作分别与 D–A fit 与相似性匹配是一致的。这些研究为组织在招聘和 HRM 实践中区分 P–J fit 和 P–O fit（即 D–A fit 和相似性匹配）并以之评价个人的 P–E fit 提供了非常有力的支持。在 HRM 实践中，组织通常根据组织所倡导的价值观和个人态度等（相似性匹配）以及对个人能力等的要求（D–A fit）对个人作出评价，并据之而不是依据员工的自我评价来决定任用、晋升和奖惩等。

除相似性匹配外，组织感知的 D–A fit 是评价员工 P–E fit 的重要构念。D–A fit 往往被学者定义为"组织的要求与个体的能力互相配合的情形"，其中组织要求指与工作相关的任务、职责与责任等（Task Duty Responsibility，TDR），而个人能力则指个人的知识、技能和能力等（Knowledge Skill Ability，KSA）。根据 Ed–wards 对 P–J fit 的概念解释和实证研究，可将 P–J fit 与 D–A fit 视为高度相关的概念，二者所预测的结果变量往往也是相关的。Cable 和 DeRue 将 P–J fit 的操作定义规定为工作需要与个人能力匹配（D–A fit）并以此为依据进行测量。Kristof 认为 D–A fit 偏重于组织对个人工作能力的要求，而较少关心二者之间的互动。

另外，个人需求被满足的情况，依据常识他人是无法准确感知的，鲜有研究文献表明他人可以有效评估个人的需求被满足的结果。从 P–E fit 的操作定义角度看，尚未发现有文献将组织感知的 N–S fit 作为一个测量方法，而且这样的操作也不存在事实上的合理性。因此，本研究认为：在测量组织感知的 P–E fit 时，N–S fit 也不是一个有效的构念。

相似性匹配和 D–A fit 作为两个独立的维度，每个维度的独立变化均可改变组织感知的员工总体的 P–E fit，也具有"相互补偿作用"。为了使组织感知的员工整体的 P–E fit 保持在一个特定水平，在相似性匹配和 D–A fit 其中之一变化时，另一个必须朝着相反的方向变化以作为补偿。在组织看来，员工同时达到高相似性匹配和高 D–A fit 才是最优的匹配，是组织所期望的，也是招聘工作所追求的（如图 2 所示，方格 A）。然而在招聘中和 HRM 实践中，招聘者和管理者经常会遇到这种情况，应聘者和员工的相似性匹配和 D–A fit 中只有一种较佳，那么就需要权衡这两者的关系，而这决定于组织的偏好（方格 B 或方格 C）。当员工不能同时具备这两个维度的匹配时，组织必须在二者之中做出选择。如果组织强调组织文化的保持与塑造，招聘个人价值观与组织价值观匹配程度更高的员工显然是更好的选择（方格 B）；如果企业强调技术能力，如面临激烈竞争的高科技企业，可能更加关注应聘者的 D–A fit（方格 C），而倾向于拒绝和优先裁减相似性匹配和 D–A fit 都较低的员工（方格 D）。

综上所述，可得命题如下：
命题 4：在组织感知的员工 P–E fit 中，相似性匹配和 D–A fit 是相互独立的维度。
命题 5：组织感知的员工 D–A fit 越高，则组织感知的员工 P–E fit 越高。
命题 6：组织感知的员工相似性匹配越高，则组织感知的员工 P–E fit 越高。

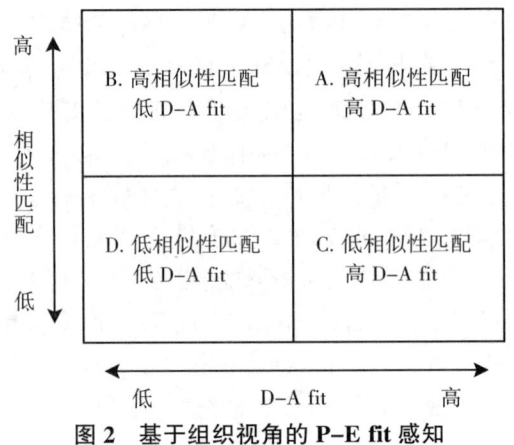

图 2 基于组织视角的 P-E fit 感知

三、员工—组织复合型视角下的 P-E fit 模型

由于员工是通过相似性匹配感知和 N-S fit 感知形成 P-E fit 的自我感知，而组织是通过相似性匹配感知和 D-A fit 感知形成对于该员工 P-E fit 的感知，因此这两个不同视角下关于该员工的 P-E fit 感知结果是不同的，分别对于结果变量（如工作态度、组织认同和离职意愿等）预测的有效性也是不同的。结合员工个人感知的 P-E fit 和组织感知的该员工的 P-E fit，在员工—组织复合型视角下全面、综合地评价员工的 P-E fit，可以扬双方所长，避双方之短，在理论研究和管理实践中是非常有意义的。

（一）员工—组织复合型视角下 P-E fit 感知的操作定义

员工—组织复合型视角下的 P-E fit 感知具有相同的维度——相似性匹配，和不同的维度——员工感知的 N-S fit 与组织感知的 D-A fit。员工和组织双方在这个三个维度上的感知集合一种"综合体验"的结果。在包括了这些维度后，这样的综合测量方式也将员工与组织不同视角感知的 P-E fit 综合成一个整体结果，并因此获得了对于匹配的整体评估。因而，采用综合测量方式的研究带来的有效性可能比只采用部分维度进行评估的研究更强。

1. 员工感知的和组织感知的相似性匹配维度

员工自我感知的相似性匹配的结果与组织感知的该员工相似性匹配的结果可能一致，也可能有分歧。通常研究中采用员工自我感知的相似性匹配来预测个人结果，而以组织感知的相似性匹配来预测组织招募和 HRM 实践中的关于组织态度。为了使员工—组织复合型视角下的相似性匹配更接近真实的匹配情况，应该将员工自我感知的结果和组织感知的结果结合起来评价，在测量操作上取二者中值。这种综合的间接主观测量方法比基于个人视角的或基于组织视角的 P–E fit 感知有更佳的效度，因为后二者均属于直接主观测量的评价方法。如果员工和组织感知的相似性匹配双高或双低，则综合的评价结果相应地为高或低；如果双方评价结果一高一低，可通过取二者中值的操作方法中和单方面的评价结果，其结果应该更客观、更真实一些。

2. 员工感知的 N–S fit 维度与感知组织的 D–A fit 维度

不同于相似性匹配的间接主观测量方法，N–S fit 维度还是采用员工主观感知的测量方法，D–A fit 则采用组织主观感知的测量方法。这种方法已经被研究文献证明是有效的操作方法，而且还因为这样在理论上才是合理的——只有个人最清楚自身需求被满足的状况，组织也无法准确感知员工真实的 N–S fit，因此员工通常以真假难辨的理由辞职会让组织事先毫无准备。相似性匹配也是达到个体需求满足的途径之一，但是 N–S fit 则更加直接。因此，员工视角的 P–E fit 与员工满意度和工作态度等个体结果变量的相关性更强一些。类似地，D–A fit 和相似性匹配是达到组织要求的途径，但后者更强调的是个体适应环境，而不是满足个体的需求，也只有组织才清楚和具有足够的权威评价该员工与组织要求相匹配的状况，所以我们认为组织视角的 P–E fit 与体现满足组织要求的个体结果变量（如工作绩效和组织公民行为等）的相关性更强一些。

有关组织和心理契约理论固与互惠理论的研究网支持了我们的推论。心理契约理论与互惠理论认为：在雇员和雇主视角中，二者之间存在互惠的交换关系，由此形成一个心理契约框架。互惠关系的平衡可导致双方积极的结果（如员工的满意度、组织承诺等，组织对员工的奖励、晋升等），单方受惠只能导致单方的积极结果。Tsui 等提出用雇主期望员工的贡献和雇主提供的激励两个维度来解释不同的雇佣关系，并认为相互投资型雇佣组织关系与员工投入和员工的组织承诺相关，这与本研究提出的组织对员工的 D–A fit 期望和提供的 N–S fit 满足条件是十分吻合的。

（二）员工—组织复合型视角下 P–E fit 感知的综合评价模型

综上所述，员工—组织复合型视角下的 P–E fit 感知的结果取决于三个维度上的匹配状况：员工和组织感知的相似性匹配、组织感知的 D–A fit 与员工感知的 N–S fit。这与 P–E fit 研究的主流观点是一致的，但本研究在员工—组织复合型视角下做了新的界定。为表达清晰起见，本研究将员工和组织感知的相似性匹配规定为因素①，将组织感知的 D–A fit 规定为因素②，以及将员工感知的 N–S fit 规定为因素③。这三个因素共同作用导致八种不同结果，如表 1 所示。

表 1　人与环境匹配的八种类型

人与环境匹配的维度（因素）	人与组织匹配结果类型
因素①、②、③均匹配	A. 人与组织环境完全匹配
因素①、②匹配，因素③不匹配	B. 高组织低个人匹配
因素①、③匹配，因素②不匹配	C. 高个人低组织匹配
因素①匹配，因素②、③不匹配	D. 低个人低组织匹配

续表

人与环境匹配的维度（因素）	人与组织匹配结果类型
因素①不匹配，因素②、③匹配	E. 互补性匹配
因素①、②不匹配，因素③匹配	F. 个人需要组织
因素①、③不匹配，因素②匹配	G. 组织需要个人
因素①、②、③均不匹配	H. 人与组织环境完全不匹配

这八种匹配结果从人与环境完全匹配到人与环境完全不匹配依次排列，形成一个员工—组织复合型视角下的 P-E fit 感知的三维综合评价模型，如图3所示。在三个匹配维度上，臻于高匹配的维度越多，匹配程度越高，则 P-E fit 总体匹配更好。P-E fit 整体匹配从最佳匹配到最差匹配是一个持续渐变过程（图3中从方块 A 到方块 H，从点 X_1 到点 X_2）。因此，除非分别测量三个维度上的匹配，P-E fit 总体感知往往受到各维度匹配之间互相影响，在不同的匹配结果间有过渡，一般并非截然不同的体验。结合上文有关论述可得：

命题7：在 P-E fit 的综合评价中，员工和组织整体感知的相似性匹配、员工感知的 N-S fit 和组织感知的员工 D-A fit 是相互独立的三个维度。

命题8：在 P-E fit 的综合评价中，员工和组织整体感知的相似性匹配、员工感知的 N-S fit 和组织感知的员工 D-A fit 分别与 P-E fit 综合评价结果正相关。

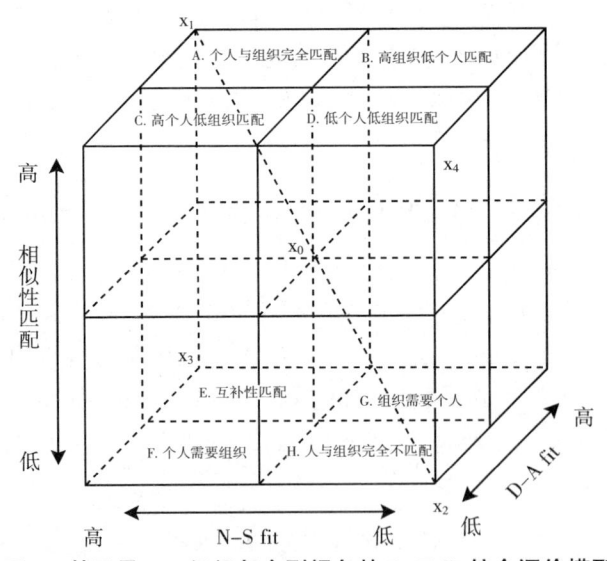

图3 基于员工—组织复合型视角的 P-E fit 综合评价模型

此综合评价模型可以从不同视角考察，从而进一步印证以往文献中的理论与本研究提出的理论，进而得出两个子命题：

1. 员工视角与组织视角下的 P-E fit 感知与综合评价

如上文分析，员工视角中的 P-E fit 感知和组织视角中的 P-E fit 感知是不一样的。在图 3 所示模型中，员工视角的高 P-E fit 是高相似性匹配和高 N-S fit 情境下的两种情境（图 3 中方块 A 和方块 C），组织视角的高 P-E fit 是高相似性匹配和高 D-A fit 的两种情境（方块 A 和方块 B）。当员工视角的 P-E fit 和组织视角的 P-E fit 都是高匹配时（图 3 中方块 A），人与环境达到完全匹配；反之，当这两个视角匹配均不佳时，人与环境完全不匹配（图 3 中方块 H）。介于完全匹配与完全不匹配之间的情形有两种：一种是双方相互需要但相似性匹配低（方块 E），另一种是相似性匹配较高但无法满足对方的要求（方块 D）。于是有：

命题 9：在 P-E fit 的综合评价中，员工感知的 P-E fit 和组织感知的员工 P-E fit 分别与 P-E fit 综合评价结果正相关。

2. 员工—组织复合型视角下双因素匹配与 P-E fit 综合评价

在员工—组织复合型视角下，相似性匹配和互补性匹配两个因素体现了员工与组织两个主体评价结果。当高相似性匹配和高互补性匹配都具备时，人与环境达到完全匹配（图 3 中方块 A）；反之，当相似性匹配和互补性匹配均不佳时，人与环境完全不匹配（图 3 中方块 H）。

相似性匹配作为员工与组织共同的感知维度，其评价结果代表着双方对于一致性的认可程度。Autry 和 Daugherty 认为：若组织的特性与个人的期望能够相互配合，则就具备良好的一致性或适配度（good fit）；反之，若员工匹配程度低落或不一致时（poor fit），将会影响到员工对于组织的留职意愿与离职倾向。根据此观点，表 1 中前四种匹配即图 3 中高相似性匹配情境下的四种匹配结果为较好的人与环境匹配，而表 1 中后四种匹配即图 3 中低相似性匹配情境下的四种匹配结果则为较差的匹配。

互补性匹配的两个维度是组织感知的 D-A fit 与员工感知的 N-S fit。当二者都是高匹配，则员工和组织具有良好的互补性匹配（图 3 中方块 A 和方块 E）。在给定相似性匹配情境下，随着员工感知的 N-S fit 和组织感知的 D-A fit 的提高（如从方块 H 到方块 E，从点 X_2 到 X_3），互补性匹配越高（方块 E），则 P-E fit 感知结果越好；相应地，在给定互补性匹配情境下，随着相似性匹配的提高（如从方块 H 到方块 D，从点 X_2 到 X_4），则 P-E fit 感知结果越好。因此，员工和组织感知的相似性匹配与互补性匹配之间也存在着相互补偿作用。

命题 10：在 P-E fit 的综合评价中，基于员工—组织复合型视角的相似性匹配和互补性匹配分别与 P-E fit 综合评价结果正相关。

（三）员工—组织复合型视角下 P-E fit 综合评价模型对于理论研究和 HRM 实践中的意义

上文通过整理分析 P-E fit 研究成果，建立了一个有效的、可操作性强的 P-E fit 综合评价模型。此模型为企业和员工提供了全面客观的观察视角，鼓励双方建立一种新型的建设性的关系，强调的是 P-E fit 的最佳模式是员工视角和组织视角两方面的高 P-E fit，仅仅基于任何一方视角的高匹配都可能不是最佳 P-E fit。此模型对于 P-E fit 理论研究的最大意义在于主张从员工视角和组织视角同时测量并综合评价 P-E fit，突破以往研究的单一视角，从而探索 P-E fit 研究的新进展。

对于管理实践而言，员工—组织复合型视角下 P-E fit 综合评价模型提供了一个易于操作的方法，有助于组织成为全面客观了解员工和有效激励员工的受员工欢迎的雇主，而且还可为员工平衡个人和组织环境的关系提供参考和指导。组织和员工可以通过尝试从对方视角来理解 P-E fit 而增进共识，也可以通过综合评价模型来寻求改进 P-E fit 的途径。下面我们将从 HRM 实践的几个主要方面来说明此评价模型的应用。

1. 招聘和选择

几乎所有企业都想招募到最优秀的人才，但这样的想法不一定正确，事实上与组织环境匹配的员工可能是最佳的选择。招聘价值观和人格与企业相似的员工是重要的，招聘"适合"组织 KSA 要求的员工也是重要的。能力不足的员工可能不符合组织的招聘标准，但与此形成对照的是，能力过分出众的员工也可能意味着同样的结果——此员工与组织不匹配。员工—组织复合型视角下 P-E fit 综合评价模型时时提醒企业管理者全面考察员工的 P-E fit，特别是从基于员工视角的 N-S fit 审视 P-E fit，这对于吸引和保留有效优秀员工尤为重要。企业在招聘和选择员工时，仅仅考虑本企业对人才的要求是不够的，还必须充分考虑本企业环境对员工需要满足情况，并就此与员工进行诚恳的沟通。企业在招聘中夸大薪酬福利和过分地美化企业形象的做法是不可取的，因为失望的员工很可能离开企业并由此给企业带来损失。对于企业来讲，相似性匹配最大的意义在于企业不必出最高的价格就可以留住最优秀的人才。企业应该建立能够吸引员工的组织文化和提供好的发展机会等，这对于留住优秀人才能够起到金钱无法企及的作用。

2. 培训和发展

员工—组织复合型视角下 P-E fit 综合评价模型也提供了改善员工 P-E fit 的途径。企业可依照模型图的指示，遵照先改进相似性匹配后改进互补性匹配的路径（如图 3 中从方格 H 到方格 A，从点 X_2 到 X_1），逐步改进改善员工的 P-E fit。

随着员工培训与组织发展之间的一致性日益凸显出来，企业对员工的培训和促进其发展成为员工与组织的共同需要和要求。然而，由于有些企业担心培养出来的优秀人才离职而给企业带来损失，对于员工的培训和职业发展缺乏热情。关于相似性匹配的研究表明：与企业价值观和人格一致性较低的低相似性匹配的员工离职意愿更高。因此，企业可优先给予高相似性匹配的员工培训和发展的机会。对于低相似性匹配的员工，组织可先通过组织社会化和 HRM 实践来提高员工的相似性匹配，再进行旨在提高 D-A fit 的培训。这两个步骤也可同时进行，配合应用，但次序如果颠倒过来就难以排解企业的担心，且不合乎企业的利益。

3. 绩效标准和评价

员工—组织复合型视角下 P-E fit 综合评价模型使得对员工的评价更加全面和客观。

在评价内容方面，企业不再单纯依赖对员工的绩效考核，员工与企业的相似性匹配和 D-A fit 也被纳入考评范围。在评价手段方面，评价的标准和手段将个人自评和组织评价结合起来，将上级、同事和下级全方位的评价也纳入评价过程。类似的评价方法在 AT&T 和英特尔等企业中已经实施，取得了很好的效果。另外，员工也可参照本模型提供的方法，结合组织评价的结果对自己的 N-S fit 进行自评，为职业生涯规划和发展提供参考。

4. 薪酬和福利

员工和组织通常对薪酬和福利比较敏感。用员工—组织复合型视角下 P-E fit 综合评价模型解决此问题的关键是在员工和企业之间建立平衡和互惠的关系，而不是一方利用强势地位追求本方要求的满足却不尊重对方的合理要求。无论单方面满足组织或者员工的要求，都不可能形成长久和有效的合作。此模型还提醒企业注意相似性匹配对于互补性匹配的补偿作用——高相似性匹配的员工出于对组织价值观和人格的认同，可能忍受相对较低的薪酬和福利，而低相似性匹配的员工，即使企业尽力满足其对于薪酬和福利的要求，终究也未必能留得住。因此，企业建立能够吸引员工的企业文化和表现出受到员工欢迎的组织人格是非常明智的，可以为企业在付给员工的薪酬和福利方面节省成本。

四、结论与讨论

（一）本研究的结论及其对于理论研究的意义

本研究将 P-E fit 看作一个复杂的多维度系统，将 P-E fit 的三个维度和两个视角结合起来，构建了一个综合评价模型。此模型对 P-E fit 的操作作出了清晰的表述——通过分别测量员工视角的两个维度（相似性匹配和 N-S fit）和组织视角的两个维度（相似性匹配和 D-A fit）上的 P-E fit 感知，并据之计算 P-E fit 的综合评价结果。此模型的建立使客观全面地评价 P-E fit 成为可能，为建立基于员工—组织复合型视角的 P-E fit 理论体系打下了基础。我们希望此模型能够成为在 P-E fit 研究中"为研究者广泛接受的理论框架"四。此外，此模型在研究方法和研究视角上的创新对于研究员工—组织关系具有较强的借鉴意义。

（二）本研究的结论对于 HRM 实践的意义

本文所建立的模型一方面为学术研究作出探索，同时也为管理实践提供了工具。竞争还在加剧，人才争夺战不会平息，企业面临的挑战越发严峻。在中国当前现实环境中，一方面是组织严重缺乏优秀人才，员工的 P-E fit 状况不佳，招聘和保留优秀人才困难，而另一方面员工也需要不断提高自身能力和自我修炼以适应组织日益提高的要求以及面对日益严峻的就业压力。虽然企业受制于社会的人才供给，但是吸引、培养和留住优秀人才则完全取决于企业自己。学术研究已经证明了 P-E fit 的各种积极影响,管理者应尝试把理论成果应用到管理实践中。未来的 HRM 管理者必须关注员工与组织环境的匹配,不断学习理论研究成果,更加善于利用各种技术手段,建立起员工与企业齐心协力、人尽其才的 HRM 模式,为企业获取成功贡献力量。

(三)本研究的局限性及下一步研究方向

P-E fit 研究在员工—组织复合型视角下略显复杂。本研究尽可能清晰地梳理了 P-E fit 有关理论、概念定义与操作定义,交代了模型的理论含义、测量操作方法和实践操作方法。虽然本模型的理论来源均有实证研究的支持,但有关本模型的理论研究尚有许多工作有待深入。在员工—组织关系研究中,员工—组织复合型视角的探索意义也值得更多期许。另外,P-E fit 的前因变量、个人结果及组织结果尚待进一步梳理和研究。在未来研究中,研究者必须更加紧密地关注管理实践提出的问题,使 P-E fit 研究更有效地回答现实问题。

参考文献

[1] Kristof, A.L. Person-Organization Fi: An Integrative Review of its Conceptualizations, Measurement, and Implications [J]. Personnel Psychology, 1996, 49 (1): 1-49.

[2] Schneider, B. E=F (P, B): The Road to a Radical Approach to Person-Environment Fit [J]. Journal of Vocational Behavior, 1987, 31 (3): 353-361.

[3] Caldwell D., Reilly, C. Measuring Person-Job Fii Using a Profile Comparison Process [J]. Journal of Applied Psychology, 1990, 75 (6): 648-657.

[4] Kristof-Brown, A.L. Perceived Applicant Fit: Distinguishing between Recruiter's Perceptions of Person-Job and Person Organination Fit [J]. Personal Psychology, 2000, 53 (3): 643-671.

[5] Dawis R. Person-Environment Fit and Job Satisfaction. [M]//Cranny, C., Smith, P., Stone, E. (Eds), Job Satisfaction: How People Feel about their Jobs and How it Affects their Performance [M]. New York: Lexington, 1992.

[6] Edwards J.R., Cable D.M., Williamson L. O., Lambert L.S., Shipp A.J. The Phenomenology of Fit: Linking the Person and the Environment to the Subjective Experience of Person-Environment Fit [J]. Journal of Applied Psychology, 2006, 91 (4): 802-827.

[7] Cable D. M., Judge T. A. Person-Organization Fit, Job Choice Decisions, and Organizational Entry [J]. Organizational Behavior and Human Decision Processes, 1996, 67 (3): 294-311.

[8] Kristof-Brown A. L., Zimmerman R. D., Johnson E. C. Consequences of Individuals Fit at Work: A Meta-analysis of Person-Job, Person-Organization, Person-Group and Person-Supervisor Fit [J]. Personnel Psychology, 2005, 58 (2): 281-342.

[9] Schneider B. The People Make the Plac [J]. Personnel Psychology, 1987, 40 (3): 437-453.

[10] O'Reilly C.A., Chatman J., Caldwell D.F. People and Organizational Culture: A Profile Comparison Approach to Assessing Person-Organization Fit [J]. Academy of Management Journal, 1991, 34 (3): 487-516.

[11] Caplan R. D. Person-Environment Fit Theory and Organizations: Commensurate Dimensions, Time

Perspectives, and Mechanisms [J]. Journal of Vocational Behavior, 1987, 31 (3): 248-267.

[12] Edwards J. R. Person Job Fit: A Conceptual Integration, Literature Review, and Methodological Critique. [M]//Cooper, CL., and Robertson, IT (Eds), International Review of Industrial and Organizational Psychology.Oxford, UK: John Wiley and Sons, 1991.

[13] Muchinsky P., Monahan C. What is Person-Environment Congruence? Supplementary Versus Complementary Models of Fit [J]. Journal of Vocational Behavior, 1987, 31 (3): 268-277.

[14] Cable D M., DeRue, D. S. The Convergent and Discriminate Validity of Subjective Fit Perception [J]. Journal of Applied Psychology, 2002, 87 (s): 875-884.

[15] Harrison RV. Person-Environment Fit and Job Stress [M]. New York: Wiley, 1978.

[16] Ravlin E. C., Ritchie C. M. Perceived and Actual Organizational Fit: Multiple Influences on Attitudes [J]. Journal of Managerial Issues, 2006, 18 (2): 175-194.

[17] Cable D. M., Edwards J. R. Complementary and Supplementary Fit: A Theoretical and Empirical Integration [J]. Journal of Applied Psychology, 2004, 89 (5): 822-834.

[18] Cable D.M., Judge T. A. Pay Preferences and Job Search Decisions: A Person-Organization Fit Perspective [J]. Personnel Psychology, 1994, 47 (2): 317-348.

[19] Amos E.A., Weathington, B.L.An Analysis of the Relation between Employee-Organization Value Congruence and Employee Attitudes [J]. The Journal of Psychology, 2008, 142 (6): 615-631.

[20] Judge T.A., Cable D. M. Applicant Personality, Organizational Culture, and Organization Attraction [J]. Personnel Psychology, 1997, 50 (2): 359-394.

[21] Westennan J. W. An Integrative Analysis of Person-Organization Fit Theories [J]. International Journal of Selection and Assessment, 2004, 12 (3): 252-261.

[22] Lauver K.J., Kristof-Brown, A. Distinguishing between Employees' Perceptions of Person-Job and Person-Organization Fit [J]. Journal of Vocational Behavior, 2001, 59 (3): 454-470.

[23] Smith M. A Theory of the Validity of Predictors In Selection [J]. Journal of Occupational and Organizational Psychology, 1994, 67 (11): 13-31.

[24] Shaw J. D., Duffy M. K., Stark E. M. Interdependence and Preference for Group Work: Main and Congruence Effects on the Satisfaction and Performance of Group Members [J]. Journal of Management, 2000, 26 (2): 259-279.

[25] Jansen K.J., Kristof-Brown A. Toward a Multidimensional Theory of Person-Environment Fit [J]. Journal of Managerial Issues, 2006, 18 (2): 193-213.

[26] Makin P. J., Cooper C. L., Cox Charles J. Organizations and the Psychological Contract: Managing People at Work [M]. Oxford, UK: British Physiological Society, 1996.

[27] Coyle-Shapiro J., Kessler, I. Exploring Reciprocity through the Lens of the Psychological Contract: Employee and Employer Perspectives [J]. European Journal of Work and Organizational Psychology, 2002, 11 (1): 69-86.

[28] Tsui, A.S., Pearce, J.L. Porter, L.W. Alternative Approaches to the Employee-Organization Relationship: Does Investment in Employees Pay off? [J]. Academy of Management Journal, 1997, 40 (5): 1089-1121.

[29] Autry C.W., Daugherty P. J. Warehouse Operations Employees: Linking Person-Organization Fit, Job Satisfaction, and Coping Responses [J]. Journal of Business Logistics, 2003, 24 (1): 171-197.

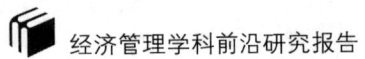
经济管理学科前沿研究报告

Person-Environment Fit: An Employees'-Employers' Complex Perspective Model

Zhang Yi Fan Yun

Abstract: Numerous concepts and theories of Person-Environment fit result in vague criteria of evaluating "fit", and also cause difficulties to theoretical research and HRM practice. The literature on conceptualization and operationalization of P-E fit is reviewed from employees' perspective and employers' perspective which are closer to HRM practice. Ten propositions are proposed, and acomprehensive evaluating model of employees'-employers' Complex Perspective is constructed. The model is not only effective in exactly measuring P-E fit, but also operable in HRM practice.

Key Words: Person-Environment fit; employees'-employers' complex perspective; evaluating model; operational model

人力资源管理学学科前沿研究报告

实际收入水平、收入内部比较与员工薪酬满意度的关系

——传统性和部门规模的调节作用*

贺 伟　龙立荣

【摘　要】 工资和福利尽管是企业薪酬体系的两大主要组成部分，但两者在支付形式、分配规则上存在本质差异，所以员工对工资和福利收入的心理加工机制也存在较大区别。本文从社会比较理论视角，对实际收入水平、收入内部比较与个人工资和福利满意度的关系进行了对比研究，并检验了个人传统性、部门规模的调节效应。通过对14家企业49个部门共331名员工客观薪酬数据和主观薪酬满意度的调研，运用HLM对跨层数据进行统计分析后得出以下结论：员工的实际工资水平与工资满意度无显著相关，部门内的工资比较对工资满意度有正向影响，这种关系在低传统性员工中更加强烈，但在部门层面该作用效果无显著差异；相反，员工的实际福利水平对福利满意度有显著正向影响，部门内福利比较的预测作用则并不稳定，但对于低传统性员工、在规模较小的部门内，福利比较对福利满意度仍然有正向影响。以上研究结论不仅证明了工资和福利满意度两构念的独立性，还发现了两者的形成机制差异，为今后开展相关实证研究提供了理论基础。

【关键词】 社会比较　工资满意度　福利满意度　传统性部门规模

一、引　言

薪酬是现代企业保持核心竞争力的关键：从成本管控视角看，薪酬在企业运营成本中所占的比例正持续增大；从人力资源管理视角看，薪酬是企业吸引、激励和保持核心人才的重要途径（Gerhart & Rynes，2003）。因此，提高企业薪酬的激励效率，即在相同薪酬

---

* 本文选自《管理世界》2011年第4期。

成本下优化薪酬对员工的激励效果，成为组织薪酬管理的首要目的。事实上，影响企业薪酬体系运转效果的关键是员工对该薪酬体系的接受性和主观态度评价，特别是员工的薪酬满意度（Heneman & Judge，2000），因为心动制约行动。大量实证研究表明，薪酬满意度是企业薪酬投入与员工绩效产出之间的重要中介变量（Heneman & Judge，2000）。

有关薪酬满意度的研究一直是薪酬领域的热点（Heneman & Judge，2000），但理论界至今仍对员工薪酬满意度的理论归因、前因变量和研究方法等问题存在较大争论：

首先，差异理论（Lawler，1981）和公平理论（Adams，1965）是指导开展薪酬满意度研究的两类理论基础。根据差异理论，个体的薪酬满意度是由内心期望收入水平和实际感知收入水平间的差异决定的，是一种自我需求的满足过程。因此，在个人预期收入水平难以衡量的情况下，实际收入水平被认为是影响员工薪酬满意度的主要变量（Huber、Seybolt & Venemon，1992；Danehower & Lust，1992）。然而，公平理论则认为个人的实际收入水平并不是影响薪酬满意度的关键，个人与他人之间进行投入产出比的比较才是决定薪酬满意度的核心。在此基础上，部分实证研究发现薪酬比较在预测员工薪酬满意度方面比实际收入水平更有效（Blaw，1994；Williams，1995；Law & Wong，1998）。那么，究竟哪种理论更适合解释薪酬满意度的成因成为该领域研究中尚待解决的问题之一。

其次，尽管从概念本身的定义及其心理形成机制上看，福利满意度是不同于工资满意度的一个独立构念（Heneman & Schwab，1985；Danehower & Lust，1992），但在实证研究中，只有少数学者关注员工福利满意度的影响因素及其作用机制（Gerhart & Milkovich，1992；Harris & Fink，1994；Williams & McDermid，1994），更缺乏在同一研究中对工资与福利满意度的影响因素进行对比研究。

最后，越来越多的组织学家发现并指出，关于薪酬比较的测量问题可能会强化其与薪酬满意度的关系（Williams、McDaniel & Nguyen，2006；Goodman & Haisley，2007）。因为在大部分薪酬比较的研究中，员工被要求在事先给出的一系列薪酬比较对象的框架下，根据其回忆水平来主观评价对不同对象的薪酬比较强度（Sweeney、McFarlin & Inderrieden，1990；Williams，1995；Williams、Malos & Palmer，2002），这种比较对象的框架效应加强了员工对部分比较对象的主观意识，从而限制了人们对员工真实薪酬比较过程的了解（Wheeler & Miyake，1992）。

事实上，以上3个薪酬满意度问题研究的争论都可以通过社会比较中的参照点选择理论（Greenberg、Ashton-James、Ashkanasy，2007）进行研究，即个体在评价工资和福利满意度时，究竟是将自己的需求水平作为参照点，还是将他人的投入产出比作为参照点。当个人需求作为评价薪酬满意度的参照点时，实际收入水平则成为主要决定因素；相反，当他人的投入产出比作为评价薪酬满意度的参照点时，收入比较便成为主要影响变量。基于此，本文将首先从分配理论和社会比较理论的视角，具体阐述个体在评价工资和福利满意度时参照对象的选择机制，进而通过实证数据对比实际收入水平和收入内部比较对个人工资与福利满意度的作用关系。此外，本文还将进一步挖掘个体传统性、部门规模两个不同层面变量对上述关系的调节效应。最后，为了避免薪酬比较的主观测量偏差问题，我们收集了 14 家企业 49 个部门共 331 名全职员工的客观薪酬数据,通过客观数据测量员工的实际收入水平和收入内部比较,并探讨其与员工主观评价的薪酬满意度的关系。

二、理论与假设

(一)社会比较中的参照对象

公平理论最大的贡献在于从社会比较的视角对个体的公平感知过程进行了客观描述,但正如 Colquitt、Conlon、Wesson、Porter 和 Ng(2001)所指出的,公平本身仍然是一个主观的判断过程,其主观性主要表现在个体在参照对象上的主观选择过程。从公平理论的视角看,个人在形成公平感知的过程中通常会选择"他人"作为参照对象进行社会比较。Oldham、Kulik、Stepina 和 Amborse(1986)进一步将"他人"区分为组织内部的"他人"(内部公平)和组织外部的"他人"(外部公平)。此外,个人的历史经验或是对未来的期望都会在某些场合作为自己进行社会比较时的参照对象(Kulik & Ambrose,1992)。故个人在进行社会比较时通常包括 3 种形式:与自己比较、与组织内的同事比较、与组织外相同岗位的人比较(周浩、龙立荣,2010)。

Kulik 和 Ambrose(1992)通过对相关文献的整理,归纳出直接决定个体参照对象选择的两点特征:信息可获取性和参照对象的相似性。一方面,当个体对某类对象的信息进行感知的便利性越高,那么该对象被选为参照对象的可能性也越高。所以年龄、性别、职位和专业等个人特征,以及程序的改变、物理距离等情境因素都会通过信息的可获取性间接作用个体参照对象的选择(Kulik & Ambrose,1992;O'Neill & Mone,2005)。另一方面,备选对象与自己的相似性程度越高,其被选为参照对象的可能性越大。在组织情境下,Goodman 和 Haisley(2007)认为参照对象的相似性可以从评估的便利性和解决个人进行社会比较需求的合适性两方面进行分析。换言之,组织中的员工更倾向选择那些既合适又方便评估的对象作为参照对象进行社会比较。

由此可见,在同事、家人、朋友等一系列比较对象中,公司内同一部门里的同事不仅具有较高的信息可获取性(如工作投入、知识与技能、报酬与奖励),更具有较高的信息评估便利性和信息比较的合适性,即较高的相似性。因此,同事是普通员工进行社会比较中最为重要的参照对象(Oldham et al.,1986)。鉴于此,本文将个体薪酬比较的对象聚焦到部门同事与自己两大类,进而方便通过客观薪酬数据进行对比研究。在众多组织情境因素中,组织的分配规则反映了组织对员工投入与回报关系的价值取向,是影响个人参照对象选择的重要前因变量(Goodman & Haisley,2007)。因此,本文将从组织分配理论出发,探讨资源分配类型(工资和福利)如何通过组织分配规则影响个体参照对象的选择。

（二）参照对象选择与工资满意度

组织在进行资源分配时有3种主导的分配规则（Deutsch，1985）：①强调个人绩效贡献的公平规则（Adams，1965）；②不考虑个人投入进行平等分配的平均规则；③根据个人实际需求进行差异分配的需求规则。研究表明，组织在分配不同类型的资源时会倾向选择不同的分配规则（Chen，1995；Martin & Harder，1994）。Martin 和 Harder（1994）认为，组织在分配经济性薪酬时通常采用公平性原则，如绩效薪酬计划；而组织在分配非经济性奖励时通常采取平等性原则，如社会情感类奖励。然而在实际工作环境中，公平性原则并非组织进行经济性薪酬分配的唯一标准，因为经济性薪酬本身是一个宽泛的概念，既包括以现金直接支付的工资，也包括以物品或服务等形式支付的企业福利（Milkovich & Newman，2002），两者在分配规则上可能存在差异。

工资作为员工薪酬收入的主要来源包括基本工资和绩效工资两部分。基本工资是对员工固定投入的补偿，如对个人所在岗位特征和职位层次进行补偿的岗位工资（Cooke，2004）、对个人任职时间进行补偿的工龄工资（Clark & Ogawa，1992），以及对个人能力和技能进行补偿的技能工资（Shaw、Gupta、Mitra & Ledford，Jr.，2005）。绩效工资则是对员工绩效贡献水平的差异化补偿。显然，组织无论是制定基本工资方案还是绩效工资计划，都需要对员工的相关投入要素进行准确的评估与比较，如进行岗位评价和绩效考核，然后再根据评估结果进行差异化分配。可见，企业的工资分配是公平导向的，是对个人不同投入要素与投入程度的差异化补偿。在此分配导向下，员工需要通过与部门内同事进行工资比较来评价工资分配的公平性，即个人的工资投入比是否与同事的工资投入比相同（$O_j/I_j = O_i/I_i$；Adams，1965），进而形成对工资收入的满意度评价。另外，从支付形式上看，工资属于直接货币性薪酬，个人工资收入水平及其与同事间的差异可以通过货币直接反映，故员工对工资收入的感知更加敏感和精确（贺伟、龙立荣、赵海霞，2011）。因此，较高的感知便利性和信息获取性进一步促进员工与同事进行工资比较的动机（Goodman & Haisley，2007）。由此可以推断，员工在评价工资满意度时会主要选择部门同事作为参照点进行工资比较，实际工资水平更多作为员工与同事进行工资比较的依据，而非决定工资满意度的直接前因变量。

目前在工资满意度领域的实证研究基本支持上述推断。研究结果表明：主观测量的工资比较不仅被证明会对员工的工资满意度产生显著的直接影响（Law & Wong，1998；Brown，2001；Tang、Luna-Arocas、Sutarso、Tang，2005），还会通过分配公平感间接影响个人的工资满意度（Williams、McDaniel、Nguyen，2006）。然而，员工实际工资水平对工资满意度的作用并不稳定：尽管两项综述类研究发现两者存在微弱或至多中等程度的相关（Heneman & Judge，2000；Williams et al.，2006）；但对于部分人群（如低收入的教授和美国黑人），工资水平与工资满意度的正相关关系并不显著，甚至还出现了负相关（Tang、Tang、Homaifar，2006）。于海波和郑晓明（2008、2009）在我国开展的系列研究结果发现：员工现有的工资水平作为控制变量对工资满意度并无显著影响，但组织公平感和工资比较对个人工资满意度的主效应均显著。综合以上理论分析与实证结果，我们预测：公平理论在解释工资满意度的形成机制方面要优于差异理论，即部门同事间的工资比较对工资满意度的正向作用效果要强于实际工资水平，具体假设如下：

H1：与实际工资水平相比，部门同事间的工资比较对个人工资满意度的正向作用更强。

（三）参照对象选择与福利满意度

福利是企业向员工提供的各种物质补偿或服务，属于间接货币性薪酬（Milkovich & Newman，2002）。企业在构建福利体系时，除了需要向员工提供社会保险等国家强制性福利，还包括自主性福利的投入（Dulebohn、Molloy、Pichler、Murray，2009）。随着福利体系在企业薪酬管理中的重要性日益增强，学术界开始关注员工对福利体系的态度与反应，并证明员工的福利满意度是薪酬满意度中区别于工资满意度的一个独立维度（Heneman & Schwab，1985；Williams、Malos、Palmer，2002）。因此我们有理由推断，工资和福利满意度在形成机制上可能存在差异，这种差异可能源于组织在工资和福利分配规则和支付形式上的区别。

首先，从功能视角分析，福利并不是企业进行员工激励的主要途径，而是为员工创造一个和谐、舒适的工作生活环境提供保障。在这种目的下，平均导向的分配原则更加适合（Deutsch，1985）。其次，根据 Gerhart 和 Milkovich（1992）对薪酬特征的归类，福利属于一种系统性或集体性奖励，这种系统性奖励是依照组织整体绩效对员工进行的集体奖励，具有普适性和平均性的特点（Chen、Ford & Farris，1999）。最后，从文化属性视角分析，我国是典型的集体主义文化，平均导向则是集体主义文化下的主流分配原则（Hui、Triandis & Yee，1991）。尽管我国企业自改革开放以来对传统薪酬分配制度进行了改革，整体薪酬体系更具激励性（Zhu et al.，2008；Cooke，2004），但这些改革主要集中在工资制度上（如绩效工资改革），我国企业的福利分配制度依然保留了计划经济时期集体普适、平均为主、兼顾需求的特点。当然，平均导向的福利分配并不意味着完全没有差异，只是分配数量或是否分配的决策与员工个人投入程度的关联性相对较弱，如按照基本工资（而非绩效工资）的基数为员工缴纳五险一金。因此，与工资分配不同，企业在分配福利时不需要对员工的个人投入要素进行严格评估与排序，降低了员工福利收入与个人投入程度的关联性强度，所以员工与他人进行福利收入/投入比较的动机减弱。此外，从支付形式上看，福利属于间接货币性薪酬，个人福利收入水平及其与同事的差异很难通过货币直接量化，员工对福利收入的感知敏感性与精确性都相对更低（贺伟等，2011）。根据参照点选择理论，较低的感知便利性和信息获取性会进一步抑制员工与他人进行福利比较的动机（Goodman & Haisley，2007）。

根据上述理论分析可以推断，员工在评价企业福利分配时将主要选择自己的实际需求或期望水平作为参照点，与他人进行福利比较的动机较弱、难度更大，所以实际福利水平对个人福利满意度的影响会强于福利比较。目前有关福利满意度的实证研究基本支持我们的推断。从差异理论视角进行的实证研究结果表明：实际福利水平对福利满意度有显著而稳定的正向预测作用（Miceli & Lane，1991；Danehower & Lust，1992）。但从公平理论视角展开的实证研究却发现，福利比较对员工福利满意度的预测作用存在文化差异：部分在美国进行的研究发现，员工福利比较或对福利的分配公正感知会显著影响福利满意度（Williams，1995；Howard，1999；Williams et al.，2002）；但在美国以外开展的相关研究却表明，员工福利比较对福利满意度的影响效果并不显著（Tremblay、Sire & Balkin，2000）或并不稳定（Tremblay、Sire & Pelchat，1998）。毕竟，美国是一个强烈的个体主义文化的国家，员工和组织在各项资源的分配过程中都比较偏好公平性原则（Hui et al.，1991；Chen，1995），可能会强化福利比较对福利满意度的影响效果。

根据以上理论分析和实证结果我们预测，在我国这一集体主义文化下，差异理论比公平理论会更适合解释福利满意度的形式机制，即实际福利水平比相对福利比较对员工福利满意度有更强的正向预测效果，具体假设如下：

H2：与部门同事间的福利比较相比，实际福利水平对福利满意度的正向预测作用更强。

（四）传统性和部门规模的调节

员工在组织情境中工作与生活，对参照对象的选择除了受分配资源本身的影响外，还会受个人与组织属性的影响（周浩、龙立荣，2010）。本文从个体价值观和部门特征两个层面，探讨个人传统性和部门规模对员工薪酬比较与薪酬满意度关系的调节作用。

1. 传统性

随着中国工业化与现代化进程的逐步深入（Chow & Fu，2000；Morris et al.，2001），越来越多的研究开始关注工作场所中个体价值观的转变，如中国人的传统性（Yang，2003）。在组织情境中，中国人传统性的概念主要反映了员工对遵从权威这一传统价值观的认同程度（Farh, Earley & Lin，1997；Hui, Lee & Rousseau，2004；Farh、Hackett & Liang，2007）。与低传统性的个体相比，高传统性的员工秉持组织利益高于个人利益的理念，会更加遵从组织或上级制定的各种政策、制度以及对待自己的方式，并且会在组织中表现出更多的角色外行为（Gabrenya & Hwang，1996），如组织公民行为（Organizational Citizenship Behavior，OCB）。在实证研究中，学者们发现传统性会减弱组织公民行为与其前因变量的正向关系，如负向调节组织公正与OCB的正向关系（Farh et al.，1997）、负向调节领导部署交换（LMX）与OCB的正向关系（Hui et al.，2004；汪林、储小平、倪婧，2009）、负向调节组织支持感（POS）与OCB的正向关系（Farh et al.，2007）。除了组织公民行为以外，学者们还发现传统性对员工在组织情境下的许多心理与行为都有显著调节作用，如减弱个体感知的组织代表性（perceived delegation）与基于组织的自尊（organization-based self esteem）和内部人身份（insider status）的正向关系（Chen & Aryee，2007；汪林等，2009）、减弱员工履行契约与员工离职的负向关系，增强员工感知的组织履行契约与员工离职的负向关系（刘军、刘小禹、任兵，2007）、减弱辱虐型领导行为与员工表现的负向关系（吴隆增、刘军、刘刚，2009）。

根据传统性的内涵与上述研究成果我们认为，高传统性的员工对组织各种薪酬分配制度与分配结果都有更高的遵从性与适应性。这种高遵从性与适应性一方面会降低员工与他人进行薪酬比较的动机，进而降低了个人对薪酬比较结果的敏感性感知；另一方面，即使当员工感知到自己处于薪酬比较的不利地位时，高传统性的员工也会在组织利益高于个人利益的导向下尽可能地容忍分配结果的劣势地位，抑制自己对薪酬分配的不满情绪，从而保障组织的整体和谐与稳定。由此我们推断，传统性会负向调节部门内的相对薪酬比较对员工薪酬满意度的正向影响，具体假设如下：

H3a：传统性会负向调节部门同事间的工资比较与工资满意度的正向关系，即员工的传统性越低，部门内工资比较对工资满意度的正向作用效果越强；

H3b：传统性会负向调节部门同事间的福利比较与福利满意度的正向关系，即员工的传统性越低，部门内福利比较对福利满意度的正向作用效果越强。

2. 部门规模

在团队层面的研究中，团队规模是一个重要的团队特征变量，对团队过程及团队效能都会产生重要的影响（Gladstein，1984）。因此，员工在与部门内的同事进行薪酬比较时，可能会受到部门规模的影响。部门规模对员工薪酬比较与薪酬满意度关系的影响主要通过两条路径。其一，部门规模会影响信息的可获取性。部门内的同事之所以最容易被员工选为参照对象进行薪酬比较，是因为部门内的空间距离小、信息容易获得（Kulik & Ambrose，1992）。所以部门规模的大小直接影响到同事之间投入和收入信息的可获取性，进而影响个体选择部内的其他成员作为参照对象的动力（Kulik & Ambrose，1992；O'Neill & Mone，2005）。当部门的规模较大时，个体选择部门同事作为参照对象的成本和难度增大，员工进行部门内部薪酬比较的倾向减弱。此时，即便个人的客观薪酬水平在部门内处于相对劣势地位，但因为在大规模部门内获取相对薪酬比较信息的难度增大，所以员工在主观上很难确定自己真实的薪酬比较结果，导致薪酬比较与薪酬满意度关系的敏感性减弱。其二，部门规模会影响信息的评估便利性。在规模较小的部门中，员工很容易通过分析少数几个同事间的投入产出比，确定自己在部门内相对薪酬比较中所处的地位，进而迅速促发个人的薪酬满意度状态；相反，当部门规模较大时，员工与他人进行投入产出比的次数增多，并且很难确定自己在部门内薪酬比较的相对位置，所以薪酬比较对个人薪酬满意度的作用效果受到抑制。综合以上两条路径，我们提出以下假设：

H4a：部门规模会负向调节部门内的工资比较与工资满意度的正向关系，即部门规模越大，部门内工资比较对工资满意度的正向作用效果越弱；

H4b：部门规模会负向调节部门内的福利比较与福利满意度的正向关系，即部门规模越大，部门内福利比较对福利满意度的正向作用效果越弱。

本研究的整体理论框架与研究假设如图1所示。考虑本研究中涉及部门与个体两个层级的嵌套数据结构，并且部门规模是部门层面的调节变量，所以本文将采用多层线性模型（HLM）进行建模与统计分析（张雷、雷雳、郭伯良，2005）。与福利满意度的正向关系，即部门规模越大，部门内福利比较对福利满意度的正向作用效果越弱。

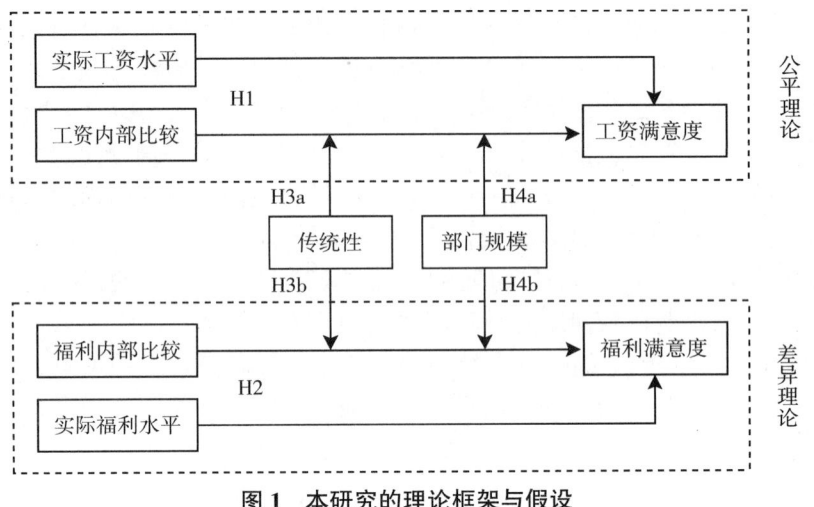

图1 本研究的理论框架与假设

三、研究方法

（一）样本选取与数据收集

因为需要收集企业的客观薪酬数据，然而这些数据都是企业的机密，获取难度很大。所以，本研究在签订保密协议的前提下，采用方便随机抽样的原则，选择了与本项目组有过合作经历，并在告知研究目的后愿意配合调研的14家企业进行取样。14家企业分布在我国不同地区的6个城市，企业所处的行业涉及电力、制造、服务等多个领域，保障了本研究样本的代表性以及不同企业在薪酬体系和员工满意度感知上的变异性（Farh et al., 2007）。

由于我国企业的许多薪酬结算都是以农历新年（2月左右）为周期，如年终奖、年底双薪等，所以全部调研在2009年3~4月份完成。正式调研共分为3个步骤：首先，在每家企业中选取3~5个部门作为调研对象，部门类别包括行政管理、研究与开发和生产制造3种类型，采用问卷法（问卷事先已编码）对除了部门主管以外的所有员工进行薪酬满意度和个人信息的匿名数据采集；其次，在部门主管的协助下收集问卷并与部门名单上的被试姓名进行匹配；最后，从公司财务部门获取被试上一年度（2008年）全年的客观工资收入与福利费用。

除了2个部门共14名被试的问卷未能与客观薪酬数据及时匹配，本次调研共收集有效样本331份，分布在49个不同的工作部门。整个调研的问卷有效率为95.9%，331名被试中女性占42.3%、已婚占72.8%、超过64.5%的被试接受过大专以上教育。在年龄分布方面，25 岁以下的占 15.1%，26~30 岁的占 22.7%，31~35 岁的占 22.1%，36~40 岁的占 19.3%，40 岁以上的占 20.8%。此外，在部门属性方面，部门规模最小的 3 人，最大的 23 人，平均人数为 10.8 人；行政管理部门的员工占 30.2%、研发部门的员工占 31.5%、生产部门的员工占 38.3%；国有企业的员工占 42.0%，非国有企业的员工占 58.0%。

（二）变量与测量

1. 因变量

本研究的因变量工资满意度和福利满意度均来自薪酬满意度问卷（Pay Satisfaction Questionmire，PSQ，Heneman & Schwab，1985）中的两个子维度，共计 8 个项目，采用 Likert-5 点计分量表进行测量，1 表示非常不满、3 表示中立、5 表示非常满意。其中工资满意度包括 4 个题项，如"我对目前的工资总额"；福利满意度 4 题，如"我对公司给我的整体福利感到满意"。在本研究中，工资满意度和福利满意度的内部一致性系数分别为 0.89 和 0.85。

2. 自变量

实际工资水平（Actual Pay Level，APL）由被试年度的客观工资总量进行测量，包括基本工资和绩效工资两个部分。实际福利水平（Actual Benefit Level，ABL）由被试年度的客观福利费用总额进行测量，包括五险一金在内的法定福利费用和企业自主福利费用两个部分。考虑到本研究的样本分布在我国沿海与内地的 6 个不同城市，各地区的平均工资水平和基本消费成本均存在差异，因此我们对个人的实际工资与实际福利水平两个变量进行地区差异修正，即用原始数据乘上各地的城市修正指数（City Modification Index，CMI）。我们以各城市的最低工资标准为参照数据构造 CMI：在 6 个城市中，将最低工资标准最高的城市（假设为 A 城市）的城市修正指数设定为 1（即 $CMI_A=1$），其余各城市的城市修正指数等于 A 城市的最低工资标准与该城市最低工资标准的比值（即 $CMI_i=$A 城市最低工资标准/i 城市最低工资标准）。

我们用部门内工资水平位置（Internal Pay Standing，IPS）和部门内福利水平位置（Internal Benefit Standing，IBS）作为部门内部工资与福利比较的替代测量指标。IPS 和 IBS 的计算方式分别为员工个人工资和福利水平与部门平均工资和平均福利水平的比值。Pfeffer 和 Davis-Blake（1992）以及 Trevor 和 Wazeter（2006）都运用该指标度量个体在组织内的薪酬比较，以避免主观问卷评价对被试产生的参照点框架效应和共同方法偏差的影响。

3. 调节变量

参照以往的研究（Farh et al.，1997；Hui et al.，2004；Farh et al.，2007），本文选取由 5 个题项组成的中国人传统性的简版问卷，该简版问卷是从中国人传统性量表（Chinese Individual Traditionality Scale，CITS）中遵从权威子维度的 15 个题项中抽取的五题，如："如果因事争执不下，应请辈分最高的人主持公道"。在本研究中，该量表的内部一致性系数为 0.71，较以往研究而言处于中间水平（已有研究中该量表的内部一致性系数分布为 0.60~0.76）。此外，部门规模用部门内的总人数进行测量。

4. 控制变量

根据工资满意度和福利满意度的理论模型可知，实际工资、福利水平和工资、福利比较是决定个体工资和福利满意度的两类最直接的前因变量（Williams，1995；Williams et al.，2002；Williams et al.，2006），因此本研究在个体层面的控制变量仅包括被试的4个人口学特征变量：①年龄（五级类别变量：25岁以下；25~30岁；30~35岁；35~40岁；40岁以上）；②性别（虚拟变量：1表示女性）；③婚姻状况（虚拟变量：1表示已婚）；④教育水平（四级类别变量：高中以下；专科；本科；硕士及以上）。此外，考虑国有与民营企业在薪酬制度上的差异性可能会影响员工的薪酬态度（贺伟等，2011），我们将⑤企业所有制形式（虚拟变量：1表示国有企业）和⑥部门规模作为2个部门层面的控制变量纳入多层线性模型。

四、数据分析与结果

（一）量表信效度与变量的描述性统计分析

在本研究中，中国人传统性、工资满意度和福利满意度是3个潜变量，需要通过验证性因子分析（CFA）对量表信效度进行检验，尤其是判别工资满意度和福利满意度是否存在显著的区分效度。因此，我们使用LISREL8.7软件对上述三因子模型进行CFA，同时还将拟合指数与二因子模型（将工资满意度与福利满意度合并）、单因子模型和虚模型进行比较。因为是嵌套模型的比较，根据侯杰泰、温忠麟和成子娟（2004）的建议，选取的拟合指标及具体结果如表1所示。

由表1的结果可知：传统性、工资满意度和福利满意度的三因子模型的拟合效果最好，各项指标均达到模型拟合的评价标准（侯杰泰等，2004），并且明显优于其他备选模型。因此，本研究用每个潜变量的观测指标的平均值作为该潜变量的取值，本研究中主要变量的平均值、标准差和相关系数矩阵如表2所示。

表1 中国人传统性、工资满意度、福利满意度的验证性因子分析比较（N=331）

模型	df	χ^2	χ^2/df	RMSEA	GFI	NNFI	IFI	CFI	SRMR
三因子模型	62	87.85	1.42	0.04	0.96	0.98	0.98	0.98	0.04
二因子模型（PS+BS）	64	466.23	7.28	0.14	0.82	0.79	0.83	0.83	0.07
单因子模型	65	823.45	12.67	0.19	0.72	0.62	0.69	0.68	0.13
虚模型	78	1791.27	22.97						

注：PS指工资满意度，BS指福利满意度。

表2 研究变量的均值、标准差、相关系数矩阵及内部一致性系数（N=331）

变量	1	2	3	4	5	6	7	8	9	10	11	12	13
1. 年龄	—												
2. 女性	−0.07	—											
3. 已婚	0.66**	0.01	—										
4. 教育水平	−0.25**	−0.01	−0.25**	—									
5. 国有企业	−0.11	−0.12*	−0.14**	0.25**	—								
6. 部门规模	0.32**	−0.06	0.17**	−0.26**	0.10	—							
7. Ln_APL	0.25**	−0.19**	0.23**	0.21**	0.20**	−0.12*	—						
8. Ln_ABL	0.06	−0.19**	−0.01	0.21**	0.62**	0.08	0.38**	—					
9. IPS	0.23**	−0.10	0.23**	−0.02	−0.01	0.01	0.47**	0.04	—				
10. IBS	0.03	0.05	0.02	−0.05	−0.02	−0.01	0.00	0.03	0.03	—			
11. 传统性	0.12*	−0.07	−0.08	−0.07	0.14*	0.12*	−0.08	0.06	−0.01	0.03	(0.71)		
12. 工资满意度	−0.01	−0.08	0.08	0.02	0.04	−0.22**	0.17**	−0.05	0.38**	0.01	−0.08	(0.89)	
13. 福利满意度	−0.15**	−0.12*	−0.09	0.17**	0.35**	−0.31**	0.13*	0.43**	0.01	0.20**	−0.02	0.30**	(0.85)
平均值	3.08	0.42	0.73	1.91	0.42	10.79	10.10	8.42	1.00	1.00	2.79	2.76	3.04
标准差	1.36	0.50	0.45	0.80	0.49	7.07	0.51	0.93	0.03	0.03	0.68	0.74	0.68

注：Ln 表示取自然对数；**p<0.01，*p<0.05；括号中数字代表该变量的内部一致性系数。

通过对变量的描述性统计分析发现，实际工资水平（APL）和实际福利水平（ABL）两个变量在样本中的总体分布并不满足正态性，所以对这两个变量进行了取自然对数处理，这与以往类似研究中对客观薪酬数据的处理方法一致（Bloom，1999）。在处理前，APL 和 ABL 在样本中的平均值分别为 36.565 元/年和 18.956 元/年。从相关矩阵可以看出，IPS 与工资满意度的相关系数为 0.38，大于实际工资收入与工资满意度的相关系数（r = 0.17）；实际福利收入与福利满意度的相关系数为 0.43，大于 IBS 与福利满意度的相关系数（r = 0.20），初步验证了本研究的部分假设。此外，工资满意度与福利满意度仅有中度正相关（r = 0.30，p < 0.01），再次证明两个构念间的区分效度。

（二）多层线性模型分析结果

研究运用多层线性模型分析软件 HLM6.0 分别构建工资满意度和福利满意度的跨层次回归模型②。在每个模型中，分 5 步纳入变量验证本研究的假设，结果如表 3 所示。

表3 多层线性模型的回归分析结果（N=331）

	工资满意度				福利满意度				
	第1步	第2步	第3步	第4步	第1步	第2步	第3步	第4步	第5步
截距项（γ_{00}）	2.82***	2.79***	2.94***	2.96***	3.15***	3.05***	3.21***	3.22***	3.24***
个性层控制变量：									
年龄（γ_{10}）		0.02	−0.02	−0.01		−0.02	−0.03	−0.03	−0.04

续表

	工资满意度				福利满意度				
	第1步	第2步	第3步	第4步	第1步	第2步	第3步	第4步	第5步
女性（γ_{20}）		−0.11	−0.04	−0.01		−0.07	−0.05	−0.04	−0.03
已婚（γ_{30}）		0.20*	0.09	0.06		0.03	0.03	0.03	0.04
教育水平（γ_{40}）		−0.05	−0.05	−0.06		−0.01	−0.02	−0.02	−0.02
部门层控制变量：									
部门规模^c（γ_{01}）		−0.03**	−0.02**	−0.03**		−0.04***	−0.03***	−0.03***	−0.03***
国有企业（γ_{02}）		0.03	0.04	0.02		0.48***	0.27**	0.27**	0.27**
个体层自变量：									
Ln_APL^c（γ_{50}）^{a}			0.02	0.01					
Ln_ABL^c（γ_{50}）^{b}							0.21***	0.21***	0.19***
IPS^c（γ_{60}）^{a}			7.40***	7.27***					
IBS^c（γ_{60}）^{b}							3.00*	2.23	2.13
传统性^c（γ_{70}）			−0.06	0.25***			−0.04	0.37***	0.39***
个体层调节项：									
IPS×传统性（γ_{80}）^{a}				−0.25***					
IBS×传统性（γ_{80}）^{b}								−0.31***	−0.31***
部门层调节项：									
IBS×部门规模（γ_{61}）^{b}									−0.65*
个体层 R^2	0.03	0.26	0.29		0.00	0.19	0.26	0.27	
个体层 ΔR^2		0.23	0.03			0.19	0.07	0.01	
部门层 R^2	0.02	0.17	0.17		0.57	0.80	0.81	0.82	
部门层 ΔR^2		0.15	0.00			0.23	0.01	0.01	

注：a 标注的变量仅纳入工资满意度模型，b 标注的变量仅纳入福利满意度模型，c 标注的变量均以中心化的方式纳入模型；个体与部门层 R^2 分别代表因变量方差被每一步中个体层与部门层变量的解释程度；***$p<0.001$，**$p<0.01$，*$p<0.05$。

第 1 步零模型不含任何个体或部门层面的变量，仅检验因变量在组内和组间方差的成分比例，是运用多层线性模型的基础。经检验，工资满意度在组内方差的第一层残差方差 $\sigma^2 = 0.434$，在组间方差的随机截距方差 $\tau_{00} = 0.112$（$p < 0.001$），ICC（1）$= \tau_{00}/(\tau_{00} + \sigma^2) = 0.205$，说明个体工资满意度的总体变异中有 20.5%是由部门间的差异造成的，需要对工资满意度进行跨层次的数据分析。福利满意度组内方差的第一层残差方差 $\sigma^2 = 0.283$，组间方差的随机截距方差 $\tau_{00} = 0.167$（$p < 0.001$），ICC（1）$= \tau_{00}/\tau_{00} + \sigma^2 = 0.371$，说明个体福利满意度的总体变异中有 37.1%是由部门间的差异造成的，也需要进行跨层次的数据分析。在模型的第 2 步纳入个体和部门层面的控制变量后，第 3 步检验个体层面的主效应，第 4 步检验个体层面变量（传统性）的调节效应。此外，根据第 3 步个体层主效应的回归系数是否在部门层存在显著差异，来判别是否有必要进行第 5 步探讨部门层变量（部门规模）的调节效应。

根据表 3 中工资满意度第 3 步的回归结果可知：IPS 对工资满意度有显著正向预测作

用（$\gamma_{60} = 7.40$，$p < 0.001$），实际工资水平（Ln_APL）对工资满意度没有显著影响（$\gamma_{50} = 0.02$，n.s.），说明部门内的工资比较对个人工资满意度的作用效果显著强于实际工资水平，故本研究的 H1 得到证实。然而，IPS 对工资满意度回归系数的随机效应方差并不显著（$\tau_{66} = 27.13$，$X^2 = 18.19$，n.s.），说明个体在部门内的工资比较与工资满意度的关系在部门间无显著差异，所以没有必要进一步验证部门规模的调节效应，故本研究的 H4a 未得证。但在第 4 步中，传统性对 IPS 与工资满意度的正向关系有显著负向调节作用（$\gamma_{80} = -0.25$，$p < 0.001$），说明传统性越低的员工，部门内工资比较对工资满意度的正向预测作用越强，如图 2(a) 所示，故本研究的 H3a 得证。

根据福利满意度模型中第 3 步结果可知：实际福利水平（Ln_ABL）对福利满意度有显著正向预测作用（$\gamma_{50} = 0.21$，$p < 0.001$），而员工在部门内的相对福利位置（IBS）对福利满意度仅有微弱的正向影响（$\gamma_{60} = 3.00$，$p < 0.05$），但是当在第 4 步中纳入传统性的调节项后，IBS 对福利满意度则无显著影响（$\gamma_{60} = 2.23$，n.s.）。可见，员工实际福利水平对福利满意度的预测效果比福利比较更加显著和稳健，故本研究的 H2 得证。传统性对 IBS 与福利满意度的关系有显著负向调节作用（$\gamma_{80} = -0.31$，$p < 0.001$）。说明对低传统性的员工而言，部门内的福利比较对福利满意度的正向预测作用更强，如图 2(b) 所示，故本研究的 H3b 得证。另外，IBS 对福利满意度的回归系数在部门间有显著差异（$\tau_{66} = 27.20$，$X^- = 58.40$，$p < 0.01$），可以在第 5 层验证部门规模的调节效应。结果显示：部门规模对 IBS 与福利满意度的正向关系有负向调节作用（$\gamma_{61} = -0.65$，$p < 0.05$），说明部门规模越大，IBS 对福利满意度的正向作用效果越小，故本文的 H4b 得证。

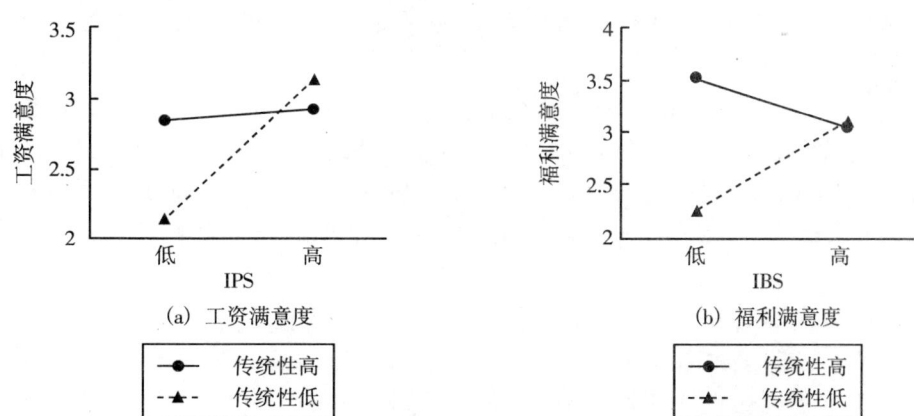

图 2　传统性对部门内薪酬比较与薪酬满意度关系的调节效应

五、结果讨论与建议

(一) 理论意义

本文从社会比较的理论视角研究了员工薪酬满意度问题,相关研究结果对薪酬满意度和社会比较理论的现有研究成果进行了丰富与拓展。

1. 薪酬满意度的理论归因

关于薪酬满意度的研究一直以来都是组织薪酬领域的热点话题,学者们从差异理论和公平理论两个视角对个人薪酬满意度的前因变量进行了大量理论与实证研究(Heneman & Schwab, 1985; Danebower & Lust, 1992; Williams et al., 2002)。但遗憾的是,至今学术界仍然没有对薪酬满意度的理论归因达成共识,即究竟是个人理想与现实收入的差距决定了薪酬满意度,还是与他人的薪酬比较决定了薪酬满意度。尤其是在 Heneman 和 Schwab (1985) 提出并证明了薪酬满意度的多维度本质后,学术界并没有对不同类别的薪酬满意度的理论归因进行区分。本研究针对这一研究空白,对工资和福利满意度的形成机制进行了对比研究,即分别探讨了差异理论和公平理论对两类薪酬满意度的解释效力。

本研究结果表明:在工资满意度模型中,当把用客观数据度量的员工实际工资水平和部门内工资水平位置(IPS)共同纳入回归模型后,实际工资水平对工资满意度并无显著的线性预测作用,这一结果再次对两者关系的稳定性提出质疑。尽管在 Williams 等 (2006) 的元分析研究中,实际工资水平与工资满意度之间仍然存在弱相关关系($p=0.29$),但这种弱相关不排除大多数研究中用主观报告的方法测量实际工资水平所产生的共同方差偏差的影响。然而,本模型中用 IPS 客观度量的工资比较对员工的工资满意度却有显著正向预测作用,这与 Law 和 Wong (1998) 及 Brown (2001) 用自我报告法测量工资比较的研究结果相一致,从而证明了公平理论在解释个人工资满意度方面要优于差异理论。

在福利满意度模型中,用客观福利费用度量的实际福利水平对员工福利满意度有显著正向预测作用,证明了 Miceli 和 Lane (1991) 以及 Danehower 和 Lust (1992) 构建的福利满意度模型中的主要假设。此外,用部门内福利水平位置(IBS)度量的福利比较与员工福利满意度的关系比较微弱且不稳定,这与 Williams (1995) 和 Williams 等 (2002) 在美国文化中从公平理论视角的研究结论(福利比较与福利满意度高度正相关)相反,但却与 Tremblay 等 (2000) 和 Tremblay 等 (1998) 在美国以外的研究结论一致。可见,公平理论对福利满意度的解释效力受到文化因素的局限:在美国这种个体主义导向的文化下,福利比较对福利满意度会有较强的预测作用;但在我国或是以集体主义为主导的文化情境中,福利比较的预测作用并不明显。换言之,在我国文化下,差异理论比公平理论更加适合解释福利满意度的形成机制。

综上所述，本研究的第一个理论贡献在于：从社会比较和分配理论视角，对工资满意度和福利满意度的理论成因进行了对比研究，发现在中国文化下，公平理论更适合工资满意度的理论归因，差异理论则更适合解释福利满意度的成因。

2. 社会比较的参照对象选择

社会比较是研究员工薪酬反应的关键理论（Pfeffer & Langton，1993；Trevor & Wazeter，2006），而个体参照对象的选择又是社会比较理论的关键问题（Goodman，2007；周浩、龙立荣，2010）。Goodman 和 Haisley（2007）在总结以往研究的基础上，构建了社会比较理论在组织情境下的理论模型，本文从以下 3 个方面对该模型进行了实证检验和理论拓展。

第一，本文从资源理论视角（Foa 和 Foa，1980），分别选取工资满意度和福利满意度作为结果变量，探讨了员工在不同分配资源下如何选取参照对象进行社会比较，结果表明：在以公平性原则为主导的组织工资分配中，员工在部门内的工资水平位置对工资满意度有显著正向影响，而实际工资水平的预测作用并不显著；然而，在以平均性和需求性为主导的企业福利分配中，员工实际福利费用对福利满意度有显著预测作用，部门同事间福利比较的预测效果并不强烈。上述结果表明：工资分配强调个人的贡献差异，促进了员工进行同事间的相互比较，从而淡化了与个人实际需求或历史收入的比较；组织福利分配较为平均，且以满足员工需求为目的，所以个体在评价福利满意度时更适合跟自己实际需求相比，与部门同事进行相互比较的合适性较低。这一结论证明了 Foa 和 Foa（1980）所提出的社会比较理论的资源模型，以及 Goodman 和 Haisley（2007）提出的关于薪酬分配规则通过合适性影响参照对象选择的假设。

第二，本研究发现中国人传统性会显著调节薪酬比较与薪酬满意度的关系：对于低传统性的员工，工资比较和福利比较对工资满意度和福利满意度的正向预测作用都更加强烈。这种调节效应一方面是因为个体的传统性会影响其参照对象的选择，即传统性越低的人与他人进行横向薪酬比较的动力越强，证明了个人价值观对参照对象选择的影响（Goodman & Haisley，2007；周浩、龙立荣，2010）。另一方面，传统性的调节效应源于个体对组织分配规则与分配结果的遵从性程度：高传统性的员工对分配结果的遵从性程度高，对薪酬比较结果的敏感性较低，对不利薪酬比较结果的容忍度更高，故而弱化了薪酬比较对薪酬满意度的影响。与此同时本研究还发现，部门同事间的工资比较不仅在个体层面对工资满意度有较强的预测效力，并且这种关系较为稳定，在不同部门间（群体层面）没有显著性差异；相反，福利比较虽然对福利满意度在个体层面的主效应不明显，但该作用在不同部门间存在显著差异，会受到群体层面变量部门规模的负向调节。由此说明，当部门规模较小时，员工之间相互获取福利收入的可能性增加，相互计算投入产出比的便利性增强，所以选取部门同事作为参照对象进行福利比较的合适性提高，导致福利比较对福利满意度产生正向影响。该结果验证了 Goodman 和 Haisley（2007）模型中关于组织结构通过合适性、便利性影响参照对象选择的假设。

第三，与大多数社会比较理论的实证研究（如 Sweeney, McFarlin & Inderrieden, 1990; Williams, 1995）不同，本研究并没有采用员工自我报告法来广泛地测量与不同参照对象进行的薪酬比较，而是聚焦部门内部的同事间比较，并通过采集员工客观薪酬数据计算个体在部门内的工资和福利水平位置，分别作为工资比较和福利比较的替代指标研究与薪酬满意度的关系。这种测量方式不仅有效地避免了问卷法中对不同比较对象描述的框架效应对员工主观意识的影响，以及因果变量共同主观测量的共同方法偏差，更加提高了研究跨层数据和调节效应的统计效力和结果信度（Trevor & Wazeter, 2006）。

（二）管理实践的启示

企业的薪酬分配决策不仅在吸引、激励和保持员工方面有重要影响（Gerhart & Rynes, 2003），这一重要成本投入对企业整体财务绩效也至关重要（Trevor & Wazeter, 2006）。本研究相关结果对企业优化薪酬分配制度，提高薪酬激励效率的最大启示在于：企业在进行工资分配时需要注重公平、淡化数量；而进行福利分配时则应当依照需求、提高保障。

毋庸置疑，工资收入是员工薪酬包中的最主要来源，是个人维系正常生活开支的保障。但本研究发现员工的实际工资水平与工资满意度之间无显著正相关，与部门同事间的相对工资比较才是影响工资满意度的主要因素。说明以往企业试图通过提高工资水平改善个人与组织绩效的做法既不经济也并非完全有效。在我国"不患寡而患不均"的社会文化下，企业设计工资体系时应当重视岗位评估、员工技能评级等基础工作，保障工资分配的公平性与公开性，通过工资设计时与员工的充分沟通，确保最终工资分配的结果公平、程序公平和互动公平，而非简单地提高员工的工资收入水平。此外，在制定工资体系结构时一方面要通过工资差距体现员工之间投入产出的公平性、利用锦标赛机制激励低收入员工；另一方面，企业更要预防工资差距对低收入员工态度与绩效的负面影响（Bloom, 1999; Pfeffer & Davis-Blake, 1992），尽量避免在企业内部形成工资攀比的不良氛围，更加要避免当前社会不断滋生的"仇富"心理。因此，企业如何保持合理、适度的工资差距结构是未来薪酬研究中需要重点关注的问题。

尽管计划经济时期国有企业"低工资、高福利"的保障型薪酬体系存在激励效率低下的问题，但企业现行的激励性薪酬体系无疑又步入了另一个极端：重货币奖励、轻福利保障的薪酬设计不仅没有提高员工整体薪酬满意度水平，还滋生了同事之间薪酬攀比的不良氛围，更加大了企业的经济成本负担。本研究结果表明：与工资不同，员工客观福利费用的提高可以显著提升其福利满意度；并且福利分配具有普适性和需求导向，所以员工之间进行福利攀比的动机相对较小。因此，当企业的工资水平兼具内部公平性与外部竞争性时，应当将薪酬激励的重心转入员工福利管理。通过员工福利需求调查等途径，加大个性化福利的投入，并尝试建立弹性福利制度来提高员工的整体福利满意度水平。

最后，企业在制定薪酬分配制度时应当从个体、部门两个层面进行权变考虑。在个体层面，低传统性的员工对企业薪酬分配结果的敏感性更强，对不利分配结果的容忍度更低，造成薪酬比较对薪酬满意度的影响更加强烈。所以，企业在对这类员工的培训与管理时需要对企业的薪酬分配制度进行充分沟通，通过互动公平来缓解薪酬比较劣势对薪酬满意度的负面影响。在部门层面，部门规模大小直接决定了同事间信息获取和薪酬比较的便利性程度，进而会调节薪酬比较结果与薪酬满意度的关系。该研究结果对部门内的二次薪酬分配有指导意义：对于规模较小的部门，部门凝聚力相对较高（Amason & Sapienza, 1997），所以二次薪酬分配时可以淡化个体差异，从而避免部门内的薪酬比较与冲突。

（三）研究不足与展望

本研究不可避免存在一些不足，需要在今后的研究中逐步完善：首先，受调研员工客观薪酬数据的制约，本研究的样本量较小，所以在研究结论的推广时需要谨慎；其次，尽管本文的主要目的是研究内部薪酬比较与员工薪酬满意度的关系，但同样受客观薪酬数据的局限，我们没有办法控制员工与企业外部进行薪酬比较对薪酬满意度产生的影响，不过本研究的样本主要来自企业中、基层员工，他们进行社会比较时选择的参照对象主要是内部同事（Oldham et al., 1986），故我们认为外部薪酬比较对本研究结果的影响不会太大；再次，本文在研究部门规模对薪酬比较与薪酬满意度关系的调节作用时没有控制部门或组织内情境因素的潜在影响，如部门成员的多元化程度、部门任务的互依性，这些情境因素都可能与企业薪酬体系交互作用员工的薪酬反应（Bloom, 1999）；最后，本文的主要理论假设是员工在评价工资满意度和福利满意度时会选择不同的参照对象（自己和同事），所以导致绝对收入水平和相对收入比较在两个模型中的预测效力存在差异，尽管本研究结果支持了这一假设，但却未能直接证明参照对象选择的中介机制，该研究不足可以在未来通过更为严格的实验研究进行论证。

参考文献

[1] Adams, J. S. Inequity in Social Exchange. In L. Berkowitz (Ed.). Advance in Experimental Social Psychology [M]. New York: Academic Press, 1965.

[2] Amason, A. C., Sxpionza, H. J. The Effects of Top Management Team Size and Interaction Norms on Cognitive and Affective Conflict [J]. Journal of Management, 1997, 23: 495–516.

[3] Blaw, G. Testing the Effect of Level and Importance of Pay Referent on Pay Level Satisfaction [J]. Humau Relations, 1994, 47: 1251–1262.

[4] Bloom, M. The Performance Effects of Pay Dispersion on Individual and Organizations [J]. Academy of Management Journal, 1999, 42: 25–40.

[5] Brown, M. Unequal Pay, Unequal Response? Pay Referents and Their Implications for Pay Lovol Satisfacaion [J]. Journal of Management Studies, 2001, 38: 879–896.

[6] Chen, C.C. New Trends in Rewards Allocation Preference, A Sino-U.S. Comparison [J]. Academy of Management Journal, 1995, 38: 408–428.

[7] Chen, C.C., Ford, C.M., Farris, G.F. Do Rewards Benefit the Organization? The Effects of Reward Types and the Perceptions of Diverse R&D Professionals.Transactions on Engineering Management, 1999, 46: 47–55.

[8] Chore, Z.X., Aryee, S.Delegation and Employee Work Outcomes: An Examination of the Cultural Context of Mediating Processes.Academy of Management Journal, 2007, 50: 226–238.

[9] Chow, I.H.S., Fu, P.P.Change and Develepment in Pluralistic Settings: An Exploration of HR Practices in Chinese Township and Village Enterprise.International Journal of Humau Resource Mauagement, 2000, 11: 822–836.

[10] Clark, R. L., Ogawa, N., Employment Tenure and Earnings Profiles in Japan and the United States: Comment.The American Economic Review, 1992, 82: 336–345.

[11] Colquitt, J. A., Conlon, D. E., Wesson, M. J., Porter. C.O.L. H.&Ng.K. Y. Justice at the Millionnium: A Meta-Analytic Review of 25 Years of Organizational Justice Review [J]. Journal of Applied Psychology, 2001, 86: 425–445.

[12] Cookc, F.L.Public-Sector Pay in China: 1949–2001.InternatianaL Journal of Human Resource Management, 2004, 15: 895–916.

[13] Danehowcr, C., Lust, J. A. Conceptual Model of the Determinants of Employee Benefit Satisfaction [J]. Human Resource Management Review, 1992, 2: 221–238.

[14] Deutch, M.Distributive Justice [M]. New Haven&London: Yale University Press, 1985.

[15] Dulebohn, J. H., Molloy, J. C., Pichlor S. M., Murray .B. Employee Benefits: Literature Review and Emerging Issue [M]. Human Resource Management, 2009, 19: 86–103.

[16] Farh, J. L., Earley, P. C., Lin. S. C. Impetus for Acaion: A Cultural Analysis and Organizational Citizenship Behavior in Chinese Society.Administrative Science Quarterly, 1997, 42: 421–444.

[17] Farh, J. L., Hackett, R. D., Liang.J.Individual-Level Cultural Value as Moderators of Perceived Organizational Support-Employee Outcome Relationships in China: Comparing the Effects of Power Distant and Traditionality [J]. Academy of Management Journal, 2007, 50: 715–729.

[18] Foa, E. B., Foa, U. G.Rcsource Theory of Social Exchang, In K.J. Gergen, M. S. Greenhcrg & R. H.Willis (Eds.), ocial exchange: Advance in Theory and Research [M]. New York: Plenum, 1980.

[19] Gahrenya, W.K., Hwang, K. K. Chinese Social Interaction: Harmony and Hierarchy on the Good Earth.In M. H. Bond (Eds), the Handbook of Chinese Psychology [M]. Hong Kong: Oxford University Press, 1996.

[20] Gerhart, B. Milkovich, G. T. Employee Compensation: Research and Practice, in Handbook of IndustriaL Psychology [M]. Palo Alto, CA: Consulting Psychologists Press, 1993.

[21] Gerhart, B. Rynes, S. L. 2003, Compensation: Theory, Evidence and Strategic ImpLicatiaus, Thousand Oaks, CA: Sage.

[22] Gladstein, D. L. Groups in Context: A Model of Task Group Effcctiveness [J]. Administrative Science Quarterly, 1984, 29: 499–517.

[23] Goodman, P.S. Special Issue on Social Comparison Processs [J]. Organizatianal Behavior and Human Decision Processes, 2007, 102: 1–2.

[24] Goodman, P.S., Haislcy, E.Social Comparison Proccsses in an Organizational Context: New Direction [J]. Organizational Behavior and Human Decision Processes, 2007, 102: 109–125.

[25] Greenberg, J., Ashton-James, C. E., Ashkanasy, N.M. Social Comparison Processes in Organizations [J]. Organizational behavior and Human Decision Procsses, 2007, 102: 22–41.

[26] Harris, M. M., Fink, L.S.Employee Benefit Programs and Attitudinal and Behavioral Outcomes: A

Preliminary Model [J]. Humau Resource Mauagement Review, 1994, 4: 117–129.

[27] Heneman, H.G.III, Judge, T. A. "Compensation attitude,", In: S. L. Rynes, B. Gerhart (Eds.), Compensation in Organizatians: Current Research and Practice [M]. San Francisco: Josscv–Bass, 2000.

[28] Heneman, H.G.III, Schwab, D. P.Pay Satisfaction: Its Multidimensional Nature and Measurement [J]. Internatianal Journal of Psychology, 1985, 20: 129–142.

[29] Howard, L.W.Validity Evidence for Measures Procdural/Distributive Justice and Pay/Benefit Satisfaction [J]. Journal of Busiess and Psychology, 1999, 14: 135–147.

[30] Huber, V.L., Sovlsolt, P. M., Venemon, K. The Relationship between Individual Inputs, Peception and Multidimensional Pay Satisfaction [J]. Journal of Applied Psychology, 1992, 22: 1356–1373.

[31] Hui, C., Lee.C., Rousseau, D. M.Employment Relationship in China: Do Workers Relate to the Organization or to People [J]. Organization Science, 2004, 15: 232–240.

[32] Hui, C. H., Triandis, H. C., Ycc.C.Cultural Differences in Reward Allocations: Is Colletivism the Explanation [J]. British Journal of Social Psychology, 1991, 30: 145–157.

[33] Kulik, C.T., Amhrosc, M. L.Personal and Situational Determinants of Referent Choice [J]. Academy of Management Review, 1992, 17: 212–237.

[34] Law, K.S., Wong, C.S. Relative Importance of Referents on Pay Satisfaction: A Review and Test of a New Policy–Capturing Approach[J]. Journal of Occupatianal and Organizational Psychology, 1998, 71: 47–60.

[35] Lawler, E.E., III. Pay and Organizatianal Develepment, Reading [M]. MA: Addison–Wesley, 1981.

[36] Martin, J., Hxrdor, J.W.Bread and Roses: Justice and the Distribution of Financial and Socioemotional Rewards in Organizations [J]. Social Justice Research, 1994, 7: 241–264.

[37] Miceli, M. P.&Lane, M. P. Antecedents of Pay Satisfaction: A Review and Extension, In K. M. Rowland & G. R. Ferris (Eds.). Research in Personnel and Human Resource Management [M]. Greenwich, CT.: JAI Press, 1991.

[38] Milkovich, G.T., Nowman, J. M., Compensation [M]. 7th ed. Boston, MA: McGraw–Hill Irwin Pubs 2002.

[39] Morris, J., Shoohxn, J., Hansard, J.From Dependency to Defiance? Work–Unit Relationships in China's State Enterprise Reforms [J]. Journal of Management Studies, 2001, 38: 697–717.

[40] Oldham, G.R., Kulik, C.T., Stopina, L.P., Amborse.M. L.Relations Between Situational Factors and Comparative Referents Used by Employees [J]. Academy of Management Journal, 1986, 29: 599–608.

[41] O'Neill B. S., Mono. M. A. Psychologioal Influences on Referent Choice [J]. Journal of Managerial Issues, 2005, 17: 273–282.

[42] Pfeffer, J., Davis–Blako, A.Salary Dispersion, Location in the Salary Distribution and Turnovor among College Administrators [J]. IudustriaL & Labor Relatians Review, 1992, 45: 753–763.

[43] Pfoffor, J., Langton, N. Tho Effect of Wage Dispersion on Satisfacaion, Productivity and Working Collaboratively: Evidonce from Celloge and University Faculty [J]. Administrative Science Quarterly, 1993, 38: 382–407.

[44] Shaw, J.D., Gupta, N., Mitra, A., Lodford, Jr.G.E. Success and Survival of Skill–Based Pay Plans [J]. Journal of Management, 2005, 31: 28–49.

[45] Swoonoy, P.D., McFarlin, D.B., Inderrieden, E.J.Using Relative Deprivation Theory to Explain In-

como and Pay Level Satisfaction: A Multi-study Examination [J]. Academy of Management Journal, 1990, 33: 423-436.

[46] Tang, T. L. P., Luna-Arocas, R., Sutarso, T. & Tang, D. S. H. Does the Love of Money Moderate and Mediate the Income-Pay Satisfaction Relationship [J]. Journal of Managerial Psychology, 2005, 19: 111-135.

[47] Tang, T. L. P., Tang, L. N. T., Homaifar, B. Y. Income, the Love of Money, Pay Comparison and Pay Satisfacaion. Race and Gender as Moderators [J]. Journal of Managerial Psychology, 2006, 21: 476-491.

[48] Trembldv, M., Sire, B., Bxlkin, D. B. The Role of Organizational Justice in Pay and Employee Bonofit Satisfaction, and its Effct is on Work Attitudes [J]. Group and Organizatian Management, 2000, 25: 269-290.

[49] Tremblav, M., Sire, B., Pelchat, A. A Study of the Determinants and of the Impact of Flexibility on Employee Benefit Satisfaction [J]. Human Relatians, 1998, 51: 667-688.

[50] Trever, C.O., Wazeter, D.L. A Contingent View of Reactions to Objective Pay Conditions: Interdependence Among Pay Structure Characateristics and Pay Relative to Internal and External Referents [J]. Journal of Applied Psychology, 2006, 91: 1260-1275.

[51] Wheeler, L., Miyake. K. Social Comparison in Everyday Life [J]. Journal of Personnality and Social Psychology, 1992, 62: 760-773.

[52] Williams, M. L. Antecedents of Employee Benefit Level Satisfaction: A Test of A Model [J]. Journal of Management, 1995, 21: 1097-1128.

[53] Williams, M. L., Malos, S. B., Pxlmor, D. K. Benefit System and Benefit Level Satisfaction: An Expanded Modle of Antecedents and Consequences [J]. Journal of Management, 2002, 28: 195-215.

[54] Williams, M. L., MoDxniel, M. A., Nguven, N. T. A Meta-Analysis of the Antecedents and Consequences of Pay Level Satisfaction [J]. Journal of Applied Psychology, 2006, 91: 392-413.

[55] Williams, M.L., McDcrmid, S.M. Linkages between Employee Benefits and Attitudinal and Behavioral Outcomes: A Research Review and Agenda [J]. Human Resource Management Review, 1994, 4: 131-160.

[56] Yang, K.S. Methodological and Theoretical Issues on Psychological Traditionality and Modernity Rosoarch in an Asian Society: In response to KwangKuo Hwang and Beyond [J]. Asian Journal of Social Psychology, 2003, 6: 263-285.

[57] Zhu, C.J., Thomson, S.B., Cieri. H. D., A Retrospective and Prospective Analysis of HRM Research in Chinese Firms: Implications and Directions for Future Study [J]. Human Resource Management, 2008, 47: 133-156.

[58] 侯杰泰, 温忠麟, 成子娟. 结构方程模型及其应用 [M]. 教育科学出版社, 2004.

[59] 贺伟, 龙立荣, 赵海霞. 员工心理账户视角的薪酬心理折扣研究 [J]. 中国工业经济, 2011 (1).

[60] 刘军, 刘小禹, 任兵. 员工离职: 雇佣关系框架下的追踪研究 [J]. 管理世界, 2007 (12).

[61] 吴隆增, 刘军, 刘刚. 辱虐管理与员工表现: 传统性与信任的作用 [J]. 心理学报, 2009 (6).

[62] 汪林, 储小平, 倪婧. 领导—部署交换、内部人身份认知与组织公民行为——基于本土家族企业视角的经验研究 [J]. 管理世界, 2009 (1).

[63] 于海波, 郑晓明. 组织公平感对薪酬满意度的影响 [J]. 科学学与科学技术管理, 2008 (8).

[64] 于海波, 郑晓明. 薪酬满意度与社会比较的关系 [J]. 未来与发展, 2009 (1).

[65] 张雷, 雷雳, 郭伯良. 多层线性模型应用 [M]. 教育科学出版社, 2005.
[66] 周浩, 龙立荣. 公平感社会比较的参照对象选择研究评述 [J]. 心理科学进展, 2010 (6).

The Relationship of the Actual Income Level, Income Internal Comparison and Employee Pay Satisfaction: Moderating Effect of the Traditional and the Scale of Department

He Wei   Long Li-rong

Abstract: Wage and welfare are two major parts of enterprise salary system, but there are essential differences in the form of payment, distribution rules between them, so the processing mechanism of wages and welfare have a lot of differences. This paper, based on the perspective of social comparison theory, compares the actual income level, income internal comparison and the relationship of individual wages and welfare satisfaction and examines the moderating effect of individual traditionality and the scale of department. About 331 employees' objective salary data and subjective pay satisfaction from 49 department in 14 companies were surveyed. Used HLM statistical analysis of cross layer data, we can conclude that: no significant correlation between the real wage and salary of employee satisfaction, the income internal comparison of department pay more positive influence on salary satisfaction, this relationship is more intense at low traditional staff, but the effect had no significant on the department level; on the contrary, the actual level welfare of staff has a significant positive effect on welfare satisfaction, the prediction of internal welfare comparison of department is not stable, but for the low traditional staff of small departments, the welfare comparison still have a positive impact on welfare satisfaction. The conclusion of this study not only prove that the two constructs of independence of wage satisfaction and welfare satisfaction, but also find the differences mechanism of formation, and provides a theoretical basis for empirical studies in the future.

Key Words: social comparison; pay satisfaction; welfare satisfaction; scale of traditional department

战略型领导行为与组织经营效果：
组织文化的中介作用*

王　辉　张文慧　忻　榕　徐淑英

【摘　要】 战略型领导（strategic leadership）对企业经营效果的作用争议已久，尚无定论。本研究采用实证研究的方法探讨中国组织情境下战略型领导者的领导行为对企业经营效果的影响作用，并检验组织文化的中介作用。研究结果表明：①战略型领导行为，如阐述愿景、开拓创新、人际沟通、监控运营和关爱下属5个维度对员工态度和企业绩效具有正向作用。②战略型领导行为的关爱下属和监控运营两个维度与组织文化的内部整合价值观正相关，而战略型领导行为的阐述愿景和开拓创新与外部适应的价值观正相关，而人际沟通维度对内部整合和外部适应价值观均有正向影响。③战略型领导行为通过内部整合与外部适应的价值观影响企业经营效果，即经由员工态度对企业绩效产生正向影响。

【关键词】 战略型领导行为　组织文化　员工态度　企业绩效

一、引　言

战略型领导（strategic leadership）与组织产出之间的关系得到广泛关注，始于学者们争论战略型领导者在组织运营过程中是否具有重要作用（Chu & Spires，2003；Katz & Kahn，1978；Pfeffer，1977）。反对者强调技术、制度等方面的因素对组织战略和绩效的影响更大。他们忽视了决策者对组织建构和信息处理的影响，认为战略型领导对于组织的影响无足轻重（Porter，1980）。而支持者基于高阶梯队理论（Upper Echelon Theory，Hambrick & Mason，1984），在大量实证研究的基础上，逐渐得出较为一致的结论：战略型领导会对组织经营效果产生实质性的影响（Hambrick & Mason，1984；Finkelstein & Hambrick，1996）。

---

* 本文选自《管理世界》2011年第9期。

特别是在不确定性环境中,战略型领导的作用将更重要,甚至会成为决定组织成败的关键因素(Ireland & Hitt, 1999; Waldman, Ramirez, House & Puranam, 2001)。

关于战略型领导是否重要的争论逐渐平息,但在企业经营全球化背景下探讨另外两个问题显得尤为迫切:其一,战略型领导是通过何种机制和过程影响组织经营效果的(House & Adytia, 1997; Phills, 2005)。从目前的研究来看,我们对领导者影响组织经营效果的机制所知有限(Boal & Hooijberg, 2000)。特别是组织文化的中介作用,一直被认为是领导者塑造和保持组织及其竞争优势的重要途径之一(Schein, 1985),却很少得到检验。

其二,跨文化研究领域的学者们一直呼吁要重视通过进行比较研究来检验相关结论的普适性,以及探索在特定文化中是否存在独特的影响要素(Brockner, 2003; Tsui, 2004)。因为我国文化和国情的特殊性,探讨在中国组织情境下战略型领导及其影响机制的普适性和独特性具有更为重要的实践和理论意义。首先,我国无论是文化还是社会经济情况,都与以美国为首的西方国家存在巨大的差异,然而现有的关于战略型领导效果的结论大多是基于西方样本做出的,国内关于战略型领导的理论探索及实证研究相对较少。因此,到底在中国情境下,战略型领导的哪些特征会对组织经营效果产生重要影响及其影响途径并不清晰。其次,当前我国经济是转型式经济,其典型特征是复杂、多变、难测,属于高不确定性环境。在中国,由于高层管理者面对着持续的组织重组、不断加剧的全球竞争、劳动力的流动以及技术的迅猛发展,战略管理比过去更为复杂。企业不但长期面对复杂和支离破碎的制度环境,而且构成这种复杂性和缺乏系统性的多重任务环境、多元化制度、复杂的资源供应者以及多样化的股东等要素,还处在动态难测的变化中。在这种情境中进行有效竞争,根据高阶梯队理论的观点,战略型领导会具有决定性的作用。

总之,在具有全球竞争、独特的东方文化以及转型经济等特征的中国组织情境背景下,探讨战略领导者影响组织经营效果的途径和机制,无论从理论意义还是从实践意义上,都是值得关注和研究的重要问题。

二、文献综述和假设推理

(一) 战略型领导行为和组织文化

1. 战略型领导行为

战略型领导的研究主要关注战略型领导者(strategic leaders,即组织的高管,如 CEO、董事长等人)的个人特征、行为方式、做事内容等因素是如何影响组织产出的(Finkelstein & Mitchell, 1984)。其研究对象可以是领导者个人(比如首席执行官),广义的"高层管理团队",或者是所有者群体(比如董事会)(Hambrick, 1989)。

战略型领导成为研究人员关注的焦点起源于高阶梯队理论。为了回答"为什么组织能成为一个组织"这个问题，Hambrick和Mason（1984）提出了高阶梯队理论。该理论指出，环境中各种现象的数量和复杂程度远远超出了人们所能理解和处理信息的范围，决策者必须对信息进行取舍。信息处理过程呈现出的这种选择性，如有限视域、选择性知觉、选择性解释和开发及偏好的备选方案的质与量，无不受到决策者处理信息时所依恃的个人认知基础影响。因而，组织的结构和战略，不仅依赖于环境中的资源和机会，更取决于决策者的认知基础。最终，组织的行为和产出既反映了组织的外部环境特征和组织的价值观，更反映了组织中战略型领导者的个人特征。

为了检验高阶梯队理论，探讨战略型领导与组织运营之间的关系，研究者最先关注的是人口统计学变量（Hambrick & Mason，1984）。随后，学者们认为战略型领导的认知框架虽受人口统计学变量影响（Hambrick, Cho & Chen, 1996），但更多地受到社会心理变量影响（Waldman et al., 2001），比如高层管理者的价值观、认知结构、动机、领导行为等（Denison Hooijberg & Quinn, 1995; Jansen, Vera & Crossan, 2009; Vera & Crossan, 2004）。

国内的一些学者根据高阶梯队理论，也对战略型领导与组织经营效果的关系进行了检验（陈建勋、傅升、王涛，2008；蒋天颖、张一青、王俊江，2009）。如陈国权及其合作者（陈国权、李兰，2009；陈国权、周为，2009）检验了企业领导人个人学习能力、领导行为对组织创新的积极影响；蒋天颖等人（2009）检验了变革型和交易型领导行为与组织创新的关系。但是，这些研究大多采用高管的某种特质或领导行为，以及国外开发的操作化概念和量表，很难反映出在中国组织环境中战略型领导的典型行为特征及其对企业绩效的影响。为了探讨中国组织环境下战略型领导的典型行为特征，王辉、忻榕和徐淑英（2006）综合了高阶梯队理论观点、行为复杂性（Hooijberg, Hunt & Dodge, 1997）和家长式领导（Farh & Cheng, 2000）等模型，从访谈开始，采用归纳性研究方法，确认了中国情境下战略型领导行为的构成，包括开拓创新、人际沟通、关爱下属、阐述愿景、展示威权以及监控运营6个维度等。

依据以往的研究成果和建议，我们也强调战略型领导者的社会心理变量而非人口统计特征的重要性，在本研究中关注战略型领导的行为特征对组织经营效果的影响。为反映中国组织环境中战略型领导行为及其影响的独特性，我们采用王辉等人（2006）的模型来探讨中国情境下战略型领导的典型行为对企业经营效果的影响机制——组织文化的中介作用。

组织文化一直被认为是领导者塑造和保持组织及其竞争优势的重要途径之一（Schein, 1985），却很少得到实证的检验。根据组织解释观点（organizational interpretive perspective），我们认为战略型领导行为会经由组织的战略、结构、创新模式、技术类型等硬件系统来影响组织运作（Finkelstein & Hambrick, 1996），但是作为组织意义系统的提供者（Smircich & Morgan, 1982），战略型领导行为更有可能通过塑造组织的软件系统——组织文化来影响组织的运营效果（Schein, 1985）。

2. 组织文化

现在管理学领域广为接受的组织文化定义来自于Schein（1992）。根据Schein（1992，

p.12）的定义，组织文化是"团队在解决外部适应和内部整合的问题时，团队成员习得的一套价值观和基本信念。由于它运行良好及可靠，被传递给新成员。当新成员处理相关问题时，这些基本信念就是他们感知、思考和解决问题的正确方式"。已有的实证研究证明组织文化在组织和个人层面上都与组织的运行相关，对组织的业绩和长期运营效果有强大的影响力（Denison & Mishra, 1995; O'Reilly, Chatman & Caldwell, 1991; Wilkins & Ouchi, 1983）。

有关组织文化的测量方法，研究人员提出了许多模型，比如Schein（1990、1992）的7维度模型，Hofstede等人（1990）的6维度模型，以及O'Reilly等人（1991）的7维度模型等。基于中国文化的特殊性，如尊敬威权、孝行、崇拜前辈、大男子主义等（杨国枢、余安邦、叶明波，1989），学者们也以台湾或内地样本探讨了中国企业组织文化的构成要素，如郑伯埙（1990）和Xin等（2001）的研究。Tsui等（2006）在深入分析和比较以往组织文化模型的研究之后，通过探索性和验证性因子分析，得到了更简约的5维度组织文化模型，分别是人际和谐、顾客导向、勇于创新、员工发展以及社会责任。这5个维度分为2个内部整合导向价值观（人际和谐和员工发展）和3个外部适应导向价值观（顾客导向、开拓创新和社会责任）。

Tsui等人（2006）确定的这5类价值观，不仅仅是国内外相关研究中共同的维度，而且涵盖了中国企业应对目前环境的重要核心价值观。具体表现为，根据Schein（1992）的定义，组织文化是在处理外部适应和内部整合的过程中建立起来的，那么这些核心文化必然反映组织应对内外部问题的基本理念。中国的企业目前正面临着从计划经济到市场经济的转型时期。为了生存并且在变化的环境中保有竞争力，它们必须使用先进的技术去创造新产品（勇于创新），提供高质量的产品和服务以使顾客满意（顾客导向），并做到企业与社会的共同发展（社会责任）。为了组织能够顺利发展，企业还需要良好的内部整合职能。人际和谐是在Xin等（2001）的研究中被高度评价的一个维度。如Yang（1993）所言，它反映了人际导向的文化根基以及中国社会的和睦传统。它不仅是社会价值观在组织行为上的反映，而且是组织在生存和发展的过程中必须处理的问题。而员工发展维度则反映了关心员工、信任员工、注重员工潜能发挥的现代企业管理制度与规范。因此我们采用Tsui等（2006）的5因素模型来探讨组织文化的中介作用。

3. 战略型领导行为与组织文化

组织解释观点持有两个基本假定：①人们的理解和行动依赖于他们赋予自己所历信息和事件的解释（interpretation）或意义（meaning，意义涉及是什么，意味着什么，应该是什么等问题）（Rabinow & Sullivan, 1979）；②组织作为开放的社会系统，其价值就是创造和维持一套意义体系，用来指导成员解读环境和采取行动（Weick, 1993、1995）。因此，如果某个人成功地建构或定义了组织成员的现实，个体提供的意义系统就成了组织的意义系统，他/她就会成为组织的领导者（Smircich & Morgan, 1982）。一般而言，为众人所接受的意义系统指向愿景、使命、价值观、行为准则等（Gioia & Chit-tipeddi, 1991; Weick, 1993），实质上就是组织文化（Schien, 1995）。可见战略型领导行为主要通过组织文化来影响组织运作（Davis，1984；Schein，1992）。正如 Schein（1985）所言，"领导人从事的唯一的重要工作就是创造和管理文化"。

关于领导者如何影响组织文化，Sashkin（1992）给出了更为具体的分析。他指出战略领导能力若有助于领导者明确组织的愿景和经营哲学，以独特的观点和创造性的思维提出或应用政策与项目，或通过施展强大的影响力建构价值观系统，都会有益于领导者塑造组织文化。从定义来看，战略型领导行为的6个维度都比较满足 Sashkin 所描述的特征。

具体而言，具有高水平阐述愿景和开拓创新行为的战略型领导者会更敏感于环境的变化、组织与环境之间的动态互动关系，更愿以新思想、新观念和新视角来审视、反思和建构组织与环境的意义（王辉等，2006）。他们因而会识别出环境中的挑战和机遇，并能够采取果断措施，以新产品、新服务、新观念等来反馈顾客的需要和意见，以社会责任来强调组织与社会的共同发展，从而促进组织形成适应环境的价值观。如 Gioia 和 Chittipeddi（1991）发现，决策者在察觉环境变化之后，倾向于以使命和愿景来回应组织与外部环境互动质量的问题，关注诸如组织为什么存在，应满足外部的何种期望，以及如何满足这些期望等问题。其次，以往的研究发现，如 Hart 和 Quinn（1993）以及 Farh 和 Cheng（2000），具有高水平的监控运营、关爱下属和展示威权等行为的战略型领导者会更重视实现愿景和使命的内部运作、互动过程及其效率，如设置严格的内部管理运营机制，整合不同职能部门的争议，培养组织内部的和谐关系，并以家长式的行为聚合众人的努力和认同等。这些行为有助于组织成员分享信息、团队合作和互相关心，从而促进内部整合价值观的形成和维系。

战略型领导者的高效人际沟通行为有助于战略型领导建构良好的人际关系网络和组织的社会资本，以及获取关键的信息（Carmeli，Ben-Hador，Waldman & Rupp，2009；Luo，2003；Peng & Luo，2000）。在信息化、全球化和转型式经济的综合背景下，拥有关键的信息会让战略型领导者更敏感地感知环境，更透彻地解读环境，以及更可能开发出具有针对性的解决方案。比如 Bourgeois 和 Eisenhardt（1988）发现在高变动的环境中竞争，若组织全面而彻底地分析行业、竞争对手、自身的优劣势和目标市场，并倾向于搜索和寻找多种替代方案，会有更好的绩效。换言之，在动态而激烈的环境中竞争，对环境的敏感和全面分析，使得领导者更可能侦知到环境结构、环境的动态性和变动趋势。在此情形下，领导者会强调创新，关注结果，注重提高质量以飨顾客，因而更可能在组织中构建出外部适应价值观。同时，Carmeli 等（2009）发现，在组织内重视维持和谐关系的领导者，会非常爱惜和信任员工，鼓励成员间的合作、信任和信息交换与整合。内部的沟通、信任和合作最终会在组织内培养出崇尚内部整合的价值观。

综上所述，得到假设1。

H1a：战略型领导的人际沟通、关爱下属、展示威权和监控运营等行为有助于提高组织内部整合的价值观。

H1b：战略型领导的开拓创新、阐述愿景和人际沟通等行为有助于提高组织外部适应的价值观。

(二) 组织文化和组织经营效果

1. 组织经营效果：员工态度和组织绩效

Thompson（1967）、Huselid（1995）和 Tsui（1990）等学者指出，对组织经营效果的衡量应兼顾利益最大化和员工的态度两方面。他们认为在组织层面的研究中，财务业绩显然是最重要的，但获取员工对组织的积极态度同样不容忽视。支持这一观点的主要逻辑是：使员工满意的企业是更富成效的，也是有利可图的企业（Ostroff，1992）。本研究遵循这一观点，将从企业业绩和员工态度两个方面来衡量企业的组织经营效果。

有许多方法可以衡量员工对组织的积极态度。本研究将采用组织承诺（organizational commitment）、组织支持感（perceived organizational support）、公平感（justice）和离职意向（turnover intention）来衡量员工对组织的积极态度，因为员工对组织的积极态度可从员工对组织的依恋（组织承诺）（Meyer & Allen，1984）、感知到的组织支持（Eisenberger，Huntington，Hutchison & Sowa，1986）、公平感（Konovsky & Pugh，1994）和留任意向等工作态度上反映出来。

2. 组织文化、员工态度和组织绩效

组织文化一直被认为是决定社会组织职能的重要因素（Weber，1930；Meade，1934）。它不仅是调整社会互动的关键性机制，还是人类社会与其社会生态环境相契合行为的传递系统（Keesing，1974）。基于如是观点，研究人员始终强调组织文化和组织职能之间的联系（Deal & Kennedy，1982；Wilkins & Ouchi，1983）。一些学者认为，组织文化的强度与组织效果正相关（Kotter & Heskett，1992；Wilkins & Ouchi，1983）。例如，Deal 和 Kennedy（1982）认为强势文化在大多数情况下是美国企业成功的驱动力。Kotter 和 Heskett（1992）进一步分析了强势文化作用的机制，发现强势文化有助于组织成员建构身份，明确努力方向，以及拥有高水平的激励和承诺。即强势组织文化，无论是强调外部适应还是内部整合，都将有助于组织成员形成对组织的积极态度。由此得到假设 2。

H2：内部整合价值观和外部适应价值观会提高员工对组织的积极态度。

组织经营效果里包含组织绩效和员工态度这两项，但是它们之间并非简单的平行关系。积极的员工态度经常会引发员工对组织目标的投入。员工态度等诸因素会影响组织绩效的理由如下：对组织的积极态度会促使员工产生互惠倾向和社会认同心理，因而对组织态度积极的员工更愿意关心组织的利益，甘于全心全意地为实现组织目标而工作，最终会促进组织的业绩（Eisenberger et al.，1986；Farh，Hackett & Liang，2007）。如 Ostroff（1992）与 Harter，Schnile 和 Hayes（2002）证明了员工满意度和企业绩效之间有正相关关系，Farh 等（2007）验证了组织支持感与员工工作绩效之间的积极关系。由此得到假设 3。

H3：员工对组织的积极态度有助于提高组织绩效。

工作场所中，积极的情感和态度非常重要，因为任何组织目标的实现，最终都要经过员工的认同和投入。比如 Ashkanasy（2003）指出积极情感是组织经营措施和员工绩效之间的中介变量。据此观点，组织文化很可能会经由员工态度而最终影响到企业绩效。如果组织具有高度外部适应性和内部整合性的文化，必然可为其成员提供解读环境的构架和提供有效的行为准则，从而提高他们与内外部环境互动的有效性（Schein，1985），而后者将引发员工的积极态度。积极态度会让员工在认知和行为上都更投入和更有效地去完成任务，因而促进工作绩效（Carmeli et al., 2009）。

H4：员工态度是外部适应和内部整合价值观与组织绩效之间的中介变量。

（三）组织文化的中介作用

根据组织解释观点和高阶管理理论，信息处理过程及其结果，如意义系统、解释、战略等等，是战略型领导行为影响组织运行效果的主要机制（Ham-brick & Mason, 1984; Weick, 1993）。例如 Smircich 和 Morgan（1982）指出，领导者之所以成为领导者，在于如下过程：领导者通过建构和传递愿景、使命、价值观等因素勾画出组织现实（organizational reality），组织成员接受其所提供的组织现实，并依恃这一组织现实来指导自己的认识和行动。Weick（1993）指出领导者提供的这些观念和意义，必须能够丰富组织成员的社会关系，促进他们的有效行动和与他人一起生活的幸福。这样的意义系统，显然提高了组织成员对环境的掌控力和积极心理状态，必然会提高组织成员对组织的积极态度。根据 Schein（1985）对组织文化的定义，上述可供组织成员共享的组织现实正是组织文化的核心内容。可见，战略型领导行为会通过组织文化来影响组织运行效果。

具体而言，领导者清晰阐述愿景来明确组织发展方向，促进新思想、新观点和新方法来应对环境挑战等强调外部适应价值观的行为，以及重视员工的利益、和谐关系、高效操作系统和展示权威等促进内部整合价值观的行为，可以激发组织成员积极态度，如提高他们的组织认同和情感承诺（Shamir, House, Arthur, 1993；Avolio, Zhu, Koh & Bhatia, 2004）；激发员工对领导的信任和支持（郑伯埙，1993、1995），促进员工的公平感（Pillai, Schriesheim & Williams, 1999）等。

H5a：内部整合价值观是人际沟通、关爱下属、展示威权和监控运营等战略型领导行为与员工态度之间的中介变量。

H5b：外部适应价值观是开拓创新、人际沟通和阐述愿景与员工态度之间的中介变量。

本文的假设关系概括如图1所示。

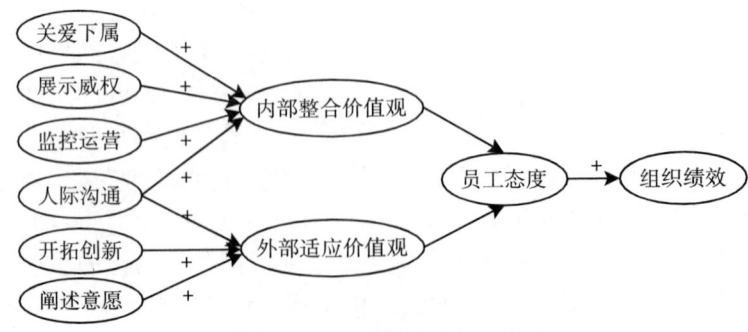

图1　组织文化中介作用示意图

三、研究方法

(一) 研究程序

本研究的样本由两组参与者组成。一组是来自125个企业的战略型领导者（CEO、董事长或副总），另外一组是来自战略型领导者所在企业的739名员工（他们中的大多数是中层管理者）。在这125家企业中，44家（34.4%）是国有企业，42家（32.8%）属于合资或外商独资企业，23家（18%）来自私营企业。这些企业分属不同的行业，包括通信、信息、化工和制药业、银行及投资行业等。这些企业在规模（员工数量）和所处的发展阶段方面也有较大差异。

样本中的战略型领导者是在职EMBA培训班的成员。他们是在自愿原则的基础上参与此项调查的。他们通过在课堂上分发的问卷来评估自己所在企业的绩效，企业的背景信息和自己的人口统计学变量，包括企业规模、所在行业、个人的年龄、性别、教育程度和在企业的任职时间等内容。

此外，每一位战略型领导者会邀请6~8名所在组织的中层管理者完成另外一份问卷。问卷内容包含测量战略型领导行为、组织文化和员工态度的量表，以及参与者的年龄、性别与教育程度等信息的调查。为提高所填信息的真实性，这些中层管理者完成问卷后，通过研究人员提供的写好地址的信封将其寄回给研究人员。

(二) 研究变量

战略型领导行为：本研究采用王辉等（2006）开发的量表测量战略型领导行为，共24个题目。中层管理者被要求用5点量表来描述他们组织中最高决策者的领导行为。我们通过验证性因子分析（CFA）检验了这一测量工具的结构效度。CFA的结果显示，所有条目的因子载荷是可以接受的。拟合优度指标显示，模型的卡方值是768.55，自由度是237，RMSEA是0.06，CFI是0.94，NNFI是0.94，而IFI是0.95。这些结果证明数据与模型匹配得很好。6个维度（开拓创新、人际沟通、关爱下属、阐述愿景、展示威权以及监控运营）的信度系数分别是0.89、0.89、0.87、0.87、0.69和0.70。

组织文化：我们采用Tsui等（2006）发展的5维度24项题目量表测量组织文化价值观。这5个维度包括人际和谐、顾客导向、勇于创新、员工发展以及社会责任。回答者被要求在一份5点量表上说明每一项条目描述他们组织现行文化价值观的程度。量表的范围从1（非常不同意）到5（非常同意）。我们采用二阶的验证性因子分析（CFA）检验了结构效度。在CFA模型中，24项题目被载荷到相应的5个维度，而5个维度又被载荷到两个二阶因素——内部整合（人际和谐以及员工发展）和外部适应（顾客导向、社会责任和勇于创新)。CFA 的结果表明所有题目的因子载荷都是可以接受的。拟合指数表明,模型的卡方值是 1013.11 (p<0.001),自由度是 246,RMSER 是 0.07,CFI 是 0.91,NNFI 是 0.90,而 IFI 是 0.91。这些结果表明数据与模型匹配得很好。5 个维度的信度系数(人际和谐、顾客导向、勇于创新、员工发展和社会责任)分别是 0.90、0.90、0.75、0.76 和 0.75。

组织绩效:根据先前的研究(Dess & Robinson, 1984),战略型领导对企业绩效的主观估计与客观测量有很强的联系。企业绩效的财务数据与主观测量之间存在着高度的正相关。西方(Dess & Robinson, 1984)和东方(Peng & Luo, 2000)的研究都证明主观感知的绩效可以作为客观企业绩效的替代性测量。通过归纳性方法,Wang、Tsui、Zhang 和 Ma(2003)发展了拥有 7 项指标的量表,来测量中国背景下企业的主观绩效。这 7 项指标分别是:①盈利性;②总收入;③收入增长;④市场份额;⑤资产增长;⑥员工士气;⑦竞争地位。采用上述研究思路,我们利用 5 项条目来测量企业绩效,而省略了上述量表的"总收入"和"市场份额"两项指标。这样选择的理由是"收入增长"是比"总收入"更显著的变量,而"市场份额"在某些行业的企业中不是很明确。依据问卷的要求,企业高管采用上述 5 项条目评估他们所在企业的绩效,其评估时的比较对象当然是那些同行业中的相似企业。此外,我们还要求部分高管提供他们企业的资产、收入以及利润的信息。研究结果表明,在回收的 77 份问卷中,主观测量和 ROA(资产回报率)以及 ROS 收入回报率)的相关性分别是 0.26 (p<0.25) 和 0.37 (p<0.01)。这些结果进一步表明主观估计可以用于评估企业层面上的绩效。主观测量的信度系数是 0.66。

组织支持感(POS):这一变量采用 Eisenberger 等(1986)发展并由 Eisenberger、Cummings、Armeli 和 Lynch(1997)修订的量表来测量,该量表已经翻译成了中文,共 8 个题目,有较好的心理测量特性(Hui, 2004)。此项测量的信度系数是 0.87。

组织承诺:这一变量采用由 Mowday、Porter、Streers(1982)发展的量表进行测量,共 6 个题目。该量表的中文版本也显示了很好的心理测量特性(Farh、Tusi、Xin & Cheng, 1998)。此测量的信度系数是 0.88。

公平感:我们采用 Farh、Earley 和 Lin(1997)研究中使用过的量表来评估员工的结果公平和程序公平感。每一内容都用 8 项条目来测量。这 8 项条目反映了员工对不同种类公平的感知,如工资、升职和评估过程等。这两项测量的信度系数分别是 0.93 和 0.88。

离职意向:这一内容是由 4 项条目测量的。这 4 项条目首先是由 Bluedorn(1982)发展的,之后由 Wang、Law 和 Chen(2002)进行了中文修订。此测量的信度系数是 0.86。

控制变量:在这项研究中要考虑几个控制变量,它们影响着战略型领导行为和组织经营效果的关系和其他变量,包括以下几方面。

企业规模:大企业与小企业有许多的不同。大企业比小企业受到更多来自政府的干预。与小企业相比,它们可能拥有更少的自治权和灵活性。另外,大企业往往比小企业有更多的员工和阶层。战略型领导很难在整个组织中传播和推广他们的观点和价值体系。因此,参考其他研究(Fredrickson & Mitchell, 1984),在本研究中将控制企业规模这一变量。

行业:根据制度理论,社会的制度框架通过建立游戏规则而成为经济活动的约束

(North，1990)。这一制度框架的组成因素是：围绕着个人和集体行为的正式或非正式约束。正式的约束包括政策和经济制度；非正式约束包括做事规则、行为标准和蕴含在文化和意识形态中的习惯。在具体的行业中，行业赋予组织一定的规则。例如，在高科技行业中，快速的技术进步促使组织注重创新。然而，在服务性行业中，顾客导向是组织生存和成功的关键。因此，不同的行业强调不同的组织文化价值观。在此研究中，这个变量也应该得到控制。

战略型领导的人口统计学变量：根据高阶梯队理论，高层管理者的人口统计变量将会影响诸如企业绩效和战略选择等变量（Hambrick & Mason，1984）。Pfeffer还认为"人口统计学变量作为重要的前因变量，会影响许多中间变量和过程，进而对很多组织经营效果都有影响"（Pfeffer，1983，p.348）。在这项研究中，战略型领导者的年龄、性别、教育程度和在组织中的任职年限等人口统计学变量也将得到控制。

四、数据分析

在本研究中，由于战略型领导行为、组织文化价值观的数据来源相同，可能会带来同源误差（Common Method Bias）。为避免同源数据误差，我们将中层管理者样本分成两组。第一组用来评估战略型领导行为，第二组用以评定组织文化。同时，在本研究中，我们使用了几个指标来证明将个体层面的变量合并为组织层面的变量是合理的。在合并为组织层面之前，我们首先对6个领导行为维度和5个组织文化维度使用了R_{wc}（James, Demaree & Wolf，1984）、ICC（Intraclass Correlation）（1）和ICC（2）等指标，来评估是否可以将个体变量合理地汇总到组织层面上。具体结果如表1所示。

表1 战略型领导行为和组织文化的 R_{wc}、ICC（1）和ICC（2）

变量	总样本					分样本1					分样本2				
	R_{wc}			ICC		R_{wc}			ICC		R_{wc}			ICC	
	最小值	最大值	均值	ICC(1)	ICC(2)	最小值	最大值	均值	ICC(1)	ICC(2)	最小值	最大值	均值	ICC(1)	ICC(2)
战略型领导行为															
开拓创新	0.85	1.00	0.98	0.37	0.72	0.00	1.00	0.95	0.50	0.59	0.00	1.00	0.86	0.44	0.54
人际沟通	0.00	1.00	0.91	0.40	0.76	0.00	1.00	0.98	0.48	0.56	0.00	1.00	0.92	0.46	0.58
关爱下属	0.63	1.00	0.99	0.36	0.71	0.00	1.00	0.98	0.49	0.58	0.00	1.00	0.92	0.46	0.58
阐述愿景	0.00	1.00	0.95	0.34	0.68	0.00	1.00	0.84	0.46	0.52	0.00	1.00	0.90	0.46	0.55
展示威权	0.36	1.00	0.93	0.30	0.62	0.00	1.00	0.78	0.36	0.27	0.00	1.00	0.80	0.44	0.53
监控运营	0.60	1.00	0.96	0.33	0.68	0.00	1.00	0.93	0.47	0.55	0.00	1.00	0.93	0.40	0.44

续表

变量	总样本					分样本1					分样本2				
	R_{wc}			ICC		R_{wc}			ICC		R_{wc}			ICC	
	最小值	最大值	均值	ICC(1)	ICC(2)	最小值	最大值	均值	ICC(1)	ICC(2)	最小值	最大值	均值	ICC(1)	ICC(2)
组织文化															
人际和谐	0.30	1.00	0.96	0.35	0.71	0.00	1.00	0.72	0.47	0.55	0.00	1.00	0.83	0.47	0.59
顾客导向	0.31	1.00	0.96	0.37	0.73	0.00	1.00	0.90	0.49	0.59	0.00	1.00	0.92	0.49	0.63
勇于创新	0.00	1.00	0.91	0.31	0.65	0.00	1.00	0.73	0.45	0.51	0.00	1.00	0.78	0.38	0.42
员工发展	0.00	1.00	0.93	0.34	0.69	0.00	1.00	0.78	0.46	0.53	0.00	1.00	0.74	0.42	0.50
社会责任	0.00	0.99	0.93	0.35	0.71	0.00	1.00	0.81	0.50	0.61	0.00	1.00	0.85	0.50	0.65
员工态度															
组织支持感	0.60	1.00	0.97	0.35	0.74	0.20	1.00	0.83	0.47	0.55	0.30	1.00	0.93	0.47	0.60
组织承诺	0.41	1.00	0.98	0.30	0.64	0.00	1.00	0.91	0.47	0.55	0.00	1.00	0.88	0.41	0.47
程序公平	0.52	1.00	0.91	0.31	0.64	0.00	1.00	0.85	0.48	0.57	0.17	1.00	0.79	0.42	0.51
结果公平	0.23	1.00	0.94	0.29	0.61	0.00	1.00	0.86	0.51	0.62	0.00	0.99	0.83	0.41	0.48
离职意向	0.13	1.00	0.97	0.28	0.59	0.00	1.00	0.91	0.52	0.16	0.00	1.00	0.72	0.47	0.58

由表1可知，两个分样本的战略型领导行为的 R_{wc} 结果范围都是从0.00到1.00，平均值分别是0.93和0.91；组织文化维度的 R_{wc} 结果范围是0.00到1.00，平均值分别是0.79和0.82。战略型领导行为的ICC（1）从0.30到0.40，平均值是0.35；ICC（2）的范围从0.65到0.73，平均值是0.70。对于员工态度，ICC（1）的范围是0.28到0.35，平均值是0.31；研究来确定战略型领导行为、组织文化和组织经营效果这三者之间的因果关系。

第二个局限在于本研究是公司层面上的数据特征。个体水平上的随机误差、分组程序或不可测量的干扰变量等可能夸大在汇总数据基础上得出的相互关系（Ostroff, 1992; Richard, Gottfredson & Gottfredson, 1991）。此外，为避免一般方法误差，我们将数据分为两个部分来反映战略型领导行为、组织文化和员工态度。因此，被测者数量可能会影响数据的代表性。我们采用主观评估的公司业绩，未来的研究可采用客观测量的公司业绩来检验战略型领导行为的影响。

五、结 论

本研究发现，在中国组织环境下战略型领导行为可促进企业经营效果。战略型领导行为的5个维度，包括开拓创新、人际沟通、阐述愿景、监控运营和关爱下属会对组织效果产生正向影响。这一结果说明提高企业绩效既需战略型领导通过愿景来指出组织存在的意义和发展方向，同时又要强调内部控制和整合来提高效率。其次，我们发现，愿景建构型的战略型领导行为（开拓创新、人际沟通和阐述愿景）会通过外部适应价值观对组织效果产生影响，愿景维护型的战略型领导行为（监控运营、人际沟通和关爱下属）会通过内部整合价值观对组织效果产生影响。最后，内部整合及外部适应的价值观会通过积极的员工态度产生高水平的组织绩效。

参考文献

[1] 陈建勋，傅升，王涛. 高层领导行为与技术创新的关系 [J]. 经济管理，2008，30（23-24）.

[2] 陈国权，李兰. 中国企业领导者个人学习能力对组织创新成效和绩效影响研究 [J]. 管理学报，2009，6（5）.

[3] 陈国权，周为. 领导行为、组织学习能力与组织绩效关系研究 [J]. 科研管理，2009，30（5）.

[4] 蒋天颖，张一青，王俊江. 战略领导行为、学习导向、知识整合和组织创新绩效 [J]. 科研管理，2009，30（6）.

[5] 王辉，忻榕，徐淑英. 中国企业 CEO 的领导行为及对企业经营业绩的影响 [J]. 管理世界，2006（4）.

[6] 杨国枢，余安邦，叶明华. 中国人的传统性和现代性：概念与测量 [M]. 桂冠图书公司，1989.

[7] 郑伯埙. 组织文化价值观的数量研究 [J]. 中华心理学报，1990，32（1）.

[8] 郑伯埙. 家长权威价值与领导行为之关系探讨 [R]. 国科会专题研究报告，台湾大学，1993.

[9] 郑伯埙. 家长威权与领导行为之关系：一个台湾民营企业主持人的个案研究 [J]. 民族学研究所集刊，1995，79（1）.

[10] Ashkanasy, N.M.Emotions in Organizations: A Multi-level Perspective [J]. Research in Multi-Level Issues, 2003, 2: 9-54.

[11] Avolio, B. J., Zhu, W. C., Koh, W., and Bhatia, A. P. Transformational Leadership and Organizational Commitment: Mediating Role of Psychological Empowerment and Moderating Role of Structural Distance [J]. Journal of Organizational Behavior, 2004, 25: 951-968.

[12] Bluedorn, A. A Unified Model of Turnover from Organizations [J]. Human Relations, 1982, 35: 135-153.

[13] Boal, K. B. and Hooijberg, R. Strategic Leadership Research: Moving On [J]. Leadership Quarterly, 2000, 11: 515-549.

[14] Bourgeois, L. J., III., Eisenhardt, K. M. Strategic Decision Processes in High Velocity Environments: Four Cases in the Microcomputer Industry [J]. Management Science, 1988, 34: 816-835.

[15] Bruckner, J. Unpacking Country Effects: On The Need to Operationalize the Psychological Determinants of Cross-national Differences, In R. I. Sutton & B. M. Staw (Eds.), Research in Organizational Behavior [M]. Greenwich, CT: JAI Press, 2003.

[16] Burns, J. M. Leadership [M]. New York: Harper & Row, 1978.

[17] Carmeli, A., Ben-Hador, B., Waldman, D. A. and Rupp, D. E. How Leaders Cultivate Social Capital and Nurture Employee Vigor: Implications for Job Performance [M]. Journal of Applied Psychology, 2009, 94: 1553-1561.

[18] Chu, P., Spires, E. E. Perceptions of Accuracy and Effort of Decision Strategies [J]. Organizational

Behavior and Human Decision Process, 2003, 91: 203-214.

[19] Davis, S. M. Managing Corporate Culture [M]. Cambrige, Mass.: Ballinger, 1984.

[20] Deal, P.and Kennedy, A. Corporate Cultures, Reading, MA: Addison-Wesley, 1982.

[21] Denison, D. R., Hooijberg, R. and Quinn, R. E. Paradox and Performance: A Theory of Behavioral Complexity in Managerial Leadership [J]. Organization Science, 1995, 6: 524-540.

[22] Denison, D. R. and Mishra, A. K. Toward a Theory of Organizational Culture and Effectiveness [J]. Organization Science, 1995, 6: 204-223.

[23] Dess, G. G. and Robinson, R. B. Jr. Measuring Organizational Performance in the Absence of Objective Measures: The Case of the Private-held firm and Conglomerate Business Unit [J]. Strategic Management Journal, 1984, 5: 265-273.

[24] Eisenberger, R., Cummings, J., Armeli, S. and Lynch, P. Perceived Organizational Support, Discretionary Treatment and Job Satisfaction [J]. Journal of Applied Psychology, 1997, 82: 812-820.

[25] Eisenberger, R., Huntington, R., Hutchison, Sand Sowa, D. Perceived Organizational Support [J]. Journal of Applied Psychology, 1986, 71: 500-507.

[26] Farh, J. L., Cheng, B. S. A Cultural Analysis of Paternalistic Leadership in Chinese Organizations, In J. T. Li, A. S.Tsui & E. Weldon. (Eds.) Management and Organizations in the Chinese Context [M]. London: Macmillan Press Ltd, 2000.

[27] Farh, J. L., Earley, P. C. and Lin, S. C. Lmpet Us for Action: A Culture Analysis Justice and Organizational Citizenship Behavior in Chinese Society[J]. Administrative Science Quarterly, 1997, 42: 421-444.

[28] Farh, J. L., Hackett, R. D., Liang, J. Individual-level Cultural Values as Moderators of Perceived Organizational Support-employee Outcome Relationships in China: Comparing the Effects of Power Distance and Traditionality [J]. Academy of Management Journal, 2007, 50: 715-729.

[29] Farh, J. L., Tusi, A. S., Xin, K., Cheng, B. S. Organizational Citizenship Behavior in the People's Republic of China [J]. Organizational Science, 1998, 2: 241-253.

[30] Finkelstein, S., Hambrick, D. C. Strategic Leadership: Top Executives and Their Effects on Organizations, St. Paul, MN: West Publishing Company, 1996.

[31] Fredrickson, J. and Mitchell, T. Strategic Decision Process: Comprehensiveness and Performance in an Industry With an Unstable Environment [J]. Academy of Management Journal, 1984, 27: 399-423.

[32] Gioia, D. A., Chittipeddi, K. Sensemaking and Sensegiving in Strategic Change Initiation [J]. Strategic Management Journal, 1991, 12: 433-448.

[33] Hambrick, D. C. Guest Editor'S Introduction: Putting Top Managers Back in the Strategy Picture [J]. Strategic Management Journal, Special Issue, 1989, 10: 5-15.

[34] Hambrick, D. C., Cho, T. S., Chen, M. J. The Influence of Top Management Team Heterogeneity-on Firm's Competitive Moves [J]. Administrative Science Quarterly, 1996, 41: 659-684.

[35] Hambrick, D. C. and Mason, P. A. Upper Echelons: The Organization as a Reflection of Its Top Managers [J]. Academy of Management Review, 1984, 9: 193-206.

[36] Harman, H. H. Modern Factor Analysis [M]. Chicago and London: The University of Chicago Press, 1976.

[37] Hart, S. L. and Quinn, R. E. Roles Executives Play: Ceos, Behavioral Complexity and Firm Performance [J]. Human Relations, 1993, 46: 543-574.

[38] Harter, J. K., Schmidt, F. L., Hayes, T. L. Business-unit Level Relationship Between Employee Satisfaction, Employee Engagement and Business Outcomes: A Meta-analysis [J]. Journal of Applied Psychology, 2002, 87: 268-279.

[39] Hofstede, G. H., Neuijen, B., Ohayv D. D., Sanders, G. Measuring Organizational Culture: A Qualitative and Quantitative Study Across Twenty Cases [J]. Administrative Science Quarterly, 1990, 35: 286-316.

[40] Hooijberg, R., Hunt, J. G. and Dodge, G. E. Leadership Complexity and Development of the Leaderplex Model [J]. Journal of Management, 1997, 23: 375-480.

[41] House, R. J., Aditya, R. N. The Social Scientific Study of Leadership: Quo Vadis? [J]. Journal of Management, 1997, 2: 409-473.

[42] Hui, C., Lee, C., Rousseau, D. M. Employment Relationships in China: Do Workers Relate to the Organization or to People? [J]. Organization Science, 2004, 15: 232-240.

[43] Huselid, M. A. The Impact of Human Resource Management Practices on Turnover, Productivity and Corporate Financial Performance [J]. Academy of Management Journal, 1995, 38: 635-672.

[44] Ireland, R. D., Hitt, M. A. Achieving and Maintaining Strategic Competitiveness in the 21st Century: the Role of Strategic Leadership [J]. Academy of Management Executive, 1999, 13: 43-57.

[45] James, F.R., Demaree, R. G., Wolf, G. Estimating Within-group Interrater Reliability With and Without Response Bias [J]. Journal of Applied Psychology, 1984, 68: 85-98.

[46] Jansen, J. J. P. Vera, D., Crossan, M. Strategic Leadership for Exploration and Exploitation: The Moderating Role of Environmental Dynamism [J]. The Leadership Quarterly, 2009, 20: 5-18.

[47] Katz, D. and Kahn, R. L. The Social Psychology of Organizations [M]. New York: John Wiley & Sons Ltd, 1978.

[48] Keesing, R. M. Theories of Culture [J]. Annual Review of Athropology, 1974, 3: 3-97.

[49] Konovsky, M. A., Pugh, S. D. Citizenship Behavior and Social Exchange [J]. Academy of Management Journal, 1994, 37: 656-669.

[50] Kotter, J. P., Heskett, J. L. Corporate Culture and Performance [M]. New York: Free Press, 1992.

[51] Luo, Q. Industrial Dynamics and Managerial Networking in an Emerging Market: The Case of China [J]. Strategic Management Journal, 2003, 24: 1315-1327.

[52] Meyer, J.P., Allen N.J. Testing the "side-bet theory" of Organizational Commitment: Some Methodological Consideration [J]. Journal of Applied Psychology, 1984, 69: 372-378.

[53] Meade, G. H. Mind, Self and Society [M]. Chicago, IL: University of Chicago Press, 1934.

[54] Mowday, R.T., Porter, L.W., Steer, R. M. Employee-organization Linkages: The Psychology of Commitment, Absenteeism and Turnover [M]. New York: Academic Press, 1982.

[55] North, D. C. Institutions, Institutional Change and Economic Performance [M]. Cambridge MA: Harvard University Press, 1990.

[56] O'Reilly, C. A., Chatman, J., Caldwell, D. F. People and Organizational Culture: A Profile Comparison Approach to Assessing Person-organization Fit [J]. Academy of Management Journal, 1991, 34: 485-516.

[57] Ostroff, C. The Relationship Between Satisfaction, Attitudes and Performance: An Organizational

Level Analysis [J]. Journal of Applied Psychology, 1992, 72: 963-974.

[58] Peng, M. M. and Luo, Y. Managerial Ties and Firm Performancen A Transition Economy: The Nature of A Micro-macro Link [J]. Academy of Management Journal, 2000, 43: 486-501.

[59] Pfeffer, J. The Ambiguity of Leadership [J]. Administrative Science Review, 1977, 2: 104-112.

[60] Pfeffer, J. Organizational Demography, In L. L. Cummings & B. M. Staw (Eds.), Research in Organizational Behavior [M]. S. Greenwich, CT: JAI Press, 1983.

[61] Phills, J. A. Leadership Matters-or Does It [J]. Leader to Leader, 2005, 36: 46-52.

[62] Pillai, R., Schriesheim, C. A., Williams, E. S. Fairness Perceptions and Trust as Mediators for Transformational and Transactional Leadership: A Two-sample Study [J]. Journal of Management, 1999, 25: 897-933.

[63] Porter, M. E. Competitive Strategy [M]. New York: Free Press, 1980.

[64] Rabinow, P., Sullivan, W. M. Interpretive Social Science [M]. University of California Press, Berkeley, CA, 1979.

[65] Richard, J.M. Jr., Gottfredson, D. C., Gottfred-son, G. D. Unites of Analysis and the Psychometric Properties of Environmental Assessment Scales [J]. Environment and Behavior, 1991, 23: 423-437.

[66] Sashkin, M. Strategic Leadership Competenties, In R. L. Phillips and J. G. Hunt (Eds.), Strategic Leadership: A Multi-organizational-level Perspective [M]. London: Quorum Books, 1992.

[67] Schein, E. H. Organizational Culture and Leadership: A Dynamic View [M]. San Francisco: Jossey-Bass, 1985.

[68] Schein, E. H. Organizational Culture, American Psychologist [J]. 1990, 45: 109-119.

[69] Schein, E. H. Organizational Culture and Leadership: A Dynamic View (2th edition), San Francisco: Jossev-Bass, 1992.

[70] Shamir, B., House, R. J. and Arthur, M, B. The Motivational Effects of Charismatic Leadership: A Self Concept Based Theory [J]. Organization Science, 1993, 4: 1-17.

[71] Smircich, L. and Morgan, G. Leadership: The Management of Meaning [J]. The Journal of Applied Behavioral Science, 1982, 8: 257-273.

[72] Thompson, J.D. Organizations in Action [M]. New York: McGrawHill, 1967.

[73] Tsui, A.S. A Multiple-constituency Model of Effectiveness: An Empirical Examination at the Human Resource Subunit Level [J]. Administrative Science Quarterly, 1990, 35: 458-483.

[74] Tsui, A. S. Contributing to Global Management Knowledge: A Case for High Quality Indigenous Research [J]. Asia Pacific Journal of Management, 2004, 21: 491-513.

[75] Tsui, A. S., Zhang, Z, Wang, H., Xin, K. R., Wu, J. B. Unpacking the Relationship between CEO Leadership Behavior and Organizational Culture [J]. The Leadership Quarterly, 2006, 17: 113-117.

[76] Vera, D. and Crossan, M., 2004, "strategic leadship and organizational learning" The Academy of Management Review, Vol.29, pp. 222-240.

[77] Waldman, D. A., Ramirez G. G., House, R. J., Puranam, P. Does Leadership Matter? Coe Leadership Attributes and Profitability Under Condition of Perceived Environmental Uncertainty [J]. Academy of Management Journal, 2001, 44: 134-143.

[78] Wang, D. X., Tsui, A. S., Zhang, Y. X., Ma, L. Employment Relationships and Firm Performance: Evidence Form an Emerging Economy [J]. Journal of Organizational Behavior, 2003, 24: 511-535.

[79] Wang, H., Law, S., Chen, Z. A Structural Equation Model of The Effects of Multidimensional Leader-member Exchange on Task and Contextual Performance, Paper presented at 17th annual meet of SIOP, Toronto.

[80] Weber, M. The Protestant Ethic and the Spirit of Capitalism [M]. (Trans. By Talcott Parsons), New York: Scribners, 1930.

[81] Weick, K. E. The Collapse of Sensemaking in Organizations: The Mann Gulch Disaster [J]. Administrative Science Quarterly, 1993, 38: 628–652.

[82] Weick, K. E., Sense making in Organizations, Sage, Thousand Oaks, CA, 1995.

[83] Wilkins, A. and Ouchi, W. G., Efficient Cultures: Exploring the Relationship Between Culture And Organizational Performance, Administrative Science Quarterly, 1983, 28: 468–481.

[84] Xin, K. R., Tsui, A. S., Wang, H., Zhang, Z. X., Chen, W. Z. Corporate Culture in Chinese State-owned Enterprises: An Inductive Analyses of Dimensions and Influence [M]. AOM Conference Paper, Washington D. C, 2001.

[85] Yang, K.S. Chinese Social Orientation: An Integrative Analysis, In L. Y. Cheng, F. M. C. Cheung, &C. N. Cheng. (Eds.) Psychotherapy for the Chinese [J]. Hong Kong: The Chinese University of Hong Kong, 1993.

Between the Behavior of the Strategic Leadership and the Effectiveness of Organizational Operation: the Intermediary Role of the Organizational Culture

Wang Hui   Zhang Wen-hui   Xin Rong   Xu Shu-ying

Abstract: There has been no conclusion for the long-term argument about the effect of the strategic leadership on the results of the operation of firms. The empirical research method used in this study to investigate the effect on the business effect of leadership behavior strategy Chinese organization situation of leaders, and to examine the mediating role of organizational culture. The results show that: (1) strategic leadership behavior, such as elaborate vision, pioneering and innovative, interpersonal communication, monitoring the operation and care under the 5 dimensions have positive effect on employee attitude and performance of enterprises. (2)strategic leadership behavior caring subordinates and monitoring operations with the two dimensions of organizational culture of internal integration values are related, and strategic leadership behavior described vision and innovation and external adaptation values are related, and interpersonal dimensions of internal integration and external adaptation values has a positive impact. (3) strategic leadership behavior through internal integration and external adaptation values influence business results, namely through the attitude of the staff has a positive effect on firm performance.

Key Words: strategic leadership behavior; organizational culture; attitude of the employees; company performance

职位评价方法的演变历程及其最新进展*

刘 昕 贾 蔷

【摘 要】 计点法是一种得到广泛运用的传统职位评价方法。近年来，学术界和一些管理专家对于计点法是否仍然适合当前的市场环境出现了一些争论。本文探讨了职位评价方法的发展演变历程及其最新进展，以期为我国企业的薪酬决策提供借鉴。

【关键词】 职位评价 要素计点法 市场定价法 宽带分类法

职位评价是薪酬管理中非常重要的一种技术，其主要作用在于确定组织内部的各个职位之间的相对价值，从而为薪酬的内部一致性或公平性奠定基础。职位评价所得到的结果为职位等级结构，此结构与外部市场薪酬调查数据相结合，便可以确定组织内部各种不同职位的薪酬浮动范围。在排序法、分类法、要素比较法以及要素计点法四种常见的职位评价方法中，要素计点法是得到应用最为广泛的一种定量化的职位评价方法。这种方法自20世纪40年代开始得到应用，到"二战"以后的数十年逐渐发展到鼎盛状态（在美国，1963年颁布的《公平薪酬法案》对这种趋势起到了很大的推动作用）。然而近年来，随着企业所处的经济环境和社会环境发展变化，对于传统的职位评价方法的质疑也逐渐开始出现。有人认为传统的要素计点法仍然有实用价值，但是需要在操作时进行灵活掌握，即实行改良的要素计点法；也有人认为应当摒弃传统的职位评价方法，改为实行市场定价法（market pricing）；还有人提出应当将传统的计点法和市场定价法加以结合，实行宽带分类法（broad classification）。本文的目的在于结合职位评价方法的发展和演变过程，剖析几种不同的建议背后隐藏的基本假设，澄清其适用条件以及各自的优缺点，以期为我国企业未来的薪酬决策提供依据。

---

* 本文选自《中国人力资源开发》，2011年第7期。

一、要素计点法的应用及其存在的问题

作为一种量化的职位评价方法,要素计点法要求组织首先确定应当运用哪些报酬要素来对职位的相对价值进行评价,然后再根据程度差别来对每个报酬要素进行等级划分和等级定义,并且赋予每个报酬要素以不同的权重,从而确定各报酬要素的每一个等级所对应的点值。在实际进行职位评价时,评价者只需要分别确定每一个职位在每一个报酬要素上实际所处的等级,最后把每一个职位在各报酬要素上得到的点值进行加总,便可得到每一个职位价值的量化值;只要根据每一个职位所得到的各要素点值之和对职位进行排序,便可形成一个组织的职位等级结构。

在实践中,通常有两种要素计点法。一种是通用型要素计点法,即适用于所有各类组织中的各种职位的要素计点方案。这包括合益集团、美世公司、惠悦韬睿公司、翰威特公司等一些国际咨询公司开发的职位评价体系,以及美国联邦政府的职位评价体系。另一种是客户化定制的要素计点方案,即不同的组织根据自身所处的行业等特点自行开发的一套专用于本组织的职位评价方案,无论是报酬要素的选择及其定义,还是报酬要素权重的确定、报酬要素等级的划分及其定义,都与组织自身的情况具有较为明显的相关性。总的来说,前者的优点是有利于未来在不同企业之间根据评价点数来进行市场薪酬水平的对比,缺点是过于抽象,企业内部人参与比较困难;而后者的优点恰恰是容易对职位的价值进行评价(因为报酬要素及其等级定义等都有比较明显的企业特点,因而容易做出判断),其缺点在于自行开发职位评价体系的过程较为复杂,成本较高且费时,在不同企业采取不同的要素计点法的情况下,不同企业之间的薪酬比较也更困难一些。

要素计点法在20世纪中期的盛行是与当时的组织所处的环境背景、组织形态及其背后的管理哲学相适应的。首先,这一时期的企业基本上处在一种相对稳定的经营环境之中,组织形态也大多为机械式的,即强调内部管理层级以及层次控制,企业系统与外界进行信息和资源交换都相对有限。其次,"二战"后发达国家的工会极大地影响了企业的员工关系战略,并且使长期甚至终身雇佣制一度盛行,这种雇佣关系强调组织的内部公平性。而建立在详细的职位分析基础上的要素计点法所强调的管理哲学,即内部公平、管理规范化、强调层级、控制以及稳定等等,恰好与当时的组织环境和组织形态相吻合。

然而,20世纪80年代以来,组织所面临的环境变得日益复杂和多样,全球化竞争也日益激烈,企业形态逐渐从机械式向有机式转变;同时,管理理念也从关注内部公平、规范化和控制性,转向关注外部市场和客户以及对灵活性和授权的重视。在这种情况下,传统的要素计点法很自然地受到了质疑。对其批评主要集中在以下几个方面:

（一）报酬要素过于笼统和抽象，且脱离职位的市场价值，因而其公平性受质疑

首先，采用要素计点法进行职位评价的大部分企业都采用合益等咨询公司开发的全球通用的职位评价系统，这种职位评价系统由于需要适用于各类组织中的所有职位，因此其报酬要素不得不非常笼统和抽象，明显脱离具体的行业、组织、工作以及职位的特点，不能体现组织的战略和文化等因素。其次，要素计点法本身的理论基础实际上是马克思的劳动价值理论，即职位的价值是由投入其中的劳动的多少而非市场供求关系决定的，因此，报酬要素只能衡量某种职位上的劳动投入因素，却不能反映在劳动力市场上这种职位任职者的供求关系，而现代市场经济中是供求决定价格。此外，激烈的人才竞争也使得人们更为看重职位在外部劳动力市场上的价值，而不是职位在组织内部的价值。最后，在利用抽象而笼统且与市场价值脱节的报酬要素来对职位价值进行评价的情况下，员工们很难理解其职位价值的评价结果的公平性，再加上报酬要素的界定、等级定义以及要素权重等的确定都存在一定的主观性，所以员工对结果的公平性感知也会受到削弱。

（二）管理过程复杂，管理成本高且缺乏灵活性

要素计点法方案的设计和应用过程非常复杂而且耗时，同时成本也比较高。过去，组织所面对的外部环境相对稳定，职位很少变化，采用要素计点法是有意义的。而现在组织外部的环境变化很快，职位也处于频繁的动态调整和变化过程之中，这种情况显然无法适应快速变化的环境对组织的灵活性和适应性提出的要求。

（三）容易形成政治博弈

传统的要素计点法评价过程具有一定的主观性，使得每个部门在职位评价过程中强调本部门职位对组织的重要性，职位评价很可能会演变为各部门间的利益纷争。此外，由于传统要素计点法是基于控制的理念设计出来的，通常是由人力资源部门主导的，而真正了解哪个职位对组织贡献大的基层管理者在职位评价中反而缺少发言权，无法影响基本薪酬，结果在很多组织中造成基本薪酬和绩效薪酬分别建立在两套不同的价值理念基础之上的现象。

（四）过于强调职位的行政等级

传统的要素计点法往往在有意无意之中强调职位所处的行政等级，在实践中管理类职位的点值往往比专业职位的点值更高。这使得专业人员只有在进入到管理类职位之后才能得到更高水平的薪酬，从而迫使那些并不适合从事管理类工作的技术专家追求向管理职位的晋升，这种情况会给组织和个人带来双重损害。

二、市场定价法的内涵及其优点与不足

进入 20 世纪 90 年代以来，面对日益激烈的和范围不断扩大的竞争以及市场不确定性程度的急剧上升，很多企业都在进行组织再造，更多地采用扁平型组织结构，以提高其适应外部环境的灵活性。在这种情况下，许多学者开始极力提倡所谓的市场定价法，即首先根据组织战略、所处的行业、组织规模等因素确定企业的薪酬政策以及在行业中所处的薪酬水平定位，然后通过市场薪酬调查了解外部劳动力市场的职位的定价情况，最后在此基础上直接确定组织内各职位的货币价值。这种做法的背后隐含的一种假设就是，职位的价值应当由承担该职位的劳动者在外部劳动力市场上的供求状况来决定，而不是取决于职位内在的固定价值。

显然，相对于传统的要素计点法而言，市场定价法有以下几个方面的优点：

（一）体现了"真正的公平"

市场薪酬调查数据客观、清晰地向员工们说明了确定职位价值的依据，相对于笼统、抽象的报酬要素来说，员工们更易理解和认可这种对职位价值的评价方法，也认为它更客观。因为，它容易向员工证明他们在本企业拿到的薪酬并不比在其他企业可能拿到的要少。

（二）适应了激烈的人才争夺环境的要求

为了吸引和留住核心人才，使他们能够在对组织战略目标的达成以及核心竞争力的维持方面具有重要作用的关键职位上发生积极的作用，需要企业的薪酬管理决策更多地关注外部竞争性而不是内部公平性，即随时关注劳动力市场上的竞争者对人才的薪酬定价。显然，市场定价法能够更为灵活而适时地帮助企业满足这种需要。

（三）管理过程更简便，更为省时

在现代社会中，随着技术尤其是网络技术和计算机技术等的飞速发展，企业可以比较容易地通过大量的正式或非正式渠道获取外部市场上的薪酬调查数据。政府相关部门、行业协会和专业协会、咨询公司、雇主协会等都能够提供多种现成的市场薪酬调查信息。再加上市场定价法无需设计复杂的报酬要素、要素权重以及要素等级界定，所以，这种方法的使用更加简便省时，同时调整速度也会更快。

（四）具有快速、灵活的特点

在实行市场定价法的情况下，企业不用担心一旦职位发生变化，已经建好的职位结构

如何进行调整,因为这时企业会定期或适时地不断搜集外部劳动力市场上的薪酬变化数据,对外部薪酬定价保持高度的敏感性,一旦某种职位的外部薪酬水平上升,企业可以快速、灵活地适时调整组织内相应职位的薪酬水平,而不需要经过复杂的内部评价过程。

然而,市场定价法也并非没有问题,事实上,这种方法同样存在一些自身无法克服的问题:

一是在薪酬调查中,企业样本的选择可能会受到质疑,特别是企业之间的可比性问题。被调查的那些目标企业很可能在组织战略、价值观、所处行业、组织规模等影响组织薪酬政策的关键因素方面存在差异,比如说,由于组织战略等情况的不同,同一个职位对不同组织的价值很可能是存在很大差异的,这样,如果单纯依据其他企业对该职位的价值评价(即所提供的薪酬水平)来对本企业的相应职位进行定价,很可能会造成企业无法吸引和留住某些对本组织极为重要的关键人才。事实上,对市场定价法的一种担心就是,它可能会忽视职位中存在的对其他企业不重要,但是对本企业来说非常重要的一些因素,从而使最终的定价无法体现本企业的特点,从而造成某些职位的价值被高估,而另外一些职位的价值被低估。

二是频繁地获得市场薪酬数据可能需要付出较大的购买成本,而频繁调整组织内各种职位的薪酬也会产生较高的管理成本。此外,企业可能需要在薪酬调查数据来源的可靠性及其需要承担的相应成本之间做出权衡。市场薪酬调查数据有很多不同的来源渠道,数据的可靠性会有所差异。比如,通常情况下,一些专业咨询公司所提供的薪酬调查数据往往经过大量的职位匹配性考察,因而可靠性较高一些,但是,企业获取这样的薪酬调查数据往往需要支付较高的费用。从免费的信息渠道获取的薪酬数据尽管不需要承担成本,但是其数据的可靠性往往又会受到质疑。

三是一些非典型职位往往很难得到充分的市场薪酬调查数据。对于那些在各类组织中普遍存在且很容易就工作内容达成共识的典型职位来说,市场定价是具有较高的可行性的,但是对于那些在本组织中具有重要价值,但是在其他组织中却很少存在的非典型职位而言,组织往往无法获得相关的市场薪酬数据,对它们的薪酬定价就会出现困难。

三、要素计点法与市场定价法的折中与综合

一些学者主张,完全抛弃信度和效度都已经得到证明的要素计点法是不可取的,企业可以采取改良的要素计点法。改良的要素计点法有些类似于弹性福利计划的设计思想。即组织在进行计点法职位评价时,首先根据组织的战略、结构、流程等确定一个核心报酬要素系统,要求组织的各个部门在进行职位评价时都必须采用这些要素,同时,各部门在对本部门职位进行评价时,可以在此基础上根据自身的特点选择其他一些附加的报酬要素。这样就有可能解决原有的计点法存在的报酬要素过时、笼统、抽象以及脱离组织战略等方

面的弊端，在利用基于计算机的自动职位评价系统的情况下，计点法的实施过程也更为方便。然而，由于不同的部门采用不同的报酬要素来对职位进行评价，评价结果很难在部门之间进行横向比较，同时也仍旧不能灵活适应外部劳动力市场上的薪酬水平变化，所以没有太高的实践价值。

后来，另外一些学者主张，应当将传统的职位评价方法与市场定价法相结合，建立一种以分类法为基础，结合宽带薪酬、市场定价法、胜任能力、职业生涯发展等因素的宽带分类法（broad classification）。从20世纪80年代开始，尤其是在90年代，而对传统的职位评价方法所产生的控制型职位等级结构所存在的不足，比如过于僵化，强调职位价值有余而忽视任职者的能力和绩效等因素对组织的贡献，很多企业开始实施宽带薪酬计划，主要的做法是压缩职位等级（从而）薪酬等级数量，拉大薪酬区间的浮动范围（通常超过100%）。但在实践中，由于即使是在同一个薪酬宽带内确定员工的薪酬，人力资源部门或管理者的自由度也显得过大，所以一些企业又感到薪酬管理的控制性太弱。在这种情况下，第二代宽带薪酬计划也就是宽带分类法就出现了。这种方法首先将组织内部的职位划分为几大职位族，然后在每个职位族内部，再根据职业发展阶梯（以胜任能力模型来定义）的若干台阶（通常四个左右）来进行职位等级分类，从而确定不同的薪酬等级。这种宽带分类法的主要特点体现在以下几个方面：

（一）职位等级的划分标准从对职位内涵的宽泛描述，转移到与职业生涯发展相结合的胜任能力要求

宽带分类法是在职位族划分的基础上，依据每一个职位族的胜任能力模型来划分职位等级，从而使每一个职位等级对应的是该职位族的职业生涯发展阶梯中的一个阶段。这种新的职位评价方法实际上不再依靠传统的那种复杂的要素计点法，而是在对传统的分类法进行改良的基础上，结合胜任力模型来对员工实际从事的职位内容进行评价。如果准确地说，这种职位评价实际上已经不是对传统意义上的静态职位所做的评价，而是对员工的工作内容、工作能力、历史绩效等所做的一种总体评价，正因为如此，已经有学者提出，应当用工作评价（work evaluation）的概念来替代职位评价（job evaluation）。

（二）从强调薪酬的内部公平性转移到强调外部市场竞争性

与强调职位在组织内部价值的比较不同，宽带分类法更强调薪酬的外部竞争性。它便于企业采用市场导向的混合型薪酬政策，即根据组织战略和不同职位族对组织战略实现的贡献度不同，分别确定不同职位族的薪酬水平政策。比如对于核心职位族可采取市场领袖型薪酬政策，而在其他职位族中则实行市场追随型薪酬政策。在划分职位族和相应的职位等级序列的情况下，企业更容易对每一个职位族的市场薪酬水平变化情况进行监控，时刻掌握市场薪酬动态，并结合本企业的薪酬政策对不同职位族中的各等级职位进行灵活的薪酬水平调整，这种调整并非一定对所有的职位族同时进行调整，而是可以个性化地调整，从而大大提高了企业对市场薪酬反应的灵活性。

（三）基层管理者和人力资源管理者在薪酬管理中的角色将重新定位

从传统的职位评价法向宽带分类法的转变，首先要求将薪酬决策的权力从人力资源管理者手中适当地向基层管理者手中转移，人力资源部门更多地承担起专家和支持者的角色，主要承担对自己的"客户"即基层管理者提供咨询以及市场薪酬数据支持的角色。如果继续由人力资源部门主导职位评价和薪酬决策，那么这种系统就仍然是基于"控制"思想设计的。而改由基层管理者承担一部分职位评价和薪酬决策的责任之后，一方面有助于企业的职位等级划分并且薪酬决策也会变得更加切合企业基层的实际状况，另一方面也有助于职位评价体系变得更加简单、直观。在实践中，企业在确定每一个薪酬宽带的薪酬浮动区间之后，主要应当依靠基层管理人员来对某一职位的市场价值以及对组织价值进行权衡，最终决定每一位员工的基本薪酬。这种做法既避免了传统的分类法与市场脱节的弊端，又弥补了完全的市场定价法可能会忽略特定的职位对于组织的特殊价值这方面的缺陷。

目前，尽管在组织应采用哪种职位评价方法的问题上仍然众说纷纭，但是大家一致认为，未来的职位评价体系应当更为灵活、以客户化定制为导向、易于管理并容易为员工所理解，同时还要与市场薪酬水平存在紧密的联系、能体现组织战略、能区分为组织做出不同贡献的职位和人的价值差异。由于宽带分类法总体上能够体现这些特点，因此这种新的职位评价方法以及薪酬决策机制已经在IBM公司、陶氏化学公司、万豪国际酒店等一些企业中开始得到应用。不过，仍有一些学者持不同观点，他们认为宽带分类法依然存在成本不确定等方面的问题，同时建立胜任能力模型对于组织的管理能力要求也会比较高，同时组织很可能会为那些组织到目前并没有利用的能力付酬。

四、对我国企业的启示

从职位评价方法在国际企业界的演变和发展历程来看，每一种职位评价方法都有自己的特点以及所适用的组织外部和内部环境，它们并没有绝对的优劣之分。因而，我国企业的管理者应当理性思考本组织所处的内外部环境，准确判断本企业当前所处的薪酬管理阶段，然后选用适合当前阶段的职位评价以及薪酬决策方法。

比如，对于那些具有相对垄断地位的大型国有企业而言，要素计点法可能仍将继续发挥重要的作用。这些企业所处的外部环境相对稳定，对内部管理的规范化要求高，员工更看重组织的内部公平性，再加上目前我国的市场薪酬调查数据来源较少，且准确度不高，因而采用传统的要素计点法可能更可取一些。因为建立在详细的职位分析基础上的要素计点法能够帮助组织建立起以职位为基础的规范化的职位等级体系，体现薪酬的内部公平性。不过，根据发达国家一些企业的实践经验，企业可以采用报酬要素较少的计点法。有研究表明，5~10个报酬要素和大量的报酬要素所取得的职位评价效果并没有太大的差异，减少报酬要素数量不仅有助于降低管理难度，节省时间和成本，同时又不影响评价结果的有效性。

再比如，对于那些职位数量较少，职位类型简单，所处的外部劳动力市场竞争激烈的中小企业尤其是创业型企业而言，市场定价法可能更为可取，因为市场定价法对外部市场薪酬水平的变化反应更为快速，而且管理成本可能会更低，它有助于这些企业在激烈的人才竞争中吸引和留住对于企业经营至关重要的核心人才。

最后，对于那些规模较大的高科技企业而言，一方面他们为了吸引和留住核心人才，需要密切关注外部劳动力市场薪酬水平的动态变化，保持本企业薪酬水平的竞争力；另一方面，企业中又很可能存在大量的非典型职位无法通过完全的市场定价法来进行评价，再加上这类企业中的员工多为知识型员工，对自身的职业生涯发展更为重视，对这些员工建立胜任能力模型的作用更为明显。这类企业可以酌情采用宽带分类法，既顾及薪酬的内部公平性和管理效率，同时又能兼顾薪酬的外部竞争性和调整的灵活性。

参考文献

[1] 刘昕. 薪酬管理（第三版）[M]. 中国人民大学出版社，2011.

[2] Howard Richer, Second-Generation Banded Salary Systems [J]. World at Work Journal, 2007, 16 (1).

[3] Niels H. Nielsen. Job Content Evaluation Techniques Based on Marxian Economics [J]. World at Work Journal, 11 (3).

[4] Fred Hilling. Job Evaluation Is Here [J]. World at Work Journal, 2003, 12 (3).

[5] Robert L. Heneman. Work Evaluation: Current of the Art and Future Prospects [J]. World at Work Journal, 10 (3).

[6] Howard Richer. Planning a "Next Generation" Salary System [J]. Compensation & Benefits Review, 2002, 34 (13).

Evolution of Job Evaluation Method and Its Latest Progress

Liu Xing   Jia Qiang

Abstract: Point method is a traditional job evaluation method which is widely used. In recent years, the academic circles and management experts debate whether the point method is still suitable for the current market environment. This paper discusses evolution history and the latest development of the method of job evaluation, in order to provide reference for our country enterprises compensation decision.

Key Words: job evaluation; point method; market pricing; broad classification

组织公民行为真的对组织有利吗
——中国情境下的强制性公民行为研究*

彭正龙　赵红丹

【摘　要】 强制性公民行为的存在及其危害已引起西方学界的高度重视,但在国内的学术期刊上还未出现相关的研究。为了探讨中国组织情境下的强制性公民行为,本文通过问卷调查和分析本土企业管理者及其直接下属的配对样本,试图揭示强制性公民行为在中国组织中的存在性、危害性及其危害路径。结果表明:①西方学界开发的强制性公民行为测量工具不仅适合于中国组织情境,而且表现得更为明显;②中国情境下,强制性公民行为与员工周边绩效和组织承诺显著负相关,但对任务绩效和角色内行为无显著影响;③心理契约违背在强制性公民行为与员工周边绩效的关系间发挥部分中介作用的作用;④中国人传统性显著调节强制性公民行为与员工周边绩效之间的关系。这些研究成果不仅为强制性公民行为理论提供了强有力的支持,还为后续研究提供了良好的研究视角和基础,对企业管理实践也具有重要的参考价值。

【关键词】 强制性公民行为　工作绩效　组织承诺　角色内行为

从 20 世纪 80 年代开始,组织公民行为(Organization Citizenship Behavior,OCB)就引起众多学者的密切关注,但相关研究主要关注其积极一面,认为这种行为可以促进企业整体地有效运作。这其中暗含着三个基本假设:组织公民行为的动机是无私的或利他的;组织公民行为促进了组织运作的有效性;组织公民行为最终对员工有利。然而,组织公民行为并不只包括无私的自愿行为,它也包含了各种各样的私利性行为。现在,人们也越来越意识到,不是所有员工都愿意做个"好士兵"(Good Soldier),还有很多员工有能力、有动机做个"好演员"(Good Actor),从而表现出虚假性的组织公民行为,这不仅不会增加组织绩效,反而会带来诸多不利影响,甚至降低组织效能。Vigoda-Gadot 通过对组织公民行为边界的重新界定,将这种虚假性的组织公民行为定义为强制性公民行为(Compulsory Citizenship Behavior,CCB),即员工感受到来自主体、客体及环境的压力,被迫表现出的

---

* 本文选自《南开管理评论》2011 年第 1 期。

一种非自发性公民行为。

目前，学界对强制性公民行为的影响有两种观点：一种观点认为其对组织与员工十分有害，不仅会降低个体的工作满意度、角色外行为和工作绩效，甚至增加工作压力感和离职意愿等；另一种观点则认为，强制性公民行为虽然具有显著的工具性动机，但却能改善工作积极性并提高组织的短期生产效益。由此可见，组织公民行为是否总对组织有利，还有待进一步研究。

另外，现有强制性公民行为的研究还主要集中在国外，受文化差异的影响，相关结论在中国情境下是否同样适用等仍需进一步研究。所以，本文的研究问题是，强制性公民行为在中国情境下是否存在？它是否同样对组织带来不利影响？在中国文化情境中，其对员工的工作态度与行为绩效的作用机制是怎样的？如果能深入了解和回答相关问题，将有助于我国企业的人力资源管理决策。

一、理论与假设

（一）强制性公民行为

强制性公民行为是在组织公民行为边界划分过程中产生的概念，更被认为是与组织公民行为对比所产生的概念，两者都承认个体在组织中会表现出超越工作职责范围的公民行为，但是在具体表现和内涵上存在很大差异。

第一，组织公民行为强调这些行为必须是组织成员自觉自愿表现出来的公民行为，倾向于认为员工是"好士兵"；而强制性公民行为强调这些行为是组织成员受到外部压力被迫表现出来的公民行为，倾向于认为员工是"好演员"。

第二，组织公民行为强调这些行为是组织成员的一种非正式的、无私利他的奉献行为，其既定的假设在于组织成员是基于其某种人格倾向或责任感来帮助他人或组织的；而强制性公民行为强调这些行为并非因员工具有良好的人格品质而自然展现的，表现组织公民行为只是为了达成某种目的（如逢迎、升迁、印象等），这种组织公民行为带有明显的工具性动机。Rioux分析了个体做出组织公民行为的三种动机，包括利他的动机、对组织关系的动机和印象管理的动机。Bolino等随后系统地对传统上组织公民行为研究中三个基本假设进行质疑，发现组织公民行为也可能出于利己的动机和消极的工作态度。

第三，组织公民行为强调这些行为不是由正式的奖惩系统来评定的行为，它的完成不会被组织所奖赏，员工不从事这些行为也不会为组织所惩罚；而强制性公民行为强调这些行为并不是一个没有正式组织酬赏的奉献行为，它给员工带来的也不仅仅只是精神上的美誉，在管理实践中，组织成员展现公民行为确实能为其带来实质的组织酬赏。另外，如果员工不能表现出上司期望的活动或行为，就可能会危及自己的晋升、考核、职位等。Allen和Rush的研究也发现，有高度组织公民行为的员工触发了主管的正面情感，使他们获得较好的考核成绩；同时，组织公民行为也影响了主管关于提升、培训以及报酬分配等的决策行为。

　　Organ 通过着重指出组织公民行为的自愿性特色，间接地承认非自愿性的角色外行为或许也是组织公民行为的一部分。Zellars 等和 Tepper 等也提出了相应的观点，由于组织中破坏型领导（Abusive Supervision）的存在，组织公民行为并不总是个体的自愿性选择，还会通过压制、剥削、诋毁等管理方式强加于员工，形成强制性公民行为。Vigoda-Gadot 进一步认为，现有的市场压力和高竞争氛围会迫使管理者通过所有可能的方式提高组织效率，员工也可能感觉到，除非乐于承担这些公民活动，否则会危及自己的工作职位或组织地位。此时的利他行为、尽职行为、运动家精神、谦恭有礼和公民道德等公民行为可能在显性层面得到完全展现，但是公民行为原有的自愿性、利他性等特色在隐性层面会发生极大的变异，形成强制性公民行为。

　　管理与文化有着不可分割的联系。西方文化背景下所发现的强制性公民行为是否在中国情景中也存在？这个问题值得我们进行深入的科学研究。从强制性公民行为的内涵来看，其与中国文化密切关联，在中国组织情境下，甚至表现得更为明显：其一，中国文化遵从权威，而且权力距离较高，员工对上司强制行为的容忍程度远远高于西方员工。其二，中国职场上供（就业机会）远远小于求（就业人口），而且在薪资和职业发展方面，下属在很大程度上依赖于直接上司。为了保住职位或避免被"穿小鞋"，下属对于上司的强制行为即使敢怒也不敢言，由此必然助长了强制性公民行为的持续发生。基于以上分析，本文提出：

　　假设 1：强制性公民行为存在于中国组织情景中，较西方而言，中国情境下的强制性公民行为更为明显。

（二）强制性公民行为对员工工作态度及行为绩效的作用机制

　　在有关组织特别是组织行为学的研究中，涉及大量解释员工工作态度与行为绩效的变量，如代表工作态度的工作满意度、组织公平感、组织承诺等，代表行为绩效的角色内（外）行为、工作绩效等。本文主要关注的是组织承诺、角色内行为、任务绩效和周边绩效等变量，以研究其与强制性公民行为的作用机制。

1. 强制性公民行为对员工工作绩效的影响

　　Motowidlo 和 Van Scotter 提出工作绩效模型，将绩效划分为任务绩效（Task Performance）和周边绩效（Contextual Performance）两个方面，两者共同对总绩效做出贡献。任务绩效与具体工作岗位的任务内容密切相关，同时也与个体的工作能力和技能熟练程度密切相关；周边绩效是角色外绩效，不是工作说明书所规定的必须完成的内容，但对任务绩效起支持辅助作用。社会交换理论（Social Exchange Theory）认为，当下属从领导那里获得支持、信任、反馈、资源、机会和其他有形和无形的好处时，他们会产生回报的义务感，从而更加努力工作（任务绩效），并往往也会付出超出自己职责范围的努力（周边绩效）。反之，根据互惠规范（Reciprocity Norm），当下属从领导那里获得的是强制、被动等有形和无形的压力时，他们心理上会出现不平衡感，并倾向采取一定的措施来促使新的平衡，例如降低工作努力程度、怠工等（任务绩效），至于为组织带来额外的贡献（周边绩效），出现的概率则更低了。所以，我们推想中国情境下，强制性公民行为对员工的任务绩效和周边绩效均应有显著的负向预测效果。基于上面的论述，本文提出：

假设2：强制性公民行为与员工的任务绩效呈负相关关系。

假设3：强制性公民行为与员工的周边绩效呈负相关关系。

2. 强制性公民行为对员工角色内行为的影响

Katz指出，组织的正常运行需要员工表现出三种类型的行为，即①成员必须被组织吸引，愿意留在组织内为组织工作；②成员必须完成角色内的工作任务；③成员必须表现出超越角色规定的主动创新行为。其中，前两种所描述的是角色内行为（In-role Behavior），它是工作职责所要求的行为，是工作绩效的基础；而第三种所描述的行为超越了工作职责，早期被定名为角色外行为（Extra-role Behavior），Organ后来将其改称为组织公民行为。与角色外行为相比，角色内行为是严肃和规范的，是组织正式奖励系统或工作说明书中规定员工角色内应遵守的事项。互惠规范（Reciprocity Norm）认为，当下属从领导那里感知到强制性公民行为时会降低工作努力程度，Vigoda-Gadot的研究结果也验证了强制性公民行为与角色内行为的负相关关系。所以，我们推想中国情境下，强制性公民行为对员工的角色内行为具有显著的负向影响。基于上面的论述，本文提出：

假设4：强制性公民行为与员工的角色内行为呈负相关关系。

3. 强制性公民行为对员工组织承诺的影响

Becker是最早对组织承诺（Organizational Commitment）进行研究的学者之一，他认为员工对组织的投入越多，就越不愿意离开该组织，因为一旦离开，就会损失各种福利。此后，加拿大学者Meyer与Allen将组织承诺定义为"体现员工和组织之间关系的一种心理状态，暗示了员工对组织的参与、忠诚和认同"。这就是目前承诺研究中广泛采用的三因素模型，即参与指员工愿意为组织的利益付出相当的甚至是额外的努力；忠诚指员工对继续留在此组织的强烈愿望；认同指员工对组织目标和价值的信念和接受。

很多研究都表明了组织公民行为与组织承诺之间的正相关关系，说明员工的行为反映了其对组织的忠诚、认同和参与，员工对组织承诺的高低也在一定程度上影响其行为。当员工自愿表现出公民行为的时候，不仅表明其在参与维度具有较高的组织承诺，也在一定程度上显示了他对组织认同感的提升；但是，当员工被迫表现出公民行为的时候，虽然可以显性地认为其组织参与感较高，但是在隐性层面上导致了组织认同感的降低，甚至增加离职意愿，即组织忠诚感降低。所以，我们推想中国情境下，强制性公民行为对员工的组织承诺应该有显著的负向预测效果。基于上面的论述，本文提出：

假设5：强制性公民行为与员工的组织承诺呈负相关关系。

4. 心理契约违背的中介作用

一般来说，人的行为或态度是由其思想或心理支配的，从员工心理契约（Psychological Contract）视角解释强制性公民行为对员工工作态度及行为绩效的作用机制，符合从心理因素的角度理解人的行为特征的惯例。心理契约是联系员工与组织的纽带，反映了员工对组织行为的主观期望。当员工感觉到组织背信弃义或自己受到不公平对待时，就会在组织未能充分履行心理契约的认知基础上，形成一种压力甚至愤怒的情绪体验，即心理契约违背（Psychological Contract Violation）。强制性公民行为最主要的特征就是非自愿性和动机性，员工为了迎合上司期望或动机性氛围，不得不无偿付出额外努力。而当员工的付出与努力不均衡尤其是初始动机未能得到满足时，就可能认为组织故意或无法兑现承诺与履行义务，从而产生压力或失望心理，并形成心理契约违背的认知。因此，员工越是表现出强制性公民行为，越是可能产生心理契约违背。而心理契约违背出现后，员工对组织的情感投入会减少，更多关注于经济利益方面，主要表现在离职、降低职务内（外）绩效、出现反生产行为等。Robinson 和 Morrison 的研究也支持了这一观点，他们发现，心理契约违背可以降低员工对雇主的忠诚度，对工作和组织的满意度，降低留职意向和对组织的责任感。由此，本文提出：

假设6：心理契约违背中介强制性公民行为对员工工作态度及行为绩效的作用。

5. 中国人传统性的调节作用

研究中国情境下的组织行为，不能忽视中国人的文化特征。在以往的研究中，传统性被认为是最能描述中国人性格与价值取向的概念之一，并且发现传统性的取向差异是员工效能与组织行为关系的重要调节变量。因此，在中国背景下研究强制性公民行为与员工工作态度及行为绩效的关系也极有必要探讨中国人传统性在其中的作用机制。中国人传统性（Chinese Traditionality）的概念源于杨国枢、余安邦和叶明华的文章，强调个人对依据儒家五伦思想所定义的等级角色关系的认可程度。中国传统社会强调上下级间的角色关系与义务，认为上下级间的权力是不对等的，上级可以肆意发挥其影响力，而不受角色规范的约束；而下级则应该严格遵守下位者的角色规范，顺从、尊敬及信赖权威。因此，员工在面对上位者的权威领导行为时，基于个人责任与义务，会表现出服从上司的角色行为。但是，在进入20世纪之后，由于受到西方文化与工业化的影响，近代中国社会的现代化，已经相当程度地削弱了中国人传统性的基础。郑伯壎和樊景立对台湾地区和内地企业员工的实证研究也支持了此项观点，两岸员工在人情面子、工具关系、家族主义等方面的文化价值保留得较好，但是在权威价值方面则已经弱化。这说明，我们不能再假设服从权威是所有中国人的共通价值，尤其是对年轻、受高等教育的一代而言。很多研究探讨了个人传统性的调节效应，虽然多是聚焦于传统性在领导行为与员工表现之间的调节作用（客体—个体层面），鲜有传统性在员工行为（感知）与员工表现之间的调节作用（个体—个体层面）的相关文献。但是，已有研究表明了个人传统性确实会对员工的行为表现产生显著的影响。因此，我们推想强制性公民行为对员工工作态度及行为绩效的作用，在传统性不同的员工中是不同的。对低传统性的员工来说，比较关注与上司之间的平等交换，强制性公民行为往往会导致其工作绩效、角色内行为和组织承诺的降低；而对高传统性的员工来说，容易接受较高的权力距离，强制性公民行为对其工作态度和工作表现的影响并不显著。基于上述分析，本文提出：

假设7：传统性对强制性公民行为与员工工作态度及行为绩效之间的关系具有显著的调节作用。即对于具有低传统性的员工而言，它们之间呈显著的相关关系；而对高传统性的员工而言，相关关系并不显著。

二、研究设计

（一）数据收集

本研究的调研是在2009年10月到2010年1月间进行的。为了避免同源方差（Common Method Variance，CMV），本研究选择管理者—员工的配对样本（Dyad）进行实证分析。因为本研究涉及比较敏感的内容，让员工评价领导和组织，以及让领导评价下属的工作表现，要得到有效的配对数据并不容易，我们在问卷派发的过程中进行了控制，即采取中间人辅助调查的形式，以尽可能地保证数据的质量。所有中间人都是来自上海市某汽车租赁服务有限公司，调查对象主要来自公司的客户，这些企业涉及制造业、服务业、信息业、零售业等多个行业，分布在上海、宁波、杭州、苏州等城市。每位中间人领取一定数量的员工问卷和管理者问卷，找与自己长期合作的客户企业内的管理者和员工分别填答相应问卷，最后负责回收问卷。

正式调查前，我们对中间人进行了培训，主要告知一些注意事项：①在每个样本企业中，随机选择2~3个管理者，由每位管理者随机选择5~10名直接下属。②调查过程中，一定先让上司填答管理者问卷，在得知其所评价的下属姓名后再找相应的下属填答员工问卷；在此过程中要保证管理者和员工的双盲填答。③中间人务必现场收回问卷，将配对的问卷进行装订，并由相关研究人员进行问卷筛选、编号、录入以及分析。

本研究共发放问卷给80位管理者和561位直接下属，最终从69位管理者和483位员工回收了问卷，整体回收率达到86.3%和86.1%，剔除无效问卷后，最终得到配对成功的样本450份。配对样本的人口学情况详见表1。

表1 配对样本的人口统计学描述

变量	样本特征	主管		下属	
		人数	百分比	人数	百分比
性别	男	41	59.4%	279	62%
	女	28	40.6%	171	36%
年龄	25岁及以下	0	0%	25	55%
	26~35岁	34	49.3%	159	30.9%
	36~45岁	23	33.3%	184	40.9%
	45岁以上	12	17.4%	102	22.7%

续表

变量	样本特征	主管		下属	
		人数	百分比	人数	百分比
工龄（月）	12个月以下	3	4.4%	25	5.5%
	12~47个月	18	26.1%	270	60%
	48~71个月	19	27.5%	103	22.9%
	72个月以上	29	42%	52	11.6%
教育背景	高中及以下	2	29%	116	25.8%
	中专	13	18.9%	177	39.3%
	大专	19	27.5%	73	16.2%
	本科及以上	35	50.7%	84	16.7%

（二）变量测量

为避免语意上的差异影响问卷质量，所有的国外研究量表都采用了翻译——回译程序。首先，对于原始量表经过四位企业管理专业研究生两轮英汉互译之后形成了初始量表，之后把原英文、中文译句以及翻译的英文译句给两位人力资源方向的教授，请他们评价修改，并讨论以确定合适的中文译句。其次，选择上海市两家汽车租赁服务公司进行问卷的试调查（这两家公司未包括在最终样本中），采用受访者自填问卷的方式，当场回收。一共发放160份问卷，回收有效问卷104份，有效回收率为65%。并利用试调查的样本对问卷中的各概念进行探索性因子分析与信度检验。结果表明，各概念量表的信度系数都在0.8以上。最后，邀请了四位人力资源管理人员、两位人力资源管理专业教授、两位人力资源管理专业博士和三位管理者进行了时长为一小时左右的深度访谈，对原始量表中某些有歧义、无意义、模糊的问项做了进一步修正。上司填写的管理员问卷是对其直接下属的任务绩效、周边绩效和角色内行为进行评价；下属填写的员工问卷是对强制性公民行为、心理契约违背、组织承诺、中国人传统性和员工口特征进行评价；两份问卷都采用五点Likert量表测量。

1. 强制性公民行为

强制性公民行为采用的是Vigoda-Gadot开发的五个项目的量表。举例条目是"上司总是期望我在工作上付出更多的努力"和"迫于上司的压力，我要付出额外的努力来满足其工作要求"。

2. 心理契约违背

心理契约违背采用的是Robinson和Morrison开发的四个项目的量表。举例条目是"组织对待我的方式让我非常沮丧"和"我感觉组织违反了我们之间的契约"。问卷在国内已经得到验证，信、效度较高。

3. 任务绩效

任务绩效采用Williams和Anderson开发的量表，选用其中的五个项目。举例条目是

"他（她）充分完成了所分配的工作任务"。问卷已在国内得到验证，信、效度较高。

4. 周边绩效

周边绩效采用 Williams 和 Anderson 开发的量表，选用其中的五个项目。举例条目是"他（她）会热心接手一个困难的工作指派"。问卷已在国内得到验证，信、效度较高。

5. 角色内行为

角色内行为采用 Williams 和 Anderson 开发的量表，选用其中的五个项目。举例条目是"他（她）可以完成分内的工作"和"他（她）可以有效地完成公司指派的工作"。问卷在国内已经得到验证，信、效度较高。

6. 组织承诺

组织承诺的量表来自 Meyer 与 Allen 的工作，选用其中的八个项目。举例条目是"我喜欢和外人谈论我们公司"和"我觉得在感情上属于这家公司"。问卷在国内已经得到验证，信、效度较高。

7. 传统性

我们使用 Farh、Earley 与 Lin 发展的五个项目的量表来测量传统性。举例条目是"当人们在争论的时候，由资格最老的人决定谁是对的"和"孩子应该尊敬那些尊敬他父母的人"。问卷在国内已经得到验证，信、效度较高。

8. 控制变量

我们将员工的性别、年龄、学历以及工龄作为控制变量，以检验其对强制性公民行为的影响程度。其中，工龄以月数来测量；对性别进行虚拟变量处理，男性为"0"，女性为"1"；年龄分为四个等级：25岁及以下、26~35岁、36~45岁、45岁以上；学历也分为四个等级：高中及以下、中专、大专、本科及以上。

三、研究结果

（一）同源方差分析

为检验同源偏差（CMV）的问题，本研究采取单因子检测法，即问卷所有条目一起做因子分析，在未旋转时得到的第一个主成分，反映了 CMV 的量。在本研究中，按照上述操作后发现，第一个主成分是 19.832%，不占大多数，所以同源偏差不严重。

（二）信度、效度分析

变量的信度以 Cronbach's α 系数来检验，结果表明 Cronbach's α 值均达到了可接受水平，表明问卷具有较好的内部一致性（见表2）。效度从内容效度和结构效度两个方面检验，分别对应探索性因素分析和验证性因素分析。我们把 450 个配对样本数据随机地均分为两部分。前一半 225 个样本数据通过 SPSS 16.0 用于各概念的探索性因子分析，后一半 225 个样本数据通过 AMOS 17.0 用于各概念的验证性因子分析，总体 450 个样本用于研究假设模型的验证。

1. 探索性因子分析

为了分析本研究中问卷的结构，我们将所有的测量变量放进 SPSS 16.0 进行探索性因子分析，分析结果具体见表 2。问卷 KMO 值为 0.841，且通过 Bartlett's 球形检验（P<0.000），说明数据基本符合因子分析的条件，因素结构清晰。我们还根据所有因素 AVE（平均抽取方差）是否均大于因素间相关系数的平均值，进行了判别效度的分析。结果表明，本研究中的各因素均符合要求（因素间相关系数见表 3）。

表 2 变量的结构效度和信度分析结果（N=225）

变量	项目	因子荷载	解释的方差	AVE	Cronbach's α
强制性公民行为	QZ1	0.590	56.357%	0.494	0.835
	QZ2	0.594			
	QZ3	0.772			
	QZ4	0.777			
	QZ5	0.734			
心理契约违背	WB1	0.797	70.762%	0.624	0.904
	WB2	0.752			
	WB3	0.802			
	WB4	0.826			
任务绩效	HW1	0.630	60.249%	0.550	0.916
	HW2	0.705			
	HW3	0.649			
	HW4	0.867			
	HW5	0.826			
周边绩效	ZB1	0.767	72.534%	0.656	0.906
	ZB2	0.855			
	ZB3	0.807			
	ZB4	0.764			
	ZB5	0.852			
角色内行为	H1	0.760	54.727%	0.540	0.775
	H2	0.810			
	H3	0.790			
	H4	0.573			
	H5	0.714			
组织承诺	CN1	0.666	69.012%	0.606	0.941
	CN2	0.717			
	CN3	0.722			
	CN4	0.892			

续表

变量	项目	因子荷载	解释的方差	AVE	Cronbach's α
组织承诺	CN5	0.876	69.012%	0.606	0.941
	CN6	0.878			
	CN7	0.919			
	CN8	0.911			
中国人传统性	CT1	0.594	64.985%	0.594	0.900
	CT2	0.761			
	CT3	0.816			
	CT4	0.848			
	CT5	0.788			

表3 强制性公民行为、任务绩效等变量的均值、标准差以及相关系数

变量	均值	标准差	CCB	TP	CP	OC	IRB	PCV
CCB	36.0	0.617						
TP	27.57	0.476	−0.070 (−0.07)					
CP	21.54	0.759	0.215*** (−0.219***)	0.466***				
OC	45.95	0.716	0.114** (−0.114**)	0.055	0.015			
IRB	40.28	0.476	0.065 (0.066)	−0.090	−0.075	−0.017		
PCV	39.65	0.577	0.497*** (0.472***)	−0.064	0.228***	−0.067	0.016	
CT	40.18	0.529	0.262***	0.025	−0.114*	−0.069	−0.010	0.580***

注：CCB 表示强制性公民行为；TP 表示任务绩效，CP 表示周边绩效，OC 表示组织承诺，IRB 表示角色内行为，PCV 表示心理契约违背，CT 表示中国人传统性，*** 代表 $p<0.001$，** 代表 $p<0.01$，* 代表 $p<0.05$，N=450，下同。

2. 验证性因子分析

为进一步说明问卷的结构效度，我们使用 AMOS17.0 对数据进行验证性因子分析，结果表明各项拟合指数均达到可接受水平（见表4）。

表4 量表的验证性因子分析结果（N=225）

综合指数	χ^2	dt	χ^2/df	RMSEA	CFI	TLI	IFI
强制性公民行为	52.536	9	3.621	0.075	0.975	0.958	0.976
心理契约违背	20.457	7	29.22	0.060	0.906	0.970	0.967
任务绩效	19.202	8	2.400	0.058	0.990	0.909	0.991
周边绩效	17.753	8	2.219	0.048	0.992	0.990	0.995
角色内行为	33.779	10	3.376	0.069	0.984	0.960	0.905
组织承诺	45.076	15	2.672	0.059	0.989	0.965	0.990
中国人传统性	29.856	9	3.521	0.062	0.979	0.962	0.960

（三）强制性公民行为的存在性

为了检验强制性公民行为在中国情境下的存在性，并修订西方的强制性公民行为量表，我们首先用全部 450 个样本对强制性公民行为问卷进行探索性因子分析，结果见表 5。由表 5 可知，强制性公民行为量表各项目的因素负荷较高（0.62~0.89），通过 Bartlett's 球形检验（P<0.000），KMO 值为 0.814，大于 0.7，且方差解释量为 61.31%，说明数据符合因子分析的条件，因素结构清晰。

表 5 强制性公民行为的探索性因素分析（N = 450）

项 目	负荷值
迫于上司的压力，我要付出额外的努力来满足其工作需求	0.62
公司内有义务加班的习惯	0.68
上司总是期望我在工作上付出更多的努力	0.89
即使不情愿，我也不得不义务帮助其他同事	0.83
即使不情愿，我也不得不义务协助上司的工作	0.85
特征根	3.07
解释量	61.31%

为进一步说明强制性公民行为问卷的结构效度和跨样本稳定性，我们另外调查了 350 名企业员工，样本取自上海市三家汽车服务租赁公司。问卷现场回收，得到有效问卷 314 份，有效回收率为 89.7%。调查样本中男性占 66%，女性占 34%。用 AMOS 17.0 对数据进行验证性因素分析，各项拟合指数（χ^2/df = 3.16，RMSEA = 0.08，NFI = 0.96，CFI = 0.97）均达到可接受水平，说明探索性因素分析和验证性因素分析的结果都很好，表明西方开发的强制性公民行为量表同样适合于中国组织情景中，这也说明中国组织中确实存在强制性公民行为。另外，将本研究所得的强制性公民行为各项目平均数（3.82）和项目标准差（0.62）（见表 3）与西方研究中的项目平均数（3.02）和项目标准差（0.86）进行比较后发现，本研究中的强制性公民行为各项目平均数高于 Vigoda-Gadot 的研究结果。这在一定程度上说明中国组织中存在强制性公民行为，而且更为明显，假设 1 得到验证。

（四）强制性公民行为的危害性

表 3 具体列出了各变量的均值、标准差和相关系数，从中可见强制性公民行为与周边绩效显著负相关（r = –0.215，p < 0.001），与组织承诺显著负相关（r = –0.114，p < 0.01），与心理契约违背显著正相关（r = 0.974，p < 0.001），而与任务绩效的关系不显著（r = –0.070，p > 0.05），与角色内行为的关系也不显著（r = 0.065，p > 0.05）；另外，心理契约违背与周边绩效显著负相关（r = –0.228，p < 0.001），与传统性显著正相关（r = 0.108，p < 0.05）；这为我们进一步论证假设提供了一定的依据。另外，在控制员工的年龄、性别、教育程度、工龄情况下的回归结果也表明：强制性公民行为与员工的周边绩效（r = –

0.219，p < 0.001）显著负相关，与员工的组织承诺（r = –0.114，p < 0.01）显著负相关，与心理契约违背（r = 0.472，p < 0.001）显著正相关；但与员工的任务绩效的关系不显著（r = –0.071，p > 0.05），与角色内行为之间的关系也不显著（r = 0.066，p > 0.05）回归结果见表3括号内的系数）。因此，假设3和假设5得到支持，而假设2和假设4未得到验证。那么，后续的实证检验中也不需要再考虑工作绩效和角色内行为的作用。

（五）强制性公民行为的危害路径

1. 心理契约违背的中介效应

我们采用层次回归（Hierarchical Regression Modeling，HRM）方法验证心理契约违背的中介作用。根据Baron和Kenny的建议，中介作用存在需满足以下条件：①变量对因变量具有显著影响；②自变量对中介变量具有显著影响；③中介变量对因变量具有显著影响；④自变量与中介变量同时进入回归方程解释因变量时，中介变量的作用显著而且自变量的作用消失（完全中介作用）或减弱（部分中介作用）。由表3、表6可知，强制性公民行为对周边绩效（r = –0.219，p < 0.001）、组织承诺（r = –0.114，p < 0.01）和心理契约违背（r = 0.472，p < 0.001）都有显著影响，心理契约违背与周边绩效（r = –0.228，p < 0.001）也显著相关。在加入中介变量（心理契约违背）后，强制性公民行为对周边绩效的影响系数变小且显著性明显减弱（M3，β = –0.137，p > 0.01），同时，心理契约违背对周边绩效具有显著的负向影响（M3，β = –0.173，p < 0.001）。因此，心理契约违背在强制性公民行为与员工周边绩效之间起着部分中介的作用。同样在加入中介变量（心理契约违背）后，强制性公民行为对组织承诺影响系数的显著性明显减弱（M3′，β = –0.127，p < 0.05），但心理契约违背对组织承诺没有显著相关关系（M3′，β = 0.027，p > 0.05）。因此，

表6 中介变量的回归分析

变量	周边绩效			组织承诺		
	M1	M2	M3	M1′	M2′	M3′
控制变量						
性别	0.092	0.060	0.010	–0.019	–0.036	–0.029
年龄	0.064	0.096	0.094	–0.189**	–0.173**	–0.172**
学历	–0.052	–0.071	–0.067	0.196**	0.186**	0.186**
工龄	–0.014	–0.011	–0.011	0.064	0.065	0.065
自变量						
CCB		–0.219***	–0.137*		–0.114**	–0.127*
中介变量						
PCV			–0.173***			0.027
R^2	0.009	0.055	0.074	0.038	0.050	0.051
F	0.986	5.127***	5.901***	4.357**	4.690***	3.938**
ΔR^2	0.009	0.046***	0.019***	0.038***	0.012*	0.000
ΔF	0.986	21.511***	9.293***	4.357**	5.833*	0.220

心理契约违背在强制性公民行为与员工组织承诺之间不起中介的作用。总之，假设6得到部分验证。

2. 传统性的调节效应

对于中国人传统性的调节作用，我们同样使用层次回归的方法检验。根据 Aiken 和 West 对于调节变量的检验方法，依次将控制变量、自变量及调节变量引入回归方程，再引入传统性和强制性公民行为的乘积项进入回归方程，考察传统性变量的调节作用。在每一步骤中，分别对回归系数、R^2 和 F 值进行检验，判断其显著性。由于需要验证调节变量与自变量的交互作用，为减小回归方程中变量间的多重共线性，我们在分析之前对所有变量进行了中心化处理。具体结论见表7。对于强制性公民行为与周边绩效之间的显著负相关关系，传统性起到的调节作用是显著的（$\beta_{周边} = -0.375$，$p < 0.05$，$\Delta R^2 = 0.009*$，$\Delta F = 4.344*$）；但对于强制性公民行为与组织承诺之间的相关关系，传统性没有起到调节作用（$\beta_{承诺} = -0.225$，$p > 0.05$，$\Delta R^2 = 0.000$，$\Delta F = 0.227$）。总之，假设7得到部分验证。

表7 调节变量的回归分析

变量	周边绩效				组织承诺			
	Model 1	Model 2	Model 3	Model 4	Model 1′	Model 2′	Model 3′	Model 4′
控制变量								
性别	0.092	0.060	0.046	0.035	−0.019	−0.036	−0.045	−0.048
年龄	0.064	0.090	0.090	0.084	−0.189**	−0.173**	−0.173**	−0.175**
学历	−0.052	−0.071	−0.071	−0.064	0.196**	0.186**	0.186**	0.188**
工龄	−0.014	−0.011	−0.014	−0.018	0.064	0.065	0.063	0.062
自变量								
CCB		−0.219***	−0.202***	0.464		−0.114*	−0.103*	0.050
调节变量								
CT			−0.060	0.43			−0.041	0.080
调节作用								
CCB×CT			0.158**		−0.375*		0.084	−0.225
R^2	0.009	0.055	0.058	0.067	0.038	0.050	0.052	0.052
F	0.986	5.127***	4.514***	4.519***	4.357**	4.690***	4.014***	3.467***
ΔR^2	0.009	0.046**	0.003	0.009*	0.038**	0.012*	0.001	0.000
ΔF	0.986	21.511**	14.25	4.344*	4.357**	5.833**	0.650	0.227

为了更清晰地表达传统性对强制性公民行为与周边绩效之间关系的调节效果，我们按照 Aiken 与 West 所建议的方法绘制调 N 效应图。为了方便作图，本文对数据进行了标准化转换。根据传统性的均值加减一个标准差将员工样本分为高低两组：对于低传统性的员工来说，强制性公民行为与周边绩效之间是显著的负相关关系（$\beta = -0.156$，$p < 0.001$）；而对于高传统性的员工来说，强制性公民行为与周边绩效之间无显著关系（$\beta = -0.111$，$p > 0.1$），详见图1。

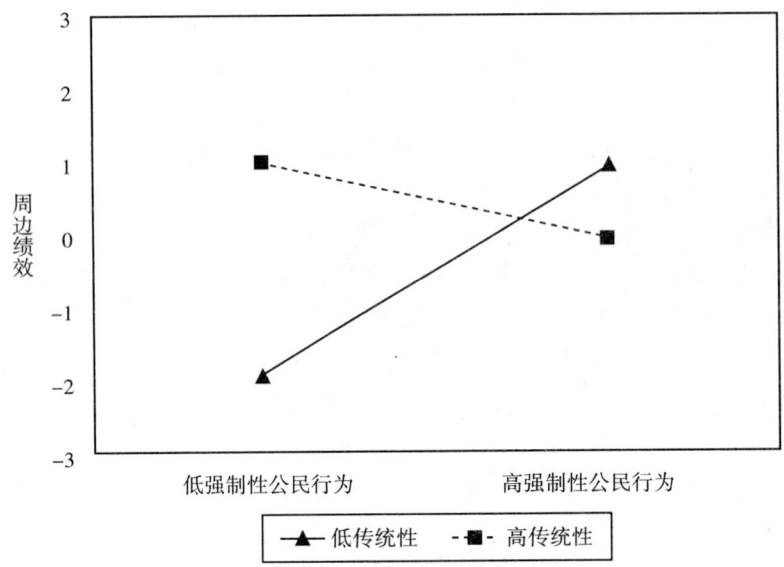

图1 传统性对强制性公民行为和周边绩效之间关系的调节作用

图中的两条曲线均呈明显的交叉趋势，表明调节效应确实存在，进一步验证了假设7。具体的解释是：由于虚线（代表高传统性）的斜率大于实线（代表低传统性）的斜率，说明对于高传统性的员工，强制性公民行为对其周边绩效的负向影响较小，而对于低传统性的员工，强制性公民行为对其周边绩效的负向影响较大。总之，传统性在强制性公民行为与周边绩效的关系中起显著的负向调节作用。

四、结 论 与 讨 论

（一）研究结论

本研究采用管理者—员工配对研究样本，探讨了中国组织情境中的强制性公民行为。探索性因素分析和验证性因素分析的结果表明：西方强制性公民行为测量工具适合于中国组织情境，且平均数高于西方的研究结果，说明中国组织情境中不仅存在强制性公民行为，而且表现得更为明显，假设1得到了支持。这与我国的文化背景比较契合，中国传统文化的权力距离较高，上司主宰了员工的职场生活，员工为了职业发展或避免被"穿小鞋"，较西方员工而言，往往会对上司或组织的强制行为表现出更高的容忍度，这必然助长领导者的行为缺乏约束性，最终导致强制性公民行为在我国组织中的表现更显著。由此回答了本研究提出的第一个研究问题。

本研究为了探讨强制性公民行为的影响效果，选取了任务绩效、周边绩效、组织承诺和角色内行为作为后果变量。研究结果表明，中国情境下强制性公民行为对员工周边绩效和组织承诺产生直接的负面影响，假设3和假设5得到了支持；但对员工的任务绩效和角色内行为没有显著的影响，假设2和假设4未得到验证，说明强制性公民行为在中国情境下存在有别于西方组织的差异性。角色内行为是依据组织制度和工作职责而产生的一系列行为，其基本假设是如果员工不能完成工作所要求的，他们就不会得到组织的报酬，甚至会失去工作。中国职场上就业机会远远小于就业人口，再加上近来美国金融危机带来的失业潮的冲击，员工为了保住职位，即使感受到强制性公民行为，也往往不敢故意违背工作职责或背离公司规定，这就不难解释在中国情境下强制性公民行为对角色内行为无显著影响的结论了。Katz指出，角色内行为除了是工作职责所要求的行为，还是员工任务绩效的基础。那么，当强制性公民行为不会显著降低员工的角色内行为表现时，也就不会动摇任务绩效的基础进而造成员工任务绩效的降低。另外，中国传统文化强调为人处世要"外方内圆"，当个体感受到来自上司或组织的强制性压力时，心理的不平衡感迫于领导威权或外界威胁，往往不会在个体的显性层面（行为）表现出抵触（角色内行为、任务绩效），如迟到、早退等，而是在个体的隐性层面（心理）寻求平衡（组织承诺、周边绩效），如减少对组织的额外贡献、降低组织忠诚感等。综上，强制性公民行为在我国组织中也是有害的，本研究的第二个问题得到了回答。

为了进一步研究强制性公民行为对员工工作态度及行为绩效的作用机制，本文还探讨了心理契约违背的中介效应和作为特质的传统性的调节效应。研究发现，心理契约违背在强制性公民行为对员工周边绩效的作用中起部分中介作用，传统性起显著的调节作用，假设6和假设7得到部分验证。心理契约是联系员工与组织的纽带，当员工因破坏型领导、同事挤压行为或组织动机氛围等被迫表现出强制性公民行为时，就可能认为组织故意或无法兑现承诺与履行义务，产生心理契约违背。而心理契约的违背又会减少情感投入，降低周边绩效。所以说，强制性公民行为会通过心理契约违背对周边绩效产生间接作用。另外，尽管中国社会比西方社会有较高的权力距离，但服从权威已经不是所有华人企业员工的共通价值。对于中国企业中的高传统性的员工而言，由于他们倾向于接受较高的权力距离，容易接受领导的安排和实施部署的角色行为，所以来自上司或组织的强制性公民行为感受并不能影响他们的工作努力程度或角色外贡献。对于中国企业中的低传统性的员工而言，由于他们倾向于接受较低的权力距离，比较关注与领导者之间的平等交换，当产生强制性公民感受时，必然通过降低额外贡献等措施来寻求新的平等，从而在一定程度上造成周边绩效的下降。所以，强制性公民行为对员工周边绩效的作用受传统性的影响。而组织承诺体现了员工和组织之间关系的一种心理状态，暗示了员工对组织的参与（显性行为层）、忠诚和认同（隐性认知层）。其独特的双层作用机制表明个体的行为表现并不能完全表现其心理认知，即所谓的"表里不一"，这与中国文化背景下的"防人之心不可无"、"遇人说话讲三分"等俗语具有某些契合性。当员工被迫表现公民行为的时候，传统性高的员工由于较易接受领导的安排和实施部署的角色行为，可能在显性层面表现出被期望的参与行为，即"敢怒不敢言"；而传统性低的员工由于较易抵触领导的强制性行为，可能在显性行为和隐性心理两个层面均表现出消极反应，以应对心理不平衡感，即"敢怒敢言"。由此可见，传统性的差异，并不影响强制性公民行为对组织承诺的负向作用。综上，心理契约违背和中国人传统性在强制性公民行为对员工工作态度及行为绩效的作用路径中，均起到一定的影响作用，本研究的第三个问题也得到了回答。

（二）研究意义

从最初的研究开始，研究者们就把组织公民行为当作是一种积极的对组织运作有利的行为，对其消极方面的研究刚刚起步，国内的研究更是尚付阙如。本研究将这一新视角进一步拓展到中国情境之中，加强了此类实证经验证据，并在探索强制性公民行为上有了进一步发现：①本研究发现，强制性公民行为在中国组织中不仅存在而且更加明显，在一定程度上验证了强制性公民行为的跨文化稳定性。②本文揭示了强制性公民行为对员工周边绩效和组织承诺产生直接的负面影响，验证了强制性公民行为的危害性。除此之外，与西方学者研究不同的是，强制性公民行为在中国情景中对任务绩效和角色内行为无显著影响，为强制性公民行为领域贡献了新的知识。③本研究从心理契约违背和个人传统性差异的视角探讨了强制性公民行为对员工工作态度和行为绩效的作用机制，将强制性公民行为的研究推进了一步，相信对强制性公民行为相关理论的发展具有一定的促进作用。

由于员工的组织公民行为不仅是企业平稳运行的重要保证，而且也是提高企业生产能力和竞争优势的关键因素。所以，本研究的现实意义在于使管理者更清楚地认识到组织公民行为的"双刃剑"性质，清晰界定组织内的公民行为，从而有针对性地激发自愿性公民行为，规避强制性公民行为。根据本文的研究结果：①强制性公民行为在中国组织中显著存在，而且会对周边绩效和组织承诺产生负面影响。因此，企业管理者应该制定出具体对策，减少员工的强制性公民行为感受。例如，管理者要与部属建立良好的关系，关心员工的生活，构建一个良好的工作关系，促使下属产生回报的义务感，从而尽可能地降低其公民行为的强迫感；同时，还要努力构建一种公民行为的氛围，以尽可能地增加员工公民行为的自愿感，具体对策可以参考组织公民行为的相关研究成果。②中国情境下，强制性公民行为对任务绩效和角色内行为无显著影响。因此，企业领导者要善于对组织内的公民行为进行重新界定，通过工作职责修订或培训引导等促使组织公民行为向角色内行为的转化，但同时还要注意伴随行为转化的利益驱动力，如将其作为考核要素和报酬评价的参考标准等。③心理契约违背是强制性公民行为与周边绩效关系的中介变量，如何通过其他措施减少下属的心理契约违背，是管理者降低强制性公民行为危害性的重要手段。另外，强制性公民行为对员工工作绩效除了产生间接影响外，还存在直接影响。相关管理者需要注意，仅仅控制下属的心理契约违背，未必能完全减少强制性公民行为对工作绩效的影响，最好双管齐下，相辅相成。④员工传统性是强制性公民行为与周边绩效关系的调节变量。本土企业管理者要注意到，对于不同传统性的员工而言，强制性公民行为对员工工作绩效的影响程度有差异。所以，管理者要明晰下属的传统性取向。对于低传统性的员工而言，领导者要注意通过授权、沟通等方式培育其对等感知，从而降低这部分人的强制性公民行为感知；对于高传统性的员工而言，领导者要注意通过关怀、培训等方式激发其回报感知，从而降低这部分人的强制性公民行为感知。

（三）局限性及未来研究方向

本研究的局限之一在于横截面（Cross-section）研究设计，对于揭示变量间的因果关系略显不够。未来设计跟踪研究（Longitudinal）探讨变量之间的因果关系是必要的。局限之二是样本的选择。由于本研究涉及比较敏感的内容，要得到有效的配对数据是极其困难的，我们不得不采取就近原则以及关系原则。因此，本研究的调查样本是一个便利样本，数据是否具有代表性还有待于更多的实证研究来进行检验。

未来研究可以从两个方面丰富强制性公民行为和员工工作表现的研究：首先是丰富中介变量或调节变量的内涵，可以进一步探讨工作满意度、离职意向、创造力等变量在强制性公民行为与员工工作态度与行为绩效之间的作用机制；其次是丰富强制性公民行为前因变量的研究，进一步探讨是什么因素导致员工强制性公民行为的产生等。

参考文献

[1] Organ, D. W.. Organizational Citizenship Behavior: It's Construct Clean-up Time [J]. Human Performance, 1997, 10 (2): 85-97.

[2] Farh, J. L., Earley, P. C., Lin, S. C.. Impetus for Action: A Cultural Analysis of Justice and Organizational Citizenship Behavior in Chinese Society [J]. Administrative Science Quarterly, 1997, 42 (3): 421-444.

[3] 武欣，吴志明，张德. 组织公民行为研究的新视角 [J]. 心理科学进展，2005, 13 (2): 211-218.

[4] Vigoda-Gadot, E..Compulsory Citizenship Behavior in Organizations: Theorizing Some Dark Sides of the Good Soldier Syndrome [J]. Journal for the Theory of Social Behavior, 2006, 36 (1): 77-93.

[5] Vigoda-Gadot, E.. Redrawing the Boundaries of OCB? An Empirical Examination of Compulsory Extra-role Behavior in the Workplace [J]. Journal of Business and Psychology, 2007, 21 (3): 377-405.

[6] Tepper, B. J., Hoobler, J., Duffy, M. K., Ensley, M. D..Moderators of the Relationship between Coworkers' Organizational Citizenship Behavior and Fellow Employees' Attitudes [J]. Journal of Applied Psychology, 2004, 89 (3): 455-465.

[7] Bolino, M. C., Turnley, W. H., Niehoff, B. P.. The other Side of the Story: Reexamining Prevailing Assumptions about Organizational Citizenship Behavior [J]. Human Resource Management Review, 2004, 14 (2): 229-246.

[8] Hui, C., Lam, S., Law, K.. Instrumental Values of Organizational Citizenship Behavior for Promotion: A Field Quasiexperiment [J]. Journal of Applied Psychology, 2000, 85 (5): 822-828.

[9] Rioux, S. M., Penner, L. A.. The Causes of Organizational Citizenship Behavior: A Motivational Analysis [J]. Journal of Applied Psychology, 2001, 86 (6): 1306-1314.

[10] Allen, T. D., Rush, M. C.. The Effects of Organizational Citizenship Behavior on Performance Judgments: A Field Study and a Laboratory Experiment [J]. Journal of Applied Psychology, 1998, 83 (2): 247-260.

[11] Zellars, K. L., Tepper, B. J., Duffy, M. K.. Abusive Supervision and Subordinates' Organizational Citizenship Behavior [J]. Journal of Applied Psychology, 2002, 87 (6): 1068-1076.

[12] 高日光. 破坏性领导会是组织的害群之马吗——中国组织情景中的破坏性领导行为研究 [J]. 管理世界, 2009 (9): 124-132, 147.

[13] Motowidlo, S. J., Van Scotter, J. R.. Evidence that Task Performance should be Distinguished from Contextual Performance [J]. Journal of Applied Psychology, 1994, 79 (4): 474-480.

[14] 汪林, 储小平, 倪婧. 领导——部属交换、内部人身份认知与组织公民行为：基于本土家族企业视角的经验研究 [J]. 管理世界, 2009 (1): 97-107, 188.

[15] Gouldner, A. W.. The Norm of Reciprocity: A Preliminary Statement [J]. American Sociological Review, 1960, 25 (2): 161-178.

[16] Katz, D.. The Motivational Basis of Organizational Behavior [J]. Behavioral Science, 1964, 9 (2): 131-133.

[17] Williams, L.J., Anderson, S. E.. Job Satisfaction and Organizational Commitment as Predictors of Organizational Citizenship and In-role Behaviors [J]. Journal of Management, 1991, 17 (3): 601-617.

[18] Becker, H. S.. Notes on the Concept of Commitment [J]. American Journal of Sociology, 1960, 66 (1): 32-40.

[19] Meyer, J. P., Allen, N. J.. Testing the "Side-bet Theory" of Organizational Commitment: Some Methodological Considerations [J]. Journal of Applied Psychology, 1984, 69 (3): 373-378.

[20] 陈永霞, 贾良定, 李超平, 宋继文, 张君君. 变革型领导、心理授权与员工的组织承诺：中国情景下的实证研究 [J]. 管理世界, 2006 (1): 96-105, 144.

[21] Robinson, S. L., Morrison, E. W.. The Development of Psychological Contract Breach and Violation: A Longitudinal Study [J]. Journal of Organizational Behavior, 2000, 21 (5): 525-546.

[22] Turnley, W. H., Feldman, D. C.. The Impact of Psychological Contract Violations on Exit, Voice, Loyalty, and Neglect [J]. Human Relations, 1999 (52): 895-922.

[23] 杨国枢, 余安邦, 叶明华. 中国人的个人传统性与现代性：概念与测量 [A]//杨国枢等. 中国人心理与行为 [M]. 台北：桂冠图书出版公司, 1989.

[24] 樊景立, 郑伯埙. 华人组织的家长式领导：一项文化观点的分析 [J]. 本土心理学研究, 2000, (13): 127-180.

[25] 郑伯埙, 樊景立. 初探华人社会的社会取向：台湾与大陆之比较研究 [J]. 中华心理学刊, 2001, 43 (2): 207-221.

[26] 汪林, 储小平. 组织公正、雇佣关系与员工工作态度 [J]. 南开管理评论, 2009, 12 (4): 62-70.

[27] 李金波, 许百华, 张延燕. 组织承诺对员工行为和工作绩效的影响研究 [J]. 人类工效学, 2006, 12 (3): 17-19.

[28] Baron, R. M., Kenny, D. A.. The Moderator-mediator Variable Distinction in Social Psychological Research: Conceptual, Strategic, and Statistical Considerations [J]. Journal of Personality and Social Psychology, 1986, 51 (6): 1173-1182.

[29] Aiken, L. S., West, S. G.. Multiple Regression: Testing and Interactions [J]. Thousand Oaks, CA: Sage, 1991: 10-18.

Does Organization Citizenship Behavior Really Benefit to Organization: Study on the Compulsory Citizenship Behavior in China

Peng Zheng-long Zhao Hong-dan

Abstract: The existence and harmfulness of compulsory citizenship behavior has caused the close attention of western scholars, but it has not yet appeared relevant research in China. Based on the preliminary conclusions derived from the research of the theory of organizational citizenship behavior and compulsory citizenship behavior, this article proposes a theoretical model of compulsory citizenship behavior, psychological contract violation, Chinese traditionality, job attitude and behavior performance, and try to get a better understanding about the existence, harmfulness and effect path of compulsory citizenship behavior in the context of China. The theoretical model was tested by the answers to the questionnaires of 450 dyad samples of the leaders and their subordinates. The results of the analysis show: (1) compulsory citizenship behavior measurement tools of westerncountries not only suitable for the situation in China, but has more obvious performance; (2) compulsory citizenship behavior has negative impact on contextual performance and organizational commitment, but it has no significant relationship with task performance and in-role behavior; (3) psychological contract violation has a partial mediation role between compulsory citizenship behavior and employees' contextual performance; (4) Chinese traditionality has obvious function of adjusting the relationship between compulsory citizenship behavior and employees' contextual performance. For the employees with low level of Chinese traditionality, we found that the relationship between compulsory citizenship behavior and employees' contextual performance was significantly related to each other, whilst for the employees with high level of Chinese traditionlity, the relationship was not significant. These findings highlighted the necessity of study on compulsory citizenship behavior in the context of China. And some implications can be drawn from this study. First, managers should develop specific measures to reduce the compulsory citizenship behavior of employees in Chinese organizations. Second, the findings of this study show that fostering a better psychological contract in organizations would be an effective way to reduce the harmfulness of compulsory citizenship behavior in China. Third, managers should note the differences for employees with different level of Chinese traditionality. Finally, limitations and suggestions for future research are discussed.

Key Words: compulsory citizenship behavior; job performance; organizational commitment; in-role behavior; psychological contract violation; Chinese traditionality

主管忠诚、上下级冲突与员工工作态度
——基于本土家族企业的实证研究[*]

谢 俊 储小平 黄嘉欣

【摘 要】 本文利用14家家族企业360名员工的样本,探讨了主管忠诚对员工工作满意度与离职倾向的影响机制,尤其是研究上下级关系冲突与任务冲突在其中的中介作用,及员工传统性的调节作用。回归分析结果表明,主管忠诚对员工工作满意度有显著的正向影响,对离职倾向有显著的负向影响;关系冲突与任务冲突在主管忠诚与工作满意度、离职倾向的关系中起部分中介作用;员工传统性在主管忠诚与任务冲突关系中起负向调节作用,即员工的传统性越高,主管忠诚与任务冲突之间的负向关系越强。

【关键词】 主管忠诚 上下级冲突 传统性

一、问题提出

在华人文化情境中,下位者对上位者的忠诚通常被看作是重要的个人道德品质。Cheng(2000)指出,华人组织中的忠诚可以区分为对组织的忠诚(公忠),以及对其直属主管的忠诚(私忠)。而在华人家族企业,主管更为强调下属员工的忠诚,使得员工的忠诚成为组织管理者选人或用人所强调的态度与行为(郑伯埙,1995)。

虽然忠诚议题在华人社会有长远的历史,但华人学者并未发展出具体的构念进行实证研究,而西方学者则是通过组织承诺、主管承诺等构念来研究忠诚议题(Reichers,1985;Meyer & Allen,1997)。由于中西方文化的差异,西方的主管忠诚概念与华人本土化的主管忠诚概念在内涵上存在差距。近年来,部分学者如 Chen(2001)、姜定宇等(2005、2007)根据中国情境修正了西方学者的量表,形成了本土化的主管忠诚构念,并在此基础上证实了主管忠诚对员工工作态度(工作满意度和留职意愿)的直接影响。然而,这些研究主要

---

[*] 本文选自《经济管理》2011年第1期。

集中在主管忠诚与员工工作态度相互关系的探讨上，缺乏对两者之间作用机制的研究。再者，现有的忠诚研究并未关注中国家族企业这一特殊的组织形式。家族企业是一种深受华人"家"文化渗透的特殊组织形式（储小平，2000），主管更为强调下位者对上位者的忠诚，忠诚意识也将对员工的工作态度与行为产生重大影响。因此，本土情境下的家族企业主管忠诚如何对员工的工作态度产生影响，以及为何能影响员工的工作态度等问题值得进一步深入研究。

本研究认为，在主管忠诚影响员工工作态度的过程中，员工对上下级冲突的认知无疑是重要的中介因素。正如 Triandis 等（1990）所言，在关系导向与集体主义文化的华人社会中，和谐、避免冲突是共同的意识形态。华人在沟通互动时，极为注重避免各种形式的冲突，维护和谐的关系。因此，和谐的上下级关系是员工极为关注的，其维护和谐关系，避免各种形式冲突的认知会对其工作态度产生影响。由此，为了更好地理解中国家族企业中主管忠诚对员工工作态度产生影响的内在作用机理，本文将员工感知的上下级冲突（包括关系冲突和任务冲突）作为中介变量，以期揭开主管忠诚影响员工工作态度的"黑箱"。

另外，在研究主管忠诚影响上下级关系冲突、任务冲突的路径时，本文引入了 Farh、Earle & Lin（1997）所提出的员工传统性概念。这是因为，以往的研究显示，在中国情境中研究华人心理态度与行为时，往往不能忽视员工的文化价值取向在其中的影响（Huntington，1997）。因此，本文期望通过员工传统性这一调节变量的引入，为华人主管忠诚的影响作用划定限制条件与适用范围，以期丰富原有的理论。图 1 为本研究的概念模型。

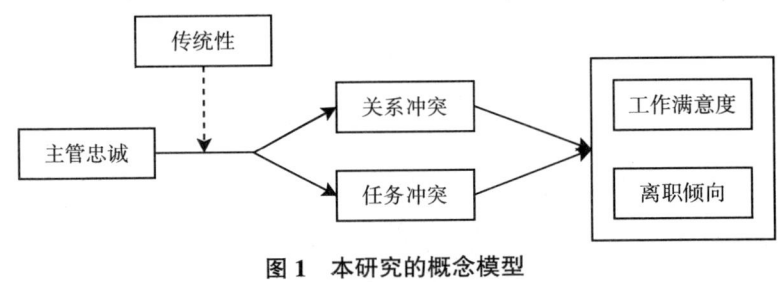

图 1 本研究的概念模型

二、文献回顾

（一）主管忠诚

华人本土的主管忠诚概念是由西方的组织承诺、主管承诺概念发展而来。早期西方学者并未刻意区分出组织中的承诺对象，认为组织承诺的对象就是组织本身。然而，一些学者如 Meyer & Allen（1997）指出，承诺会因对象而异，可以将承诺的对象分为高级管理层、同事、主管、下属、顾客以及组织中的其他群体和个人。由此，员工对直接主管的承诺——主管承诺的相关研究开始独立于组织承诺的研究，成为西方组织行为领域的热门议题。在华人社会中，直接主管对员工的职业发展影响更大，员工也更为重视与主管的关系，因此，主管承诺的研究吸引了许多华人学者的目光（Chen、Tsui & Farh，2002；周明建、宝贡敏，2005）。

Chen（2001）援引西方主管承诺的概念，以项目分析的方法，归纳中国大陆企业员工的访谈资料，借此扩充了华人主管忠诚的内涵。研究结果发现，华人主管忠诚概念包含五个维度的内涵，除了与西方主管承诺概念一致的认同主管、内化主管价值观维度外，还包括了为主管愿意付出相当程度的努力、希望跟随主管左右、牺牲个人利益保护主管这三个维度；而姜定宇等（2005）采取了较为纯粹的本土取向研究，开发了主管忠诚的本土量表，其主管忠诚概念主要包含认同内化、牺牲奉献、业务辅佐、服从不二和主动配合五个维度。学者们的研究结果均指出，在华人企业组织中，相对于西方主管承诺的构念，本土性的主管忠诚概念在预测员工工作表现上有更高的解释力（郑伯埙、姜定宇，2000；Chen、Tsui & Farh，2002）。沿着这一思路，本文借鉴 Chen（2001）的观点，将主管忠诚定义为：一个下属对其直接主管的认同、依附和贡献的相对强度。

（二）上下级冲突

冲突作为生活中常见和不可回避的现象，在各个层面（个体、团队或群体、组织等）中都受到理论界与实务界重视。学者们对角色冲突、工作家庭冲突或团队内冲突进行了大量的研究（Xin & Pelled，2003）。许多研究团队冲突的学者如 Jehn（1995）、Rahim（2002）更是将冲突进一步细化，划分为关系（或情绪）冲突与任务（或认知）冲突两类。关系冲突是聚焦于个性与人际关系方面的冲突，指团队内部成员之间存在人际上的不合与摩擦，通常包含紧张、敌意及厌恶等情绪成分。任务冲突则是与工作任务有关的冲突，是指团队内部成员之间对于所执行任务的内容、目标以及工作流程存在争论或意见分歧。实证研究结果表明，团队成员感知的关系冲突与任务冲突对工作满意度、留职意愿存在负向影响（Jehn，1995）；关系冲突对团队绩效存在负面影响，而适量的任务冲突则有利于绩效的提升（Jehn，1997）。然而，Landry & Vandenberghe（2009）指出，直接主管对员工有很大的影响力，当前的研究对于员工与直接主管间的冲突缺乏足够的关注。有鉴于此，他们将员工与直接主管之间的冲突称为上下级冲突，并依据 Jehn（1995）对冲突类型的划分，将上下级冲突分为关系冲突与任务冲突两种类型。本研究也将沿着这一思路对上下级冲突进行分类并测量。

（三）员工工作态度

员工的工作态度包括认知、感情和行为三个部分。在研究中，学者通常较为关注的是员工工作态度的情感部分与行为部分（Robbins，2004）。本文选择员工的工作满意度与离职倾向作为员工的工作态度变量。Locke（1979）提出，工作满意度是评估工作经历所导致的情感状态，或是指由认知与情感指标所代表的心理状态；而 Mobley（1977）提出的离职倾向概念则是指员工在组织工作一段时间后考虑离开组织的意图，是影响员工由工作不满意转变到实际的离职行为的重要因素，属于主动离职的范畴。由于直接研究员工的离职行为较为困难，因此，大多数学者都是以离职倾向作为替代。

（四）员工传统性

员工传统性概念由杨国枢、余安邦、叶明华（1989）提出，他们将传统性分类为遵从权威、孝亲敬祖、安分守成、宿命自保以及男性优势5个维度。Farh、Earle & Lin（1997）将这一概念引入组织管理研究领域，主要关注遵从权威的文化维度。后续的针对华人企业组织行为的研究，大量使用员工传统性作为调节变量，研究个体传统性差异的调节作用（Spreitzer、Perttula & Xin，2005；Chen & Aryee，2007；Farh、Hackett & Liang，2007）。这些学者的实证研究也证实，个体传统性差异调节工作态度与行为绩效的关系。并且，个人传统性较高的员工对于组织的态度和行为通常是由社会角色关系预先加以确定，而个人传统性较低的员工对于组织的态度和行为往往是由与组织领导者的互惠交换所决定。

三、假设提出

社会信息加工理论的基本假设认为，个人作为一种适应性的机制，会根据所处的社会环境和过去的行为内容而采取相应的态度或行为。根据该理论，效忠主管的员工将对工作环境中各种信息进行理想化的加工，从而发展了与他们的忠诚感相一致的工作态度，如较高的工作满意度和留职意愿（Chen，2001）。在华人文化中，主管会根据下属的"亲、忠、才"进行分类，并给予下属不同的对待（郑伯埙，1995）。而员工对主管的忠诚将影响到主管的心理，从而对忠诚的下属区别对待，进而对下属的工作满意度和离职倾向产生影响。并且，下属对主管的忠诚也符合华人企业家长式领导的期待，是一种被赞许的态度与行为，因此，主管会对忠诚的下属个别照顾与支持，从而也影响了下属的工作满意度和离职倾向（姜定宇，2005）。

员工的工作态度如工作满意与离职倾向，是在工作环境中与其他人（如直接主管）交流产生的。主管忠诚的概念内涵中，更是包含了认同、内化主管价值观，为主管付出额外努力、跟随主管、为主管做奉献的内容。可见，从心理层面而言，效忠主管的员工将更容易形成与主管一致的价值观，对主管的各种领导行为给予正面的评价及支持；而从行为层面而言，忠诚的下属支持主管的各项决策，并为主管付出额外努力，跟随主管并为其做奉献。因此，员工在心理与行为层面上的忠诚使得他们更可能产生较高的工作满意度，更愿意留在组织跟随主管。学者们的实证研究结果显示，主管承诺或主管忠诚与工作满意度存在显著的正相关关系，而与离职倾向存在显著的负相关关系（Becker，1992；Chen，2001；姜定宇等，2005）。所以，在中国家族企业情境中主管忠诚对员工工作满意度和离职倾向应当具有显著的影响。基于以上的论述，本文提出以下假设：

H1：主管忠诚对员工的工作满意度有正向影响。

H2：主管忠诚对员工的离职倾向有负向影响。

主管忠诚能够降低员工所感知的与上级的关系冲突和任务冲突，这主要是因为，主管忠诚概念包含了下属对主管的价值观认同，并将其内化为自身价值观，还包含下属对主管付出额外努力、牺牲奉献的内涵，这将降低主管与下属间发生紧张、敌对及厌恶情绪的可能性，从而降低了上下级之间的关系冲突（Aron & McLaughlin-Volpe，2001）。而在华人文化中，存在着既定的"上下位"意识，主管在上，下属为下，两者既定的角色义务关系也使得忠诚的下属较少与主管争论工作任务上的不同意见，更多的是服从主管决策。并且，忠诚的下属与主管拥有更为一致的利益，这也减少了上下级发生任务冲突的可能性。华人社会中，人们习惯地逃避冲突，为了避免关系恶化，即使维持虚假和谐也比撕破脸（冲突外显）要好。按照郑伯埙（1995）的说法，在传统的中国社会中，基于中国人的集权情结乃至角色之间和谐关系的原则，中国人倾向将地位较高者权威化，将地位较低者矮化；较高者具有无上的权力，较低者只能无条件服从。特别是在家族企业中，企业经营者通常位于金字塔的顶端，组织成员在经营者面前则需作充分的自我约束，并尽可能取悦权威。Landry & Vandenberghe（2009）的研究也证实了员工对主管的情感承诺显著降低了上下级间的关系冲突和任务冲突。然而，以上对于中国家族企业主管忠诚与上下级关系冲突、任务冲突的研究主要集中于理论分析，缺乏实证检验。基于此，本文提出以下假设：

H3：主管忠诚对关系冲突有负向影响。

H4：主管忠诚对任务冲突有负向影响。

尽管目前华人学者从理论和实证上探讨了主管忠诚与员工工作态度的联系，但是，还没有关注主管忠诚对员工工作态度的影响过程。正如社会信息加工理论所指出，工作态度的形成除了直接影响路径外，还存在着另外一种间接影响路径。即个人所处的社会环境将突出某些信息，使得这部分信息变为个体所重视，这些信息将为员工的行为与态度提供种种规范与期望，从而影响个人工作态度的形成（Salaneik & Pfeffer，1978）。与"个人取向"的西方文化不同，华人社会的儒家文化具有"社会取向"的特点，社会关系特别是与权威者的关系，对个体的影响非常巨大。将社会信息加工理论与华人社会强调和谐维护的文化相结合，本文认为，效忠主管的员工将更为重视工作环境中与直接主管的和谐关系，并以维护和谐关系、避免各种形式的冲突作为个人行为的规范，从而形成个人工作态度。

具体而言，忠诚的下属由于认同且内化了主管价值观，倾向于将领导的行为信息进行加工并将其解读为正面信息。而并不忠诚的下属可能会把这些信息解读为中性的信息甚至负面的信息，从而更容易使得观点差异问题演变成观点的抵触，任务之间的沟通问题或资源分配问题却演变成行为上的对抗。Xin & Pelled（2003）的研究也发现，下属对主管领导行为的感知与情绪型冲突、情绪任务混合型冲突都存在显著相关关系，即上下级人际状态受下属所感知的主管领导行为的直接影响。进一步而言，下属员工所解读的信息会对其工作态度产生影响，正面的信息会强化好的关系认知，倾向于减少冲突，维持和谐的上下级关系，从而产生较高的工作满意度和较低的离职意愿。而对信息负面的解读则会使得员工不顾及对方"面子"而与主管产生各种形式的冲突，从而产生负面的情绪，降低工作满意度，提高离职意愿。而 Kwan、Bond & Singelis（1997）的实证研究结果也表明，华人社会中的人际和谐是决定个体生活态度和行为的重要变量，工作场所的人际和谐对员工的工作满意感和工作行为起着至关重要的作用。由此，在中国家族企业中，忠诚的下属员工倾向于维护和谐的上下级关系，避免与主管发生关系冲突和任务冲突。而冲突的降低也将使得员工发展出较高的工作满意度以及较低的离职倾向，即上下级冲突在主管忠诚与员工工作态度之间起中介作用。基于此，本文提出以下假设：

H5：关系冲突与任务冲突在主管忠诚与员工的工作满意度的关系中起中介作用。

H6：关系冲突与任务冲突在主管忠诚与员工的离职倾向的关系中起中介作用。

员工的传统性价值观将调节主管忠诚影响上下级冲突的路径，这是因为，在高传统性的员工中，接受较高的权力距离，其态度与行为受既定价值观影响较大（Farh、Haekett & Liang，2007），因此，更会将华人文化中既定的规范如"上下位"意识作为行动的指导。因而，在高传统性的员工中，越是忠诚的下属越少感觉到上下级间的冲突。而低传统性中国人的特质则是表现为个人主义（追求个人利益）和低权力距离，更趋于追求平等主义、自立以及开放性（Hui、Lee & Rousseau，2004）。传统性低的员工，更强调主管与下属的平等地位，其对于上下级关系冲突、任务冲突持一种接受、开放的态度。因此，在低传统性的员工中，虽然其效忠主管的意识一样可以降低感知的上下级冲突。但是，这部分员工由于传统性较低，接受较低的权力距离，拥有更强的代理人意识，因而在工作中更多展现个性以及更可能提出自己的看法而不是盲从主管。因此，与高传统性的员工相比，低传统性的员工的忠诚意识对上下级冲突的负向影响关系较为微弱。基于此，本文提出以下假设：

H7：传统性对主管忠诚与关系冲突之间的关系具有显著的负向调节作用，即员工传统性越高，主管忠诚对关系冲突的负向影响关系越强；反之，传统性越低，则越弱。

H8：传统性对主管忠诚与任务冲突之间的关系具有显著的负向调节作用，即员工传统性越高，主管忠诚对任务冲突的负向影响关系越强；反之，传统性越低，则越弱。

四、研究方法

（一）研究样本

本次调查是在 2009 年 7~9 月间进行的。在具体的调查之前，先确定了样本的选择标准，主要包括：一是必须是中国本土家族企业；二是企业规模在 30 人以上；三是企业成立时间在 12 个月以上；四是问卷的填写者必须有直接领导。调查选取了广东家族企业相对集中的广州、深圳以及惠州，采取滚雪球抽样的方式进行样本选择。最终样本企业共计 14 家，包括制造业、服务业、物流产业以及建筑业等多个行业。本次调查共计发出问卷 587 份，回收 472 份，符合本研究的有效问卷 360 份，有效回收率为 61.3%。由样本描述性统计分析可知，这次调查中，男性占 51.7%；员工年龄以 20~30 岁的员工为主（53.1%），30~40 岁的员工占 22.2%；员工学历以高中或中专为主（46.9%），大学专科的占 17.8%；员工任期以 1~3 年的为主（50.5%），3~5 年的占 12.3%，5~9 年的占 14.8%；员工的职位以非管理人员的一般员工为主，占 63.3%，基层管理者占 20.0%，中高层占 10.0%。回答者及其所在企业的基本特征反映了本研究的调查对象具有较好的代表性。

（二）测量工具

问卷中每个条目用 5 点 Likert 式量表测量，即存在 1~5 点评价刻度，1 表示"完全不同意"，5 表示"完全同意"。

主管忠诚的测量采用的是 Chen（2001）所发展的 17 个条目的量表。该量表包括内化主管的价值观、认同主管、对主管的奉献、对主管的额外努力、对主管的依附五个维度。在本研究中，以上五个维度的信度分别为 0.75、0.75、0.80、0.87、0.84，整体量表信度为 0.93。

上、下级冲突的测量采用的是 Landry、Vandenberghe（2009）的量表，此量表基于 John（1995）所发展的八个条目的量表，其中关系冲突和任务冲突各用四个条目来测量。本研究中，关系冲突和任务冲突量表的信度分别为 0.82、0.83。

工作满意度的测量采用的是 Bacharach、Bamberger & Conley（1991）五个条目的量表。本研究中，工作满意度量表的信度为 0.87；离职倾向的测量采用的是 Farh 等人（1998）发展的四个条目的量表。本研究中，该量表的信度为 0.82；员工传统性使用 Farh 等人（1997）发展的五个条目的量表来测量员工的传统性。本研究中，该量表的信度为 0.78。另外，在主管忠诚的研究文献中，员工的人口特征如性别、年龄、教育程度、任期及职务级别通常作为重要的控制变量。由此，本文将这些变量作为控制变量。

五、结　果

（一）变量的区分效度与同源方差的检验

本研究将主管忠诚的五维度及测量关系冲突、任务冲突、工作满意度、离职倾向、传统性的测项作为显示条目，进行验证性因子分析。结果显示，六因子模型比其他模型的拟合效果都要好（如表1所示）。这表明，本研究的六个变量之间具备良好的区分效度。

表1 变量区分效度的验证性因子分析结果

模型	所含因子	χ^2/df	RMSEA	CFI	NNFI
基本模型	六个因子：主管忠诚；关系冲突；任务冲突；工作满意度；离职倾向；传统性	3.82	0.089	0.92	0.90
模型1	五个因子：主管忠诚；关系冲突+任务冲突；工作满意度；离职倾向；传统性	4.68	0.101	0.90	0.89
模型2	五个因子：主管忠诚；关系冲突；任务冲突；工作满意度+离职倾向；传统性	4.67	0.101	0.90	0.88
模型3	四个因子：主管忠诚；关系冲突+任务冲突；工作满意度+离职倾向；传统性	5.51	0.112	0.88	0.87
模型4	四个因子：主管忠诚+关系冲突；任务冲突；工作满意度+离职倾向；传统性	7.29	0.132	0.85	0.83
模型5	三个因子：主管忠诚；关系冲突+任务冲突；工作满意度+离职倾向+传统性	7.40	0.133	0.84	0.83
模型6	两个因子：主管忠诚；关系冲突+任务冲突+工作满意度+离职倾向+传统性	9.38	0.153	0.80	0.79
模型7	一个因子：主管忠诚+关系冲突+任务冲突+工作满意度+离职倾向+传统性	13.15	0.184	0.74	0.72

注：+代表两个因子合并为一个因子；n=360。

由于本研究涉及的变量均通过一份问卷来收集数据，同一份问卷的所有项目均由同一名被试填写，可能会导致同源方差的问题。为检查同源方差的程度，本研究使用哈曼单因素检测方法，利用SPSS 13.0软件进行分析检验。将问卷所有条目一起做因子分析，在未旋转时得到的第一个主成分占到的载荷量是28.58%，并没有占到多数，所以，同源方差并不严重，测量结果可靠且有效。

（二）描述性统计分析

表2给出了11个变量的均值、标准差及相关系数。由表2可知，主管忠诚与关系冲突、任务冲突、工作满意度、离职倾向及传统性变量均显著相关。

表2 变量的均值、标准差以及相关系数

变量	均值	标准差	1	2	3	4	5	6	7	8	9	10	11
性别	0.53	0.50											
年龄	2.85	1.47	0.27**										
学历	2.09	0.86	0.13*	0.08									
任期	6.07	5.90	0.31**	0.75**	0.05								
职位	1.46	0.76	0.26**	0.39**	0.12*	0.37**							
主管忠诚	3.22	0.75	−0.08	0.08	−0.01	−0.04	0.13*	(0.93)					

续表

变量	均值	标准差	1	2	3	4	5	6	7	8	9	10	11
关系冲突	2.88	0.81	0.05	−0.05	0.05	−0.11	−0.03	−0.25**	(0.82)				
任务冲突	3.08	0.87	−0.04	−0.09	0.08	−0.03	−0.02	−0.24**	0.55**	(0.83)			
工作满意度	3.08	0.98	−0.08	0.08	−0.06	0.09	0.01	0.41**	−0.44**	−0.37**	(0.87)		
离职倾向	3.17	0.96	0.17**	−0.10	0.04	−0.08	−0.12*	−0.38**	0.39**	0.46**	−0.58**	(0.82)	
传统性	3.73	0.86	−0.16**	0.07	−0.01	−0.03	−0.03	0.22**	−0.13*	0.07	0.04	−0.03	(0.78)

注：*$p<0.05$，**$p<0.01$（双尾检验）。下同：括号内数值是量表的 Cronbach α 系数（内部一致性信度）。

（三）回归分析

本文借鉴 Baron & Kenny（1986）提出的层级回归分析法分三步验证关系冲突与任务冲突的中介作用：第一步，用主管忠诚对工作满意度和离职倾向进行回归；第二步，用主管忠诚对关系冲突与任务冲突进行回归；第三步，用主管忠诚、关系冲突与任务冲突一起对因变量工作满意度和离职倾向进行回归。其中，第一步和第二步都要求回归系数显著。第三步中，如果关系冲突与任务冲突的回归系数都显著，而自变量主管忠诚回归系数不显著，则说明关系冲突与任务冲突起完全中介作用。而如果关系冲突与任务冲突以及自变量主管忠诚的回归系数都显著，并且主管忠诚的回归系数显著减弱，则说明关系冲突与任务冲突起部分中介作用。

从表3的模型1、模型2直接效应的回归结果可见，主管忠诚对工作满意度有显著的正向影响（β = 0.467，$p < 0.01$），对离职倾向有显著的负向影响（β = −0.383，$p < 0.01$）；主管忠诚对关系冲突、任务冲突具有显著的负向影响（β 系数分别为−0.288 与−0.268，$p < 0.01$）。因此，前四个假设都得到支持和验证。从模型1、模型2中介效应的回归结果可见，当把主管忠诚、关系冲突与任务冲突都放进回归方程时，以工作满意度为因变量，结果显示，自变量主管忠诚的回归系数显著降低（β = 0.365，$p < 0.01$），而以离职倾向为因变量时，结果显示，自变量主管忠诚的回归系数也显著降低（β = −0.262，$p < 0.01$）。因此，H5 和 H6 得到部分支持与验证。

表3 层级回归分析结果

变量	模型1		模型2	
	关系冲突	任务冲突	工作满意度	离职倾向
控制变量				
性别	0.096	−0.010	−0.142*	0.308**
年龄	0.020	−0.197*	0.058	−0.089
学历	0.063	0.117*	−0.064	0.071
任期	−0.156	0.116	0.093	−0.046
职位	−0.007	0.016	−0.018	−0.139*
ΔR^2	0.026	0.028	0.032	0.106**

续表

变量	模型1		模型2	
	关系冲突	任务冲突	工作满意度	离职倾向
直接效应				
主管忠诚	−0.288**	−0.268**	0.467**	−0.383**
ΔR²	0.077**	0.068**	0.202**	0.136**
中介效应				
主管忠诚			0.365**	−0.262**
关系冲突			−0.253**	0.108*
任务冲突			−0.123*	0.335**
ΔR²			0.307**	0.282**
R²	0.320	0.310	0.582	0.622
调整后R²	0.220	0.227	0.322	0.371
F值	5.954**	5.505**	19.836**	24.343**

注：表中为标准化回归系数，下同。

在验证模型1中的直接效应时，控制变量与主管忠诚变量分别进入回归方程；验证模型2中的中介效应时，第一步是控制变量进入方程，第二步是主管忠诚变量、关系冲突与任务冲突变量同时进入方程。

进一步本文验证员工传统性的调节作用。表4给出了员工传统性对主管忠诚与上下级关系冲突、任务冲突之间关系调节作用的回归分析结果。结果显示，员工传统性仅在主管忠诚对任务冲突的影响过程中存在显著的负向调节效应（交互项系数为−0.126，$p<0.05$），而在主管忠诚对关系冲突的影响作用过程中并不存在显著的调节效应。另外，为了更清楚地说明员工传统性价值观在主管忠诚对任务冲突影响关系中的调节作用，本文采用Split-Plot分析方法画出了调节作用的示意图，如图2所示。从图2可以看出，对于高传统性的员工而言，主管忠诚对任务冲突的负向影响关系更为显著。

表4 员工传统性调节作用的回归分析

变量	关系冲突			任务冲突		
第一步（控制变量）						
性别	0.080	0.040	0.027	−0.008	−0.015	−0.042
年龄	0.013	0.103	0.116	−0.207*	−0.165	−0.136
学历	0.045	0.042	0.042	0.103	0.098	0.100
任期	−0.151	−0.240**	−0.234**	0.111	0.063	0.076
职位	−0.005	0.030	0.022	0.016	0.063	0.046
调整后R²	0.009			0.012		
F值	1.534			1.769		
第二步（主效应）						
传统性		−0.098	−0.112		0.155**	0.123*

续表

变量	关系冲突		任务冲突	
主管忠诚	−0.252**	−0.253**	−0.293**	−0.296**
调整后 R^2	0.082		0.094	
ΔR^2	0.078		0.086	
F 值	4.975**		5.603**	
第三步（调节效应）				
主管忠诚×传统性		−0.058		−0.126*
调整后 R^2		0.082		0.105
ΔR^2		0.003		0.013
F 值		4.473**		5.548**

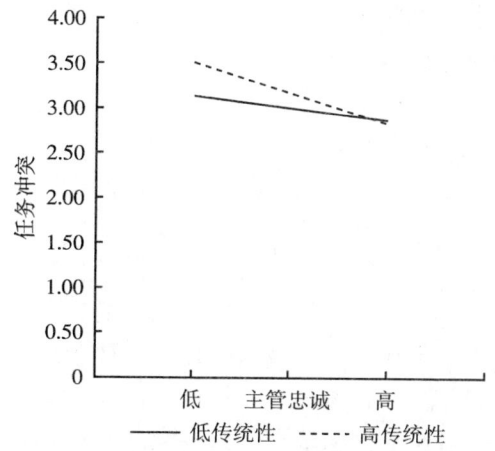

图 2　员工传统性调节主管忠诚与任务冲突关系

六、讨　论

本研究旨在探讨中国家族企业中的主管忠诚对员工工作态度的影响机制，尤其是研究上下级间的关系冲突与任务冲突的中介作用及员工传统性的调节作用。

研究发现，员工对主管的忠诚可以提高工作满意度，降低离职倾向。雷丁（1993）认为，中国人更多地忠于人，而较少忠于原则或思想；郑伯埙（1995）则更为明确地指出，在中国企业组织中，员工忠于领导者的私忠成分较多，而忠于组织的公忠成分较少。在这些学者观点的基础上，本文的研究结论进一步表明，员工对直接主管的私忠有其积极意义，可以对工作态度产生积极的影响，既提高了工作满意度，也降低了离职倾向。当然，私忠积极作用的发挥也存在一定的边界条件，直接主管的功利观即直接主管是否具有企业整体利益至上的文化价值观就是一个重要的影响因素。从组织层面而言，如果过于强调对个人的忠诚，可能导致"山头主义"及复杂的圈子行为，并影响组织的运作效率。

研究也发现，员工对主管的忠诚可以降低上下级关系冲突、任务冲突，并且关系冲突与任务冲突在主管忠诚影响员工工作态度的过程中起部分中介作用。这一结论进一步加深了人们对主管忠诚与员工工作态度之间内在作用机理的理解，也在一定程度上证实了社会信息加工理论的预测。人际关系是中国社会结构的基本元素，中国社会向来强调维护和谐的人际关系。而在我国家族企业内部，家族企业领导者会按照关系亲疏远近的差异对员工进行内部人或外人归类，并会据此提供相应的诱因。例如，关系亲近的人将会获得较多的培训、晋升、信任以及授权等。本文的研究结果则表明，在家族企业内部，维护与直接主管间的和谐关系，不仅有助于忠诚的下属避免与主管发生各种形式的冲突，还可以使得员工产生积极的工作态度。可见，在中国家族企业中，员工的私忠是与维护上下级和谐关系的意识紧密相连的，共同对员工的工作态度产生影响。此外，这也给我们这样的启示，不同于西方偏重员工对组织的责任与义务，中国家族企业的员工在完成日常工作内容之外，还必须维护好与他人，特别是与直接领导之间的关系。

最后，员工传统性调节作用检验的结果为主管忠诚影响上下级任务冲突的路径添加了边界条件，有利于我们更清楚地了解主管忠诚的影响路径。传统性高的员工，较为接受既定的角色规范（Farh等，2007；汪林、储小平、倪婧，2009），一旦忠于主管，即对主管所分配的任务不持异议，就更专注于执行。因此，与低传统性的员工相比，高传统性员工忠于主管的意识将更为显著地降低员工所感知的与主管的任务冲突。然而，与假设不同的是，传统性并未调节主管忠诚影响关系冲突的路径。对此，可能的解释是关系冲突与任务冲突相比，其冲突更多的是基于人际情感方面（Jehn，1995），一旦形成后较难改变，因此，传统性的高低并不能影响到主管忠诚与关系冲突之间的相关关系。未来的研究还应进一步明确两者的关系。

本文的研究结果也有相当重要的管理实践意义。首先，员工对直接主管的忠诚意识不仅有利于降低在人际关系层面、工作任务层面的冲突，还可以提高工作满意度、降低离职倾向。因此，组织应当从各个方面入手培养员工的忠诚意识，以期形成和谐的上下级关系。其次，企业领导人还应当关注员工的价值观取向，如传统性/现代性价值观等。这是因为，员工不同的价值观会对领导行为或工作情境做出不同的解读，从而影响工作表现。因此，领导者应当根据不同员工的价值观取向而采取相应的管理手段。

七、研究局限性和展望

本研究也有一定的局限。局限性之一在于横截面的研究设计。在未来的研究中有必要利用纵向设计或实验法，以进一步探索各变量之间的因果联系。局限性之二在于样本的局限性。由于条件的限制，获得中国较大地域范围民营家族企业的数据相对困难，我们只好选择较有代表性的珠三角进行样本收集。虽然珠三角的民营家族企业是中国民营家族企业的重要组成部分，但以此来推断整体中国民营家族企业的相关情况，其代表性显然是不够的。未来研究中在较大范围内选取较多数量的样本是有必要的。

参考文献

[1] Allen, N. J., Meyer, J. P. Alfective, Continuance and Normative Commitment to the Organization: An Examination of Construct Validity [J]. Journal of Vocational Behavior, 1996, 49 (6).

[2] Baron, R., Kenny, D. The Moderator–Mediator Variable Distinction in Social Psychologic; al Research: Conceptual, Strategic, and Statistical Considerations [J]. Journal of Personality and Social Psychology, 1986, 51 (6).

[3] Becker, T. E. Foci and Bases of Commitment: Are They Distinctions Worth Making [J]. Academy of Management Journal, 1992, 35 (1).

[4] Chen, Z. X. Further Investigation of the Outcomes of Loyalty to Supervisor: Job Satisfaction and Intention to Stay [J]. Journalof Managerial Psychology, 2001 (16).

[5] Chen, Z. X, Tsui, A. S., Farh J L. Loyalty to Supervisor vs Organizational Commitment: Relationships to Employee Performance in China [J]. Journal of Occupational and Organizational Psychology, 2002, (75).

[6] Farh, J. L., Earley, P. C, Lin, S. C. Impetus for Action: a Cultural Analysis of Justice and Organizational Citizenship Behavior in Chinese Society [J]. Administrative Science Quarterly, 1997 (42).

[7] Farh, J.L., D. Hac, Kett, Jian, Liang. Individual–level Cultural Values as Moderators of Perceived Organization Support–employee Outcome Relationships in China: Comparing the Effects of Power Distance and Traditionality [J]. Academy of Management, Journal, 2007, 50 (3).

[8] Hunt, S. D., Morgan, R. M. Organizational Commitment: One of Many Commitments: Key–Mediating Constructs? [J]. Academy of Management Journal, 1994 (37).

[9] Hui, C., Lee, C., Rousseau, D. M. Employment Relationships in China: Do Workers Relate to the Organization or to People? [J]. Organization Science, 2004 (15).

[10] Jehn, K. A.A, Multimethod Examination of the Benefits and Detriments of Intragroup Conllict [J]. Administrative Science Quarterly, 1995, 40 (2).

[11] Jehn, K. A. A Qualitative Analysis of Conllic; Types and Dimensions in Organizational Groups [J]. Administrative Science Quarterly, 1997, 42 (3).

[12] Kwan, V. S. Y., Bond, M. H., Singelis, T. M. Pancultural Explanations for Life Satisfaction: Adding Relationship Harmony to Selfsteem [J]. Journal of Personality and Social Psychology, 1997 (73).

[13] Landry, G., Vandenberghe, C. Role of Commitment to the Supervisor, Leader–Member Exchange, and Supervisor–Based Self–esteem in Employee Supervisor Conflicts [J]. The Journal of Social Psychology, 2009, 149 (1).

[14] Spreitzer, G.M, Perttula, K. H Xin, K. Traditionality Matters: An Examination of the effect; tive ness of Transformational Leadership in the United States and Taiwan [J]. Journal of Organizational Behavior, 2005 (26).

[15] Triandis, H. C, McCusker, C. and Hui, C. H. Multimethod Probes of Individualism and Collec–

tivisms. Journal of Personality and Social Psychology, 1990 (59).

[16] Xin, K. R., Pelled, L. H. Supervisor Subordinate Conllict; and Perceptions of Leadership Behavior: a Field Study [J]. The Leadership Quarterly, 2003 (14).

[17] 储小平. 家族企业研究：一个具有现代意义的话题 [J]. 中国社会科学，2000（2）

[18] 姜定宇，郑伯埙，任金刚，谢宜君. 主管忠诚：华人本土构念的美国验证 [J]. 中华心理学刊，2005（2）.

[19] 姜定宇，郑伯埙，郑纪莹，周丽芳. 华人效忠主管的概念分析与量表建构 [J]. 中华心理学刊，2007（4）.

[20] 雷丁海. 外华人企业家的管理思想——文化背景与风格. 张道敬等译 [M]. 上海三联出版社，1993.

[21] 汪林，储小平，倪婧. 领导——部属交换——内部人身份认知与组织公民行为——基于本土家族企业视角的经验研究 [J]. 管理世界，2009（1）.

[22] 杨国枢，余安邦，叶明华. 中国人心理与行为 [M]. 桂冠图书出版公司，1989.

[23] 郑伯埙. 差序格局与华人组织行为 [J]. 本土心理学研究，1995（3）.

[24] 郑伯埙，姜定宇. 华人组织中的主管忠诚：主位与客位概念对员工效能的效果 [J]. 本土心理学研究，2000（14）.

[25] 周明建，宝贡敏. 主管承诺理论研究述评 [J]. 心理科学进展，2005（3）.

Supervisory Loyalty, superior-subordinate Conflicts and Work Attitude of Employee: An Empirical Study Based on Local Family Firms

Xie Jun　　Chu Xiao-ping　　Huang Jia-xin

Abstract: The study employed 360 employees in 14 family firms to discuss how supervisory loyalty affects job satisfaction and turnover intention, especially the mediation process of superior-subordinate conflicts and the moderation process of employee's traditionality. Multiple regression analysis results are as follows: supervisory loyalty has a significantly positive impact on job satisfaction and has a significantly negative impact on turnover intention; superior-subordinate relationship conflict and task conflict partially mediated supervisory loyalty's influence on job satisfaction and turnover intention; traditionality negatively moderated the relationships between supervisory loyalty and supervisor ubordinate task conflict in such a way that the relationships were stronger for individuals higher than lower in traditionality.

Key Words: supervisory loyalty; supervisor-subordinate conflicts; traditionality

基于公文筐测验的商业银行高层管理人员选拔研究

——以商业银行高级人力资源经理岗位为例*

黄勋敬　赵曙明

【摘　要】 在采用文献法、访谈法和问卷法确定了银行高级人力资源管理者胜任力模型的基础上,设计和编制了适用于商业银行人力资源经理岗位的公文筐测验。研究结果表明,公文筐测验具有较高的信度和效度,可以在商业银行高层管理人员选拔中使用,但公文筐测验必须根据具体岗位来设计题目才能保证选拔的效果。

【关键词】 公文筐测验　商业银行　高层管理人员　胜任力　选拔工具

一、研究背景

以服务等软技术为支撑的银行业是一个高风险、高智商的行业,从业人员的素质会明显地影响到银行的服务质量和竞争能力。在当今复杂多变的经济、金融环境下,商业银行高层管理人员(简称高管人员)的选拔更具挑战性。目前,我国商业银行对高管人员有一定的准入要求,但是在人才选拔上还是缺乏符合市场规则的标准和程序。随着我国商业银行产权改革的逐步到位及国内金融市场的逐步开放,单纯通过岗位分析、工作说明书、从业资格证及准入年限来选拔高管人才,已经无法满足我国商业银行对高素质管理人员的选拔。由于公文筐测验是目前人才评价中最有效的选拔工具之一,所以本研究试图以胜任力理论为指导,以我国商业银行高级人力资源经理为研究对象,研究公文筐测验在我国商业银行高管人员选拔、培训等人力资源管理中的作用和意义。

公文筐测验又称文件处理测验或文件包测验,是一种情景模拟测验,是对实际工作中

---

* 本文选自《管理学报》2011 年第 6 期。

管理人员掌握和分析资料、处理各种信息，以及做出决策活动的一种抽象和集中。公文筐测验作为一种正式的情景模拟人才测评方法，最初起源于美国，迄今为止已经有60多年的应用历史。该测验工具一般在假定情景下实施，要求被测者以目标岗位管理者的身份，在规定条件下（通常是比较紧迫困难的条件，比如时间和信息有限、独立无援等）处理一系列目标管理岗位在实际工作中将会遇到的典型、棘手问题，测试者通过观察受测者的行为表现，分析受测者的公文处理报告，评估受测者捕捉信息、分析信息、处理信息、作出决策、组织工作的能力，对受测者现场表现进行综合评价。

公文筐测验作为一种测评工具，属于纸笔测验，它根据目标管理岗位典型、棘手的日常管理问题进行编制，具有较高的内容效度。由此，与其他测评工具、纸笔测验的方法相比，公文筐测验具有4个方面的显著特点，即仿真性高、综合性强、灵活性好和预测性强。但是，目前学者们对公文筐测验的信度和效度还存在一定的分歧。造成这种分歧的主要影响因素有受测者因素、测评者因素、测评工具因素、计分程序和计分方法等。目前，由于公文筐测验的实施需要较高的费用和花费较多的时间，所以该测验主要用于对中高层管理者的测评。

在以往关于公文筐测验的研究中，较少有针对具体行业、具体岗位确定测评维度的研究成果。国内较多使用王垒提出的5个维度，即工作条理性、统筹能力、预测能力、决策能力和书面表达能力。吴志明等把沟通能力、灵活性、领导能力、决策能力、组织协调能力及敏感性6个维度作为公文筐测验维度。徐晓锋等使用问题分析、计划性、人际沟通、授权和决策能力5个维度作为其测评指标。陈民科通过对文件处理所需要的能力进行调查并在回顾相关研究文献的基础上，提出适合公文筐测验的4个维度，即思维胜任特征、职能胜任特征、人际胜任特征及结果驱动。

综合文献研究成果，为设计出针对性强的测评题目，本研究以商业银行高级人力资源经理岗位为例，通过量化的范式构建了其胜任力模型，确定统筹能力、书面表达能力、协调能力、计划能力、授权能力和工作条理性作为该岗位公文筐测验的测评维度，这和以往的公文筐测验研究维度相比，既有相同的地方同时也具有其独特性。

二、研究过程

（一）被试选择

本研究根据被研究商业银行的收益水平、成本费用水平、服务质量水平来选取绩效优秀和绩效一般的人力资源管理者。在公文筐测评维度确立阶段，笔者从山东、天津、浙江、广西、广东等省市的商业银行抽取优秀的高级人力资源经理，对其进行深度访谈，然后按标准的范式开展行为事件访谈分析（BEI）。在此基础上，用问卷的方法进行验证，从而最终得出了商业银行高级人力资源经理岗位的胜任力模型,进而形成公文筐测评维度。前后参与胜任力建模的被试人员达到1000多人。

在公文筐预测阶段,笔者从山东某商业银行分行抽取了10名处级干部进行了一次小范围的预测。公文筐正式测试阶段则从山东、天津、浙江、广西、广东等省市的商业银行高级人力资源经理选取绩效优秀者和绩效一般者共37名进行测验(见表1)。

表1 公文筐测验正式施测被试情况一览表 N=37

分类		人数
性别	男	22
	女	15
年龄/岁	20~30	15
	31~40	17
	41~50	5
银行从业时间/年	<1	7
	1~2	5
	3~5	2
	6~10	8
	11~15	7
	16~20	6
	>20	2
管理工作任职时间/年	<1	12
	1~2	7
	3~5	6
	6~10	8
	11~15	4

(二)测试工具选取和测验维度建立

在胜任力理论指导下,本研究主要利用BEI方法的有关知识,要求被访者描述其工作情况、所在工作岗位优秀者所具有的优点。同时,也要求被访者描述亲身经历过的印象最深刻的2件成功事件,以及在工作中遇到的2件难以处理的事件,包括事件发生的原因、地点、情景、人物,以及人物的思考、语言和行为,事情的结果等。经过深入分析访谈记录并结合问卷调查结果,得出胜任商业银行高级人力资源经理岗位所需的管理能力项目。然后,对所罗列出的管理能力项目进行重要性评定,筛选出胜任该岗位最重要的6项管理能力项目,形成该岗位的胜任力模型,即统筹能力、书面表达能力、协调能力、计划能力、授权能力、工作条理性。最后,据此构建公文筐测验的测验维度。

(三) 公文筐测验开发

考虑到本测试对商业银行高级人力资源经理的实用性及内容效度，本着共同性与特殊性并存的原则，选择了商业银行高级人力资源管理工作中常见的人事调配、企业文化建设、人力资源管理提升等热点问题来设计公文筐测验。公文筐测验的开发由以下2个部分组成。

1. 关键事件收集

商业银行高级人力资源经理岗位关键事件的收集主要有以下3个渠道：①查阅文献资料和报纸，主要是查找该岗位工作的案例；②通过相关的人才测评机构施行；③采用在公文筐测验维度确立阶段的BEI方法，这也是最主要的来源。在访谈过程中，收集24名经验丰富的商业银行高级人力资源管理专家（一般为总行或分行人力资源部总经理或副总经理，以及分支行分管人力资源管理的副行长）在访谈过程中谈及的重要事件（具体的访谈过程采用STAR技术进行），并且收集了32份商业银行人力资源管理的相关文件。

2. 公文筐测验编制

在此基础上，参照实际文件的内容和形式，对关键事件和办公室相关文件进行了改编，形成了公文筐测验中的13个文件。为确定每份文件所测评的维度，本研究特邀10位专业人员对每份文件进行评定，其中包括5位来自商业银行的高级人力资源管理人员，3位来自专业人才测评公司的测评顾问，2位人才测评专家。请专业人员评定出每份文件能够测出各维度的程度，其中1为不能测出，2为测出程度较低，3为基本能够测出，4为测出程度较高，5为完全能够测出。同时，也确定这13个文件的重要性和紧迫程度，并且根据公文筐测验编制中全面性和系统性原则的要求，把这些文件进行随机编排，形成了公文筐测验。

(四) 评分人员、评分方法与评分标准的确定

1. 评分人员

选择4位人事测量方面的专家和2位具有丰富工作经验的管理专家作为评分人员。他们都具有一定的商业银行高级人力资源管理和项目经验。在正式评分之前对评分人员进行集中培训。培训分为4步：①评分人员的模拟测试，主要是让评分者对公文筐测验形成一个感性的认识；②理论和原理培训，主要是使评分人员了解公文筐的基本原理和操作方法；③熟悉评分标准和计分方法；④评分人员进行互评，以便发现评分过程中可能出现的问题。

2. 评分方法与评分标准

在公文筐测验的诸多计分方法中，维度评定计分的应用最为广泛，这种方法要求计分者对所有的维度都计分，测验总分数是每个维度分数的总和。但是这种方法对计分者的要求较高，而且信息加工量极大，使得不同计分者的计分内部一致性也存在较大差异。为了尝试减少公文筐测验的计分时间、提高计分的内部一致性，本研究采用了锚定计分与维度计分相结合的方法，即每位计分者都只对部分维度进行计分，这样就克服了评分者信息加工量过大以及评判标准在多个维度之间频繁转换带来的误差。

在制定评分标准之前，对每个一级指标都确定了操作性定义，并给出相应的 2 级指标；然后，在此基础上编制各测评指标的 5 个等级和评分标准。在制定每个测评指标的 5 个等级时，综合了有经验的商业银行高级人力资源管理人员、人才测评专家以及部分银行其他高管人员的意见，从而形成了统一的评分标准。

（五）公文筐测验预测和正式施测

本研究在预测完成以后，与参加预测的被试进行了沟通。根据被试反馈的建议和比较的结果修改了项目的重要程度和紧急程度。根据预测的结果，为了提高整份测验的区分度，经评分人员讨论决定，删除个别文件，并调整每个维度所包含的文件，最后对文件进行重新编排，形成正式的公文筐测验。在此过程中保证每个维度最少能够包含 2 个文件。同时，根据有关专家的意见，对评分标准和方法进行修改完善。

预测完成后，进行公文筐正式测评，具体测试情况见表 1。评分人员根据评分方法和标准进行评分。测验完成后，收集每个评分人员评分数据，对数据进行统计分析。

本研究利用 SPSS 11.5 统计软件对数据进行处理，主要统计方法包括描述统计、相关分析、一致性分析、差异检验（含 t 检验）等。

三、研究结果与分析

（一）信度分析

公文筐测验的评分一般都是通过几个评价者评分得到的，因此，在以往的研究中大多运用评价者一致性信度作为检验公文筐测验信度的指标。如美国教育考试中心（ETS）开发的用于空军指挥学校选拔军官的公文筐测验便是如此。在此测试中，他们发现 3 个评价者的一致性系数在 0.47~0.94 之间，而 4 个评价者的一致性系数在 0.62~0.93 之间。

为了克服评分主观性带来的偏差，本测验采用锚定计分与维度计分相结合的多评价者综合评分方法，并采用评价者一致性信度作为检验公文筐测验信度的指标，对评分数据进行综合，计算出各评分人员之间的评价者一致性信度。具体结果见表 2。

表 2　公文筐测验评价者一致性信度

维度	文件编号	评分人数	肯德尔和谐系数
统筹能力	4	3	0.777***
	5	3	0.787***
	9	3	0.813***
书面表达	2	3	0.831***
	3	3	0.803***

续表

维度	文件编号	评分人数	肯德尔和谐系数
协调能力	1	3	0.828***
	6	3	0.743***
	9	3	0.875***
计划能力	2	3	0.683***
	5	3	0.804***
授权能力	7	3	0.734***
	8	3	0.671***
工作条理性	3	3	0.828***
	4	3	0.790***

注：***、**、* 分别表示 $p<0.001$，$p<0.01$，$p<0.05$。

由表 2 可知，本研究的评价者一致性都达到了非常显著的程度。肯德尔和谐系数都在 0.67 以上，有个别文件甚至达到了 0.8 以上。这表明评价者在各个测评指标上的评价一致性很好，公文筐测验的信度很好，这一结果与前人的研究结果基本吻合。

（二）效度分析

检验公文筐测验效度的方法很多，每种方法侧重的问题不同，名称也随之而异。本研究采用的是效标关联效度，即将被试者现所在岗位的绩效作为效标，探求被试测验得分与绩效的关系。高低绩效组被试在公文筐测验 6 个维度上的平均得分以及 t 检验，结果见表 3。

表 3 高低绩效组被试公文筐得分以及 t 检验分析结果

管理能力	高绩效组		低绩效组		I	P
	M	SD	M	SD		
统筹能力	2.19	0.24	1.87	0.30	3.52	0.001
书面表达	3.24	0.34	2.93	0.37	2.69	0.011
协调能力	3.20	0.49	2.78	0.58	2.39	0.042
计划能力	3.31	0.58	2.85	0.51	2.60	0.014
授权能力	3.04	0.36	2.86	0.48	1.28	0.210
工作条理性	3.33	0.56	2.88	0.28	3.12	0.004

由表 3 可知，在公文筐测验 6 个维度的得分上，高低绩效组在统筹能力、书面表达能力、协调能力、计划能力和工作条理性 5 个维度上差异较为显著，而在授权能力维度上差异不显著。其中统筹能力差异最为显著（$p<0.001$）；工作条理性次之（$p<0.01$）；书面表达能力、协调能力和计划能力差异也较为显著（$p<0.05$）。

这说明，公文筐测验在统筹能力、工作条理性、书面表达能力、协调能力和计划能力上能够有效辨别绩效优秀者和绩效一般者，但在授权能力方面的辨别效度不高。

（三）商业银行高级人力资源管理者胜任状况

本文的公文筐测验结果还表明，目前商业银行高级人力资源经理的管理能力处于中高层水平，但是在不同维度上的水平有所差异。其中，工作条理性水平较高，为3.23；统筹能力水平较低，为1.97；授权能力、计划能力、协调能力和书面表达能力处于中等水平，分别为2.93、3.02、3.01、3.07（见表4）。

表4 公文筐测验各维度得分描述性统计结果

管理能力	最小值	最大值	平均数	标准差
统筹能力	1.00	3.00	1.97	0.57
书面能力	1.33	4.67	3.07	0.77
协调能力	1.67	4.44	3.01	0.78
计划能力	1.33	4.33	3.02	0.74
授权能力	1.50	4.50	2.93	0.67
工作条理性	1.67	4.50	3.23	0.79

这与目前商业银行人力资源经理的工作现状比较一致。目前，国内商业银行高级人力资源经理主要充当的仍然是执行者的角色，所从事的工作仍立足于操作层面，工作内容大都以档案管理、职称评聘、工资福利、人事关系调动等行政性事务为主，离战略角色的转变还具有一定距离。工作内容的单一性使得商业银行高级人力资源经理的统筹能力较低。

在此基础上，本研究还进行了方差分析。有关结果表明，银行从业时间长短对统筹能力、协调能力、计划能力和工作条理性都具有一定的影响。总体上看，工作时间越长，各项管理能力的分数也越高。这说明了行业经验积累对管理能力提升的重要性，也印证了本研究立足商业银行高级人力资源经理这一岗位进行公文筐测验研究的必要性与价值。

四、综合讨论

本研究选取商业银行高级人力资源经理作为研究对象，公文筐测评指标的确定来自该岗位人员对自身工作的认识及相关研究文献的总结，文件的素材也直接取材于商业银行高级人力资源经理，因此，加强了公文筐测验的针对性。结果证明，本文的公文筐测验具有较高的评价者一致性信度和效标关联效度。这有力地支持了加强公文筐测验的针对性将有利于提高测评有效性的研究结论。

（一）根据行业和具体岗位量身定制公文筐测评是成功测评的关键

在以往关于公文筐测验的研究中，较少有针对具体行业、具体岗位确定测评维度的研究成果。本研究针对我国商业银行高级人力资源经理这一具体岗位，确定了公文筐测验的测评维度。数据统计分析结果表明，公文筐测验对该特定岗位测评维度具有较好的鉴别效果，为公文筐测验在商业银行高管人员选拔中的使用提供了有力的实证支持。

随着中国金融市场的进一步开放，金融市场竞争的激烈程度也将进一步加剧，这使得商业银行对从业管理者的要求更高。这为公文筐测验在商业银行的使用提供了契机。然而，要保证测评和选拔的成效，则必须根据商业银行具体的管理岗位，形成该岗位的胜任力模型，然后以此为基础，量身定制测评题目，只有这样才能更好地选拔、培训商业银行管理人员，促进其实战能力和应变能力的提升。

（二）公文筐测验在商业银行管理中的具体运用

由于公文筐测验所采用的文件取材于特定管理岗位的实际活动，汇总了特定岗位日常工作中面临的典型问题、棘手问题和场景，比单纯的情景模拟、案例分析和角色扮演等其他评价中心工具更加丰富和更具有逼真性。由此，商业银行可以运用公文筐测验选拔和培训其高管人员。具体如下：

1. 招聘与选拔

基于胜任力理论及公文筐测验编制原理，设计公文筐测验，有利于提高公文筐测验的针对性和内容效度。据此，对应聘人员进行高仿真性、高灵活性的公文筐测评，可帮助招聘人员全方位地测评被试者的能力素质状况，有效预测其未来的工作绩效。为特定管理岗位人才选拔和晋升提供有效的鉴别，帮助决策者做出录取、晋升与否的决策，确实做到"人岗匹配"、"人尽其才，才尽其用"。

2. 培训与开发

由于公文筐测验是一种高仿真性的测评工具，所以通过公文筐测验的培训，可以更有针对性地提升商业银行管理人员的实际工作能力和应变能力，节省培训成本。同时，受培训管理人员也可通过参加多种岗位的公文筐测验，在短时间内了解不同管理岗位所需要的素质能力，拓宽受培训管理人员的管理能力，进而帮助提升商业银行的业绩。

参考文献

[1] 王泉. 实用人事测量 [M]. 经济科学出版社，1999.
[2] 刘小平，邓靖松. 现代人力资源测评理论与方法 [M]. 中山大学出版社，2006.
[3] 梁开广，邓婷，许玉林等. 评价中心法在评价管理潜能中的应用及其结构效度检验 [J]. 应用心理学，1991（4）：50-57.
[4] 张厚粲，刘远我. 论我国人才测评事业的发展 [J]. 心理学探新，1999，19（1）：48-53.
[5] 吴志明，张厚粲. 评价中心的构想效度和结构模型 [J]. 心理学报，2001，33（4）：372-378.
[6] 徐晓锋，车宏生. 对公文筐（I-B）在选拔高层经理人员中的实证研究 [J]. 心理科学，2004，27

（5）：1230-1232.

［7］陈民科. 人力资源公文筐测验与效度验证：基于内隐评价策略的思路［D］. 浙江大学管理学院，2003.

［8］黄勋敬. 从胜任到卓越——商业银行行长领导力模型［M］. 中国金融出版社，2009.

［9］马伯凌. 情景模拟公文筐测试简化模式的实验研究［D］. 苏州大学管理学院，2001.

［10］黄勋敬. 赢在胜任力——基于胜任力的新型人力资源管理体系［M］. 北京邮电大学出版社，2007.

［11］赵曙明. 我国管理者职业化胜任特征研究［M］. 北京大学出版社，2008.

［12］Brannick, M. T., Michaels, C. E., Baker, D. P. Construct Validity of In-basket Scores［J］. Journal of Applied Psychology, 1989, 74 (3)：957-963.

［13］Kesselman, G. A., Lopez, F. M., Lopez, F. E. The Development and Validation of a Self-report Scored In-basket Test in an Assessment Center Setting［J］. Public Personnel Management, 1982, 11 (2)：228-238.

［14］Athur, W., Woehr, D. J., Maldegen, R. A Conceptual and Empirical Re-examination of Assessment Center Construct-Relater Validity Paradox［J］. Journal of Management, 2000, 26 (4)：813-835.

Selecting Executives of Commercial Banks Based on the In-basket Testing: A Case Study in the Senior Human Resources Manager in Commercial Banks

Huang Xun-jing Zhao Shu-ming

Abstract: This paper first uses documents interviews and questionnaires to determine the competency model of bank's senior human resources manager, and then designs and develops the in basket testing fit for the senior human resources managers in Commercial Banks. The results show that the in-basket testing has very high reliability and validity, which can be used in the selecting of executives in commercial banks. But for the sake of guarantee of the effect of selection, the items of in basket testing must be designed based on specific jobs.

Key Words: in basket testing; commercial banks; executives; competency; selection tool

第二节 英文期刊论文精选

Title: The influence of perceived employee voice on organizational commitment: An exchange perspective

Author: Elaine Farndale, Joppe Van Ruiten, Clare Kelliher, Veronica Hope-Hailey

Periodical: Human Resource Management

Date: Jan./Feb.2011

Abstract: Using exchange theory, this study examines how perceptions of employee voice, the employee-line manager relationship, and trust in senior management are related to organizational commitment. It is hypothesized that the direct relationship between perceptions of opportunities for employee voice and organizational commitment is mediated by the longer-term effects of the perceived employee-line manager relationship and trust in senior management. Multiple regression analysis of a sample of 2,291 employees in organizations undergoing significant change finds some support for this hypothesis, highlighting in particular the importance of trust in senior management as a partial mediator of the relationship between employee voice and organizational commitment.

Key Words: employee voice, employee-line manager relationship, trust, commitment, social exchange theory, LMX

题目：员工感知的声音对组织承诺的影响：一个交换观点

作者：伊莱恩·范达尔，乔博·范·瑞特纳，克莱尔·科尔勒，维罗妮卡·霍普-黑利

期刊：人力资源管理杂志

日期：2011年1/2月

内容简介：运用交换理论，本研究探讨了员工声音的认知、员工直线经理关系以及对高层管理者的信任是如何与组织承诺联系在一起的。研究假设，员工声音的机会认知与组织承诺的关系受到员工直线经理关系和对高层管理者信任长期效应的调节。多重回归分析的样本2291名员工在组织中经历着重大的变化，其中的一部分支持这一假说，特别强调了在员工声音和组织承诺之间起部分中介作用的高层管理信任的重要性。

关键词：员工声音，员工直线经理关系，信任，承诺，社会交换理论，领导者—成员交换理论

Title: Age diversity and firm performance in an emerging economy: Implications for cross-cultural human resource management

Author: Ji Li, Chris Wai Lung Chu, Kevin C. K. Lam, Stacy Liao

Periodical: Human Resource Management

Date: Mar./Apr.2011

Abstract: This study tests the effect of age diversity on firm performance among international firms. Based on the resource-based view of the firm, it argues that age diversity among employees will influence firm performance. Moreover, it argues that two contextual variables-a firm's level of market diversification and its country of origin-influence the relationship between age diversity and firm performance. By testing relevant hypotheses in a major emerging economy, that is, the People's Republic of China, this study finds a significant and positive effect of age diversity and a significant interactive effect between age diversity and firm strategy on profitability. We also find a significant relationship between age diversity and firm profitability for firms from Western societies, but not for firms from East Asian societies. The paper concludes by discussing the implications of this study's findings.

Key Words: age diversity, firm performance, emerging economy, human resource management, China

题目：新兴经济体中的年龄多元化和企业绩效：对跨文化人力资源管理的影响

作者：李季，克里斯韦·伦格·楚，凯文·C.K.林，斯特西·廖

期刊：人力资源管理杂志

日期：2011年3/4月

内容简介：本研究测试了在跨国企业中，年龄多元化对公司绩效的影响。基于公司以资源为基础的观点，本文认为员工年龄多样性会影响公司绩效。此外，本文认为上下文中有两个影响年龄多元化和企业绩效之间关系的变量，分别是公司的市场多元化水平及其原产国家。通过在一个主要新兴经济体，即在中华人民共和国进行相关假设测试，这个研究发现年龄多样性的一种重要和积极的作用，以及年龄多元化与公司盈利策略之间的互动影响。我们还发现在西方社会年龄多样性和公司盈利能力之间存在显著的联系，而东亚社会的公司却没有。本文的结论是通过讨论这一研究结果的影响得到的。

关键词：年龄多元化，企业绩效，新兴经济，人力资源管理，中国

Title: The differential effects of job design on knowledge workers and manual workers: A quasi-experimental field study in China

Author: Ming Yan, Kelly Z. Peng, Anne Marie Francesco

Periodical: Human Resource Management

Date: May/Jun.2011

Abstract: When Taylorism was discarded long ago, job enrichment emerged as a good alternative. Recent research, however, has pointed out the ineffectiveness of job enrichment. This study suggests that both approaches could be effective and looks at job nature as the moderator that can affect how the two approaches are applied. The authors' longitudinal quasi-experimental field study in China found a significant interaction between worker type (knowledge workers [KWs] versus manual workers [MWs]) and job characteristics on employee outcomes. After enrichment, KWs experienced higher satisfaction and task performance, whereas for MWs, satisfaction and performance declined. This pattern of results suggests that both job enrichment and Taylorism are applicable depending on the job nature. In addition to contributing to job design theory, the present study also explored the unique attributes of KWs and provides practical suggestions as to how human resource managers can better motivate KWs.

Key Words: knowledge workers, manual workers, job enrichment, job satisfaction, task performance

题目：工作设计对知识型员工和体力劳动者的不同影响：一项在中国准实验领域的研究

作者：严鸣，凯利·Z.彭，安妮·玛利亚·弗朗西斯科

期刊：人力资源管理杂志

日期：2011年5/6月

内容简介：很久以前，当泰勒主义被丢弃之后，工作丰富化成为一个很好的选择。然而，最近的研究却指出工作丰富化是无效的。这项研究表明，这两种方法可能是有效的，并且着眼于作为调节变量的工作性质是如何影响这两种方法应用的。作者在中国的纵向准实验场研究发现：工人类型（知识型员工[KWs]对体力劳动者[MWs]）和工作特性对员工的成果之间有显著的交互作用。工作丰富化后，KWs有较高的满意度和任务绩效，而对于体力劳动者，满意度和绩效会下降。这种模式的结果表明，工作丰富化和泰勒主义是否适用取决于工作性质。除了推进工作设计理论外，本研究还探讨KWs的独特属性，并为人力资源经理更好地激励KWS提供了切实可行的建议。

关键词：知识型员工，体力劳动者，工作丰富化，工作满意度，任务绩效

Title: A framework for the human resources role in managing culture in mergers and acquisitions

Author: Mitchell Lee Marks, Philip H. Mirvis

Periodical: Human Resource Management

Date: Nov./Dec.2011

Abstract: Scholars, business people, and change agents agree that culture matters in eventual merger and acquisition (M&A) success. Researchers have generated many insights and practitioners have developed many interventions regarding culture in M&A. Managing culture, however, is often a low priority when executives are consumed with the deal's financial and strategic aspects. The authors propose a framework for how Human Resources (HR) can work with business partners in managing acculturation in M&A. They first examine the relationship between cultural differences and M&A outcomes, how culture manifests itself in combinations, and the causes and stages of culture clash. They then highlight the value of a clear "cultural endstate" in M&A and apply classic change management theory to identify actions that unfreeze current cultural mind-sets, move people toward the desired endstate, and refreeze the desired culture. Their framework specifies HR actions for four distinct cultural endstates—pluralism (in which the partner companies coexist), integration (in which the partners blend current cultures together), assimilation (in which one company absorbs the other), and transformation (in which the partner companies abandon key elements of their current cultures and adopt new values and norms).

Key Words: mergers, acquisitions, M&A, corporate culture, acculturation, change management, human resources

题目：人力资源在并购文化管理中的角色框架

作者：米切尔·李·马克斯，菲利普·H.莫维斯

期刊：人力资源管理杂志

日期：2011年11/12月

内容简介：学者、商界人士和变革推动者一致认为文化事关并购（M&A）的成功。关于并购中的文化的研究，研究人员已经形成了许多见解，实践者也已经开发了许多干预措施。但是，在并购中，高管往往会更重视财务和战略方面的问题，而把文化问题放在一个次要的位置。作者提出了一个框架，即人力资源（HR）与商业伙伴合作，以及管理并购中的文化适应。他们首先探讨文化差异和并购的成果之间的关系，文化如何体现在融合中，以及文化冲突的原因和阶段。然后，他们强调了在并购过程中一个清晰"文化终结点"的价值，并应用经典变革管理理论，以确定解放当前的文化思维模式的行动，推动人们朝着所期望的终结点前进，并重新固定所需的文化。他们的理论框架指定的人力资源行

动为四个不同的文化终结点——多元（其中合作伙伴公司共存），集成（其中合作伙伴与目前的文化融合），同化（其中一个公司吸收其他公司），转化（其中合作伙伴公司放弃他们目前的文化关键要素，并采取新的价值观和规范）。

关键词：合并，收购，M&A，企业文化，文化适应，变革管理，人力资源

Title: The differences between hard and soft skills and their relative impact on training transfer

Author: Dennis R. Laker, Jimmy L. Powell

Periodical: Human Resource Development Quarterly

Date: Spring 2011

Abstract: Most research and conceptualizing of training transfer assumes that the content of the training is irrelevant in whether or not or to what extent transfer is successful. The singular perspective that all training is the same when it comes to issues of training transfer is misguided. This is especially true for the types of training that have been traditionally referred to as hard-skills (technical) and soft-skills (intrapersonal and interpersonal) training. It is hypothesized that this singular perspective of making no differentiation between hard and soft skills can actually hinder training transfer. It is the contention of this article that this perspective masks significant differences between these two forms of training and the extent to which each transfers to the job. Anecdotal evidence has emphasized that soft-skills training is significantly less likely to transfer from training to the job than hard-skills training. Soft-skills training, rather than hard-skills training has primarily been discussed in the HRD literature. This is easily reflected in reviews of the training-transfer literature. Consequently, from this perspective, the work on training transfer has almost been exclusively based upon soft-skills training. This focus on soft skills may be warranted by the specific difficulty in transferring soft skills (intrapersonal and interpersonal) rather than hard skills (technical). This lack of soft-skill transfer results in an extremely costly waste of time, energy, and money. This article discusses differences that are hypothesized to exist between hard- (technical) and soft- (intrapersonal and interpersonal) skills training that we believe impact the degree of training transfer achieved. It is our belief that differentiating between hard and soft skills may add greatly to our understanding of training transfer and additional ways of its facilitation. This article also contends that development of a more robust and comprehensive model of training transfer must consider training content.

题目： 软、硬技能之间的差异以及对培训转移的相对影响

作者： 丹尼斯·R.莱克，吉米·L.鲍威尔

期刊： 人力资源开发杂志

日期： 2011年春

内容简介： 培训转移的大多数研究和概念化假定——培训的内容对于转移是否成功是无关紧要的。从独特的角度来看，当涉及培训转移的问题错误时，所有的训练都是一样的。这对于那些传统上被称为硬技能（技术）和软技能（自我认识和人际交往）培训的培训种类尤其如此。据推测，使得硬技能和软技能没有区别的这个奇异的角度，其实可以阻碍培训转移。本文的论点，即这两种培训形式之间的显著差异以及可以转换到工作的程度

被掩盖了。传闻证据一直强调与硬技能培训相比,软技能培训不太可能从训练转移到工作。软技能培训,而不是硬技能培训,在人力资源开发的文献上已探讨过,这很容易反映在评价培训转移的文献中。因此,从这个角度看,培训转移工作已几乎完全基于软技能培训。这种缺乏软技能的转移会造成时间、精力和财力的极大浪费。本文讨论的是在硬技能(技术)和软技能(自我认识和人际关系)之间存在假设,我们认为影响实现培训转移的程度之间存在差异。这是我们的信念,即硬性和软性技能之间的差异可能会大大增加我们的培训转移和其便利的额外途径的认识。本文还表明:一个强大和全面的培训转移的发展模式必须考虑培训内容。

Title: Influences of formal learning, personal learning orientation, and supportive learning environment on informal learning

Author: Woojae Choi, Ronald L. Jacobs

Periodical: Human Resource Development Quarterly

Date: Sep.2011

Abstract: While workplace learning includes formal and informal learning, the relationship between the two has been overlooked, because they have been viewed as separate entities. This study investigated the effects of formal learning, personal learning orientation, and supportive learning environment on informal learning among 203 middle managers in Korean commercial banks. To control the common method biases, the predictor and criterion variables were measured at different points in time with two separate sets of questionnaires. The results from using structural equation modeling showed that the proposed model indicated a better fit to the data than alternative models. It was found that formal learning and personal learning orientation have significant and positive impacts on informal learning. Although a supportive learning environment did not have a direct effect on informal learning, it had a modest but significant indirect effect on informal learning through formal learning. Implications for future research and practices are also discussed.

题目：正式学习、个人学习取向和积极的学习环境对非正式学习的影响

作者：崔佑在，罗纳德·L.雅各布斯

期刊：人力资源开发杂志

日期：2011年9月

内容简介：虽然工作中的学习包括正式和非正式的学习，但两者之间的关系却被忽视，因为它们已被视为单独的实体。这项研究通过调查韩国商业银行从业的203名中层管理人员，来说明正式学习、个人学习取向和积极的学习环境对非正式学习的影响。为控制共同方法偏差，预测和标准变量在不同时间点使用两个单独的问卷集进行测量。利用结构方程建模的结果表明，目标模型比替代模型更适合测算数据。结果表明，正式学习和个人学习取向对非正式学习有显著的正向的影响。虽然积极的学习环境并没有对非正式学习产生直接的影响，但它通过正式学习对非正式学习产生显著的间接影响。文章还讨论了学习对今后研究和实践的影响。

Title: Perceived managerial and leadership effectiveness within Mexican and British public sector hospitals: A cross-nation comparative analysis

Author: Robert G. Hamlin, Carlos E. Ruiz, Jia Wang

Periodical: Human Resource Development Quarterly

Date: Dec.2011

Abstract: Stephen M. Shortell, dean of the School of Public Health, distinguished professor of health policy and management, and professor of organization behavior in the Haas School of Business, University of California-Berkeley, has argued that evidence-based management needs to be married with evidence based medicine if sustainable improvement in the delivery, quality, cost, and outcomes of care are to be achieved. And this, he suggests, calls for an effective partnership between academics and practitioners to ensure that relevant practice-grounded research is correctly translated for practicing healthcare managers to use in their day-to-day activities (Grazier, 2004). His call is particularly urgent due to the dearth of best evidence to support evidence-based management in the field of medicine and healthcare.

题目：墨西哥和英国公立医院内感知管理和领导效能：一个跨国家的比较分析

作者：罗伯特·G.哈姆林，卡洛斯·E.鲁伊斯，王佳

期刊：人力资源开发杂志

日期：2011年12月

内容简介：公共卫生学院院长、卫生政策与管理特聘教授、加州大学伯克利分校哈斯商学院组织行为学教授斯蒂芬·肖特尔认为，如果想要实现护理传递、质量、成本和结果的持续改进，基于证据的管理和基于循证的医学就需要结合起来。而这一点，他建议，呼吁学者和从业者之间建立有效的伙伴关系，以确保具有实践性的研究是正确的，为执业医疗管理者在他们每天的日常活动（放牧人，2004）中来使用。由于在医学和医疗保健领域缺乏证据来支持基于证据的管理，因此他的呼吁尤为迫切。

Title: Age and work-related motives: Results of a meta-analysis

Author: Dorien T. A. M. Kooij, Annet H. De Lange, Paul G. W. Jansen, Ruth Kanfer, Josje S. E. Dikkers

Periodical: Journal of Organizational Behavior

Date: Feb.2011

Abstract: An updated literature review was conducted and a meta-analysis was performed to investigate the relationship between age and work-related motives. Building on theorizing in life span psychology, we hypothesized the existence of age-related differences in work-related motives. Specifically, we proposed an age-related increase in the strength of security and social motives, and an age-related decrease in the strength of growth motives. To investigate life span developmental theory predictions about age-related differences in control strategies, we also examined the relationship between age and intrinsic and extrinsic motives. Consistent with our predictions, meta-analytic results showed a significant positive relationship between age and intrinsic motives, and a significant negative relationship between age and strength of growth and extrinsic motives. The predicted positive relation between age and strength of social and security motives was only found among certain subgroups. Implications of these findings for work motivation and life span theories and future research are discussed.

题目：年龄和工作相关的动机：一个荟萃分析的结果

作者：多利安·T.A.M.科艾，安尼特·德·兰格，保罗·G.W.詹森，露丝·坎费尔，杰艾斯·S.E.迪艾斯

期刊：组织行为学期刊

日期：2011年2月

内容简介：对更新的文献进行了评估，并进行了荟萃分析，以调查年龄和工作相关的动机之间的关系。在理论化的生命跨度心理学理论的基础上，我们假设工作相关的动机与年龄相关的动机存在差异。具体来说，我们提出了一种随着社会保障动机增强而提高，以及随着成长动机增强和减弱的年龄相关动机，为调查生命发展理论在控制策略与年龄相关差异的预测，我们还研究了年龄与内在和外在动机之间的关系。与我们的预测一致，荟萃分析结果显示，年龄与内在动机之间有显著的正相关关系，而与年龄增长和外在动机强度之间存在显著负相关关系。年龄和社会保障动机之间的正相关关系只在某些亚组中存在。本文还讨论了这些发现对于工作积极性、生命跨度理论和未来研究的意义。

Title: The relation between emotional intelligence and job performance: A meta-analysis

Author: Ernest H. O'Boyle Jr., Ronald H. Humphrey, Jeffrey M. Pollack, Thomas H. Hawver, Paul A. Story

Periodical: Journal of Organizational Behavior

Date: Jul.2011

Abstract: This meta-analysis builds upon a previous meta-analysis by (1) including 65 percent more studies that have over twice the sample size to estimate the relationships between emotional intelligence (EI) and job performance; (2) using more current meta-analytical studies for estimates of relationships among personality variables and for cognitive ability and job performance; (3) using the three-stream approach for classifying EI research; (4) performing tests for differences among streams of EI research and their relationships with personality and cognitive intelligence; (5) using latest statistical procedures such as dominance analysis; and (6) testing for publication bias. We classified EI studies into three streams: (1) ability-based models that use objective test items; (2) self-report or peer-report measures based on the four-branch model of EI; and (3) "mixed models" of emotional competencies. The three streams have corrected correlations ranging from 0.24 to 0.30 with job performance. The three streams correlated differently with cognitive ability and with neuroticism, extraversion, openness, agreeableness, and conscientiousness. Streams 2 and 3 have the largest incremental validity beyond cognitive ability and the Five Factor Model (FFM). Dominance analysis demonstrated that all three streams of EI exhibited substantial relative importance in the presence of FFM and intelligence when predicting job performance. Publication bias had negligible influence on observed effect sizes. The results support the overall validity of EI.

Key Words: emotional intelligence, emotional competencies, job performance, meta-analysis

题目：情商与工作绩效之间的关系：一项荟萃分析

作者：欧内斯特·H.奥博伊尔，罗纳德·H.汉弗莱，杰弗里·M.波拉克，托马斯·H.霍夫尔，保罗·A.斯特里

期刊：组织行为学期刊

日期：2011年7月

内容简介：这项荟萃分析是建立在以前的荟萃分析基础上的，(1)包括65%以上的研究，超过两次估计情商(EI)与工作绩效之间关系的样本量。(2)使用更多现在的荟萃分析研究人格变量之间的关系，以及认知能力与工作绩效。(3)使用分三流派的方法对EI研究归类。(4)对EI研究各流派的差异，以及与人格和认知智力的关系进行测试。(5)采用最新的统计程序，如占优分析。(6)检验发表偏见。我们将EI研究归类为三流派：①使用客观测试项目的基于能力的模型；②基于EI的四个分支模型的自我报告或同行报告措施；

③情感能力的"混合模型"。三流派已经纠正与工作绩效的相关性,范围是 0.24 到 0.30。三流派有相关之处,但有不同的认知能力、神经质、外向性、开放性、宜人性和自觉性。流派 2 和流派 3 有超越认知能力和五因素模型(FFM)的最大增量有效性。主导地位的分析表明,EI 的所有三个流派表现出五因素模型存在的连续相关重要性,以及预测工作绩效方面的智力。发表偏见对观察到的效应大小的影响可以忽略不计。该结果支持 EI 的整体有效性。

关键词:情商,情感能力,工作绩效,荟萃分析

人力资源管理学学科前沿研究报告

Title: Person-organization and person-supervisor fits: Employee commitments in a Chinese context

Author: Annelies E.M. Van Vianen, Chi-Tai Shen, Aichia Chuang

Periodical: Journal of Organizational Behavior

Date: Aug.2011

Abstract: The present study simultaneously examined people's perceptions of person organization (PO) and person-supervisor (PS) fit and related these perceptions to employees' commitments. Three-hundred-and-sixty employee-supervisor dyads from Taiwanese organizations reported about their PO fit and PS fit perceptions. In addition, supervisors reported about their perceptions of fit and guanxi with each of their employees. Results indicated that PO and PS fit perceptions both had an independent and additive relationship with organizational commitment. The link between employee PS fit perceptions and organizational commitment was mediated by commitment to the supervisor. Both employee and supervisor fit perceptions contributed to commitment to the supervisor through their influence on the quality of the leader-member exchange (LMX). Guanxi could not explain additional variance in LMX and supervisor commitment. Implications for theory and practices regarding person-environment fit, commitment, and LMX are discussed. The study findings offered suggestions for a new Theory of Multiple Fits.

Key Words: person-organization fit, person-supervisor fit, organizational commitment, commitment to the supervisor, guanxi

题目：人—组织与人—主管匹配：中国背景下的员工承诺

作者：安娜莉斯·E.M.范.维娅娜，沈启泰，庄瑷嘉

期刊：组织行为学期刊

日期：2011年8月

内容简介：本研究同时探讨人们对于个人与组织（PO）和个人与主管（PS）匹配的观点，并把这些观点与员工承诺联系在一起。来自中国台湾各组织的360对员工主管二人组合发表了他们对PO匹配和PS匹配的看法。此外，主管们发表了他们与各自员工匹配和关系的看法。结果表明，PO和PS匹配观点和组织承诺都有着独立和添加的关系。员工的PS匹配感知与组织承诺之间的联系是通过承诺主管调节的。员工和主管匹配感知，通过他们对领导—成员交换（LMX）质量的影响促成了承诺主管。关系无法解释LMX与主管承诺的额外变动。此外本文还对人—环境匹配，承诺和LMX的理论实践意义进行了讨论。该研究结果为多元匹配的新理论提供了建议。

关键词：人—组织匹配，人—监督匹配，组织承诺，承诺主管，关系

Title: Multiple Team Membership: A Theoretical Model of its Effects on Productivity and Learning for Individuals and Teams

Author: Michael Boyer O'leary, Mark Mortensen, Anita Williams Woolley

Periodical: Academy of Management Review

Date: Jul.2011

Abstract: Organizations use multiple team membership to enhance individual and team productivity and learning, but this structure creates competing pressures on attention and information, which make it difficult to increase both productivity and learning. Our model describes how the number and variety of multiple team memberships drive different mechanisms, yielding distinct effects. We show how carefully balancing the number and variety of team memberships can enhance both productivity and learning.

题目：多元化团队成员：其对个人和团队的工作效率及学习影响的理论模型

作者：迈克尔·博耶奥利里，马克·莫特森，安妮塔·威廉姆斯伍利

期刊：美国管理学会评论

日期：2011年7月

内容简介：组织运用多元团队成员构成，以提高个人和团队的工作效率和学习，但这种结构会对注意力及信息产生一种竞争性的压力，这使得很难提高工作效率和学习。我们的模型描述了多元化团队成员的数量和种类是如何推动不同的机制，产生不同效果的。我们将展示如何审慎地平衡团队成员的数量和种类才可以提高工作效率和学习。

Title: Network Theory of Organization: A Multilevel Approach
Author: Thomas P. Moliterno, Douglas M. Mahony
Periodical: Journal of Management
Date: Mar.2011

Abstract: Management research regularly considers social networks and their effects on a wide range of organizational phenomena. Scholars employing the social network perspective have generated a considerable body of organizational research, with much of this scholarship single-level in its focus: exploring how networks of individuals, groups, or firms relate to organizational outcomes at the same level of analysis. However, given that organizations are multilevel systems, a network theory of the organization should, by definition, be multilevel in its scope, considering how networks at one level of the organizational system influence networks at higher and/or lower levels. In this article, the authors overlay canonical multilevel theory on the social network perspective to derive postulates defining the broad theoretical domain of a multilevel network theory of organization. The link between these two theoretical perspectives is the graph theoretical notion of systems of nested networks, allowing the authors to examine how an observed network structure at one level of the system of organizational networks relates to network structures and effects at higher or lower levels of the system.

Key Words: network theory, organizational networks, social network analysis, multilevel theory, multilevel networks, nested systems

题目：组织网络理论：一个多层次的方法
作者：托马斯·P.莫利泰尔诺，道格拉斯·M.马奥尼
期刊：管理学期刊
日期：2011年3月

内容简介：管理研究经常探讨在广泛的组织现象中的社会网络及其效应。学者采用社会网络的角度来研究，已经产生了相当多的组织研究成果，其中主要的学术观点集中在：在同一水平的分析上，探索个人、团体或企业网络是如何与组织结果联系在一起的。然而，由于组织是多层次的系统，顾名思义，该组织网络理论应在其范围内分为多个层次，考虑到单层次的组织系统如何在较高和/或较低的层次影响网络。在这篇文章中，作者在社会网络视角的基础上叠加了典型的多层次理论，用以派生组织多层次网络理论的广泛研究领域，推导公设定义组织的多层次网络理论的广泛的理论领域。这两种理论观点之间的联系是嵌套的网络系统的图论概念，以便作者探究组织单层次系统的可观察网络结构是如何与较高或较低层次系统上的网络结构及效应联系在一起的。

关键词：网络理论，组织网络，社会网络分析，多层次理论，多层次网络，嵌套系统

Title: Clearing a Path Through the Forest: A Meta-Review of Interorganizational Relationships

Author: Anne Parmigiani, Miguel Rivera-Santos

Periodical: Journal of Management

Date: Jul.2011

Abstract: Inter-organizational relationships (IORs) encompass a broad array of collaborative exchanges, including strategic alliances, joint ventures, buyer-supplier agreements, licensing, co-branding, franchising, cross-sector partnerships, networks, trade associations, and consortia. Scholarly work in this area typically focuses on particular forms, which has made it difficult to build a holistic understanding of why organizations engage in these relationships. This article summarizes the IOR literature by conducting a meta-review, a review of the reviews that have covered various IOR forms and theories. Through this approach, the authors highlight similarities and differences among forms and acknowledge perspectives grounded in organizational economics and organization theory. In line with March's seminal framework, the authors identify two pure forms of IORs: co-exploration and co-exploitation. Explicating these pure forms enables the integration of different theories and the reconciliation of the empirical reality that IORs, like firms, combine exploration and exploitation. The authors conclude by suggesting directions for future work, highlighting areas rich in potential.

Key Words: cooperative strategy, strategic alliances, joint ventures/JVs, exploration/exploitation, franchising, sourcing strategies, patents, R&D strategies

题目：理清通往森林的路径：一项关于组织间关系的荟萃分析

作者：安妮·帕玛强尼，米格尔·里维拉-桑托斯

期刊：管理学期刊

日期：2011年7月

内容简介：组织间关系（IOR中）包含一系列广泛的协作交流，包括战略联盟、合资企业、采购商与供应商的协议、许可、联合品牌、特许经营、跨部门合作、网络、行业协会和财团等。该领域的学术著作通常专注于某一特定的形式，这使得我们难以全面理解在这些关系中组织是如何参与的。本文通过荟萃分析，对涵盖各种IOR形式和理论的IOR文献进行了回顾总结。通过这种方法，作者在组织经济学和组织理论的基础上，强调了形式和认知角度的共性和差异。为配合March's开创性架构线，作者识别出两种纯粹形式的IOR：合作探索和联合开发。进一步阐述这些纯粹的形式，有利于整合不同的理论和经验现实，对于公司，IOR可以使合作探索和联合开发一体化。作者通过建议今后工作的方向、突出丰富的潜在领域对全文进行了总结。

关键词：合作战略，战略联盟，合资企业，探索/开发，特许经营，采购战略，专利，研发策略

Title: The Battle for China's Talent
Author: Conrad Schmidt
Periodical: Harvard Business Review
Date: Mar.2011

Abstract: The article discusses strategies for Western firms that want to recruit and retain employees in China. A survey conducted by the Corporate Executive Board company which found that Chinese workers and job candidates in China prefer to work for domestic employers is discussed. Factors contributing to the shift away from Western firms and brands as employers are mentioned. How Western multinational corporations can compete for high-potential Chinese employees and executives is discussed. Topics include retaining employees with pay increases, changing the business model to include globalization, and offering variable long-term career paths.

题目：中国人才之战
作者：康拉德·施密特
期刊：哈佛商业评论
日期：2011年3月

内容简介：本文主要讨论了西方企业想要在华招聘和留住员工的战略问题。由公司执行委员会所做的调查发现，中国工人和应聘者更偏向为对国内雇主工作的观点存在争议。同时，还讨论了西方跨国公司如何通过竞争得到高压政策高潜力的中国员工和管理人员。论题包括通过加薪留住员工、改变业务模式——包括全球化，并提供可变动的长期职业发展路径。

Title: The Power of Small Wins
Author: Teresa M. Amabile, Steven J. Kramer
Periodical: Harvard Business Review
Date: May.2011

Abstract: What is the best way to motivate employees to do creative work? Help them take a step forward every day. In an analysis of knowledge workers' diaries, the authors found that nothing contributed more to a positive inner work life (the mix of emotions, motivations, and perceptions that is critical to performance) than making progress in meaningful work. If a person is motivated and happy at the end of the workday, it's a good bet that he or she achieved something, however small. If the person drags out of the office disengaged and joyless, a setback is likely to blame. This progress principle suggests that managers have more influence than they may realize over employees' well-being, motivation, and creative output. The key is to learn which actions support progress–such as setting clear goals, providing sufficient time and resources, and offering recognition–and which have the opposite effect. Even small wins can boost inner work life tremendously. On the flip side, small losses or setbacks can have an extremely negative effect. And the work doesn't need to involve curing cancer in order to be meaningful. It simply must matter to the person doing it. The actions that set in motion the positive feedback loop between progress and inner work life may sound like Management 101, but it takes discipline to establish new habits. The authors provide a checklist that managers can use on a daily basis to monitor their progress-enhancing behaviors.

题目：微小成就的力量
作者：特里萨·M.阿马布勒，史蒂芬·J.克莱默
期刊：哈佛商业评论
日期：2011年5月

内容简介：什么是激励员工做创造性工作的最佳方法？帮助他们每天向前迈进一步。在对知识型员工的日记分析的过程中，研究人员发现，没有什么比从事一份有意义的工作并在其中有所进步更能激励他们积极的内在工作生活（情感、动机和认知的组合，是绩效的关键）了。如果一个人是以积极和快乐的心情结束一天的工作，那他或她便取得了一些成就，尽管这成就很微小。如果一个人拖沓地走出办公室，没有参与感和快乐，那么挫折感便随之而来。这种进步的原则表明，管理者对员工的福祉、动机和创意产出有比他们认识到的更大的影响力。关键是要了解哪些行动支持进步，如制定明确的目标、提供足够的时间和资源，并加以认可，同时，也要了解哪些行动会阻碍进步。即使是很小的成就也可以提高内在工作生活。另外，小损失或挫折可以产生极其不利的影响。不是说一份工作可以治疗癌症，它就是有意义的，它还必须和做这份工作的人相关。在进步和内在工作生活之间的正反馈回路的行动可能听起来像管理101，但它需要纪律来建立新习惯。作者为管理者们提供了一份清单，可以每天用来监督他们的进步和提高行动。

第三章 人力资源管理学科 2011 年出版图书精选

第一节

经济管理学科前沿研究报告

书名： 人力资源管理（原书第 11 版）
作者： 约翰·M.伊万切维奇、赵曙明、程俊德
出版社： 机械工业出版社
出版时间： 2011-01-01

Title: Human Resource Management (11th Edition)
Author: John M.Ivancevich, Shuming Zhao, Junde Cheng
Publisher: Mechanical Industry Press
Date: January 1, 2011

书籍简介：

《人力资源管理（原书第 11 版）》从人力资源对管理者、员工和公司的影响及人力资源的保障、薪酬、发展、保护等方面着手，系统地讲述了人力资源的获取、开发、激励、保留等内容。本书的一个重要特点在于理论和实践，特别是将国际热点的人力资源理论与中国人力资源管理实践的结合，灵活运用人力资源管理的概念、程序、模型、工具和技巧，将这些理论在中国的实践、存在的问题以及变革的方向给予清晰说明。本书关注人力资源管理方法在真实的组织环境和情境下的运用，现实主义、理解、批判和管理导向的思考始终贯穿全书，面对人力资源管理的问题、挑战和抉择，指导管理者诊断和解决。

本书中还提供了丰富的案例资源、人力资源管理杂志精彩文章摘录、练习和讨论题，体例活泼、切合实际、有趣、实用，读者易于掌握。同时，根据国内教学需要，对教学大纲要求的知识点进行整合，对与国内教学要求不符部分适当删改，既保留国外经典教材的原汁原味，又更符合中国教学的需要，如增设了中国企业人力资源管理案例、中国企业劳资关系管理，在华跨国公司的人力资源管理等章节，设计了"职业挑战（引子）"、"职业挑战（总结）"、"人力资源备忘录"等栏目，具有很强的可读性。

书名： 战略人力资源管理：理论梳理和观点述评
作者： 宋培林
出版社： 中国经济出版社
出版时间： 2011-07-01

Title: Strategic Human Resource Management: Theory and Perspectives Combing Review
Author: Peilin Song
Publisher: China Economic Press
Date: July 1, 2011

书籍简介：

战略人力资源管理是什么，它包含哪些内容和职能，它具有什么样的框架体系，它对企业会产生怎样的影响，它应当采用何种方法和线索加以研究等，针对这些问题，不同学者从不同视角，或使用不同方法，或应用不同模型进行探讨和诠释，便形成了众说纷纭、莫衷一是的战略人力资源管理理论和观点。

本书通过对战略人力资源管理基本理论、观点的梳理和述评，较为全面地阐释了战略人力资源管理相关领域的研究进展和未来方向。在第一章关于战略人力资源管理理论的概述中，本书对战略人力资源管理的定义、特征、内容、职能、框架体系、研究方法、研究线索和理论模型等进行了述评，并基于笔者所提出的系统模型对战略人力资源管理的未来研究方向进行了展望。从第二章到第六章，本书梳理讨论了战略人力资源管理的常规内容，即战略人力资源规划、战略招聘管理、战略培训开发管理、战略绩效管理和战略薪酬管理。第七章和第八章分别述评了战略人力资源管理的两个重要专题：战略国际人力资源管理和战略人力资源管理的效益评估。

本书可以为人力资源管理领域的理论工作者研究相关领域提供参考，也可以为人力资源管理专业的博士生和硕士生研习相关内容提供帮助。还可以为公司管理高层进行人力资源管理决策和从事相关管理活动提供借鉴。

书名：中国企业的人力资源管理：全球视野与本土经验
作者：赵曙明著
出版社：北京师范大学出版社
出版时间：2011-04-01

Title: Chinese Enterprise Human Resource Management: A Global Perspective and Local Experience
Author: Shuming Zhao
Publisher: Beijing Normal University Press
Date: April 1, 2011

书籍简介：

改革开放以来，中国的企业进入了一个充满机遇和希望的时代，同时也面临着激烈的竞争与严峻的挑战。随着全方位、多层次的对外开放，特别是在加入WTO以后，中国经济开始全面实现与国际经济的接轨，国内市场与国际市场融为一体，一个全新的经营环境摆在中国企业的面前，由此也推动了中国管理学理论研究的发展，本学科也取得了丰硕的研究成果。

《中国企业的人力资源管理：全球视野与本土经验》按照由宏观到微观、从广度到深度的逻辑顺序，围绕国际化经营与跨文化管理研究、中国人力资源管理研究、中国管理者的胜任素质研究以及中国管理未来研究的使命和亟待解决的前沿问题四大主题，对多年的研究成果进行了一个系统的回顾和总结。

人力资源管理学科前沿研究报告

书名：2011中国劳动力市场报告——包容性增长背景下的就业质量
作者：赖德胜
出版社：北京师范大学出版社
出版时间：2011-10-12

Title：China's Labor Market Report 2011: Under the Background of Inclusive Growth of Employment Quality
Author：Desheng Lai
Publisher：Beijing Normal University Press
Date：October 12, 2011

书籍简介：

就业是民生之本。党的十七大报告提出了"实施扩大就业的发展战略"，《我国国民经济和社会发展十二五规划纲要》提出要坚持把促进就业放在经济社会发展的优先位置，并特别提到要"提高就业质量"，这是我国就业战略的新动向。《2011中国劳动力市场报告——包容性增长背景下的就业质量》一文以就业质量为主题，认为在扩大就业的同时要更加重视就业的质量。为此，文中系统论述了就业质量的意义和含义，建立了一个包含6个维度指标，20个二级指标和50个三级指标的就业质量评价指标体系，并对各省市区2007年、2008年的就业质量进行了测算和评价。此外，本报告还分别研究了同就业质量密切相关的收入分配问题，以及特殊人群大学生（"蚁族"群体）、农民工、残疾人的就业和生存状况，同时还就中国社会保障状况及其公平性评估、变革中的劳动关系与劳资冲突等问题进行了研究，具有较强的时代性和前沿性。

经济管理学科前沿研究报告

书名: 人力资源成为战略性业务伙伴

作者: 达娜·盖恩斯·罗宾逊、詹姆斯·C.罗宾逊著,孙贺影、姚兰、周宇译

出版社: 机械工业出版社

出版时间: 2011-02-01

Title: Strategic Business Partner

Author: Dana Gaines Robinson, James C.Robinson

Publisher: Mechanical industry press

Date: February 1, 2011

书籍简介:

几乎所有的人力资源专业人士都知道在公司的战略工作中要有一席之地。但如何获得这样的席位？他们应当如何做？本书将教会你如何去做。

本书回答了上述人力资源发展中的经典问题，并通过实践发现战略性业务伙伴的主要职责是：与业务领导建立战略性业务伙伴关系；通过与业务领导合作，识别战略性合作机会；在与业务领导一起工作时要给业务工作增加价值，带领人力资源部门进行工作方式转变，即由传统工作方式向战略性工作方式转变。

研究表明，公司高管把人力资源部门排在销售部门和客户服务部门之后，重要性位列第三。企业对人力资源部门及其从业人员的战略性角色作用的发挥有着越来越高的要求。不过很遗憾，研究也表明真正成为战略性业务伙伴的人力资源部门是非常少的。大部分的人力资源部门还在从事行政和策略性的管理工作，而这类工作现在被越来越多的公司外包出去了。

本书为人力资源部门和组织发展与学习部门的专业人士提供了向战略性业务伙伴转变的具体指南，包括案例分析、练习、窍门和在组织中成为战略性业务伙伴的工具。也是一本关于人力资源从业者如何与主要决策者配合的"行事"指南！活生生的实例和"你能做的事情"栏目中的活动使得本书成为人力资源专业人士值得信赖的参考书。

人力资源管理学学科前沿研究报告

书名：对外直接投资企业核心竞争力与人力资本研究
作者：叶正欣、徐叶林、叶正茂著
出版社：上海财经大学出版社
出版时间：2011-07-01

Title：Foreign Investment Enterprise's Core Competitiveness and Human Capital Research
Author：Zhengxin Ye, Yelin Xu, Zhenmao Ye
Publisher：Shanghai University of Finance and Economics Press
Date：July 1, 2011

书籍简介：

中国对外直接投资企业最大的问题就是企业缺乏核心竞争力，要实施"走出去"战略就是要建立企业核心竞争力。由叶正茂等编著的《对外直接投资企业核心竞争力与人力资本研究》从人力资本的角度，探索对外直接投资与竞争力、核心竞争力与人力资本的关系，并探讨中国对外直接投资企业的核心竞争力的构建。

本书共由七章组成。第一章主要介绍论著的研究角度与研究对象、研究缘起与研究意义、基本内容与主要观点、研究方法与主要创新等。第二章首先指出发展我国对外直接投资的国际国内背景；其次分析了我国开展对外直接投资的必要性；再次描述了中国企业对外直接投资状况；最后分析了中国企业对外直接投资的特点与问题。第三章对企业对外直接投资理论、核心竞争力理论和人力资本理论进行了综述。第四章进行了人力资本的拓展研究，首次提出组织人力资本理论范畴，并对它的定义、特征及其产权进行了界定，最后应用于对企业的本质进行了重新解释。第五章探索了对外直接投资与企业竞争力的关系。首先，企业竞争力是对外直接投资的必要前提；其次是对外直接投资对企业竞争力的强化作用；最后是关于对外直接投资与企业竞争力关系的总结。第六章探索了企业核心竞争力与人力资本的关系。首先，从人力资本的特点论述企业核心竞争力与人力资本的关系，人力资本是企业核心竞争力的基石。其次，在给出个体人力资本与组织人力资本的区别后，进而说明组织人力资本与企业核心竞争力的关系，通过分析企业核心能力理论与战略人力资源管理理论的融合，并对WDS模型进行评述，进而提出形成企业核心能力的人力资本整合机制模型（MHCI模型）来进一步说明人力资本与企业核心能力的关系。最后，由于经营者人力资本是企业最重要的个体人力资本，因此，专门论述了经营者人力资本与企业核心竞争力的关系。第七章从人力资本角度探索构建中国对外直接投资企业的核心竞争力。首先，说明企业的人力资本管理的途径；其次，指出个体人力资本形成组织人力资本的机制；最后，重点说明中国对外直接投资企业人力资本的激励约束机制的构建，主要是研究人力资本（包括组织人力资本）怎样参与公司治理以及怎样参与企业收益分配。

经济管理学科前沿研究报告

书名：趋向老龄化的劳动力：期待与愿景
作者：[英] 菲利普·泰勒编著
出版社：社会科学文献出版社
出版时间：2011-06-01

Title：Ageing Labor Forces: Promises and Prospects
Author：Philip Taylor
Publisher：Social Sciences Academic Press
Date：June 1, 2011

书籍简介：

《趋向老龄化的劳动力：期待与愿景》是一部富有启发性的作品，书中阐述了老年劳动力不断变化的状况、老年人就业公共政策的演变以及雇主行为的变化。它尝试解答一个关键性的问题：在老龄化社会里，老年劳动力会期待延长工作寿命，成功地过渡到退休吗？劳动力的老龄化挑战了目前许多政府和观察员延长工作年限的观点。作者通过对澳大利亚、日本、加拿大、英国、美国、荷兰、法国、德国的退休、养老政策的现状和政策及其执行的解读，提出：人口老龄化导致社会福利体系和经济遭受前所未有的威胁，年老员工首当其冲地承受了工业化国家应对经济转型和人口老龄化影响的冲击，他们的参与迫使社会经济结构重组、社会福利体系重构以及老年人概念的重新定义。

本书作者畅想了老年劳动力的愿景。认为各国政府必须确定限制对年老员工需求的因素，这是他们的义务，当然，更广泛地考虑年老且处于不活跃状态人的需要会很有价值。此外，政府作为公共决策者有必要对年老员工就业的目标进行认真研究，必须小心谨慎地推动年长者进入他们的能力不被重视的劳动力市场，并对年老员工给予必要的优先援助。作者提出的新的就业方案旨在为劳动者职业生涯的关键点提供帮助，以免他们在到达五十多岁时积累了一系列使他们处于不利地位的特征，这些方案很可能比补救行动更有效。

书名: 美国政府人力资源管理
作者: 于永达、战伟萍编著
出版社: 清华大学出版社
出版时间: 2011-04-01

Title: The US Government Human Resource Management
Author: Yongda Yu, Weiping Zhan
Publisher: Tsinghua University Press
Date: April 1, 2011

书籍简介:

本书以中国政府对人才和人力资本的战略开发应用为背景，以美国公共人力资源管理理论、流程体系、法律框架、测评方法、数据资料为依托，评述了美国政府对人力资源的开发利用、教育培训、配置管理的过程、模式、机制改革及未来的发展趋势。对管理过程中所涉及的政治关系、权利义务、公共利益等方面也提供了典型案例。

本书主张在进行人力资源规划，甚至任何的战略管理规划之前，必须认真审视组织所处的环境。通过对环境的了解，认清组织使命、主要任务等战略目标，确定组织行动、变革的界限，确认组织行为符合法律要求，包括信息公开程度、对残疾工作人员的安排、对部门人事组成的安排等。当前，由于技术的复杂性，政府部门中对经济、金融、计算机等专业人士的需求逐渐增加，对人员素质的要求也不断提高，这使得人力资源规划中对组织人员需求的设计、对绩效评估中标准的设定等问题也逐渐变得复杂多样。信息技术的快速发展和电子政务的推广对世界各地政府的在职公务员提出了共同挑战，这种环境要素使得电子政务应用培训成为政府人力资源培训中的基础。管理制度是固化在组织中的成文或不成文的规定，限制所有成员的自由裁量权，保证组织效率、公平、公开和公正等产出要素。一般的政府人力资源管理制度包括人员分类制度、招聘制度、薪酬制度、职业发展制度、培训制度、评估制度等。不同组织有着不同的制度要素，并且有着路径依赖的特点，在缺乏创新的公共组织中，制度趋向于稳定化，而且很难变动，路径依赖的特点尤为突出。组织内部长期形成的组织文化也可以看作是一种不成文的制度。

经济管理学科前沿研究报告

书名：科研事业单位人力资源管理研究与实践探索
作者：白春礼主编
出版社：科学出版社
出版时间：2011-06-01

Title：Exploratory Research & Practices of Human Resource Management in Scientific Research Institutions
Author：Chunli Bai
Publisher：Science Press
Date：June 1，2011

书籍简介：

本书从我国科研事业单位人力资源管理与实践的角度，在吸收最新人力资源管理理论、方法的基础上，对科研事业单位的热点问题进行了研究与分析，重点关注的内容包括：科技人力资源规划与配置，并提出了我国研究机构的人力资源配置模型；以中国科学院与高等院校的科技人才吸引力比较为例，分析了科技人才吸引与凝聚组织优势与劣势；以继续教育与培训为主要路径进行科技人才培养与开发；通过对科技人员收入分配"满意度"调查，提出科技人才薪酬设计可以参照国外的协议工资，可以通过学术休假来激励科技人员；科技人才的使用与流动；以重点实验室、青年人才、博士后队伍和技术支撑队伍中的科技人才为例，对科技人才群体进行了实证研究；最后本书通过对全球顶尖人才特征进行了研究，包括获美国青年科学家与工程师总统奖的华人学者，从中总结出科技人才成长的规律。

人力资源管理学学科前沿研究报告

书名：奔跑的蜈蚣——以考核促进成长
作者：姜定维、蔡巍著
出版社：中华工商联合出版社
出版时间：2011-12-01

Title：The Running Centipede-Assessment Promotes Growth
Author：Dingwei Jiang, Wei Cai
Publisher：Joint of China Business Publishing House
Date：December 1, 2011

书籍简介：

　　管理，是中国企业在竞争中面临的最大挑战之一。本书结合大量案例，将全球500强企业应用的管理方法融合在一个系统之中，在这个完整的体系框架下，解决各级经理人遇到的诸多烦恼和问题，促进和评价各个方面的绩效，管理和指导需要达到的目标。本书引进国外先进的经营管理理念——目标管理、平衡计分卡、轮流负责等，结合作者十几年来在中国本土企业中的顾问实践，提出了以上理念如何为中国的企业所理解、应用，并且创新性地提出了主基二元考核法及全面绩效管理的理念，是国内在人力资源管理领域的一大突破。本书的出版，得到众多国际国内领先企业——微软、IBM、联想、新浪等的鼎力支持和热情推荐。书中的内容不仅涉及企业管理，而且涵盖非营利组织、政府事业单位，具有很强实用性和可操作性。

　　本书另一特点是独辟蹊径，通过寓言故事和生活实例将管理与生活联系起来，通俗易懂，生动活泼。

经济管理学科前沿研究报告

书名：高校人力资源能力建设研究
作者：连锦波、武博
出版社：人民出版社
出版时间：2011-05-01

Title： Human Resources Capacity Building Research Universities
Author： Jinbo Lian, Bo Wu
Publisher： People's Publishing House
Date： May 1, 2011

书籍简介：

知识经济时代，人力资源已成为社会的第一资源。人力资源能力的培育和提高对整个社会经济的可持续发展起着基础性的支撑作用，人力资源能力建设必将成为推动新一轮社会财富增长的核心，人力资源能力建设关乎大局。

《高校人力资源能力建设研究》一书大胆对人力资源管理理论进行创新，以发展和完善人力资源能力建设的理论研究，填补中国高校科教人力资源能力建设管理学研究的空白为目的，对中国高校科教人力资源能力建设的现状进行调查分析，分析优势与不足，探讨新的对策，设计人力资源能力建设的评价指标体系，为中国高校科教人力资源能力建设战略的实施提供决策依据。主张人力资源能力建设战略是通过人力资源能力增长对于物质、能量和信息的结构增效、替代增效、转化增效和产出增效去有效地克服传统生产力要素投入的边际效益递减，有效地提高高校的持续创新能力，有效地增强组织生存与发展的竞争力。这种理论的创新无疑为中国高校的品质提升和百年老校的建立提供了思路。

人力资源管理学学科前沿研究报告

书名：人力资源生态系统导论——系统的初步构建与应用研究
作者：颜爱民
出版社：经济管理出版社
出版时间：2011-02-01

Title：An Introduction to Human Resource Ecosystem:
Preliminary construction and Application Research
Author：Aimin Yan
Publisher：Economic Management Press
Date：February 1, 2011

书籍简介：

本书的主要成果来自作者主持的国家自然科学基金和教育部人文社科基金研究成果汇集，总结了将生态学和系统论导入人力资源管理研究七年以来主要研究成果。本书从国学出发，从人的生物特性出发，运用现代自然科学和社会科学理论及研究工具，对复杂的社会人进行解析。本书分为理论和实证两篇。在理论篇中，作者将生态学研究思想导入人力资源管理研究中，借鉴系统科学与系统工程技术方法，界定了人力资源生态系统的内涵、研究范畴，探索了人力资源生态系统的复杂性、稳定性，系统健康、系统竞争和系统演化等问题，初步构建了相应的人力资源生态系统研究模型。实证篇是作者带领研究团队进行企业人力资源生态系统专题应用和实证研究的阶段性成果，包括企业生态位、企业核心员工个体生态位、企业与核心员工匹配、企业核心员工生态位构建研究，企业人力资源生态系统稳定性、系统健康、系统演化等专题的应用和实证研究。

本书主要内容包括：第一篇综论包括三章，其中第一章人力资源生态系统导入，从系统、生态系统的研究过程导入到人力资源生态系统，界定人力资源生态系统的内涵、研究范畴，阐述了导入人力资源生态系统的目标和意义。第二章人力资源生态系统特征研究，分别研究了人力资源生态系统复杂性、稳定性，系统健康、系统竞争和系统演化五大问题，界定了相关概念，描述了研究特征，构建了必要的研究模型。第三章专门介绍了企业生态位和人力资源生态位，为后续的从生态位视角研究人力资源生态系统的实证研究奠定理论基础。第二篇九章是九个研究专题，第四、五、六章分别研究企业生态位、核心员工个体生态位及企业与核心员工匹配问题，构建了模型并进行了实证研究，这部分内容主要来自作者的博士论文。第七章是核心员工生态因子识别研究，主要运用扎根理论提取核心员工生态因子，构建核心员工生态位评价模型。第八章是研究其生态位构建问题，构建了核心员工生态位构建模型，研究了生态位构建行为对核心员工与组织适宜度的影响。第九章研究了人力资源生态系统稳定性影响因素。第十章构建了人力资源生态系统健康评价模型。第十一章研究了核心员工生态位构建行为对组织承诺、工作绩效的影响，探索了构建行为在人力资源管理中的应用问题。第十二章主要探索核心员工生态位与组织匹配状况对组织承诺、工作绩效、工作满意度和离职倾向的影响。

经济管理学科前沿研究报告

书名： 任职资格管理与宽带薪酬设计
作者： 蒋伟良
出版社： 企业管理出版社
出版时间： 2011-09-01

Title: Qualification Administration & Compensation design
Author: Weiliang Jiang
Publisher: Enterprise Management Press
Date: September 1, 2011

书籍简介：

如何解决员工和岗位的适配度问题？如何解决员工发展的多通道问题？如何有效提升员工达成绩效背后的能力问题？如何从根本上解决绩效管理的问题？一直困扰着企业中HR们。《任职资格管理与宽带薪酬设计》一书从实践经验的总结中给业界系统的解决思路。

任职资格管理体系并不是一个新诞生的概念和系统。在国内，从吃螃蟹的"华为"，到诸多堪称标杆的企业，已经实施或者正在实施这套体系，它的科学性、系统性和有效性得到了管理者和员工的认可。但从根本上说，建立任职资格体系对很多企业的人力资源管理体系依然是一个巨大挑战和变革，即需要从原本的事务性的人事管理，或热衷于考核和KPI的人力资源管理、绩效管理，走向以组织核心竞争力提升、员工个体能力发展为导向的人力资源能力管理。这些问题的解决需要一套完整的解决方案：建立任职资格管理体系，并建立与之相配套的培训体系、职能工资系统等。

《任职资格管理与宽带薪酬设计》将从任职资格管理和职能工资体系两大部分开展思考。这两个部分从本质上讲是一个整体，即任职资格体系在薪酬方面的应用就是职能工资系统，或者说任职资格体系是人力资源管理的中心和核心，周边模块属于它的应用领域，如它涉及了绩效接口和应用、培训接口和应用、薪酬接口和应用等。之所以分开，是考虑职能工资系统的建立非常复杂，涉及职位分析、职位评估、薪酬策略、薪酬架构、宽带薪酬等一系列专业的设计方法，有必要进行强化理解和说明，所以做了一个表象上的拆分，但在本质上，它们是一个整体。

书中涉及的理念、方法、流程，都来自于业界标杆的思想和咨询的实战，作者想通过对此套管理体系的最本源的阐述，让《任职资格管理与宽带薪酬设计》的核心思想和方法得到理解和更多的实践。

人力资源管理学学科前沿研究报告

书名： 职业经理人培训效果综合评估体系研究
作者： 崔霞
出版社： 经济科学出版社
出版时间： 2011-03-01

Title: Comprehensive Assessment System Professional Manager Training Effect
Author: Xia Cui
Publisher: Economic Science Press
Date: March 1, 2011

书籍简介：

《职业经理人培训效果综合评估体系研究》是以职业经理人培训效果评估研究为突破点，为提高培训的有效性所做的有益的尝试。全书从职业经理人培训效果评估的现状、问题和原因分析入手，以国内外管理培训过程及其各环节研究、培训效果评估的相关研究、培训效果评估模型的相关理论和研究为基础，借鉴系统论、人力资本理论、绩效与平衡计分卡理论、终身教育理论等理论的视角，紧密结合职业经理人特征和培训特点，采用问卷调查、访谈、结构方程模型、层次分析法等方法，提出、检验、修正并最终确立了具有规范性、系统性、过程性、绩效导向性和实用性、操作性较强的职业经理人培训效果综合评估体系和指标体系并加以应用；最后还进一步论述了职业经理人培训效果综合评估体系实施的各种保障措施。

《职业经理人培训效果综合评估体系研究》共分为八章，分别从研究的背景、意义、方法、内容等，国内外相关研究综述，职业经理人培训效果综合评估体系的理论模型构建，数据的获取与分析方法，数据的分析和培训效果综合评估体系的完善，职业经理人培训效果综合评估指标体系的构建，某商业银行某省分行职业经理人培训效果的评估，有效开展职业经理人培训效果综合评估的保障等方面探讨了职业经理人培训效果评估这一热点选题。

书名：基于胜任特征的知识型企业战略性人力资源开发研究
作者：贾建锋、赵希男
出版社：经济科学出版社
出版时间：2011-12-01

Title: Based on the Competence Characteristics of Knowledge-based Enterprise Strategic Human Resources Development Research
Author: Jianfeng Jia, Xinan Zhao
Publisher: Economics Science Press
Date: December 1, 2011

书籍简介：

遵循系统性原则，《基于胜任特征的知识型企业战略性人力资源开发研究》在文献综述的基础上，给出了一个基于胜任特征的知识型企业战略性人力资源开发的研究框架。在此框架之下，沿着知识型企业的个体胜任特征开发、团队胜任特征开发和组织胜任特征开发三条路线展开研究。最后以DR公司为案例研究对象，采用案例研究方法佐证本书提出的相关理论的有效性。

第二节

英文图书精选

Title: Drucker's Lost Art of Management
Author: Joseph A. Maciariello, Karen E. Linkletter
Publisher: McGraw-Hill
Date: April 1, 2011

书名：德鲁克：管理中损失的艺术
作者：约瑟夫·A.马齐里洛，凯伦·E. 林克莱特
出版社：麦格劳-希尔教育出版公司
出版时间：2011-04-01

作者简介：

约瑟夫·A.马齐里洛（Joseph A. Maciariello）是德鲁克研究院研究主任兼学术主任和德鲁克管理学院的霍顿教席管理学教授。与德鲁克共事 26 年，当德鲁克减少教学任务时接替德鲁克讲课。他与德鲁克合著了《德鲁克日志》和《行动中的有效管理者》两本书。

凯伦·E.林克莱特（Karen E. Linkletter），历史学家，是克莱蒙特大学的工商管理硕士和博士，在位于富勒顿的加州州立大学教美国研究课程。她是德鲁克研究院的第一个档案学家和人文学科方面的德鲁克学者，还曾经有过从事金融服务业的经验。

书籍简介：

本书围绕德鲁克的创见——管理是一支道德力量而不是服务于非道德的市场的工具——为处于道德困境中的现代组织提供转型蓝图和升华指南，精确地界定了德鲁克没有来得及界定的作为人文学科的管理概念，在有效管理和人文精神之间建立起清晰的关联。本书认为管理者必须关注政治学、历史学、经济学和许多其他人文学科的根本概念，比如社会价值和标准、权力的使用和滥用、个体性格成长、创新和技术、善与恶的本质、经理人在健康社会里的作用等。本书提出了一种新的管理哲学，这一哲学建立在古今中外的领导者赖以有效的管理自我、经济和社会的基本原则。本书呼吁所有的管理者，不管是职业经理人还是企业家，放弃利润高于一切这一狭隘的商业观念（因为这样的观念将来不会让任何一个人得益和得意），倡导管理者拥抱那些有助于建立好管理、好商业和好社会的不朽真谛，号召我们对今天的管理实践进行根本性的变革，在一切还来得及之前让改变发生，并为此提供了各种有益的创意、概念和实用建议。

人力资源管理学学科前沿研究报告

Title: Human Resource Management: Essential Perspectives
Author: Robert L. Mathis, John H. Jackson
Publisher: South-Western College Pub
Date: June 1, 2011

书名：人力资源管理学
作者：罗伯特·L.马修斯，约翰·H.杰克森
出版社：西南大学出版社
出版时间：2011-06-01

作者简介：

罗伯特·L.马修斯博士是美国内布拉斯加大学奥马哈分校著名的管理学教授，曾获得"优秀教学成果奖"。他在得克萨斯理工学院获得了工商管理学士学位（MBA）和工商管理硕士学位（MBA），在科罗拉多大学获得了管理与组织专业博士学位。在过去的25年中，马修斯博士与其合作者发表了多篇文章，内容涉猎广泛。在专业水平方面，马修斯博士在人力资源管理协会和其他专业组织，如管理学会中担任重要职务。他还担任人力资源认证协会（HRCI）的主席，并获得由HRCI颁发的人力资源高级专业人员证书（SPHR）。马修斯博士还给不同领域的各种规模的企业做咨询，这些领域包括电信、电子营销、财政金融、制造业、零售业、健康卫生和公用事业。他在为中小型企业建立和修改薪酬计划咨询方面有着尤为丰富的经验。马修斯博士还有在其他国家和地区做咨询和培训的经验，如澳大利亚、立陶宛、罗马尼亚、摩尔多瓦和中国台湾地区等。

书籍简介：

本书将书本人力资源概念与实际情况相结合，为准备参加HR认证考试的读者准备了最前沿的信息。本文由罗伯特·马修斯和约翰·杰克森两位人力资源大家对现今人力专业人员最常用的法律法规和概念观点进行评判。本书易于使用，其中所包含的人力资源的概念和实践案例适用于几乎所有行业的人力资源专业人士。在现今强大的管理背景下，本书开启的新篇章使内容易于理解，而发达的互联网资源更为读者进一步研究人力资源提供明确的指导方针。

经济管理学科前沿研究报告

Title：High Output Management
Author：Andrew S. Grove
Publisher：Random House
Date：December 1，2011

书名：高产出管理
作者：安迪·格鲁夫
出版社：兰登书屋
出版时间：2011-12-01

作者简介：

安迪·格鲁夫（Andrew S. Grove）1968 年参与创建英特尔公司，1979 年成为公司总裁，1987 年开始担任 CEO。1998 年 5 月，格鲁夫卸下了 CEO 的职务，但至今他仍是英特尔的董事长。格鲁夫是位科学家，对半导体科技的发展有重要贡献，也是几项半导体技术的专利拥有者。他还是一位杰出的企业家，曾多次带领英特尔转型成功，使其成为全球最大的半导体企业及计算机 CPU 制造商。1997 年他被《时代》杂志选为"年度风云人物"。格鲁夫也是纽约市立学院及哈佛大学的荣誉教授，并长期在斯坦福大学商学院讲授策略管理课程，著有《只有偏执狂才能生存》、《游向彼岸》、《人人都是管理者》、《10 倍速时代》等书。

书籍简介：

而《高产出管理》得到了学者们的长久重视，把它定为管理学入门必读书之一。本文的要点是使有志从事管理专业的读者能一窥管理学的门槛。

在序言中，安迪向世人宣示，现代企业所处的环境，是在全球化生产和咨询不断革命的夹攻洪流中。在如斯的情况下，企业只能有两条路可走，一是调整自己的策略以抵住冲击并要逆流而上；或是随流而走，坐以待毙，裁员撤厂，结束生产。处于如此恶境的企管人，在要培养出对"失序"的高度容忍力，图谋而起外，还要不断地将自己武装起来，并设法控制周遭的一切，应付顾客突然改变的要求和一下子出现的新科技。

他提出，企管人必须要达成不可能的任务，去预测不可知也不可期的未来。而当非预期的状况发生时，企管人便要加倍努力去调整其策略，以"让混乱发生，然后掌控混乱"为管理的主导思想，以拥抱混乱来迎接胜利。

安迪相信，从失序中掌控局面，从中抽丝剥茧，可以找到事物的关键，帮助管理人分析和做出正确而良好的决定。所以，他不仅不害怕混沌、混乱、失序，反之，他会欢迎之和拥抱之；甚至，在有需要时，他会故意制造混沌、混乱、失序，再从中找到决策灵感。经过长期的实践，这种做法就成为他的管理技巧，叫"格鲁夫管理法"（Grovegrams）。

Title: Banker to The World
Author: William R. Rhodes
Publisher: McGraw-Hill
Date: December 1, 2011

书名：走向世界的银行家
作者：威廉·R.罗兹
出版社：麦格劳-希尔教育出版公司
出版时间：2011-12-01

作者简介：

威廉·R.罗兹（比尔）曾是花旗集团和花旗银行高级副主席和国际官员，现已退休。他是威廉·R.罗兹全球咨询公司的总裁兼首席执行官，花旗的高级顾问，布朗大学客座教授。20世纪八九十年代，由于他在帮助管理外部债务危机，包括全球发展中国家和他们的债权人方面所做的贡献，他的法案在国际金融外交方面获得了很高声誉。他也因此担任了政府、官员以及很多全球公司的金融顾问。并且为很多营利性和非营利性组织提供指导，同时收到了无数来自政府和机构的赞誉。

书籍简介：

在《走向世界的银行家》一书中威廉·R.罗兹列举了20多个案例，有力地说明了他的原则，为各级领导人提供了良好的参照。全球范围内的高层次谈判磨砺了他的领导和谈判才能：他曾同桑地诺民族解放阵线成员、各国国家元首、各公司首席执行官在各种危急情况下进行谈判。从南非的开放到拉丁美洲"债务炸弹"的化解，再到避免花旗资产在委内瑞拉被国有化——罗兹皆与我们分享了宝贵的经验。

该书倡导大胆而果断的领导，即要知道什么时候出于谨慎的理由而无视谨慎，始终保持中立的谈判气氛，能高瞻远瞩，预测风险，面临严峻的形势时积极主动地直面问题，直击问题核心，化危机为机遇。

可能你不会面对重组国家数十亿美元债务的挑战，也无须与津巴布韦总统罗伯特·穆加贝打交道。但在《走向世界的银行家》一书中，威廉·罗兹给我们介绍了有关如何有品质、有技巧、有决心地进行领导的经验，任何经理、主管，还有政府官员都可以借鉴，用以估计挑战、预期反应，以及更果断地处理危机。

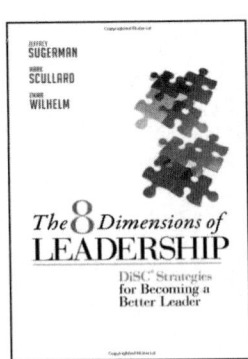

Title: The 8 Dimensions of Leadership
Author: Jeffrey Sugerman, Mark Scullard, Emma Wilhelm
Publisher: McGraw-Hill
Date: May 1, 2011

书名：领导力的8个维度
作者：杰弗里·舒格曼，马克·斯卡拉德，艾玛·威廉
出版社：麦格劳-希尔教育出版公司
出版时间：2011-05-01

作者简介：

杰弗里·舒格曼博士是为企业提供培训材料的厂商的总裁兼首席执行官。他有20年的高级管理、市场营销、业务发展以及培训和出版的经验。马克·斯卡拉德博士是负责产品的开发，研究策略和数据分析的主任。他拥有超过十年的研究和数据分析的经验，其中涉及心理测评工具和方法的发展。同时，他也是明尼苏达大学的辅导员，他上的课程包括心理学、实验心理学研究方法和统计。艾玛·威廉的事业包括Photo Assist公司，橡果国际媒体以及研究人类动力学。她的作品范围很宽泛，从研究、内容开发到收购。

书籍简介：

在《领导力的8个维度》一书中舒格曼和威廉向读者展示如何运用这8个维度对准自己来衡量自己的领导力：创业、活力、申明、包容、谦逊、协商、刚毅或指挥。作者探讨每个维度运用的优点和缺点。只运用其中一个维度是远远不够的，同时只建立在自己的优势上去评价也是片面的。要使评价有效，你需要运用所有8个维度来评价领导方式。这本书将给读者新的、有科学依据的见解，使读者能清晰地了解有效的领导力的评价标准以及如何达到这些标准。

Title: The Performance Pipeline: Getting The Right Performance at Every Level of Leadership
Author: Stephen Drotter
Publisher: Jossey-Bass
Date: September 21, 2011

书名：业绩梯队：让各层级领导者做出正确的业绩
作者：斯蒂芬·德罗特
出版社：巴斯出版社
出版时间：2011-09-21

作者简介：

斯蒂芬·德罗特是德罗特人力资源公司首席执行官，通用电气公司继任者规划体系早期设计者，曾在 INA 公司（现美国信诺保险公司）和大通曼哈顿公司做过人力资源管理工作。在安玛斯特学院获得了经济学学位，曾参与合著了《领导梯队》和《高管继任者规划手册》两本著作。

书籍简介：

任何组织或企业的领导，都会犯同样一个巨大的错误，那就是：权力使用不当，越俎代庖。领导者常常花费大量的时间亲自处理当下所面临的问题，却不肯花足够的时间对企业的未来发展情况进行预测和规划，也不愿花时间在自己员工的发展与培养上。

针对这一问题，《业绩梯队》通过明确组织内部各个领导层级存在的目的和应该达成的具体业绩，解决了这一根深蒂固、长期存在的问题，保证了企业长期和短期经营的成功。面向企业，本书揭示了工作是如何从最高层级传递到最低层级的，定义了不同层级应当达成的业绩，讨论了每一层级的领导者要使他们的下级成功所必须向后者传递的内容。更进一步来讲，为了使下级领导者及员工有所建树，上级领导者需要放手，向下传递工作，向下转移下级所需要的权力和资源，以使他们获得成功。

本书所采用的框架，不仅容易理解，而且简单实用，该框架强调了 3 项非常关键的业务需求：

如何定义组织内每一层级独特的存在目的和设定清晰、有针对性的业绩标准来提升企业业绩；

如何使各层级领导者向下一层级传递获取成功所需要的资源，从而使各层级领导者都能成功；

如何帮助领导者顺利地过渡到新的领导层级，帮助他们消除在新层级上所遇到的业绩障碍，使其在新的领导层级上实现业绩，获得成功。

经济管理学科前沿研究报告

Title: No Fear of Failure
Author: Gary Burnison
Publisher: Wiley
Date: May 1, 2011

书名：勇敢面对失败
作者：加里·伯尼森
出版社：约翰威立父子出版公司
出版时间：2011-05-01

作者简介：

本书由光辉国际首席执行官加里·伯尼森所著，他表示："这些领导人之间的一个惊人相似点就是他们在接受无可避免的失败时内心的平静。成功增强了他们的自信，但失败丰富了他们的阅历。不幸的是，人类无法预知未来。悲剧和失败常会发生，但关键不在于你失败时做了什么，而在于失败后你做了什么。"

书籍简介：

本书为读者独家讲述了全球12位杰出领导人背后不为人知的故事——揭示了促进他们成功的因素以及他们个人如何应对恐惧和失败的实例。在一对一的面对面访谈中，书中提及的每位领导人都亲身讲述了他们如何应对（通常以公开形式）战争、经济低迷、公司营业额甚至是退休的事情。

本书包括了与迈克尔-布隆伯格（Michael Bloomberg）（纽约市市长）、卡洛斯-斯利姆（Carlos Slim）（全球首富、企业家）、英德拉-努伊（Indra Nooyi）（百事首席执行官）、比森特-福克斯（Vicente Fox）（墨西哥前总统）、德鲁-吉尔平-福斯特（Drew Gilpin Faust）（哈佛大学首位女校长）、埃利-布罗德（Eli Broad）（亿万富翁慈善家）、安妮-马尔卡希（Anne Mulcahy）（施乐前首席执行官）、哈根贝克中将（Lt. General Franklin L. "Buster" Hagenbeck）（已退休的西点校长，领导阿富汗地面部队的三星将军）、John McKissick 教练（足球界获胜最多的教练）、柳传志（中国联想创始人）、魏思乐（Daniel Vasella）（诺华制药董事长）和康培凯（Olli-Pekka Kallasvuo）（诺基亚前首席执行官）的精彩访问。

人力资源管理学科前沿研究报告

Title：Onward
Author：Howard Schultz
Publisher：Macmillan US
Date：March 29，2011

书名：一路向前
作者：霍华德·舒尔茨
出版社：美国麦克米伦
出版时间：2011-03-29

作者简介：

舒尔茨是星巴克的董事长、CEO。1982 年，他成为星巴克的市场部和零售部经理。1986 年，他离开星巴克开设了自己的第一家咖啡店。1987 年，他召集一批投资者买下星巴克公司。1992 年，星巴克在美国上市。2006 年，舒尔茨跻身《福布斯》400 富豪榜，身家在 10 亿美元以上。

书籍简介：

这是一个关于动荡、迷失、找回灵魂和重获新生的故事。2008 年，星巴克总裁兼董事会主席霍华德·舒尔茨出人意料地决定重返首席执行官一职，这距离他上次放手公司日常事务，担任董事会主席已达 8 年之久。是的，星巴克迷失了方向。在星巴克 30 余年遭遇的最大危机面前，舒尔茨决定帮助它重新回归核心价值，不仅要恢复良好的财务状况，更要重塑它的灵魂。

这是一个基于大量采访、上百个资料提供者，还包括从未向外披露过的一手资料的戏剧般的故事。书中叙述了 2007—2010 年舒尔茨回归期间，在星巴克内外产生的一系列令人叹为观止的变革，以及星巴克如何一如既往地坚守价值观，来重新实现盈利和可持续发展的故事。

"不仅要赢，而且要赢得体面。"这就是舒尔茨的领导哲学。他希望给读者传达的终极思想——也是他每时每刻都在努力践行的——要怀有希望：无论世事多么艰难，未来总会变得比往昔更美好，不论这种"美好"将如何定义。

Title: Successful Organizational Transformation
Author: Marvin Washington et al.
Publisher: Business Expert Press
Date: July 22, 2011

书名：组织变革的成功
作者：马文·华盛顿等著
出版社：商务专家出版社
出版时间：2011-07-22

作者简介：
马文·华盛顿，加拿大阿尔伯人，阿尔伯塔大学副教授。

书籍简介：
不论一个组织是否有人力资源部门，它都可以受益于这本书带来的一些实用和最前沿的人力资源专业知识。本书为企业铺平了道路，对降低员工流失率，提高人员的素质，绩效评估方面有所帮助。本书将带领读者一步一步体验招聘模式、面试、筛选、选择和管理员工的绩效。在附带的CD中有大量的表格以及一个运行良好的人力资源管理部门需要的其他重要文件，包含了可定制的工具和实践指导。这是一个方便的和必要的工具，可以提高任何组织的人力资源相关的进程。

Title: Lead with Purpose
Author: John Baldoni
Publisher: Mcgraw-Hill
Date: November 1, 2011

书名：卓越领导者：提高员工满意度
作者：约翰·巴尔多尼
出版社：麦格劳-希尔教育出版公司
出版时间：2011-11-01

作者简介：

约翰·巴尔多尼（John Baldoni）是一位国际知名的领导力咨询顾问、演说家、七本著作的作者，作品包括《卓越领导者的非凡沟通秘诀》。2007年，他被国际领导力大师组织提名为"三十位最具影响力的领导力大师"之一。约翰有关领导力的著作曾经出现在《商业周刊》网站、《快速公司》网站以及哈佛商业出版社的网站上，被众多出版机构转载和引用，包括《纽约时报》、《今日美国》、《芝加哥论坛报》以及《商业投资者日报》。

书籍简介：

问任何一个领导者：你会采取什么方法让公司中具有奉献精神的员工愿意多走一英里？怎样在一个团队中知道每个人到底做什么，以及他们为什么这样做呢？本书通过一些有启发性的故事、访谈以及从各种领域提取的领导者素材，向读者展示了如何使他们的组织达到一个新的高度，获得更多关注和改进新的方向。这本书教授读者实用的技巧和技术，灌输一种主人翁意识确保组织目标的理解，鼓励机智和灵活沟通，将推动该组织成功的欲望变成共同的愿景。

Title: The Decision to Trust: How Leaders Create High-Trust Organizations
Author: Robert F. Hurley
Publisher: Wiley
Date: October 3, 2011

书名：信任决策：领导者如何创建信任度
作者：罗伯特·F.赫尔利
出版社：约翰威立父子出版公司
出版时间：2011-10-03

作者简介：

罗伯特·F.赫尔利是福特汉姆大学的教授和赫尔利联营公司的总裁，这家公司是运用行为科学以提高个人和组织效能的一家咨询公司。同时，他也是哥伦比亚大学商学院具有高领导力的核心成员。他的作品常发表在哈佛商业评论和加州管理评论以及其他出版物中。

书籍简介：

全球范围内都出现了信任下降的趋势。在过去的几十年中，只有三分之一的美国人认为他们可以信任政府、大企业、大机构。在信任决策中，罗伯特·赫尔利说明新犬儒主义和不信任的文化产生了许多问题，员工不信任彼此是不可能实现高效能管理的。世界级的公司几乎都是高信任度的环境。如果没有这种良好的环境氛围，公司不可能吸引或留住顶尖人才。

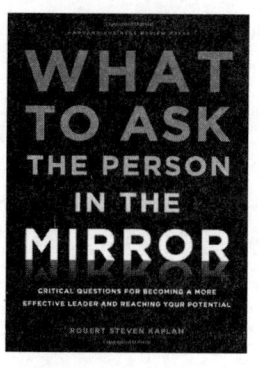

Title: What to Ask the Person in the Mirror
Author: Robert Steven Kaplan
Publisher: Perseus Books
Date: July 1, 2011

书名：该问镜子里的人什么
作者：罗伯特·史蒂文·卡普兰
出版社：珀尔修斯出版公司
出版时间：2011-07-01

作者简介：

罗伯特·S.卡普兰（Robert S. Kaplan）是哈佛商学院研究领导能力开发的马文·鲍尔（Marvin Bower）讲座教授。他是哈佛商学院出版社出版的《平衡计分卡和相关损失》（The Balanced Scorecard and Relevance Lost）一书的合著者，并是哈佛商学院出版社出版的《制造精良的测评》（Measures for Manufacturing Excellence）另一本书的编辑。

书籍简介：

罗伯特·史蒂文·卡普兰（Robert Steven Kaplan）的新书《该问镜子里的人什么》中教育了那些认为他们该知道所有问题答案以克服困难的领导者们。哈佛商学院的教授在采访中说："看一个公司、非营利组织或者处在挣扎中的领导者，几乎你会毫无例外地发现有些人对于正确问题的关注度不够。"那么，处在麻烦中的领导者们应该被问及什么问题呢？下边是一个例子：

- 你是否为你的企业发展确定一个清晰的远景？
- 你是否为了达到这个远景而确定三五个关键的优先事项？
- 你如何支配时间，是否与你的关键优先事项相匹配？
- 你是否从你的主要下属那里征求反馈？
- 你是否为你的工作确定了潜在接班人？
- 如果今天你必须用一张白纸来改变你的组织机构，你会做出什么不同的事情？
- 你的言行和你说过的话是否一致？
- 你所追求的道路是否符合你对自己长处、短处和激情的评估？

卡普兰在书中写道："根据我的经验，如果领导们问正确的问题并且对于正确的问题采取公开的态度，当然就可以想出令人信服的观点。"关键是要找到正确的问题并且养成定期问他们问题的习惯。

卡普兰是管理学者先驱，他不再把 CEO 看作是超级英雄，或是办公室角落里用意志力创造价值和颁布自上而下法令的宙斯。相反，现代的领导者拥有自省能力、善解人意、有自我意识，他们通常通过事例和动机领导别人，而不是使用权力和恐吓来领导别人。

经济管理学科前沿研究报告

Title: Harvard Business Review on Succeeding as an Entrepreneur
Author: Harvard Business Review
Publisher: Harvard Business Press
Date: June 15, 2011

书名：哈佛商业评论之成功企业家
作者：哈佛商业评论
出版社：哈佛商学院出版社
出版时间：2011-06-15

作者简介：

《哈佛商业评论》（Harvard Business Review（HBR））创刊于1922年，是哈佛商学院的标志性刊物，也是全球顶尖的管理杂志。80多年来，HBR一直致力于创造和传播最新的管理理念和方法，帮助商界领袖不断更新理念、领导变革。如今，被业界誉为"管理圣经"的HBR已成为一个全球性的高级管理平台，其权威地位是任何一家同类杂志都难以企及的，对全球的管理实务产生了深远的影响。

书籍简介：

80多年来，许多著名学者和专家常常先在《哈佛商业评论》上发表原创性的文章，孕育出许多先进的管理观念。这些思想经过讨论沉淀，然后改写成书，如彼得·德鲁克、迈克尔·波特、查尔斯·汉迪、盖瑞·哈默尔、大前研一的著作等。《哈佛商业评论》拥有非常强大的作者群，并且一直执行着相当严格的审稿制度，这使得每一篇《哈佛商业评论》的文章都具有相当的权威性。

《哈佛商业评论》传播的管理思想通常都是高屋建瓴并能对商业实践产生重大影响，许多文章由于影响深远，应读者要求一版再版，成为管理学文章中的经典之作。每一篇哈佛商业评论的文章都体现了最新的和最有意义的管理思想，最好的管理经验和案例分析以及最杰出的领导能力。每一篇文章都会带给读者新的管理理念，帮助他们在商界不断创新、领导和革新。本书正是汇集了这些经典思想，以飨读者。

人力资源管理学科前沿研究报告

Title: Transformative HR: How Great Organizations Use Evidence-Based Change to Drive Sustainable Advantage
Author: Ravin Jesuthasan
Publisher: JOSSEY BASS
Date: October, 2011

书名：变革创造价值：人力资源循证式管理
作者：瑞文·杰苏萨桑
出版社：巴斯出版社
出版时间：2011-10

作者简介：

瑞文·杰苏萨桑，知名人力咨询公司人才管理咨询业务全球负责人，被《咨询杂志》（Consulting Magazine）评为世界最有影响力的二十五位咨询师之一，拥有丰富的人才管理、人力资源项目设计经验，擅长根据企业的战略目标创建人力资源管理体系，为股东创造价值。他负责过多项全球范围的研究项目，涉及主题包括劳动成本管理、绩效管理、员工激励制度和人才发展等内容。作为知名的管理大师，杰苏萨桑在北美、欧洲、亚洲和拉丁美洲各种会议和论坛上担任过主讲，顶级的商业媒体争相发表他的最新研究动态和研究成果。

书籍简介：

《变革创造价值：人力资源循证式管理》展现了世界最受尊敬的几家知名企业，如美国匹兹堡国民银行、芝加哥商业交易所集团、苏格兰皇家银行、德国电信、盛大网络公司等，如何利用循证式变革重塑人力资源领导力，从而优化组织效率、效能和战略影响力。

Title: Masters of Management
Author: Adrian Wooldridge
Publisher: Harper Collins US
Date: November 29, 2011

书名：管理大师
作者：阿德里安·伍尔德里奇
出版社：哈珀·柯林斯一般图书出版集团
出版时间：2011-11-29

作者简介：

阿德里安·伍尔德里奇是《经济学人》管理版编辑及该杂志"熊彼特"专栏作家。他执教于牛津大学贝利奥尔学院和牛津大学万灵学院。此前，他曾担任《经济学人》华盛顿分社社长及该杂志"列克星敦"专栏作家。作品有《企业巫医》、《管理大师》等。

书籍简介：

本书介绍了市场日益增长的实力，分析了2008年的全球经济大衰退对于管理的贡献与挑战，点评了管理理论的最新发展，是一部任何管理人、经理人都不可错过的佳作。

管理学有太多的大师，甚至发明了"大师中的大师"这样的头衔，但这些大师成色如何？德鲁克忽视了中小企业？彼得斯的理论最多管用5年？

《管理大师》把近20年的管理大师、管理思想放在显微镜下，逐一观察和剖析：鉴定了大师们合理的部分，对"江湖骗子"和"忽悠"进行"外科手术式的精准打击"。

跟随《管理大师》，可以站直了与克里斯坦森、格拉德威尔等对话；了解"全球化"、"长尾"、"企业社会责任"等的真知与假话。

Title: The Labor Relations Process
Author: Ghee Soon Lim et al.
Publisher: Cengage Learning
Date: August 30, 2011

书名：劳动关系程序
作者：林志颂等著
出版社：圣智学习出版公司
出版时间：2011-08-30

作者简介：

林志颂毕业于伊利诺伊大学厄巴纳-香槟分校，并在 1993 年获得工商管理博士学位。他专注于人力资源管理、培训和发展，以及员工关系方面，并在许多著名期刊和专业会议上发表了大量期刊和会议论文。他的另外两个最近出版的教科书是《人力资源管理》（亚洲版）（与罗伯特·L.马西斯和约翰·H.杰克逊合作），《在亚洲的领导经验》（与理查德·L.达夫特合作）。

书籍简介：

劳动关系管理包括工会和非工会员工，它不仅对一个企业竞争力起着关键作用，而且对一个行业、一个城市、一个国家的发展也有着举足轻重的作用。然而，由于心理、法律、历史、政治、经济、生态等因素的影响形成了劳资之间的复杂关系的性质。因此，公司、行业、城市和国家的领导人极难得到"正确"的管理办法，并且也无法立即看到结果。在这种情景下，本文在进步和创造性的劳动运动的基础上结合新加坡的经验模型，提出了系统的劳动关系管理模式。

经济管理学科前沿研究报告

Title: Full Engagement: Inspire, Motivate, and Bring Out the Best in Your People
Author: Tracy, Brian
Publisher: American Management Association
Date: May 20, 2011

书名：让问题到你为止
作者：博恩·崔西
出版社：美国管理协会
出版时间：2011-05-20

作者简介：

博恩·崔西是博恩·崔西国际公司这家专注于个人和组织的培训与发展的企业的董事长兼首席执行官。他和他的公司致力于帮助有需要的人更快和更容易地实现个人和商业目标。博恩·崔西已经为1000多家公司做过咨询，并且在美国、加拿大和其他55个国家的5000场谈判和研讨会中为超过5000000人做了演讲。作为一个主讲人和研讨会的领袖，他每年为250000多人进行演讲。

30年来他在经济、历史、商业、哲学和心理学等领域均有建树。他是最畅销书目的作者之一，出版了40多本书，这些书被翻译成数十种语言。他出版了超过300个音频和视频学习项目，包括全球最畅销的心理学的著作——已被翻译成20多种语言。他经常以个人和专业发展等为主题对企业官员进行演讲，包括许多美国的高管和企业。他激动人心的演讲和研讨会上提出的领导、销售、自尊、目标、策略、创意和成功心理学为人们带来很大变化和长期的结果。

崔西投资了2.65亿美元开发公司。他在销售和市场营销、投资、房地产开发和联合、进口、分销和管理咨询等方面都做出了贡献。他活跃在党派和国家事务中，是三家总部设在索拉纳海滩、加利福尼亚州的公司的总裁。

书籍简介：

《让问题到你为止》认为企业的卓越成就，都是由团队员工齐心协力完成，直接管理团队的中层就是企业的核心战斗力。而研究表明，绝大多数员工在工作中仅仅发挥了他们潜力的一小部分。那么作为中层管理者，应该如何激发每一个员工的最大潜能？

《让问题到你为止》为全球权威的个人职业发展咨询家、演说家、励志大师博恩·崔西最新力作，包含了博恩·崔西对个人绩效和组织绩效数十年深入研究的成果，消除妨碍团队员工前进的一切障碍，激励员工发挥出最大潜能、创造最佳业绩的全面细致、切实可行的方法和策略。其中包括：

让员工感觉幸福的25条建议；
激发员工发挥潜能的有效方法；
为员工创造胜利感的5个步骤；

让招聘成功率达 90% 的 "三法则" 和 SWAN 准则；
成功商业管理的 "三法则"；
创造突破性业绩的 5 个关键因素；
成为最优秀中层的 17 条管理原则；
……

这一切将会告诉每位中层管理者如何行动起来，为员工开拓发挥自身潜能的渠道，引导他们创造更高业绩。在为公司带来卓越成果的同时，让员工感到自信、快乐、充满干劲，成为最杰出、最受尊敬的中层管理者。

Title: Auditing Your Human Resources Department
Author: John H. McConnell
Publisher: AMACOM
Date: July 29, 2011

书名：审查人力资源管理部门
作者：约翰·H.麦康奈尔
出版社：美国管理协会
出版时间：2011-07-29

作者简介：

约翰·H.麦康奈尔是哥伦布蓝夹克和沃辛顿工业创始人、大股东、董事长和行长。同时也是商业领袖、著名的慈善家和党派领袖，于2008年4月25日去世，享年84岁。

麦康奈尔于1923年5月10日生于西维吉尼亚州，是一个钢铁工人的儿子，他成长在大萧条时期。他曾在第二次世界大战期间加入美国海军，退伍后进入密歇根州立大学，在那里他学习了商业和足球。

在威尔顿钢铁公司工作的时候，麦康奈尔发现了一个在行业定制的钢铁加工服务。1952年作了贷款抵押，1955年推出沃辛顿工业和钢铁加工工业。今天，他创办的公司在纽约证券交易所交易，分支机构遍布11个国家，雇用了8000多人，年销售额约30亿美元。

他从1996年担任沃辛顿工业主席，并于2002年退出董事会。麦康奈尔的领导风格已收录在哈佛大学商业课程中并得到管理大师汤姆·彼得斯赞扬。他基于管理黄金法则提出自己的管理理论："我们应把我们的客户、员工、投资者和供应商作为我们的希望。"《黄金法则》一书在2004年出版。

书籍简介：

这个新版本的《审查人力资源管理部门》可以准确地判断人力资源部门是如何做的，证明其作用和战略价值。这本书全面指导读者进行严谨自我评估过程，而且远比外部审计成本更低。证明过程需要收集关键信息、得出答案、分析数据、修复问题点、仔细观察等来审查人力资源功能，审查点包括：部门组织和员工，招聘与选拔，补偿，福利，教育，培训与开发多样性和EOE。数百页的问卷、检查列表，使这一过程尽可能简化。第二版对内容进行了修正，包括战略规划和人力资源信息，重要的技术的发展和新的联邦工作法律，提供了工具来确定优势，改善劣势，将人力资源转变成一个重要的商业资产。

Title：The Leader's Checklist
Author：Useem, Michael
Publisher：Wharton Digital Press
Date：September 20，2011

书名：领导者备忘录
作者：迈克尔·尤西姆
出版社：沃顿商学院数字出版社
出版时间：2011-09-20

作者简介：

迈克尔·尤西姆（Michael Useem）是美国宾夕法尼亚大学管理学教授、沃顿学院领导与变化管理中心主任。他曾与贝尔公司、惠普公司、美国国际开发署以及联合国等著名企业和机构合作过。著有《核心集团：大公司与美英商务政治活动的兴起》（The Inner Circle：Large Corporations and the Rise of Business Political Activity in the U.S. And U.K.1984)、《行政防御：股东权力与企业重组》（Executive Defense：Shareholder Power and Corporate Reorganization 1993)、《投资者资本主义：资金管理者如何改变着美国商业的面貌》（Investor Capitalism：How Money Managers Are Changing the Face of Corporate America 1996)、《领导上级：如何领导你的上司并实现双赢》（Leading Up：How to lead your Boss So You Both With 2001)。

书籍简介：

传达你的角色，尊敬同一屋檐下的人，在其他人心目中建立领导地位，建立一个多样化的顶级团队。世界著名的领导力专家迈克尔·尤西姆向我们介绍了15项指导原则，旨在帮你培养以下方面的能力，即在不可预知和充满压力的环境下做出明智而及时的决策。

定制"领导者清单"详细说明了领导者清单的建立方法、内容确定和维护手段，并提炼出主导清单内容的15大原则，实际上是一份极为实用的领导者工作管理指南。尤西姆在书中援引了很多里程碑式的事件，包括2010年智利拯救33名被困矿工、2008年美国国际集团（AIG）破产危机，以及1865年同盟军在阿波马托克斯投降等。通过这些事件，尤西姆阐述了出色的领导力与失败的领导力之间有何不同，以及如何成为一名成功的领导者。

《领导者备忘录》是沃顿商学院数字出版社出版的第一部电子图书。本书还收录了尤西姆与智利矿产部长劳伦斯·戈尔本（Laurence Golborne）的一段视频对话，后者在"2011年领导力大会"中发表题为"如何在经济调整期与动荡的世界中发挥领导作用"的讲话。

经济管理学科前沿研究报告

Title: The New Edge in Knowledge
Author: William Barrett
Publisher: Wiley
Date: February 1, 2011

书名：知识的新优势
作者：威廉·巴雷特
出版社：约翰威立父子出版公司
出版时间：2011-02-01

作者简介：

威廉·巴雷特是专利律师和作家，他还是北卡罗来纳州研究三角园一家公司的负责知识产权的高级副总裁。克里斯托弗是北卡罗来纳州研究三角园另一家公司的CEO。和其他企业家一样，克里斯托弗在几个基于多种技术的生命科学公司担任CEO，同时他还是一个拥有超过30项美国专利和专利申请的发明家。托马斯·亨特是新罕布什尔州基恩一家公司的知识产权主管。汤姆是专利发明人以及一家知识产权集团创始人之一，还是一家知识产权战略咨询公司的总裁，他已经开发和提炼了知识资产管理方法和流程，并且超过350家公司已经开始使用。

书籍简介：

在过去的十年里，知识管理已成为现代企业的关键成功因素。这本书主要研究了知识管理的最佳实践，以及在公司中如何应用。罗梅蒂，IBM高级副总裁兼集团执行销售、市场营销和战略，在过去的20年一直走在知识管理的前沿。欧戴尔和休伯特已经进行了最佳实践，并创建了一个路线图来改变人们的工作方式。杰克逊·格雷森提出：认清现状，如果我们有自知，知识的优势是可以作为一个有用的指南手册，分享最佳实践和组织管理，从而使管理更上一层楼：Web 2.0，社交网络，移动和社区的实践。国际的一些例子向公司展示了如何建立战略联盟和系统、快速、有效地管理转移知识。莫斯·坎特，哈佛商学院的教授和超级企业的作者：先锋公司如何实现创新、利润增长和社会化。本书向公司或组织提出了关于如何采取具体的步骤来创建和实现一个世界级的公司的策略。

第四章 人力资源管理学科 2011 年大事记

第一节 人力资源管理学科国内会议

1. 会议名称：2011（第四届）中国人力资源管理年会
会议时间：2011 年 11 月 26~27 日
会议地点：北京
会议纪要：2011 年 11 月 26~27 日，由中国人民大学商学院和中国人力资源理论与实践联盟联合主办的"2011（第四届）中国人力资源管理年会"在中国人民大学逸夫会议中心隆重召开。400 多名来自中国人力资源管理领域的权威学者、意见领袖和行业翘楚汇聚一堂，通过 2 场主题演讲、3 场主题论坛、4 场主题分论坛、现场提问和微博互动等方式，切磋经验、激荡思想，共同探求中国人力资源管理的新模式和新理念。第一届中国人力资源管理学院奖颁奖典礼同期热烈举办，颁发了中国人力资源管理十大最佳实践奖、中国人力资源管理年度人物奖 10 名、中国人力资源管理新锐人物奖 10 名，为业界树立标杆和典范。

平行分论坛一——"用工荒"时代的人力成本管控与绩效提升。在中华薪酬网创始合伙人兼中国人力资源理论与实践联盟学术委员会副主席文跃然老师的主持下进行，北京太和睿信企业管理顾问有限公司合伙人、首席顾问季征和辽宁省外联人力资源服务中心总经理魏锋参与了分享和互动。平行分论坛二——赢在学习——企业人才培养与发展最佳实践。由苏泊尔企业大学副校长郑爱军担任主持，对话嘉宾为万达学院常务副院长樊力越、中航大学教务长吕顺发、大庆油田高级人才培训中心主任那子纯、360 学院院长朱晓南。平行分论坛三——直面 80、90 后——人力资源管理的创新与变革。由周禹老师担任主持，对话嘉宾为北京光线传媒股份有限公司人力资源总监王鑫、神华国华电力研究院人才开发培训中心总经理赵新星。平行分论坛四——员工敬业度和幸福指数管理——心理学的视角与应用。主题论坛由章凯教授担任主持，Google 公司大中华区人力资源经理李梓玉和北京师范大学心理学博士张继明参与了分享和互动。

三大主题论坛分别是"中国人力资源管理未来 10 年——新使命与新价值"论坛、"从

CHO到CEO-HR的上升空间与职责反思"论坛、"雇主品牌与人才吸引——外企、国企、民企的决胜之道"论坛。各论坛的对话嘉宾从自身的工作实践体验中解读了各大主题。例如人民大学商学院助理教授周禹对未来中国HR的管理使命总结为：企业开始从战略层面思考人力资源问题、解决人力资源的问题……为此需要两个导向的兼容、三个抓手并举，既要有战略导向的引领，同时又要有问题意识，战略解决长期问题，把握当下需要解决的障碍和矛盾；三个抓手并举，人才队伍战略化、人才管理体制战略化、人力资源部门能力战略化。北京汽车集团有限公司人力资源部副部长郑为德先生理解的雇主品牌，是员工对企业文化、企业产品、企业相关制度的各种认可，而这种认可需要通过每天每时细致耐心的工作来实现。当当网人事副总裁陈宁提到公司是用跨国公司的理念、机制、人才、团队，用制度去管理，使民营企业走出来的。周禹总结为外企的品牌很多靠有范儿，体制、机制、平台等有自己特意化标准；国企靠有底儿，很舒服；民企靠有事，快速成长才能有很多平台，给人才发展机会和用武之地。但是无论靠有范儿、有底儿还是有事，最关键是有爱，回归以人为本的原则和原理，可能是雇主品牌建设的终极内涵。中国人力资源开发网董事长兼CEO何国玉提到作为CEO企业家直觉非常重要，在现在变幻莫测的市场环境里没有企业家的直觉只是凭理性、凭逻辑判断恐怕还是不及市场速度。中国人力资源理论与实践联盟学术委员会副主席文跃然先生点评为：CEO和CFO在胜任素质上有差异，在思维习惯上有不同，CHO非常关注制度流程，而CEO更关注结果。CHO必须像CEO那样思考问题，才能完成这样的晋级。

2. 会议名称：国内著名高校人力资源管理学科建设经验交流会

会议时间：2011年6月15日

会议地点：上海

会议纪要：2011年6月15日，国内著名高校人力资源管理学科建设经验交流会在上海大学国际会议中心召开。来自中国人民大学公共管理学院院长、全国MPA教育指导委员会秘书长董克用教授、刘昕教授，北京大学肖鸣政教授，上海交通大学唐宁玉教授，复旦大学胡君辰教授、张青教授，同济大学罗瑾琏教授，中南财经政法大学陈全明教授、赵琛徽教授、张广科教授等专家参与本次会议。

与会专家就人力资源管理学科建设中的人才培养、学术发展以及社会服务等问题展开讨论。其中，中国人力资源管理教学研究会会长董克用教授作为人力资源管理学科发展的见证人对人力资源管理学科发展的历史沿革做了精彩介绍，并对人力资源本科教育、专业型研究生教育、学术型研究生教育的改革与发展提出自己的见解。复旦大学企业人力资源管理研究所所长胡君辰教授介绍了复旦大学人力资源管理学科研究现状，并分享学科建设的经验，指出：凝聚高素质人才，建立良好的学术研究氛围是打造高效研究团队的基石。中南财经政法大学赵琛徽教授系统介绍了该校本科人力资源管理创新课程实验成果——南湖人才开发公司（模拟）。该模拟公司正式成立于2010年6月，依托湖北省人力资源学会和中南财经政法大学国家级经济管理实验教学示范中心共同建设，在中南财经政法大学工商管理学院的具体指导下,由武汉各高校学生精英自主管理的模拟运营的企业组织,该平台为各界精英投资教育和履行社会责任拓展渠道。

3. 会议名称:第六届新人力高峰论坛
会议时间:2011年11月22日,11月10日,11月16日
会议地点:北京、上海、广州
会议纪要:该会议由《新人力》杂志社、易才集团协办,中国劳动保障科学研究院、中国劳动学会劳务经济与境内劳务派遣专业委员会提供学术支持。原外经贸部副部长、博鳌亚洲论坛原秘书长、二十国集团研究中心秘书长龙永图、人力资源和社会保障部职业能力建设司司长吴道槐、人力资源和社会保障部劳动工资研究所所长刘学民、北京市政协副秘书长谢朝华、北京市海淀法院劳动争议庭庭长李盛荣等相关政府领导及学术界权威专家出席了本次盛会。

本届论坛以"幸福经济与企业人才战略"为主题,各路专家一起就"幸福经济与企业发展变革"、"幸福经济下的企业人才战略"、"员工满意度与企业竞争力"、"劳动关系的核心问题是工资收入分配"等问题展开深度探讨。2011年是中国经济新黄金十年的起点,也是"十二五"规划元年。中国经济从追求GDP增长的"国富论",转向追求和谐发展和注重民生的"幸福论"。在全民倡导幸福经济的时代,中国企业也将从过去追求规模扩张转向以人本管理和人才竞争为核心,掀起新一轮转型与升级浪潮。

在人才竞争激烈的环境下,企业首当其冲的是要保留英才,创造环境,使其成为企业在市场竞争中的原动力,促进企业在竞争中取得成功。因此,在以人为本的新时代,企业开始将"幸福"作为人力资源战略管理的终极目标。

在本届论坛上还举行了"最佳劳动和谐企业"的评选及颁奖,旨在推动在华其他企业以及劳动关系相关"幸福论"管理理念的发展。另外,2011年第六届新人力高峰论坛已于11月10日和16日分别在上海和广州两地成功举办。

4. 会议名称:中国人力资源开发教学与实践研究会第12届年会
会议时间:2011年7月16~17日
会议地点:武汉
会议纪要:本次年会在中南财经政法大学举行,近200名来自全国高校、研究机构及大型国企的专家、学者参会。年会主题是:"发展中的人力资源管理:创新与挑战"。

会议除主会场主题发言,还设置了四大分会场,分别就"人力资源管理前沿理论研究"、"人力资源管理方法与流程创新"、"人力资源学科与人才培养"和"人力资源管理专业课程与教学"深入展开了研讨。其中涉及若干具体问题的研究讨论,如:收入分配与激励机制研究、组织行为与组织管理研究、战略性人力资源管理研究、绩效管理理论研究、劳动关系研究、新形势下的人力资源开发与人才队伍建设机制创新、素质模型与测评技术创新、培训与能力开发模式创新、薪酬与福利体系创新,高校人力资源管理与人力资源专

业建设、人力资源专业课程实践教学模式和体系的探索、人力资源专业课程理论教学方法的创新等等。与会企业家也从实际工作中遇到的问题及思考，做了充分的交流，如企业家们尊奉"知识是最好的礼物，培训是最好的福利"的人力激励策略。

中国人力资源开发教学与实践研究会会长、中国人民大学公共管理学院院长董克用教授在会议发言中将我国当前个人收入分配中存在的问题概括为四个方面，即居民收入在国民收入中的比重降低、劳动在初次分配中的比重下降、收入差距扩大以及黑色收入的存在；解析了收入差距扩大的原因，提出了分配理论科学化、收入状况清晰化、政策目标明确化、政策机制系统化的解决思路。

在讨论"新形势下的人力资源开发与人才队伍建设机制创新"中，厦门大学廖泉文教授对快速成才捷径理论进行了思考，提出与优秀人才交往，快速地吸取营养和接受指导，从他人的成功与失败中学习经验和接受教训，能够使自己快速成长、快速成才。

与往届年会相比，本届年会参与面更广、更注重人力资源开发教学与实践的融通与创新。

5. 会议名称：中国人力资源开发研究会第十一届会员代表大会暨2011年中国人力资源开发与管理年会

会议时间：2011年11月14~15日

会议地点：北京

会议纪要：本次大会对于全面落实国民经济和社会发展"十二五"规划和《国家中长期人才发展规划纲要》，进一步汇聚各地各部门各企事业单位的力量，全面推动人力资源开发领域的学术研究和实践活动，积极开创我国人力资源开发与管理的新局面具有重要意义。本次会议的参加者既有学界的专家学者，也有人力资源管理实践领域的企业家和人力经理。

大会除了主论坛外，还有四个分论坛进行专题研讨。第一分论"十二五时期加快提升人力资源素质的理论、政策与制度"，第二分论坛"企业人力资本投资与培训市场发展"，第三分论坛"最佳企业人力资源管理实践探索"，第四分论坛"如何通过共同学习创建人力资源最大化"。期间，国家发展改革委宏观经济研究院常务副院长王一鸣提出："十二五"时期我国劳动年龄人口的增速放缓和人口老龄化进程加快，我们要通过不懈的努力，在劳动年龄人口增长带来的"人口红利"逐步消失后，创造和培育由劳动者素质提升带来的"新人口红利"。中南财经政法大学公共管理学院陈全明教授提出，"以人为本"是科学人才观的出发点，是党和国家在发展目标上的重大突破和创新，"以人为本"的最深含义应该是尊重人性、尊重人格、尊重人权、尊重人的生命，投资于人自身，以促进人的健康成长和人才价值自我实现，最终实现人的全面发展为目标。

企业界人士也就人力资源管理实践中的问题与思考在会议中进行了分享。学大教育人力资源高级总监庞见维提出当前面临着以下一些主要矛盾：人力资源战略与企业战略的不对接；知识、理论与实践的脱节；人力资源的巨大作用和企业对人力资源的认识和定位的不匹配；人力资源工作者对自身价值的认识的不清晰；80后、90后的择业观和职业度与传统企业管理方式的冲突；团队建设需要和人工成本控制之间的矛盾。中科三环副总裁张玮提到企业技术创新的关键一是人才队伍建设；二是建立以市场为导向的技术创新机制；三是企业战略要落在实处；四是不仅要高质量，而且要高品质；五是让持续改进的理念在员工心中扎根，将持续改进的措施落实在企业的管理行为中。国美电器集团公司副总裁魏秋立认为：通过劳动合同建立的是企业与员工的劳动契约关系，而通过企业文化和价值观的输导所建立的是企业与员工的心灵契约关系；文化使企业与员工达成共识，实现心的交融。国联资源网负责人则介绍了其以垂直行业集群为导向的B2B平台，认为制约中小企业飞翔的两个翅膀是商业模式和执行力，而在人力资源管理方面中小企业普遍存在以下困境：无明确坚定的使命和价值观，团队因缺失方向凝聚力不强；缺少品牌吸引效应，选用育留人才只能是买方市场；欠缺员工成长规划和关怀机制，薪酬福利不够丰厚；培训体系不成熟，甚至只用人不培养人等等。

6. 会议名称：首届公共人力资源管理国际会议

会议时间：2011年10月15日

会议地点：武汉

会议纪要：本次会议是首届公共人力资源管理国际会议在武汉大学哲学学院大报告厅召开。该会议是由武汉大学哲学学院心理系、浙江大学心理与行为科学系与美国国际人力资源管理协会（IPMA-HR）主办，武汉大学哲学学院心理系承办，美国华盛顿大学公共事务学院等协办的多学科综合会议。

会上国家外国专家局培训中心主任白继迅对IPMA-HR做了简单系统的介绍，他认为IPMA-HR素质模型已与人才强国密不可分。哲学学院院长朱志方教授阐述了哲学与心理学的渊源。

主题演讲包括：IPMA-HR的执行总裁Neil Reichenberg分四点阐述了人力资源应扮演的角色即管理才能；增强领导力发展；雇员承诺；策略性人力规划。哲学学院心理学系钟年教授在《中国人的思维：公共管理的一种可能》的演讲中揭示了中国思维里的"公共"其实包含"私"，而人力不仅是被物化的资源而恰恰还要以人为贵；公共管理要结合东、西方思维进行。美国University of South Florida教授Kathleen P. King报告了她在中美洲国家伯利兹进行的质性研究——跨国个体的变革性领导力历程。研究对象是伯利兹仅有的8位女性领导，她们坎坷的人生经历为她们提供了一次次变革性学习，也铸就了她们现在的人格和能力。

各位代表还就人力资源管理中的诸多问题进行了深入的探讨和交流。首先，浙江大学季靖博士从中、西文化差异入手，报告了她对中国人六级自我建构的探索，以及它与冲突管理的关系研究；武汉大学刘毅老师从心理学角度探索了哲学传统问题，提出大学生在自由意志与决定论问题上大多数都持有相容论的态度，并且普通民众对这个问题的看法要比学者们所设想的复杂很多。武汉大学严瑜副教授报告了他对大学生专业承诺的实证研究，指出大学生专业承诺与一般自我效能、专业满意度、专业学习成效等都存在显著相关。安徽大学王晓梅老师指出中学教师的心理资本对职业倦怠起到负向预测作用。最后，武汉大学刘颖博士报告了怎样运用科学严谨的方法来编制工程部队的工作压力源量表。在整个会议过程中，参会代表与报告者们就研究的科学严谨性、实际推广性以及其他思路存在的可能性进行了热烈、深入的探讨。

7. 会议名称：第八届21世纪经理人研讨会暨清华大学人力资源系校友会年会

会议时间：2011年10月15~16日

会议地点：北京

会议纪要：第八届21世纪经理人研讨会暨清华大学人力资源系校友会年会上，来自全国各地的清华大学经管学院历届人力资源与组织行为系120多位校友以及人力资源与组织行为系张德、杨百寅、陈国权、曲庆、王雪莉、吴志明、郑晓明、陈昊、王蕾和张勉等多位专家和企业领导者、管理者，围绕"领导、学习、谦逊、网络、幸福"等关键词对任何构建新型领导力展开了热烈研讨。

与会者就领导力开发新途径进行了探讨。清华大学经济管理学院人力资源与组织行为系主任杨百寅教授认为领导力是可以通过科学的学习方法"炼造"而成的，并从学习的类型、领导力开发的五个阶段、领导是怎样炼成的三个方面进行了论述。清华大学经济管理学院教授、博士生导师陈国权站在企业发展的角度介绍了他在学习方面的思考和研究——学习的科学与艺术之道。他从学习的原因、范式和结果三方面系统地讲解了他的研究成果。内蒙古自治区烟草专卖局副巡视员、呼和浩特市烟草专卖局党组书记兼局长郑子林结合自己的工作实践，作了"网络时代下领导者的危机"的专题报告，对网络时代下被领导者的共性和领导者的共性做了阐述，并对东、西方文明交替领先的规律以及东方文明即将重新崛起进行了论述，从马克思主义的辩证哲学观理论，并从国学、儒家和道家的思想，解读管理科学和经济理论。

8. 会议名称："中国人力资源3000强"2011年（第二届）人才发展年会

会议时间：2011年11月12~13日，2011年11月19~20日

会议地点：北京、深圳

会议纪要：本次年会由华盛顿大学福斯特商学院、北大光华管理学院、广州中山大学管理学院等知名商学院，携手3000家中国优秀企业的人力资源部最高负责人，"中国人力资源100人"，IACMR、中国人力资源开发网（www.ChinaHRD.net，简称中人网）等共同举办，旨在整合优质资源帮助更多HR朋友"传承仁爱、开启智慧、提升能力、更好地支持自身和企业发展"。本次论坛主题是：成就人才，成就组织。

在此次论坛上，根据研讨交流的主题内容的差异，分成11个篇章。其中人力资源管理内容型的主题涉及，美国培训与发展协会（ASTD）进行了"2011年全球培训现状调查报告发布"，美国培训与发展协会（ASTD）与中人网合作发布了"2011年中国培训现状

调查报告发布"。论坛分享了全球人才发展和中国人才发展最新理念。中国人力资源100人成员就高层管理者和中层管理者的领导力开发做了大会主题演讲。与会者也就HR自身能力成长方向及支持体系进行了广泛的交流和分享，人才发展效果评估。平安健康保险股份有限公司董事长兼CEO陆敏先生的发言"让人力资源管理成为企业发展的动力"，提出的"经营型的人力资源管理"给与会者诸多启发。第二天的论坛进行了全球及中国最佳人才发展实践体系分享活动，其中ASTD全球最佳实践大奖获得者香港中华煤气有限公司企业人力资源总监郑罗蕙芬女士（Margaret Cheng）、ASTD全球最佳实践大奖获得者安利（中国）培训中心代理副院长刘国庆先生（Joey Liu）、ASTD全球最佳实践大奖获得者中国电信学院VIP客户教研中心主任助理谭雄鹰女士、碧桂园集团人力资源总监彭志斌先生做了大会经验分享发言。3000强代表还分组讨论了以"个人发展需求调研、岗位胜任能力评估、组织绩效缺口确定、组织战略重点规划与人才发展"为不同主题的人力资源管理实践问题。

9. 会议名称："中国人力资源100人"2011年（第七届）春季论坛

会议时间：2011年4月10~11日

会议地点：北京

会议纪要："中国人力资源100人"第七届论坛主题是"CEO的价值观和领导行为对企业的影响"。论坛从主题演讲、到自由讨论、企业参观，形式多样，极具开放性，充分分享和交流了理论界和企业界对人力资源管理理论研究成果以及实践经验，激发了现场与会者的很多新的思路。

论坛的主要板块有：百人企业管理工具分享、百人企业HR管理实践分享、大师分享、李宁集团参观，大会主题演讲。其中美国管理学会主席、华人圈最优秀的管理学者、100人学术委员会主席徐淑英教授发表了"CEO的价值观和领导行为对企业的影响"的主题演讲；李宁集团创始人李宁进行了企业家分享：什么成就了李宁梦想？李宁集团人力资源管理实践分享；中国社会科学院宗教研究所研究员、佛教研究中心主任魏道儒教授进行了大师分享：中国文化对领导者行为的影响；"100人"学术委员会成员清华经管学院副教授曲庆的"立业之本——优秀企业最看重的十项非智力素质调研"，给与会者带来深刻印象。另外，论坛还进行了"百人管理研究"启动会议程。

10. 会议名称："中国人力资源100人"2011年（第八届）秋季论坛

会议时间：2011年9月17~18日

会议地点：北京

会议纪要："中国人力资源100人"秋季论坛的主题是"HR的未来十年——风险和机遇、挑战和发展"，具体包括HR的三大风险和挑战，HR的三大机遇和价值建设点，以及能力体系、执行计划、分工合作方面等。

本次论坛上徐淑英教授做了"高投资人力资源模型——研究结果与前景"报告，张维迎教授做了"中国的未来十年——经济发展趋势"的主题演讲，人力资源和社会保障部劳动关系司司长邱小平先生讲了政策发展的趋势，人力资源和社会保障部劳动科学研究所副所长、研究员莫荣做了"劳动力人口现状与发展趋势"的报告，中国人民大学公共管理学院组织与人力资源研究所李超平副教授分享了"人力资源专业队伍的建设与培养"方面的研究成果。

实业界的管理者也活跃于论坛内外。中粮集团副总裁迟京涛先生分享了观点：培训，是一种工作的方法，一种团队学习的方法，一种促进企业进步的方法。HR工作是紧紧围绕着战略和业务发展来进行，如果离开了战略和业务的发展，我们就失去了根基，就成为了无源之水、无本之木。IBM人本管理总经理白艳女士提出：我们通过理论影响了很多企业的组织建设，包括我们提出了胜任力、绩效管理的理念、薪酬架构建立、多元文化、怎么做组织建设、怎么做继任者计划、怎么做人才规划，这些影响了企业的组织建设。

何国玉女士则提出一个值得去思考的话题，她认为满足欲望，追求幸福和成就是每个人及组织的本能。而HR在这个过程中，更好地为组织打造真理支撑体系和公道的建设体系，这样是不是能够让更多的组织里面的人获得更多的幸福？

与会者还就未来十年"100人"如何来推动国内人力资源专业队伍的建设与培养展开了热烈的讨论。

11. 会议名称：2011中国人力资本论坛（China Human Capital Forum 2011）

会议时间：2011年9月8~9日

会议地点：上海

会议纪要："中国人力资本论坛"由中国领先的人力资源互联网和传媒公司HR管理世界主办的中国地区人力资源行业的最高规格的领袖级会议，旨在为人力资源经理人提供具前瞻性的管理理念分享和最新实践探讨的平台。2011中国人力资本论坛汇集近千位政府机构决策者、商学院及协会权威学者、企业界的人力资源管理精英人士，针对当下全球经济发展的机遇与挑战展开深入交流，并探讨中国人力资源经理人的战略职责和新的经济形势下人力资本管理所面临的机遇与挑战，以及全球人力资源管理领域热点与趋势，洞悉企业未来发展之路，帮助企业实现卓越管理、可持续发展。

本次论坛有四个分会场，两天举行了多个圆桌论坛，研讨涉及多个主题，如打造雇主品牌，吸引保留人才、如何构建具有洞察力的HR团队、高效的人才招聘与甄选、全球化背景下的领导力发展、继任管理与人才储备库建设、如何提高培训的投资回报率等。与会企业家、业界专业人士以及著名学者纷纷开讲，主题演讲包括：TNT中国文化变革的成功案例、西门子（中国）基于TQM的企业培训模式、诺华（中国）构建卓越人才培养体系实现基业长青、现代重工HR人在组织中的角色、立邦涂料（中国）挑战性锻炼与人才培养、赛诺菲—安万特（中国）e时代下的人员能力培养和发展、博思格巴特勒（中国区）基于人性的人员管理、内部沟通的最佳实践、建立有效的组织发展与学习体系等等。论坛还开设了世界薪酬协会专场。

12. 会议名称：人力资源开发与管理产学研战略合作会议
会议时间：2011年9月28日
会议地点：北京
会议纪要：由中国人力资源开发研究会发起的人力资源开发与管理产学研战略合作会议在北京召开，北大、清华、浙大和中山大学等19所高校及全国工商联研究室、中国智慧工程研究会等单位出席会议，商议联合推出我国首个人力资源开发与管理产学研战略合作联盟，并推出EDPA系列高层培养计划。

会议探索了"企业+高校+科研"人才培养新模式。根据《国家中长期人才发展规划纲要（2010~2020年）》中提出的要求，会议确定了"落实国家政策，整合资源，推动高管培训模式和技术创新"的会议主旨。中国人力资源开发研究会会长刘福垣坦言高管培训通过多年的发展，已到了必须创新的阶段。走产学研结合，联合提出统一品牌、统一规范管理平台的模式是一种新的尝试。企业高层管理培训（EDPA-CXO）项目有助于推动人才培养模式和技术的创新，并率先提出了企业高层管理培训——人力资源总监高级研修班（EDPA-CHO），将实行"三统一"，即统一招生标准，统一课程教学，统一专业认证，这对于培养企业高层次人才提供了有力保障。合作各方对这种"企业+高校+科研"的人才培训模式一致看好。经过长期筹备，中国人力资源开发研究会，会同全国工商联研究中心、中国智慧工程研究会以及一批高校、知名企业达成合作意向，确定了一批战略合作的实践单位，并遴选了北京锡恩英才、华夏基石等国内知名人力资源管理咨询公司作为战略合作的市场运作主体。

会上，19所高校首次联合推出企业高管系列培训项目。这个项目采用的是共同成立专家委员会和讲师委员会，把各高校和社会上的专家和讲师集合到一个平台上，共同为项目的开展提供持久的智力支持和服务。首期是人力资源总监高级研修班（EDPA-CHO），随后将有计划、分步骤地对企业首席执行官（EDPA-CEO）、首席运营官（EDPA-COO）、财务总监（EDPA-CFO）、技术总监（EDPA-CTO）、质量总监（EDPA-CQO）、销售总监（EDPA-CSO）等企业高层管理人员进行培训。EDPA高层管理培训课程设置和教学仿照MBA课程，参考国际领先的伦敦政治经济学院、美国宾夕法尼亚大学课程体系和哈佛大学案例教学法，同时结合国内有效的大型咨询培训公司的优势课程，努力做到先进性和实用性结合。

13. 会议名称：2011人力资源战略与文化国际论坛
会议时间：2011年10月28~30日
会议地点：禹城
会议纪要：本次会议实则是第四届"人力资源战略与开发国际会议"，由济南大学、澳大利亚Aussino Academic Publishing House、禹城市人民政府主办，济南大学管理学院、保龄宝生物股份有限公司承办。本次会议旨在促进校企深度合作、融合发展，使学术研究真正服务于经济社会发展，服务于行业企业需要，切实解决企业人力资源管理实践中遇到的热点和难点问题。

会议邀请了国内外有影响力的人力资源领域的著名专家、知名教授学者、企业家以及有关政府官员,共同探讨了在全球经济一体化的形势下,跨文化人力资源管理面临的机遇与挑战,人力资本的前沿发展趋势等,为各界人士提供了有价值的指导、支持和帮助。使各类人才资源得以充分利用和实现最佳配置,最大限度地发挥人力资源在一个国家、社会、企业永续经营中的作用。

会议指出:当今时代,人才已成为科技进步和经济社会发展最重要的战略资源,创造和应用知识、信息的能力与效率,已成为决定一个国家、社会、企业核心竞争力的主要因素,而这正是人力资源战略管理解决的关键问题所在。

14. 会议名称:中国人力资源开发研究会劳动关系分会第4届年会暨学术研讨会简报
会议时间:2011年10月15日
会议地点:烟台
会议纪要:本次年会以"集体劳动关系规制——问题与挑战"为主要议题,并就当前我国劳动关系领域的其他热点问题和学科前沿问题展开研讨。年会除了大会主题报告,还设了四个分论坛。第一论坛——集体劳动关系法律规范与"劳工三权",第二论坛——集体协调机制与工会,第三论坛——劳动关系转型与人力资源管理重构,第四论坛——员工关系与收入分配。

人力资源和社会保障部劳动关系司司长邱小平在大会主题发言中以"构建和谐劳动关系与政府政策"为题做了演讲,谈到:规制集体劳动关系已经成为现实挑战。新生劳动者维权意识和平等意识逐渐增强,表达方式也有所改变。如果不能进行集体劳动关系的规制,容易引发劳动关系的恶化,甚至影响社会和谐。在规制集体劳动关系工作中存在以下主要问题:对集体劳动关系规制认识不足,甚至还有很多顾虑;集体协商制度的覆盖面不够广、实效性不强;对集体劳动关系的法律规制不完善;主体建设不是很到位。针对这一系列问题,政府有必要推动制度建设,还要发挥三方协调集体参与的格局,共同驱动集体劳动关系的发展。清华大学教授沈原以"社会学的劳工研究"为题做了发言。中国人民大学教授常凯在"劳动关系的转型与劳工政策的完善"的演讲中指出,劳动关系市场化转型已经基本完成但是还不完善,法制化程度较低,劳动关系运行不规范,中国劳动关系的调整手段还需进一步完善。《劳动合同法》的实施提高了劳动者群体的法律意识,但团结权、谈判权、集体谈判权作为劳工三权及罢工权立法是一个复杂的问题。中国劳动关系学院副教授乔健以"中国集体协商的结构:从分散走向集中?"为题做了精彩发言,指出协商结构的选择能够对劳雇的协商权力施加很大影响,现阶段区域行业集体协商更为适合。

在分论坛上,很多学者也提出了值得思考的建议和研究成果。如华南理工大学工商管理学院李敏副教授基于三家外商投资企业的案例分析对工会在集体协商中的策略选择进行了设计,包括共决制、现代家长式、复杂咨询式这三种工会形式,并指出合作策略更有利于雇主与雇员的"双赢"博弈,资方的支持和理解有助于构建和谐劳资关系,工会在工资集体协商中需要兼顾资方的利益，才能推动集体劳资关系的良性发展。

15. 会议名称：2011中国人力资源管理模式创新高峰论坛

会议时间：2011年3月24日

会议地点：上海

会议纪要：本次论坛由金蝶软件（中国）有限公司主办，以"转型：新十年的超越之道"为主题，参加论坛的有来自全国各地的数百位人力资源资深专家，来自房地产、制造业、金融业、医药行业、餐饮业等各个行业的代表400多人，一起探讨了在我国加快经济转型的基础上，如何建立新的人力资源管理模式以及如何通过信息化手段实现这一目标。

上海人才服务行业协会秘书长朱庆阳先生在为本次论坛致辞时提出，在我国加快经济转型的基础上，企业顺应市场变化和产业发展趋势，也对自身实行了战略转型。整个国家经济的布局，正在从高能耗向服务方向转变，是"绿色经济转型"。他说，绿色经济不是要放弃传统的重化工业，而是通过技术创新减少碳排放量促进这些产业的升级换代。而所有的技术和产品的创新都源于人才，人力资源一定会超过硬件资源，因此，人力资源管理战略和规划将是决定企业决胜未来的重要因素。中国人民大学劳动人事学院院长曾湘泉在《打造人力资源新优势：双高驱动，机制创新》主题演讲中提到，中国人力资源管理正面临的新机遇和挑战。如中国人口红利优势的消失，通胀环境下价值分配问题。这种经济调结构以及产业发展趋势决定了中国制造向中国智造转变，发展绿色低碳经济，但也无形中提升了企业的人力成本。如何让HR在削减开支的同时并保持人才竞争力？企业人力资源必须重新进行管理转型，以配合企业的战略发展需要。金蝶国际软件集团CHO顾小蓉的主题演讲《实现企业全方位的人才管理》中提到，根据IBM商业价值研究院对企业人力资源组织的发展历程分析，在2000年以前，人力资源工作者把65%的时间花在基本的行政管理事务上，20%用于人力资源专业服务，仅有15%的时间用于人力资源战略和政策的制定。业绩比较好的企业和重视人力资源管理的企业开始投资人力资源系统，帮助人力资源工作者从繁重的基础行政事务中解脱出来。

峰会最后，业界知名专家、企业家、HR总监、特邀专业嘉宾还与观众对话，就如何实现向战略性人力资源管理转型进行解答。

16. 会议名称：2011中国人力资源发展与管理论坛暨第二届浙大—正略钧策人力资源论坛

会议时间：2011年9月24日

会议地点：杭州

会议纪要：由正略钧策管理咨询公司与浙大管理学院联合举办的"2011中国人力资源发展与管理论坛暨第二届浙大—正略钧策人力资源论坛"于9月24日在浙江大学玉泉校区邵逸夫科技馆隆重举行，论坛主题为"人力资源管理的转型与升级"。

随着时间的推移，中国的人口红利正在逐渐丧失。劳动力供给吃紧，用工荒愈演愈烈，这种趋势或预期直接抬高了企业的用人成本；同时，伴随产业升级和市场竞争加剧，企业内部基层员工激励不足，中高层员工大量流失的现象亦有所抬头。凡此种种，对于传统的企业人力资源管理模式均造成莫大的压力。面对急剧变化的企业内外部环境，如何制定科学有效的薪酬体系，以激励和挽留核心员工？浙江大学管理学院 MBA 导师陈学军博士认为：实现绩效管理与薪酬管理有机结合第一就是模式问题，第二是水平问题，第三是内部机构问题，第四是政策问题……"绩效成因是系统的"、"管理的核心是模型"、"恰当的激励表达是矛盾的关键"。人力资源管理专家、正略钧策合伙人吕嵘则引用"人才危机周期"模型，来描述企业人力资源管理的战略意义。提出企业人才的中长期激励问题可在传统薪酬福利之外，再构筑中长期股权激励和非经济性激励并举的全面薪酬激励体系。

此次论坛特设圆桌讨论环节，围绕"新环境下如何建设有效的招聘体系"主题展开；浙江大学 MBA、东冠集团有限公司人力资源部经理曹昶，盖茨公司亚洲人事总监顾顺钰、浙江大学 MBA、猎人人力资源开发有限公司总经理郎越时，浙江中控技术股份有限公司人力资源总监周小文，中球冠集团有限公司人力资源部经理许军民等企业人力资源高管亦纷纷就此展开精彩的激辩。

在此次论坛上，正略钧策商业数据中心亦发布了《2011中国薪酬白皮书》。

17. 会议名称：HRA2011第十五届年度大会暨展览会
会议时间：2011年6月17~18日
会议地点：北京
会议纪要：北京中外企业人力资源协会（简称 HRA）第十五届年会，主题为"全球化视角下的人力资源转型与创新（HR Transformation and Innovation in a Global Environment）"。本次大会诚邀著名经济学家、政府顾问、企业家、咨询专家、HR 管理专家共聚一堂，分析经济时局，把握经济脉搏，为企业人力资源转型和创新建言献策。摩根士丹利、IBM、金山、用友、拜耳、百事食品（中国区）、搜狐、渣打银行、大唐电信、沃尔沃、壳牌、微软（中国）、ABB、远洋地产等公司的相关人力资源管理负责人在会上都有对本公司及业界关心的问题发表观点。

大会除了主题演讲还设有八个分论坛，主题分别是：企业留人之道——员工的职业生涯规划；全球实践，本地创新——弹性福利计划的设计及应用案例分享；企业并购中的人力资源变革与实践；当80后遇到管理者——Y时代，管理or激励；长期激励——吸引和保留核心人才；经济转型时期的人力资源模式创新；企业人工成本管理实践与挑战；魅力女性，纵横职场——破解女性领导力的"DNA"；社会保险法解读和企业的应对；激发员工敬业度，高效实现企业目标；人才引擎——人才培养与企业大学最佳实践；打造中国本土员工的跨国管理能力；人力资源新模式下的共享服务；心理学在人力资源管理中的应用等。

第二节 人力资源管理学科国内重大事件

1. 事件名称：关于进一步规范乙肝项目检测的通知

事件时间：2011 年 1 月 30 日

事件简介：卫生部办公厅下发《关于进一步规范乙肝项目检测的通知》要求，各级各类医疗机构在就业体检中，一律不得提供乙肝项目检测。卫生部办公厅表示，近来有媒体报道，一些企业和单位招聘时变换手法，变相强迫应聘者检测乙肝项目，甚至侵犯应聘者隐私权。为维护乙肝表面抗原携带者权利，卫生部向各地卫生部门下发通知，规范乙肝项目检测。

首先，各级各类医疗机构要严格执行卫生部等三部门在去年 2 月联合印发的《关于进一步规范入学和就业体检项目维护乙肝表面抗原携带者入学和就业权利的通知》和《卫生部办公厅关于加强乙肝项目检测管理工作的通知》，坚决纠正不符合通知要求的行为。

同时，各级各类医疗机构在就业体检中，无论受检者是否自愿，一律不得提供乙肝项目检测服务，对非就业体检，受检者本人主动要求进行乙肝项目检测的，医疗机构除应当妥善保存好受检者签署的知情同意书外，还应当制发独立于常规体检报告的乙肝项目检测结果报告。体检报告仅限受检者本人拆阅。

卫生部强调，地方各级卫生行政部门对收到的违规开展乙肝项目检测的投诉、举报等，要调查核实。违规情节严重的，对医疗机构主要负责人和直接责任人予以行政处分。

2. 事件名称：《中国人力资源服务业白皮书 2011》发布

事件时间：2011 年 3 月 23 日

事件简介：北京大学和上海市对外服务有限公司联合发布的《中国人力资源服务业白皮书 2011》显示，"十二五"期间，中国人力资源服务产业结构将由以人事代理为核心的市场向以专业人力资源服务解决方案为核心的市场转型。

从 2007 至 2011 年，《白皮书》已经连续发布 5 年，持续追踪中国人力资源服务业的发展轨迹，对中国人力资源服务行业的总体概况、服务产品、服务机构、法律法规等发展现状进行了梳理和分析，同时对整个行业的发展趋势和远景进行了预测和建议。《白皮书》的系列发布引起了政府、学术界、行业协会、企业与社会各界对人力资源服务业的广泛关注与重视，为行业的发展开启了新的契机，为我国人才强国战略的顺利实施起到了一定的推动和促进作用。

3. 事件名称：云南出台中国首部保障农民工工资省级规章

事件时间：2011 年 4 月 12 日

事件简介：《云南省农民工工资支付保障规定》(以下简称《规定》)于 4 月 12 日正式发布，是全国第一部专门规范农民工工资支付保障工作的省级政府规章，将从 2011 年 5 月 1 日起实施。云南省政府副秘书长张荣明表示："农民工增收不仅要靠政策，靠自己创业，更要靠制度保障。"

《规定》以建设领域农民工工资准备金制度、农民工工资保证金制度、应急周转金制度的"三金制度"为核心，要求建设领域用工单位在银行开设专门的农民工工资准备金账户，建设单位将不低于合同约定支付工程款总额 10%的资金预存入账户，专门用于农民工工资的正常支付，并由银行直接从工资准备金账户向农民工个人账户发放工资；要求人力资源和社会保障部门在银行开设农民工工资保证金账户并负责管理；建设领域由建设单位按施工合同约定工程款的 3%存入工资保证金，非建设领域发生过拖欠农民工工资的用人单位按本单位农民工一至两个月工资总额存入工资保证金；要求州（市）和县（市、区）政府利用财政资金建立应急周转金，在发生用人单位确无能力支付、逃避支付农民工工资等情况可能引发群体性事件时，动用应急周转金先行垫付部分农民工工资或基本生活费。

此外，《规定》还明确了实名管理、连带责任、支付信用、部门联动、行政问责 5 项保障制度。规定用人单位支付农民工工资应当编制实名工资支付表，工资支付表必须保存两年以上备查；建设工程承包企业应当对建设工程各环节的工资支付情况履行监控义务，对所承包的建设工程的农民工工资支付负总责。

4. 事件名称：《中华人民共和国职业病防治法修正案（草案）》

事件时间：2011 年 5 月 4 日

事件简介：国务院常务会议讨论并原则通过《中华人民共和国职业病防治法修正案（草案）》，草案完善了职业病诊断制度，在经进一步修改后，将由国务院提请全国人大常委会审议。此前，全国总工会和唯一一个多次参与《职业病防治法》修改建言会的公益组织北京义联劳动法援助与研究中心（以下简称义联中心），均向全国人大提交了有关职业病鉴定应简化相关程序等建议。全总有关人员透露，此次修改会着重解决职业病诊断程序简化的问题，开胸验肺的惨剧也有望不再出现。

5. 事件名称：第八届中国薪酬高层论坛发布中国薪酬蓝皮书

事件时间：2011 年 5 月 25 日

事件简介：第八届中国薪酬高层论坛在成都铁道酒店召开并发布了中国薪酬蓝皮书。薪酬蓝皮书发布了各地区企业董事、企业经理厂长年薪情况。其中，最高的是北京，355774 元，广州 168838 元，排名第二，最低的是兰州，36515 元。各地区企业经理（厂长）年薪，北京最高，378126 元。

薪酬蓝皮书数据同时显示，2010 年，专科毕业生起点薪酬最高的 3 个行业为：传媒、房地产和IT，最高值为1882元；本科毕业生起点薪酬最高的是金融、房地产和IT，最高值为2520元；硕士和博士起点薪酬最高的3个行业是IT、综合服务和房地产，最高值分别是4087元和6564元。

薪酬蓝皮书预测了未来5年十大高薪职业，它们分别是：①影视明星、球星、著名主持人等；②企业中高层管理岗位；③证券投资岗位；④企业核心技术岗位；⑤大学教授、科研事业单位研究人员、管理咨询人员；⑥律师；⑦医生；⑧营销人员；⑨高端专业人员；⑩教师。

6. 事件名称：《关于进一步做好普通高等学校毕业生就业工作的通知》

事件时间：2011年5月31日

事件简介：国务院5月31日下发《关于进一步做好普通高等学校毕业生就业工作的通知》要求各地区、各有关部门加大工作力度，多渠道开发就业岗位，完善相关政策措施，切实加强就业服务，千方百计促进高校毕业生就业。

《通知》指出，鼓励高校毕业生面向城乡基层就业。要进一步完善相关政策，重点解决好他们在工资待遇、社会保障、人员编制、户口档案、职称评定、教育培训、人员流动、资金支持等方面面临的实际问题，鼓励和引导高校毕业生到城乡基层特别是城市社区和农村教育、医疗卫生、文化、科技等基层岗位工作。

《通知》同时指出，鼓励高校毕业生到中西部地区、民族地区、贫困地区和艰苦边远地区就业。各地要尽快出台并完善相关政策，对到中西部地区和艰苦边远地区县以下基层单位就业，服务期达到3年以上（含3年）的高校毕业生，按规定实施相应的学费和助学贷款代偿。对到艰苦边远地区或国家扶贫开发工作重点县就业的高校毕业生，在机关工作的，试用期工资可直接按试用期满后工资确定，试用期满后级别工资高定1至2档；在事业单位工作的，可提前转正定级，转正定级时薪级工资高定1至2级。

《通知》指出，各城市应取消高校毕业生落户限制，允许高校毕业生在就（创）业地办理落户手续（直辖市按有关规定执行）。各地要按照就业促进法、劳动合同法、公务员法等的要求，进一步深化高校毕业生就业制度改革，简化高校毕业生就业程序。对到各类用人单位就业的高校毕业生，其职称评定、工资待遇、社会保险办理、工龄确定等要严格按照国家有关规定执行。高校毕业生从企业、社会团体到机关事业单位就业的，其参加基本养老保险缴费年限合并计算为工龄。

《通知》指出，对招收高校毕业生达到一定数量的中小企业，地方财政应优先考虑安排扶持中小企业发展资金，并优先提供技术改造贷款贴息。对劳动密集型小企业当年新招收登记失业高校毕业生达到一定比例的，可按规定申请最高不超过200万元的小额担保贷款，并享受财政贴息。对企业招收就业困难高校毕业生、签订劳动合同并缴纳社会保险费的，按规定给予社会保险补贴。高校毕业生到中小企业就业的，在专业技术职称评定、科研项目经费申请、科研成果或荣誉称号申报等方面，享受与国有企事业单位同类人员同等待遇。

7. 事件名称：《关于加强社会工作专业人才队伍建设的意见》

事件时间：2011年11月8日

事件简介：中央组织部、民政部、司法部、共青团中央等18个部门联合发布《关于加强社会工作专业人才队伍建设的意见》（以下简称《意见》）。这是我国首个培养社会工作专业人才的政策性文件，文件提出力争到2015年中国社会工作专业人才总量达到200万人。

社会工作在我国起步较晚，但发展较快。《意见》提出了当前及今后一个时期加强社会工作专业人才队伍建设的目标任务：要大规模开展专业培训，大幅度提升现有从事社会服务人员的专业素质和职业能力，逐步扩大社会工作专业人才队伍规模；深化社会工作专业教育改革，完善社会工作专业培训体系，初步形成适合中国国情的社会工作专业人才培养模式。

在具体措施方面，《意见》提出，对基层直接从事社会服务的人员进行大规模、系统化的社会工作专业知识培训；对相关领导干部有计划、有步骤地进行社会工作基础理论、专业知识和方法技能培训；大力发展社会工作专业教育，加强学科专业体系建设，制定科学的专业设置标准，支持社会工作专业学士、硕士、博士学位授权点的基础建设等。

8. 事件名称：《企业劳动争议协商调解规定》

事件时间：2011年12月5日

事件简介：人社部公布《企业劳动争议协商调解规定》，从2012年1月1日起，劳动者可以要求所在企业工会参与或者协助其与企业进行协商。大中型企业应当依法设立调解委员会，并配备专职或者兼职工作人员。

根据《规定》，企业未按照本《规定》成立调解委员会、劳动争议或者群体性事件频发、影响劳动关系和谐、造成重大社会影响的，由县级以上人力资源和社会保障行政部门予以通报；违反法律法规规定的，依法予以处理。

人社部方面表示，针对企业内部劳资双方沟通机制普遍缺失、劳动者的利益诉求表达渠道不畅、企业劳动争议调解委员会作用弱化等比较突出的问题，有关部门为推动企业建立健全调解组织，建立企业内部劳动争议协商解决机制，提升企业自主解决争议的能力，专门制定了该《规定》。

《规定》的主要特点是着力解决争议处理中最为薄弱的协商问题，对劳动关系双方协商的原则、方式、参加人、时限及和解协议效力等做出明确规定。同时，《规定》要求加强企业劳动争议调解委员会建设。

9. 事件名称：首次全国企业薪酬摸底调查开展

事件时间：2011全年

事件简介：此次调查覆盖全国31个省、市、自治区，是第一次全国范围内的普遍企业薪酬调查，人力资源和社会保障部今年在全国范围内开展企业薪酬调查制度试运行，引导建立公务员与企业相当人员收入比较制度。

这一制度将建立企业薪酬调查和信息发布制度，以此对人力资源市场工资指导价位和行业人工成本信息指导制度进一步完善，对监测企业工资收入分配、支持宏观决策和调控、引导市场工资分配、建立公务员与企业相当人员收入比较制度具有重要意义。

正进行的试点企业薪酬调查已经细分到了基本工资、绩效工资、福利补贴和奖金等各类薪资数据，在工种层次上也加深了细化程度。

人保部相关官员透露，类似的覆盖全国的薪资调查今后将每年进行，但距离机制成熟向全社会公开仍需要一定时间。未来人保部将和统计局合作建立相关的薪资调查信息发布机制。未来企业薪酬调查制度将对掌握分析全社会各行业各阶层收入分配情况，以及引导市场工资合理分配具有重要作用。

10. 事件名称：深圳率先在全国为性别平等立法

事件时间：2011年10月27日

事件简介：深圳市人大常委会首次审议了《深圳经济特区性别平等促进条例（草案）》（以下简称"草案"），不仅首次定义"性别歧视"，还拟对女性实施"弹性退休"、对男性给予"育婴假"，而家庭暴力受害方则可申请72小时临时庇护等。

现行退休制度要求女性较男性提前5年退休，但随着妇女受教育水平不断提升、职业化程度也不断提高，加之养老保险制度的改革等，再这样执行，反而使妇女在职业规划和退休待遇等方面处于不利地位。为此，深圳此次规定"女性劳动者达到现行退休年龄，身体健康，本人愿意继续工作的，可以同用人单位协商延长退休年龄，直至与男性劳动者同龄退休。但这一规定不适用于公务员"。

此外，根据婚姻法规定"夫妻双方都有抚养孩子的义务"。妇女在生产期间，丈夫应当承担起养育孩子的义务和责任，同时这也是父亲与孩子联络感情的机会和权利。该草案规定，除妇女依法享有育婴假期之外，男性可以在其生育或者抚养的子女三周岁内，每年享有五天育婴假。男性育婴假期间的工资和福利待遇由用人单位根据国家有关规定决定。

11. 事件名称：360激励员工　员工持股比例高达22.3%

事件时间：2011年3月至11月

事件简介：3月21日，中国第一大互联网安全公司奇虎360正式向美国监管机构提交上市申请，该公司计划赴美国纽交所IPO（首次公开招股），融资规模为两亿美元，据其公开招股书显示，360员工持股比例达22.3%，将超过奇虎360董事长周鸿祎。有业界人士称，这是中国互联网行业迄今为止最高的员工持股比例。

奇虎360的招股说明书显示，360公司董事会在2010年11月决定增加2006年员工股票期权计划股票，并将于今年11月再度实施员工增股决议。截止到本次招股说明书发布，360公司在2006年员工股票期权计划共预留了16652751股的普通股。

此外，360公司早在2006年的员工股票增值计划中就为员工增设激励池，公司持股人之一 Young Vision 将总计 21603645 股公司普通股分配到股权激励池中。而该激励池也为 360 未来的人才引进战略预留出了足够的期权。

最终，奇虎 360 员工激励总数为三千八百万股，以保守每股 30 美元推算，该部分股票及期权价值 11.4 亿美元，这也就意味着 360 部分员工的身家将超过 1000 万元人民币，或将制造另一个百度神话。奇虎 360 上市后加入到该公司的人才，也将有机会享受到股票和期权。

业内人士认为，纵观当前国际经济形势，采用股权激励、员工持股已成为一个时期企业管理中不容忽视的趋势，360 公司显然顺应了这一趋势。同时，360 此优厚激励政策将更好地让员工分享自己劳动产生的资本利益，从而推动整个公司全面发展。

第三节　人力资源管理学科国际会议

1. 会议名称：（第十届）亚太人力资源管理会议 2011
会议时间：2011 年 9 月 2~3 日
会议地点：印度的班加罗尔
英文名称：ASIA PACIFIC HRM CONGRESS 2011
会议纪要：此次会议在印度南部的班加罗尔举行，会议主题是"抓住这一轮的新思潮"（CATCH THE WAVE OF NEW IDEAS），参会的主要是在印度的国际公司以及印度本土企业及相关人力资源培训开发机构的代表。会议的主题演讲就有几十个发言人，讲座和互动都很热烈，内容涉及各个分支领域，呈现出丰富的主题研究成果。其中包括：德意志银行人才与发展亚太区域经理 Anu Sarkar 发表的演讲"多视角看成功"；业务战略和人力资本价值咨询服务中心合伙人 Farid Ahmed 详解了"在灾难处理中人力资源的角色"的方法和原则；更好培训网站的董事长 Basem Al Attar 谈的是"人的爆炸式发展：如何获得最大最快的培训回报"；德勤咨询印度经纪有限公司印度人才经理 S. V. Nathan 倡导"积极沟通中更多的使用赞美语言"；澳新银行集团有限公司人力总监（亚太欧美区）Anouk De Blieck 发表的讲话内容是"鼓舞人心的领导：释放潜力和建立一个以客户为中心的组织"；赛门铁克公司浦那全球人力资源办公室和印度人力资源部高级经理 Rahul Phadke 谈了新时代背景下"人力资源转型——价值之旅"；雅培印度有限公司区域人力资源总监 Ajay Bhatt 从企业实践中思考总结了如何"建立卓越的健康服务"；SumTotal Systems 公司印度及亚太区总经理 Rishi Rana 深刻体会到"通过人力资源管理实现业务卓越"才是企业最好的选择；印孚瑟斯公司（印度历史上第一家在美国上市的公司）高级副总裁和集团人力资源总监 Nandita Gurjar 发表了题为"未来的工作及其对人力资源的影响"的主题演讲。

2. 会议名称：第63届国际人力资源年会
会议时间：2011年6月26~29日
会议地点：美国拉斯维加斯
英文名称：63th Society for Human Resource Management Annual Conference
会议纪要：一年一度全球最大的人力资源业界盛会——美国人力资源管理协会（SHRM）第63届年会暨展览会吸引了全球人力管理专家、学者、展商约19000名参会代表者，中国大陆、台湾、香港等地也有百余名专家、学者、企业家参加。与会代表彼此交流研究和实践经验，并就人力资源管理领域的前沿问题进行了深入的探讨。

大会期间，中国代表团受到了SHRM的热烈欢迎。在经济全球化的背景下，各国企业特别是跨国企业都力求在全球范围内进行人力资源的最优配置。许多国家的参会代表对中国经济的飞速发展赞叹不已，对中国代表带去的大量中国商机表示了浓厚的合作意向。SHRM中国首席代表冉毅波博士认为，此届年会为新经济环境下的人力资源管理者提供了交流创新性思想、探讨可行性新战略的机会和平台。年会上，大家讨论的热门话题如高科技和新媒介在人力资源中的应用、新形势下的工作形态和工作生活平衡的新要求、全球化人才发展带来的新人力资源战略等，无不给我们以新的启迪与思考。中外人力资源管理者在这个平台上的交流和分享，无疑会将人力资源管理的水平推向一个新的高度。冉博士表示，SHRM将强化其全球化战略，加速在大中华区的业务投入。出席此次会议的中国代表有北京大学王垒教授及其学术团队，浙江大学王重鸣教授、TCL集团人力资源总经理、富柯瑞管理顾问、克丽丝汀迪奥、美国天宝、科缔纳、凯易讯、惠亚电子、君合律师、台积电、招商银行等企业和机构的高级人力资源管理者和业内专家。

3. 会议名称：2011亚太区人力资源高峰论坛
会议时间：2011年12月9日
会议地点：中国上海
英文名称：2011 ASIA HR SUMMIT
会议纪要：本次峰会是作为国内最权威的HR领域高端论坛，在前两届成功举办的前提下，继续国内汇集了HR领域的一线专家、研究学者与大家分享了最新研究成果。就如何影响更多的企业提升人力资源管理的战略地位，创新人力资源管理的方式与技术，全面提升员工的职业水准以及职业道德，增强企业的核心竞争力展开了热烈的交流。来自汇丰银行、GE、江森自控（中国）、BP、沃尔玛、中国石化等众多知名跨国公司的600多位代表出席了本次峰会。峰会主题演讲涉及：诺姆四达测评咨询公司总经理的"如何应对新年跳槽高峰——给员工一个留下的理由"，万宝盛华集团（中国）总经理的"人智时代——趋势，机遇和挑战"，宝钢集团人力资源研究院院长"人才队伍内部建设与培养规律"，量化的人才管理在工作中的成功实践、如何让员工保持幸福感、HR如何帮助企业提升市值-HR走向CEO的捷径等。

本次峰会还是年度颁奖大典，推选出了本年度对人力资源业做出杰出贡献及推动的十佳个人和十佳团队以及在人力资源各领域有杰出贡献的"服务商"服务机构等。

4. 会议名称：2011年全球化人力资本高峰会暨2011亚太人力资源管理联盟年会
会议时间：2011年9月16~17日
会议地点：中国台北
英文名称：Summit on Globalization of Human Capital (SGHG) & Asia Pacific Federation of Human Resource Management Congress

会议纪要：本次会议的主题是Building a Dynamic Workforce in a Changing Frontier。大会有三场主题演讲、一场CEO论坛、一场HR论坛、19场专题演讲集展览会。美国维吉尼亚大学达顿商学院教授陈明哲做了题为"动态竞争与文化双融对全球人才管理之意涵"的演讲，提出领导人要培养最先进的动态策略观点，建立东西方平衡与整合的心态。美国南加大马歇尔商学院教授艾德华·罗勒主题演讲题目是"管理调整——创造求新求变的人才"。美国知名演说家、作家史提夫·吉里兰德发表了"创造差异"的演讲，深入探讨了如何以目标、热情与成就感为导向，提高员工参与度，以及激励员工追随领导愿景，改善沟通，创造更活力充沛的工作环境。瑞士艺珂集团全球人才管理资深副总裁Rich Thomson进行了"人才与策略的结合：亚洲未来新职场"的分享。

本次会议围绕如何提升人力资源发展，以面对当前人力资源议题带给台湾产业的挑战，以因应严峻的人才国际市场竞争及采取适当积极的人才资本发展策略，协助产业与政府共创繁荣。本次研讨会涵盖七大领域，包括学习与发展策略、员工参与留才、全球化人才流动及发展、工作与生活平衡、多元化劳动力、领导统御及接班人才发展计划、绿色管理议题。

5. 会议名称：第31届香港人力资源管理学会周年会议暨展览会
会议时间：2011年11月22~23日
会议地点：香港
英文名称：31th Hong Kong Institute of Human Resource Management Annual Conference & Exhibition

会议纪要：这是香港地区最具影响力的人力资源管理盛会。本届会议香港人力资源管理学会主办，以"才华尽展 基业长青"为主题。邀请多位来自世界各地的知名企业行政总裁、管理大师、人力资源管理专才、学者和顾问担任演讲嘉宾，分享他们的真知灼见，讨论最新趋势、创新管理方法与最新调查结果。

全球最大的劳动力管理解决方案提供商和第三大人力资本管理软件厂商克罗诺思（Kronos®）公司在会议的主题演讲中提出的"提升劳动生产率和增加合规"以及香港海洋公园案例分析深得与会嘉宾的认同，成为大会中热议的话题之一。

6. 会议名称：亚太经合组织技能开发促进项目——后金融危机时期的职业技能培训国际研讨会

会议时间：2011 年 17~18 日

会议地点：中国无锡

英文名称：APEC Skills Development Promotion Project-Seminar on Post-crisis Skills Development Policies

会议纪要：本次会议是 2010 年亚太经合组织（APEC）人力资源开发部长级会议后启动的"亚太经合组织技能开发促进项目"在 2011 年的五项重点工作之一。为推动亚太经合组织人力资源领域合作，作为亚太经合组织技能开发促进项目启动后的首次活动，亚太经合组织技能开发促进项目 2011 年研讨会以"后金融危机时期的职业技能培训"为主题，分设了经济社会发展与职业技能培训、就业机构矛盾与职业技能培训、加强 APEC 职业能力开发领域的合作三个议题，40 多位 APEC 代表参会并进行了研讨和交流。亚太经合组织秘书处执行主任 Muhamad Noor 到会致辞。国家人力资源和社会保障部、江苏省人力资源和社会保障厅相关负责人参加开幕式。

研讨会选择"后金融危机时期的职业技能培训"作为主题，主要考虑到世界经济虽然从危机中缓慢复苏，但复苏基础不稳定、不平衡，仍面临许多不确定因素，特别是出现了"无就业复苏"的威胁。2010 年亚太经合组织领导人非正式会议提出了新的区域增长战略，各经济体正以此为指导着手调整和转变自身的经济社会发展模式和增长方式，力求实现经济社会协调发展。这一现实和发展趋势必将对劳动力市场和劳动者技能提出新的要求。而加强职业技能培训是提高劳动者技能水平、适应发展模式和增长方式转变、应对当前和未来技能需求的最有效的方式。研讨会上，人力资源社会保障部职业能力建设司司长吴道槐表示为应对产业转型升级需求，中国将围绕"国家高技能人才振兴计划"在未来 10 年重点支持百万名高级技师培训，推进三大项目：一是未来 10 年在全国新培养 350 万名技师和 100 万名高级技师；二是依托大型骨干企业（集团）、重点职业院校和培训机构，建设一批高技能人才培训基地；三是在高技能人才需求比较密集的行业和企业建立一批国家级技能大师工作室。

7. 会议名称：2011 年世界人力资源开发大会

会议时间：2011 年 2 月 10~12 日

会议地点：印度孟买

英文名称：World HRD Congress 2011

会议纪要：会议主题是"人力资源的未来——"。

参加会议主题发言的代表分别来自伦敦商学院、母亲牛奶水果和蔬菜公司人力资源总监 Saugata Mitra，强生有限公司，塔塔集团美国国际集团（AIG）人寿保险有限公司、拉法基北美分公司、甲骨文（中东和非洲）公司等。

第五章 人力资源管理学科 2011 年文献索引

第一节 中文期刊索引

[1] 人力资源发展指数的设计与实证/边雅静，吴遥//统计与决策（武汉），2011（12）：22-25.

[2] 中国农户人力资本形成问题研究/穆晓，姚慧琴//吉林农业（沈阳），2011（9）：26-27.

[3] 人力资本跨国流动与中国经济增长——基于外商直接投资视角的研究/李杏，侯克强，陈万华//国际贸易问题（北京），2011（8）：132-143.

[4] 非营利部门员工从业动机研究：利他主义的反思/张冉，凯莉·瑞德佛恩，珍妮·格林//浙江大学学报：人文社会科学版（杭州），2011（4）：98-109.

[5] 中小企业组织道德氛围及其对组织绩效的影响——基于浙江等省市的调查与分析/赵立//浙江社会科学（杭州），2011（7）：135-144.

[6] 构建和谐劳动关系与劳动关系法治化/常凯//思想政治工作研究（北京），2011（9）：6-9.

[7] 战略劳动关系管理：内容、挑战及展望/曾湘泉，唐鑛//中国劳动关系学院学报（北京），2011（4）：1-4.

[8] 延长退休年龄影响人力资本的传导机制研究/袁廿一//人口与经济（北京），2011（4）：29-34，57.

[9] 用工"双轨制"存续的潜在危机及并轨路径与策略/刘洪，马璐//南京社会科学（南京），2011（8）：31-37.

[10] 中国所有制结构变迁与部门工资差距问题——基于中国微观家计调查数据的实证分析/余向华，陈雪娟，孙蚌珠//中国软科学（北京），2011（7）：50-60.

[11] 中国就业政策评价：1998~2008/赖德胜，孟大虎，李长安，田永坡//北京师范大学学报：社会科学版（北京），2011（3）：110-124.

[12] 城乡背景与大学毕业生就业——基于社会资本理论的模型及实证分析/秦永，裴

育//经济评论（武汉），2011（2）：113-118，128.

[13] 提升就业能力解决大学生结构性失业问题研究/王霆，曾湘泉//人口与经济（北京），2011（3）：49-56.

[14] 工会实践、劳资关系气氛与双承诺间关系实证研究/陈万思，姚圣娟，钟琳//华东经济管理（合肥），2011（6）：89-94.

[15] 组织支持感、组织承诺与劳动关系管理实践研究——以某自来水公司为样本/廖少宏//中国人力资源开发（北京），2011（6）：90-94.

[16] 劳动科学研究的特征分析——基于学术界对《劳动合同法》争论的反思/熊新发，陈玉杰//现代管理科学（南京），2011（6）：45-46，52.

[17] 劳动关系管理之理论基础阐析/金星彤//大连海事大学学报：社会科学版，2011（3）：42-46.

[18] 劳资关系研究的理论脉络与进展/罗宁，李萍//当代财经（南昌），2011（4）：120-128.

[19] 对劳动关系与企业民主管理的再认识/郭军//中国工人（北京），2011（5）：16-19.

[20] 薪酬管制、薪酬委员会与公司绩效/高文亮，罗宏//山西财经大学学报（太原），2011（8）：84-91.

[21] 战略型领导行为与组织经营效果：组织文化的中介作用/王辉，张文慧，忻榕，徐淑英//管理世界（北京），2011（9）：93-104.

[22] 基于文化差异观的组织文化友好性和一致性对组织变革的影响/樊耘，邵芳，张翼//管理评论（北京），2011（8）：152-161.

[23] 组织文化演变驱动力的实证研究/纪晓鹏，樊耘，刘人境//南开管理评论（天津），2011（4）：50-58.

[24] 企业激励、货币供给与经济波动：基于中国1985~2008年数据的研究/关伟，韦静强//广西大学学报：哲学社会科学版（南宁），2011（2）：13-17.

[25] 审计人事电子档案与纸质档案保护技术上的差异/李爽//现代审计与会计（哈尔滨），2011（9）：43.

[26] "心往一处想、劲往一处使"：员工战略视线的作用机理/任润，李婧，张一弛//管理世界（北京），2011（9）：105-115.

[27] 企业员工战略共识及其影响因素的实证研究/黄再胜//南开管理评论（天津），2011（4）：32-41，79.

[28] 哪种领导行为会让一线员工更愿意付出/赵红丹，彭正龙//经济管理（北京），2011（7）：61-68.

[29] 高绩效团队领导者的行为结构与测量：中国本土文化背景下的研究/曹仰锋，吴春波，宋继文//中国软科学（北京），2011（7）：131-144.

[30] 企业并购情境下的威胁感知与员工创造力：工作负担和挑战性的调节效应/龙

静，程德俊，王陵峰//经济科学（北京），2011（4）：119-128.

[31] 情绪对创造力影响的研究综述/艾树，汤超颖//管理学报（武汉），2011（8）：1256-1262.

[32] 团队—成员交换研究现状探析与未来展望/李山根，凌文辁//外国经济与管理（上海），2011（7）：58封三.

[33] 团队作业结构的分类及其特征研究/任婧，王二平//管理学报（武汉），2011（8）：1168-1173.

[34] 组织公正对反生产行为的影响机制——自我决定理论视角/刘玉新，张建卫，黄国华//科学学与科学技术管理（天津），2011（8）：162-172.

[35] 组织免疫行为对组织绩效影响机制的实证研究/吕萍//科学学与科学技术管理（天津），2011（7）：15-23.

[36] 工作场所偏离行为的研究发展回顾及展望/张燕，陈维政//管理评论（北京），2011（6）：81-87.

[37] 弹性工作制的应用和思考/孙兆阳//商业时代（北京），2011（8）：74-77.

[38] 企业内层级收入差距和企业绩效的关系——一个整体演进分析的框架/刘长庚，韩雷//中国人民大学学报（北京），2011（1）：37-44.

[39] 知识型新员工组织社会化对组织承诺影响的追踪研究/李从容，宋晓阳，段兴民//经济管理（北京），2011（7）：69-77.

[40] 企业新员工工作期望与组织社会化早期的适应：领导—部属交换的调节作用/姚琦，乐国安//南开管理评论（天津），2011（2）：52-60.

[41] 组织与员工匹配模式下的人力资源管理实践/邵芳，樊耘//经济管理（北京），2011（6）：69-77.

[42] 人力资源管理角色研究述评/李隽，李新建，王玉姣//外国经济与管理（上海），2011（4）：43-50.

[43] 转型期工作偏差行为的诱发机理及治理策略/陈建安，毛冠凤//珞珈管理评论（武汉），2011（1）：23-32.

[44] 冲突对企业新员工工作满意度和留职意愿的影响/李锡元，陈思//技术经济（北京），2011（5）：124-129.

[45] 并购中员工离职原因的理论解读：一个文献综述/颜士梅//浙江大学学报：人文社会科学版（杭州），2011（3）：180-189.

[46] 试论知识员工人力资本与社会资本的协同开发/陈建安，李燕萍，陶厚永//外国经济与管理（上海），2011（4）：35-42.

[47] 创业中的变革型领导对组织公民行为的影响：组织承诺的中介作用/郭骁//首都经济贸易大学学报（北京），2011（3）：51-61.

[48] 涌现型领导对团队情绪、员工创新行为的影响研究/彭正龙，王红丽，谷峰//科学学研究（北京），2011（3）：471-480.

[49] 家长式领导与部属职涯高原：领导—成员关系的中介作用/曾垂凯//管理世界（北京），2011（5）：109-119，126.

[50] 团队的决策程序公正与决策质量分析/庞荣辉，李建标//科学学与科学技术管理（天津），2011（5）：157-163.

[51] 领导者如何影响创造力和创新？——相关影响机制的文献综述与理论整合/黄达鑫，马力//经济科学（北京），2011（1）：104-113.

[52] 动态职业环境下职业成长与组织承诺的关系/翁清雄，席酉民//管理科学学报（天津），2011（3）：48-59.

[53] 企业道德建设对员工满意度影响机制的实证研究——基于员工感知的企业社会责任中介效应分析/刘刚，李峰//经济理论与经济管理（北京），2011（3）：89-97.

[54] 员工文化价值观导向的代际差异及不同绩效控制下的匹配性研究/马君，殷红//经济管理（北京），2011（2）：86-93.

[55] 主管忠诚、上下级冲突与员工工作态度——基于本土家族企业的实证研究/谢俊，储小平，黄嘉欣//经济管理（北京），2011（1）：74-82.

[56] 变革型领导、团队文化与科研团队创造力的关系/汤超颖，朱月利，商继美//科学学研究（北京），2011（2）：275-282.

[57] 人力资源管理理论研究新进展评析与未来展望/赵曙明//外国经济与管理（上海），2011（1）：1-10.

[58] 组织层面的社会资本：理论框架、研究主题与方法/杜楠，张闯//财经问题研究（大连），2011（1）：10-15.

[59] 变革型领导行为对员工建言行为的影响研究/吴隆增，曹昆鹏，陈苑仪，唐贵瑶//管理学报（武汉），2011（1）：61-66，80.

[60] 支持型领导与授权氛围对旅游企业员工服务质量的影响/林美珍//旅游学刊（北京），2011（1）：63-73.

[61] 职业价值观与绩效：薪酬与晋升政治知觉的中介作用研究——国有企业员工在改革中的思想变迁与利益较量/秦晓蕾，杨东涛//经济管理（北京），2011（1）：57-62.

[62] 人力资源管理理论研究新进展评析与未来展望/赵曙明//外国经济与管理（上海），2011（1）：1-10.

[63] 发达国家企业人才管理的几点启示/李恩平，贾冀//理论探索（太原），2011（1）：81-83，94.

[64] 战略人力资源管理、创新氛围与员工创新行为的跨层次研究/宋典，袁勇志，张伟炜//科学学与科学技术管理（天津），2011（1）：172-179.

[65] 国有企业绩效管理存在的主要问题及其解决方法的探讨/徐枫//经营管理者（成都），2011（2）：205-207.

[66] 人力资源规划中的需求与供给预测的方法探析/李松媛，王德宠//黄河科技大学学报（郑州），2011（1）：79-81.

[67] 浅析激励机制在中小企业人力资源管理中的运用/纪橡梓，李莎莎//人力资源管理（北京），2011（1）：28-29.

[68] 基于心理契约的知识型员工激励策略研究/汤欢，赵勋//劳动保障世界——理论版（长春），2011（2）：44-46.

[69] 多项目管理中的人力资源配置问题研究/吕虹云，李楠楠//经济研究导刊（哈尔滨），2011（1）：130-132.

[70] 社区卫生服务站人力资源现况分析/杨瑞，李永斌，王芳，樊宏，卢祖洵//医学与社会（武汉），2011（1）：8-9.

[71] 保障和使用护理人力资源落实优质护理服务/金艳兰//全科护理（太原），2011（6）：528.

[72] 海外高层次人才引进的管理对策与建议/陈华//江苏科技信息（南京），2011（1）：38-40.

[73] 对员工发展投入值得吗？——发展型人力资源实践对员工知识共享行为及离职意愿的影响/何会涛，袁勇志，彭纪生//管理评论（北京），2011（1）：75-84.

[74] 激励及激励理论/高建明//科技信息（济南），2011（2）：82-83.

[75] 浅谈激励理论在企业人员管理中的应用/宋雨林//经济研究导刊（哈尔滨），2011（3）：112.

[76] 强化绩效管理提升人力资源管理水平/王俊丽//科学之友（太原），2011（3）：121-122.

[77] 新形势下医院人力资源管理的思考/易少华，唐月红，姜小明//中国医院管理（哈尔滨），2011（4）：38-39.

[78] 浅析人力资源管理中的绩效管理/赵旭//理论界（沈阳），2011（3）：210-211.

[79] 个体差异、组织支持感与工作绩效/侯莉颖，陈彪云//深圳大学学报：人文社会科学版（深圳），2011（2）：74-78.

[80] 基于岗位胜任能力的企业KPI绩效管理体系构建/王鹏耀//生产力研究（太原），2011（3）：170-171，194.

[81] 战略国际人力资源管理与企业绩效关系研究——基于在华跨国企业的经验证据/赵曙明，高素英，耿春杰//南开管理评论（天津），2011（1）：28-35.

[82] 新医改背景下公立医院实施绩效工资的难点与对策/郑大喜//中国社会医学杂志（武汉），2011（2）：94-96.

[83] 基于胜任力的人力资源管理体系创新/黄勋敬，龙静//中国行政管理（北京），2011（4）：73-76.

[84] 浅谈事业单位人力资源管理的瓶颈与对策/关善文//经营管理者（成都），2011（9）：156.

[85] 试析人力资源绩效考核方法/孙衍安//改革与开放（南京），2011（6）：88.

[86] 人力资源管理对推进优质护理服务的作用——访北京大学第三医院院长陈仲强/

娄方丽//中国护理管理（北京），2011（5）：25-26.

[87] 浅谈我国事业单位人力资源管理的现状/张胜珍//商业经济（哈尔滨），2011（10）：79-80.

[88] 我国事业单位人力资源管理现状的分析/侯汶佳//人力资源管理（北京），2011（6）：68-69.

[89] 我国企业有效实施绩效管理的思路/李桂英//山西农业大学学报：社会科学版（太原），2011（8）：814-818.

[90] 企业人力资源外包的风险及其防范/赵航//企业经济（南昌），2011，（7）：83-85.

[91] 积极心理学运动对组织行为学及人力资源管理的影响/田喜洲，谢晋宇//管理评论（北京），2011（7）：95-100.

[92] 论事业单位人力资源管理/李建文//改革与开放（南京），2011（18）：112，118.

[93] 职业教育分级制度基本问题/孙善学//教育与职业（北京），2011（22）：41-44.

[94] 试论当代企业经济管理问题的研究/田衡//科技资讯（北京），2011（26）：170.

[95] 我国医院护理人力资源流失现状研究/许莹，尤黎明，刘可，马伟光，王红红，方进博，吕爱莉，孙静，吴子敬，陆敏敏，颜君，郑晶，朱晓雯//中国护理管理（北京），2011（9）：29-32.

[96] 从"六普"看中国人力资源变化：从人口红利到人力资源红利/胡鞍钢，才利民//清华大学教育研究（北京），2011（4）：1-8.

[97] 高绩效人力资源实践有助于组织认同？——一个被中介的调节作用模型/李燚，魏峰//管理世界（北京），2011（2）：109-117.

[98] 浅谈激励机制在企业管理中的运用/梁开民//山东社会科学（济南），2011（S2）：179-180.

[99] 高职人才培养目标定位的新思考/查吉德//中国职业技术教育（北京），2011（18）：12-19.

[100] 于提高大学人才培养质量的思考/范明//江苏高教（南京），2011（1）：90-92.

[101] 科技人力资源分布密度与区域创新能力的关系研究/李国富，汪宝进//科技进步与对策（武汉），2011（1）：144-148.

[102] 公务员多元化选拔方式评析/梁玉萍，张敏//理论探索（太原），2011（1）：112-115.

[103] 高校就业困难群体成因分析与应对措施/张宏雷，刘雪辉//思想政治工作研究（北京），2011（1）：40-41.

[104] 基于社会转型的农村职业教育发展趋势论/马建富//河北师范大学学报：教育科学版（石家庄），2011（1）：89-95.

[105] 基于亚当斯公平理论的企业薪酬设计研究/王占武//现代商贸工业（武汉），2011（1）：134-135.

[106] 浅谈完善人力资源绩效管理的对策/石迎春，石珊珊//中国科技信息（北京），

2011 (2): 156-157.

　　[107] 我国企业绩效考核体系存在的问题及对策/刘巍，吴稀奇//南昌教育学院学报（南昌），2011 (1): 170-171, 173.

　　[108] 企业人力资源供应链管理模式研究/曾捷英//中国流通经济（北京），2011 (1): 113-117.

　　[109] 企业人力资源规划现状与制定对策措施/赵秋野//中国市场（北京），2011 (1): 27-28.

　　[110] 试论事业单位的人力资源管理/连益财//中国城市经济（北京），2011 (1): 98.

　　[111] 绩效管理体系建设初探/付松军//经济师（太原），2011 (1): 255, 258.

　　[112] 人力资源会计计量模式分析/徐文奎//经济研究导刊（哈尔滨），2011 (2): 103-104.

　　[113] 民营医院员工对医院人力资源管理满意度的研究/陈城，吴均林，周颖华//中国医院（北京），2011 (3): 68-70.

　　[114] 护士职业认同评定量表的研制/刘玲，郝玉芳，刘晓虹//解放军护理杂志（上海），2011 (3): 18-20.

　　[115] 关于高校师资队伍柔性化管理的一点思考/全京//中国社会科学院研究生院学报（北京），2011 (1): 102-106.

　　[116] 电力企业员工培训探究/左琳楠，韩望//中国电力教育（北京），2011 (3): 53-54.

　　[117] 人力资本、资本存量与区域差异——基于东西部地区经济增长的实证研究/雷鹏//社会科学（上海），2011 (3): 53-63.

　　[118] 战略性人力资源管理与企业竞争力提升/邵蕊蕊，李文哲//中国商贸（北京），2011 (6): 71-72.

　　[119] 浅析新劳动法对企业人力资源管理的影响及对策/田俊双，聂媛媛//中国商贸（北京），2011 (6): 88-89.

　　[120] 富士康人力资源管理反思及其启示/徐智华//企业经济（南昌），2011 (1): 76-79.

　　[121] 关于企业培训需求分析的探讨/ 韩亚明//人力资源管理（北京），2011 (3): 32-33.

　　[122] 基于人力资本、技术进步的经济增长研究/雷鹏//南京社会科学（南京），2011 (3): 37-42.

　　[123] 人口红利效应、广东经济发展与产业升级/郭友群，潘琦//国际经贸探索（广州），2011 (1): 35-40.

　　[124] 对多种用工形式下员工身份问题的探讨/王卫国//江汉石油职工大学学报（潜江），2011 (1): 90-91, 94.

　　[125] 谈激励机制在企业人力资源管理中的运用/张静//经济研究导刊（哈尔滨），2011 (4): 82-83.

　　[126] 企业人力资源外包动因及风险规避策略浅析/华瑶，侯春丽//工业技术经济（沈阳），2011 (2): 106-109.

　　[127] 激励措施在医院人力资源管理的运用/ 陈春红，张惠琴//当代医学（北京），

2011（7）：38-39.

［128］医院岗位价值评价指标体系的应用研究/彭磊，李双明，张志//中国医院管理（哈尔滨），2011（4）：32-33.

［129］合同制护士离职倾向的调查研究/刘晓丹，王幼芳，王芳//护士进修杂志（贵阳），2011（5）：439-441.

［130］人力资源管理与劳工权益保护/闻效仪//中国劳动关系学院学报（北京），2011（2）：34-39.

［131］战略人力资源管理与企业竞争优势——基于资源与能力整合观的分析/骆佳，刘大威，韩东平//哈尔滨工业大学学报：社会科学版（哈尔滨），2011（1）：109-113.

［132］论绩效管理的内涵及实施策略/裴国栋//现代营销：学苑版（长春），2011（2）：33.

［133］上海酒店员工满意度与离职意向影响因素实证研究/辜应康，杨杰，唐秀丽//江苏商论（南京），2011（3）：33-36.

［134］绩效考核方法在人力资源管理中的应用研究/陶学锋//中国城市经济（北京），2011（2）：95.

［135］民办高校教师激励的战略性人力资源管理视角/刘文花//科技管理研究（广州），2011（7）：137-140.

［136］采供血机构人力资源管理存在的问题及对策/徐爽，刘青宁，安万新，梁晓华，李雅洁，王旻，王黎//中国输血杂志（成都），2011（3）：194-196.

［137］美国人力资源战略的实施策略及对我国的启示/刘追，邢春雷//中国行政管理（北京），2011（4）：99-102.

［138］刍议我国事业单位人力资源管理应对改革的思考/薄纯荣//人力资源管理（北京），2011（5）：28.

［139］基于胜任力的人岗匹配研究综述/史东风//社科纵横：新理论版（兰州），2011（1）：59-60.

［140］低龄老年人口特征及其人力资源开发潜力研究/崔红威//河北大学学报：哲学社会科学版（保定），2011（2）：76-81.

［141］浅析企业文化与人力资源培训关系/孟曙艳//中国商贸（北京），2011（11）：84-85.

［142］人力资源部门新角色下的绩效考核/王文文//当代经济（武汉），2011（4）：54-55.

［143］基于人岗匹配的人力资源优化配置模型研究/王福鑫，任娟//技术与创新管理（西安），2011（3）：237-240.

［144］我国农村城市化与农村人力资源开发/乔凤珠//农业经济（沈阳），2011（6）：60-61.

［145］国内外素质和素质模型研究述评/李玲//广西师范学院学报：哲学社会科学版（南宁），2011（2）：110-114.

［146］员工绩效考核存在的问题及对策探讨/崔红//产业与科技论坛（石家庄），2011

（3）：222-223.

［147］会计师事务所人力资源管理问题及对策探讨/余强//财会通讯（武汉），2011（13）：30-31.

［148］企业人力资源管理外包风险评价模型构建/马宝军，马志强//统计与决策（武汉），2011（9）：179-181.

［149］基层电力企业人力资源管理探讨/王明荣//中小企业管理与科技：上旬刊（石家庄），2011（7）：2.

［150］我国护理人力资源配置现状及研究进展/许智越，方勇//齐鲁护理杂志（济南），2011（15）：43-44.

［151］激励机制在医院人力资源管理中的应用/孙光阳//中国医药科学（北京），2011（13）：153-154.

［152］城乡统筹发展与农村职业教育改革分析/刘福军，秦莹//职业技术教育（长春），2011（16）：65-67.

［153］浅谈绩效考核在企业人力资源管理中的作用/郑艳红//中小企业管理与科技：上旬刊（石家庄），2011（7）：9-10.

［154］人力资源管理实践与企业绩效：基于动态环境的实证研究/高素英，赵曙明，张艳丽//管理学报（武汉），2011（7）：990-996.

［155］企业如何立足人力资源管理来塑造企业文化/张保建//中国商贸（北京），2011（24）：48-49.

［156］河南省产业集聚区人才支撑体系存在的问题及对策/胥丽娜//黑龙江对外经贸（哈尔滨），2011（7）：94-96.

［157］企业人力资源激励机制探究/梁艳华，廖书恒，覃春明//经营管理者（成都），2011（14）：146.

［158］建构中小企业员工培训管理体系的思路与对策/李晨，王宝石//科技管理研究（广州），2011（13）：147-150.

［159］我国事业单位人事管理制度现状分析与改革思路/张黎阳//中外企业家（哈尔滨），2011（13）：20-23.

［160］人力资源管理系统的分析与设计/张哲，王绪宛//电脑开发与应用（太原），2011（9）：20-22.

［161］我国国有企业人力资源管理存在问题及对策分析/张秋红//经济视角（长春），2011（3）：60.

［162］发展人力资源外包的战略意义与对策/来有为，马骏//经济纵横（长春），2011（8）：59-63，89.

［163］现代企业员工职业生涯规划研究——基于人力资源价值链的视角/梁彦锋//经济师（太原），2011（9）：21-22.

［164］医院成本核算中员工角色管理与人力资源成本分摊模式探讨/汤建凤，王燕，

周新燕//中国卫生经济（哈尔滨），2011（9）：87-89.

[165] 企业绩效考核现状研究/杨雪梅//现代交际（长春），2011（9）：17-18.

[166] 企业履行对员工的社会责任影响员工组织公民行为的实证研究——基于社会交换理论的分析/何显富，陈宇，张微微//社会科学研究（成都），2011（5）：115-119.

[167] 中国医疗领域中的人力资源危机/顾昕//国家行政学院学报（北京），2011（6）：17-22.

[168] 人力资源管理实践、组织支持感与员工承诺和认同——一项跨层次研究/王震，孙健敏//经济管理（北京），2011（4）：80-86.

[169] 我国门诊护理人力资源配置及护理管理对策/陈云，李平，欧文斌，叶苓，高强//护理管理杂志（北京），2011（10）：708-709.

[170] 试论建立人才激励机制对企业人力资源管理的重要性/吉苏滨//新远见（长沙），2011（1）：97-104.

[171] 护理专业学生职业态度及其影响因素的研究现状/刘慧萍，刘晓英，范巧珍//中华护理教育（北京），2011（8）：373-375.

[172] 护理人力资源配置方法的研究现状/孙继红，刘均娥，陈柯帆//中华护理教育（北京），2011，（5）：233-235.

[173] 各类高校人才培养结构亟须调整/胡瑞文//人民政协报（北京），2011-02-23-C01.

[174]《劳动合同法》与农村劳动力转移研究/贺文华，卿前龙//天府新论（成都），2011（1）：55-60.

[175] 青年科技人才"奉献投入—心理资本—绩效产出"预测模型研究——基于BG企业青年科技人才素质评价实证分析/郑林科，梁国林，杨玉民//心理研究（开封），2011（1）：55-62.

[176] 企业人力资源管理信息化建设探析/史悦//内蒙古电大学刊（呼和浩特），2011（1）：5-7.

[177] 中小企业人力资源管理的现状与对策建议/张百鹏//中国集体经济（北京），2011（1）：118-119.

[178] 扩大绩效考核结果应用功效/李成志，齐大勇，刘明，张宇初，戚岩//中国电力企业管理（北京），2011（1）：76-77.

[179] 从激励理论的视角看企业薪酬设计/石飞//中国商贸（北京），2011（2）：51-52.

[180] 企业人力资源管理的创新研究/蔡立科//中国商贸（北京），2011（2）：53-54.

[181] 企业战略人力资源管理研究/关晶莹，曹向阳，王怀庆，张艳涛//企业导报（武汉），2011（1）：217.

[182] 岗位绩效工资制的设想与管理/田苗//中国经贸导刊（北京），2011（1）：71-72.

[183] 我国旅行社人力资源的现状分析与对策研究/蒙景村//中国商贸（北京），2011（2）：185-186.

[184] 基于灰色理论的人力资源外包供应商评价/王新驰, 姜军//商业研究（哈尔滨）, 2011（1）: 22-26.

[185] 中小企业人力资源管理外包的动因、风险及防范策略/李恩平, 苏文, 赵红瑞//经济师（太原）, 2011（2）: 218-219.

[186] 我国国有企业的薪酬管理研究/陈栋//经营管理者（成都）, 2011（2）: 157.

[187] 竞争性选拔情境中社会网络及其演化研究/任利成, 白宪生, 鲁锦涛//华东经济管理（合肥）, 2011（3）: 125-132.

[188] 人力资源战略管理规划研究述评/贾晓波, 王宗军//统计与决策（武汉）, 2011（4）: 162-164.

[189] 企业内绩效管理实施存在的问题与对策研究/占英春, 张正政//中国商贸（北京）, 2011（6）: 81-82.

[190] 知识型员工激励因素研究/孙颖//企业研究（长春）, 2011（2）: 17-18, 21.

[191] 基于双因素理论的员工激励/胡力平//企业改革与管理（北京）, 2011（1）: 49-50.

[192] 如何开展员工背景调查/方振邦, 钟含坷//人力资源管理（北京）, 2011（3）: 55-57.

[193] 浅析中国人力资本与经济增长的关系/黄乐//当代经济（武汉）, 2011（3）: 70-71.

[194] 内部社会资本: 创新型人力资源管理与组织绩效的中介变量/茆汉成, 宋典//科技进步与对策（武汉）, 2011（6）: 150-154.

[195] 胜任特征模型的研究/王菲//吉林省教育学院学报（长春）, 2011（1）: 138-140.

[196] 我国物流企业管理人员胜任力模型探析/李凤, 瞿群臻//物流科技（哈尔滨）, 2011（2）: 51-53.

[197] 创新型人才管理的三种重要理念/徐兆铭, 乔云霞//科技创新与生产力（太原）, 2011（3）: 24-26, 33.

[198] 高素质人力资源对我国区域经济支撑作用的地带差异/梁涵, 杨开忠, 姜玲//软科学（成都）, 2011（3）: 91-94.

[199] 我国企业虚拟人力资源管理探析/钱黎阳, 楼旭明//科技管理研究（广州）, 2011（5）: 165-168.

[200] 海洋产业人力资源的现状与开发研究/李彬, 高艳//海洋湖沼通报（青岛）, 2011（1）: 165-172.

[201] 基于灰色预测模型 GM（1,1）的人力资源需求预测研究/张立//人力资源管理（北京）, 2011（4）: 234-235.

[202] 浅谈现代人力资源管理中培训工作的重要性/纪淑琴//新疆有色金属（乌鲁木齐）, 2011（1）: 105-106.

[203] 医院人力资源管理探讨/史芳//中国当代医药（北京）, 2011（8）: 142, 145.

[204] 城乡统筹发展下的郑州农村人力资源开发研究/贾晓燕//中州大学学报（郑州）, 2011（1）: 24-25.

[205] 试论人才素质测评的基本原理/余斌，张国玉//管理学刊（新乡），2011（1）：51-53，90.

[206] 家庭背景因素对我国大学毕业生就业影响的实证分析——基于2009年的调查数据/陈江生，王彩绒//西北师大学报：社会科学版（兰州），2011（2）：97-101.

[207] 高职院校兼职教师队伍管理存在的问题及对策/何卫妹//金华职业技术学院学报（金华），2011（1）：10-12.

[208] 人力资源管理信息系统的设计/贾珺//电脑知识与技术（合肥），2011（6）：1316-1318.

[209] 关于新员工培训的分析与思考/刘金进//中小企业管理与科技：下旬刊（石家庄），2011（2）：6.

[210] 基于企业战略的薪酬体系设计/孙莉莉//知识经济（重庆），2011（4）：5.

[211] 浅谈绩效考核在企业人力资源管理中的作用/谢翠玉//知识经济（重庆），2011（4）：97.

[212] 我国企业人力资源外包风险成因及规避分析/黄任//企业家天地（长沙），2011（1）：37-38.

[213] 企业核心人才和关键岗位的识别与匹配模型/聂军//工程管理学报（北京），2011（1）：115-119.

[214] 基于委托代理的企业人力资源外包研究/李树祥，梁巧转，孟瑶，伍勇//科技与经济（南京），2011（2）：90-94.

[215] 医师多点执业对公立医院人才队伍建设的影响/史新叶，杜新宇//中国医院（北京），2011（4）：71-73.

[216] 情绪智力对护士工作绩效的影响/曹秋茹，李吉明，李艺//护理研究（太原），2011（11）：968-969.

[217] 关于事业单位绩效考核体系优化设计的探讨/简军//现代商业（北京），2011（11）：89，88.

[218] 中国农村劳动力转移的相关政策影响分析/兰景力//学术交流（哈尔滨），2011（4）：139-143.

[219] 基于ERP的人力资源管理系统/赵伟，孙光大//教育教学论坛（石家庄），2011（3）：195-196，103.

[220] 基于能力的人力资源管理课程体验式教学体系的研究与实践/郭巧云，李友德//教育与职业（北京），2011（12）：133-135.

[221] 高校师资队伍建设：问题与思考——基于学术人力资源配置的视角/韩永宝//经济师（太原），2011（4）：113-114.

[222] 全程化实施大学生职业生涯规划的研究与实践/杨武成，栾述文，李宝玺//教育与职业（北京），2011（11）：87-89.

[223] 民办高校人力资源管理现状调查/王强//教育与职业（北京），2011（13）：42-43.

[224] 我国企业激励机制存在的问题及对策建议/段华友，李婉琼//现代商业（北京），2011（12）：104-106.

[225] 加强和改进人力资源管理促进公司业务发展——论保险公司人力资源管理方法/张太生//经济师（太原），2011（4）：223-224.

[226] 加强企业人力资源培训的建议/赵若燕//商场现代化（北京），2011（9）：115-116.

[227] 企业人力资源管理中员工有效激励手段的探讨/郭旭洁//中国外资（北京），2011（8）：253.

[228] 基于生命周期视角下的企业战略人力资源管理/吴晓荣，王少东，贾虎//企业经济（南昌），2011（4）：78-82.

[229] 构建我国中小企业员工激励机制的路径研究/王瑾//当代经济（武汉），2011（4）：64-65.

[230] 我国项目人力资源管理存在的问题与对策/苏乔//科技广场（南昌），2011（4）：93-96.

[231] 国有企业人力资源绩效管理研究/尹之峰，白延静//科技与管理（哈尔滨），2011（3）：122-125.

[232] 高校辅导员职业倦怠现状调查/黄雄英，刘莳斐//中国公共卫生（北京），2011（6）：784-785.

[233] 建立基于绩效考核的医院薪酬分配制度的思考/李萍//中国医药指南（北京），2011（15）：161-162.

[234] 人力资源开发与创新型经济竞争力/王昌君//求索（长沙），2011（4）：87-88，74.

[235] 亲验式教学模式在人力资源管理教学中应用探析/李淑娟，孙勋成//商业经济（哈尔滨），2011（10）：128-129.

[236] 山东人力资源开发与区域经济发展的关系研究/田静//生产力研究（太原），2011（5）：117-118，148.

[237] 金融全球化下的国有商业银行人力资源管理探析/江敏新//西部：下旬.理论版（西安），2011（5）：68-69.

[238] 人力资源管理外包机理研究——基于交易费用理论/袁飞，姚顺波//华东经济管理（合肥），2011（8）：88-90.

[239] 浅析如何在新经济时代发挥人力资源管理的作用/房磊//科技信息（济南），2011（15）：444，694.

[240] 人与环境匹配：一个基于员工——组织复合型视角的模型/张翼，樊耘//管理评论（北京），2011（5）：103-112.

[241] 浅析医院人才流失的原因和对策/陈俊，祝尊坤，王正//中外医学研究（哈尔滨），2011（18）：140-141.

[242] 工作设计对知识型员工和体力工作者的差异化影响：一个现场准实验研究/涂

红伟,严鸣,周星//心理学报(北京),2011(7):810-820.

[243] 我国事业单位人力资源管理现状及发展/李洁//山西财政税务专科学校学报(太原),2011(3):69-71.

[244] 人力资源业务合作伙伴(HRBP)——HR新角色/杨磊,陈静//经济研究导刊(哈尔滨),2011(19):105-107.

[245] 以人为本的企业员工绩效考核体系的构建/李亚静//企业研究(长春),2011(12):41.

[246] 胜任力模型在民营企业人力资源管理中的应用/邓佐明//企业经济(南昌),2011(6):81-83.

[247] 多项目人力资源调度实证研究/付芳,周泓//管理工程学报(杭州),2011(3):73-77.

[248] 人力资源外包的风险及应对策略/宋博//当代经济(武汉),2011(12):60-61.

[249] 统筹城乡发展背景下我国农村劳动力转移路径/宋智//安徽农业科学(合肥),2011(20):22-23,37.

[250] 绩效考核方法在企业人力资源管理中的应用研究/叶迎//中国商贸(北京),2011(24):84-85.

[251] 以人为本的人力资源管理模式研究/李彦芳,田兴举,孙孟彦//价值工程(北京),2011(21):114-115.

[252] 战略劳动关系管理:内容、挑战及展望/曾湘泉,唐镰//中国劳动关系学院学报(北京),2011(4):1-4.

[253] 基于需求层次理论的高校青年教师薪酬激励策略/尉迟文珠//人力资源管理(北京),2011(9):163-164.

[254] 高校二级学院行政管理人员发展困境及激励理论选择/白彦琴//改革与开放(南京),2011(18):105-106.

[255] 我国企业人力资源外包风险及对策研究/娄本宁,曲亚琳//市场研究(郑州),2011(8):55-58.

[256] 人力资源管理强度对员工工作态度的影响研究/李敏,刘继红,Stephen J. Frenkel//科技管理研究(广州),2011(19):147-150,161.

[257] 马尔科夫转移矩阵在人力资源供给预测中的应用/严颖,李娟//市场论坛(南宁),2011(9):46-47.

[258] 相对绩效指标在绩效考核结果应用中的作用/张国民,陈进//中国人力资源开发(北京),2011(4):50-54.

[259] 关于商业银行效率对绩效影响程度的实证研究/汪翀//财政研究(北京),2011(7):60-63.

[260] 基于KPI的物流企业360°人力资源绩效考核体系设计/汤晓丹//物流科技(哈尔滨),2011(10):61-64.

[261] 我国中小企业人力资源管理问题研究/刘晓云//经济体制改革（成都），2011（5）：112-115.

[262] 促进中国基层卫生人力资源发展策略研究/蔡雨阳，施莉莉，马进，蔡仁华//中国社会医学杂志（武汉），2011（5）：294-297.

[263] 新医改背景下我国乡镇卫生院人力资源配置现状研究/胡晓，周典，吴丹，耿敏，李娇龙//卫生经济研究（杭州），2011（11）：25-27.

[264] 基于个人—环境匹配理论的边界管理与工作家庭界面研究/马丽，徐枞巍//南开管理评论（天津），2011（5）：41-47，152.

[265] 企业绩效管理体系的关键问题研究/李霜//中国商贸（北京），2011（35）：97-98.

[266] 关于我国事业单位人力资源管理问题的思考/管来华//国家林业局管理干部学院学报（北京），2011（4）：53-56.

[267] 发达国家政府促进农村人力资源开发的经验与借鉴/李玉松//农业经济（沈阳），2011（12）：49-51.

[268] 基于知识的高新技术企业人力资源开发模型研究/周福战，陈树文//商业经济与管理（杭州），2011（12）：38-44.

[269] 人性化管理在急诊护理管理中的应用/易少华，刘小琴//内蒙古中医药（呼和浩特），2011（13）：133-135.

[270] 雇佣关系：人力资源管理的基础/约翰·巴德，迪瓦希什·海沃，孟泉//中国人力资源开发（北京），2011（9）：85-95.

[271] 医院信息化人才队伍的现状与需求/沈韬//中国卫生信息管理杂志（北京），2011（5）：7-11.

[272] 医院护理人力资源配置及利用的研究进展/庞军，李泽慧，王莉芳//首都医药（北京），2011（2）：35-36.

[273] 英国现代学徒制对广东职业教育改革的启示/张砚清//湖南师范大学教育科学学报（长沙），2011（1）：45-47.

[274] 基于"金字塔"形状的高校教师多通道职业生涯管理/郭颖梅//经济师（太原），2011（2）：104-105.

[275] 构建和谐劳动关系研究——基于人力资源开发视角/李桂华//中国流通经济（北京），2011（1）：99-103.

[276] 浅谈企业人力资源管理法律风险及防范控制/朱保清//人力资源管理（北京），2011（2）：12-16.

[277] 平衡计分卡在人力资源绩效管理中的应用——以汽车制造企业为例/路露//人力资源管理（北京），2011（2）：131.

[278] 国有煤炭企业人力资源激励方式探讨/张峰岩//中国市场（北京），2011（2）：54，57.

[279] 绿色经济背景下的人力资源能力建设/李宝元//经济研究参考（北京），2011（2）：8-14.

[280] 煤炭企业人力资源管理存在的问题与对策/刘波伟//商业经济（哈尔滨），2011（3）：82-83.

[281] 知识型员工流动的影响因素分析及对策研究/庞文会//经济研究导刊（哈尔滨），2011（2）：58-59.

[282] 构建校院合作的临床药学人才培养模式/蒋君好，李勤耕，曾渝，秧茂盛，刘新，刘颜//药学教育（南京），2011（1）：11-13.

[283] 我国人才战略与教育文化启蒙/杨明全//中国教育学刊（北京），2011（2）：6-10.

[284] 公共部门人力资源管理特点及激励模式探讨/屠念念//商业时代（北京），2011（5）：112-113.

[285] 企业培训体系的建立与实施/张迎春//企业研究（长春），2011（2）：83-84.

[286] 谈企业人力资源管理与企业文化建设/刘波伟//商业经济（哈尔滨），2011（1）：88-89.

[287] 电力企业人力资源管理工作要坚持与时俱进/于春源//价值工程（石家庄），2011（6）：216.

[288] 上海市社区家庭病床护理人力资源配置现状调查分析/李凤萍，刘红炜，李水静，叶文琴//护理研究（太原），2011（7）：593-594.

[289] 胜任力模型与地方高校辅导员人力资源管理研究/李斌//湖南社会科学（长沙），2011（1）：145-147.

[290] 现代人力资源管理的体系创新/李勇，陈巧春//人力资源管理（北京），2011（4）：156.

[291] 浅议人力资源管理与企业可持续发展/段青峰//中国城市经济（北京），2011（2）：106.

[292] 人力资源管理风险与防控文献综述/刘铁明//湖南财政经济学院学报（长沙），2011（1）：129-132.

[293] 基于模糊综合评价的人力资源绩效评价模型研究/丁毓良，商华//现代管理科学（南京），2011（5）：99-101.

[294] 我国公共部门人力资源管理的现状及对策/张培建//山东省农业管理干部学院学报（济南），2011（2）：98-100.

[295] 我国护理人力资源配置现状及研究进展/方秀敏，朱华//当代护士：专科版（长沙），2011（2）：14-16.

[296] 我国中小民营企业人力资源管理存在的问题与对策分析/徐洋//扬州职业大学学报（扬州），2011（1）：22-25.

[297] 高校人力资源管理中存在的问题与对策/曾志英//中国外资（北京），2011（8）：258.

[298] 我国家族企业人力资源管理中的问题与对策/李梦珍, 李畅//合作经济与科技 (石家庄), 2011 (9): 32-33.

[299] 基于社会资本的科技人力资源共享框架模型构建研究/袁晓斌//科技管理研究 (广州), 2011 (11): 134-137.

[300] 基于企业诚信文化的人力资源管理信息系统研究/任沁新//地域研究与开发 (郑州), 2011 (3): 140-143, 148.

[301] 企业兼并后的人力资源整合综合评价模型及实证/张健, 高明哲, 李慧民//西安建筑科技大学学报: 自然科学版 (西安), 2011 (2): 243-246.

[302] 电力企业绩效管理存在的问题及对策/徐艳茹//中共银川市委党校学报 (银川), 2011 (1): 94-96.

[303] 广东省社区卫生服务机构卫生人力资源与工作现状的抽样调查/姚卫光, 魏国文, 徐爱光, 邱丽燕, 陈卓, 余红燕//中国全科医学 (北京), 2011 (16): 1779-1781.

[304] 要素计点法在人力资源外包服务商评价选择中的应用研究/杨维芝//哈尔滨商业大学学报: 社会科学版 (哈尔滨), 2011 (3): 52-57.

[305] 论我国企业人力资源规划现状与制定对策措施/陈冬云//经营管理者 (成都), 2011 (11): 149.

[306] 企业人力资源管理中绩效考核的作用分析/李鹏飞//财经界: 学术版 (北京), 2011 (5): 238.

[307] 人力资源质量控制与优化管理/曹红延//人力资源管理 (北京), 2011 (6): 89-90.

[308] 知识型员工的角色压力与组织承诺关系研究/郑曦//商业时代 (北京), 2011 (14): 93-94.

[309] 基于学习型组织的人力资源管理研究/蓝文永, 贲绍云//山西财经大学学报 (太原), 2011 (S1): 124-125.

[310] 企业人力资源培训开发的探讨/郑丽梅//现代经济信息 (哈尔滨), 2011 (9): 41, 50.

[311] 我国煤炭企业人力资源管理现状及应对策略探讨/郝树伦//现代商业 (北京), 2011 (20): 131.

[312] 以薪酬管理改革为抓手推进医院人力资源管理制度改革/钱学欣, 庞建红//现代医院 (广州), 2011 (6): 126-128.

[313] 统筹城乡发展背景下的农村人力资源开发/林阿妙//漳州师范学院学报: 哲学社会科学版 (漳州), 2011 (2): 40-43.

[314] 浅谈企业人力资源管理中的风险与防范措施/胡碧军//才智 (长春), 2011 (17): 353.

[315] 人力资源经理工作倦怠现状及其相关因素分析/田洁红, 孔寅平, 陈毅文//管理评论 (北京), 2011 (6): 94-98.

[316] 中小企业人力资源管理中存在的问题及对策/王静//中外企业家 (哈尔滨),

2011 (2): 97–98.

[317] 企业家隐性知识对企业知识资本形成的影响——基于海尔的案例分析/白福萍//财会月刊（武汉），2011（30）：87–89.

[318] 成功企业家的素质特征/蔡建华//经济导刊（北京），2011（7）：66–68.

[319] 现代企业家战略思维分析/许倩，房丽军//现代商贸工业（武汉），2011（19）：40.

[320] 试论中小企业人力资源管理中的激励机制/刘军//现代经济信息（哈尔滨），2011（10）：32.

[321] 高度激励的薪酬体系建设/张畅，郝延伟，李伟//经营与管理（天津），2011（7）：57–58.

[322] 胜任素质、积极性、协作性的员工能力与企业人力资源体系重构/赵曙明//改革（重庆），2011（6）：137–140.

[323] 探析我国民营企业人力资源管理模式的变革/金星彤//生产力研究（太原），2011（6）：144–145.

[324] 从人力资源管理与薪酬管理谈人才流失危机/范敏//北方经济（呼和浩特），2011（10）：35–36.

[325] 基于精细化管理思想的企业培训体系构建研究/王丽静//科技管理研究（广州），2011（14）：141–144.

[326] 人事档案管理在人力资源管理中的作用初探/黄庆辉//中国新技术新产品（北京），2011（14）：241.

[327] 大型集团企业人力资源管理信息化建设/刘欣//电力信息化（北京），2011（5）：47–50.

[328] 企业ERP项目中人力资源管理系统应用/王洁//东方企业文化（北京），2011（10）：31.

[329] 战略人力资源管理与组织绩效的关系模型探讨——基于动态能力的视角/丁静//商业时代（北京），2011（21）：88–89.

[330] 企业人力资源管理外包的风险与控制研究/令狐克睿//中国商贸（北京），2011（24）：42–43.

[331] 构建服务业人力资源柔性管理模式/王伟//中国人力资源开发（北京），2011（2）：104–105.

[332] 一站式人力资源服务管理模式研究/罗岚//中外企业家（哈尔滨），2011（11）：29–33.

[333] 我国食品药品监督管理行政机构人力资源配置状况与变化分析/李顺平，尹爱田，井珊珊，赵文静//中国卫生经济（北京），2011（8）：42–44.

[334] 基于胜任力的医院人才招聘与选拔体系的构建与应用/徐向天，钱疆//中国医院（北京），2011（8）：46–48.

[335] 江西省农村卫生室卫生人力资源状况追踪调查/周伟，袁兆康，俞慧强，王文

英，黎国庆，王希，冯欣，方晓，黄仁辉，段晨辉//南昌大学学报：医学版（南昌），2011（7）：1-6.

[336] 国内城市商业银行经营管理层胜任力模型研究/谢刚，贾建民，侯景亮//西南交通大学学报：社会科学版（成都），2011（4）：137-141.

[337] 做好员工职业生涯规划增强现代企业竞争力/蔡珍美//黑龙江教育学院学报（哈尔滨），2011（8）：195-197.

[338] 基于就业视角的本科高校人才培养模式创新研究/郭志平//浙江海洋学院学报：人文科学版（舟山），2011（3）：74-77.

[339] 新时期我国农村人力资源开发机制构建的思考/魏良益//安徽农业科学（合肥），2011（25）：15700-15702.

[340] 浅论激励机制在实验技术队伍建设中的合理运用/钟磊，刘时新，熊祖钊，雷鸣//实验室研究与探索（上海），2011（9）：353-355.

[341] 基于人力成本控制的人力资源管理模式构建/王春梅，周晖//改革与战略（南宁），2011（11）：53-55.

[342] 浅析我国中小企业绩效管理问题/薄玲梅//山西高等学校社会科学学报（太原），2011（12）：50-52.

[343] 中小企业薪酬结构设计思路探讨/孔沛，孙晶霞//泰安教育学院学报岱宗学刊（泰安），2011（2）：34-36.

[344] 从知识体系走向能力体系——对改革人才培养模式、培养创新型人才的思考/李继星//人民教育（北京），2011（23）：8-11.

[345] 和谐管理：中国特色的企业人力资源管理模式/李桂华//中国流通经济（北京），2011（12）：98-103.

[346] 最佳人力资源管理实践对组织绩效的影响/于庆生//经济视角：中旬（长春），2011（8）：66-67.

[347] 非物质激励在人力资源管理中的应用/刘映池//技术与市场（成都），2011（12）：214，216.

[348] 我国农村贫困地区人力资源开发若干问题探讨——以江西赣南A市为例/张祖军，曾伟//湖北社会科学（武汉），2011（12）：101-104.

[349] 构建集团公司人力资源管控模式/赵琛徽，胡敏//中国人力资源开发（北京），2011（11）：52-55.

[350] 新生代知识员工的激励机制构建/刘张勇，刘芳梅//江西蓝天学院学报（南昌），2011（1）：53-55.

[351] 试论我国继续教育培训现状及如何提高继续教育质量/张燕//中国建设教育（北京），2011（Z3）：84-87.

[352] 中国文化情境下团队心理安全气氛的量表开发/吴志平，陈福添//管理学报（武汉），2011（1）：73-80.

[353] 知识异质性与研发团队知识创新绩效——以共享心智模型为中介变量/王颖,彭灿//情报杂志(西安),2011(1):113-116,58.

[354] 团队性绩效考核对知识共享的影响模型研究/常涛,廖建桥//科研管理(北京),2011(1):111-121.

[355] 交互记忆系统与团队创造力关系的实证研究/王端旭,薛会娟//科研管理(北京),2011(1):122-128.

[356] 组织内创造力影响因素的研究综述/张燕,怀明云,章振,雷专英//管理学报(北京),2011(2):226-232.

[357] 职业认同、团队认同对员工建言行为影响的实证研究/王璐,高鹏//数学的实践与认识(北京),2011(1):129-137.

[358] TMT特征对多元化与企业绩效关系的调节效应研究/陈昀,贺远琼,陈向军//预测(合肥),2011(1):10-17.

[359] 心理契约对组织绩效影响的实证研究/吕部//山西财经大学学报(太原),2011(3):88-97.

[360] 团队中的目标取向对创新气氛与创新绩效影响的实证研究/张文勤,王瑛//科研管理(北京),2011(3):121-129.

[361] 变革型领导、团队文化与科研团队创造力的关系/汤超颖,朱月利,商继美//科学学研究(北京),2011(2):275-282.

[362] 研发团队领导成员交换、心理感知与员工创新/彭正龙,赵红丹//科学学研究(北京),2011(2):283-290,229.

[363] 团队心理资本的开发与管理/于兆良,孙武斌//科技管理研究(广州),2011(2):157-160.

[364] 高校科研团队建设存在的问题及对策初探/蒋科兵//科技管理研究(广州),2011(4):91-93.

[365] 科研团队生命周期阶段特点研究——多案例比较研究/井润田,王蕊,周家贵//科学学与科学技术管理(天津),2011(4):173-179.

[366] 基于团队的学习模式(TBL)在医学教学方法改革中的应用与思考/姜冠潮,周庆环,陈红//中国高等医学教育(杭州),2011(2):8-9.

[367] 高校科研团队创新气氛对隐性知识共享意愿影响研究/李志宏,赖文娣,白雪//图书情报工作(北京),2011(2):99-102.

[368] 动态环境下变革型领导行为对探索式技术创新和组织绩效的影响/王凤彬,陈建勋//南开管理评论(天津),2011(1):4-16.

[369] 创业团队、正式结构与新企业绩效/薛红志//管理科学(北京),2011(1):1-10.

[370] 企业研发团队知识共享的进化博弈分析/宋军花//科技管理研究(广州),2011(7):122-125.

[371] 共享心智模型影响团队绩效的权变模型/白新文,刘武,林琳//心理学报(北

京），2011（5）：561-572.

[372] 应用型人才培养模式下实践教学体系的构建/赵建红，汤颖//黑龙江高教研究（哈尔滨），2011（5）：184-186.

[373] 研发团队成员人格异质性与创新绩效：以交互记忆系统为中介变量/黄海艳，李乾文//情报杂志（西安），2011（4）：186-191.

[374] 上下级交换关系与知识员工反生产行为——中国人传统性的调节作用/彭正龙，梁东，赵红丹//情报杂志（西安），2011（4）：196-200.

[375] 变化环境下组织中多层次学习及整体协调优化的仿真研究/陈国权，赵晨//中国管理科学（北京），2011（2）：183-192.

[376] 高管团队内薪酬差距与公司未来绩效关系研究——以广东省上市公司为个案/韩晓虎，黄大乾//财会通讯（武汉），2011（12）：84-86.

[377] 高层管理团队领导行为对团队绩效的影响机制：案例研究/曹仰锋//管理学报（北京），2011（4）：504-516.

[378] 高管团队组成特征、沟通频率与组织绩效的关系/姚振华，孙海法//软科学（成都），2011（6）：64-68，75.

[379] 变革型领导与团队交互记忆系统：团队信任和团队反思的中介作用/王端旭，武朝艳//浙江大学学报：人文社会科学版（杭州），2011（3）：170-179.

[380] 高校教学团队的内涵及其建设策略探讨——西北大学教学团队建设的探索与思考/王正斌，汪涛//中国大学教学（北京），2011（3）：75-77，86.

[381] 高校科研团队与研究生创新人才培养/肖春，毛诗焙//黑龙江高教研究（哈尔滨），2011（6）：69-71.

[382] 变革/交易型领导对团队创新绩效的权变影响机制——团队情绪氛围的调节作用/刘小禹，孙健敏，周禹//管理学报（北京），2011（6）：857-864.

[383] 科研合作网络特征与团队知识创造关系研究/张鹏程，彭菡//科研管理（北京），2011（7）：104-112.

[384] 领导—成员交换关系差异化研究评述与展望/王震，仲理峰//心理科学进展（北京），2011（7）：1037-1046.

[385] 高管团队要素对公司企业家精神的影响机制研究——基于长三角民营中小高科技企业的实证分析/蒋春燕//南开管理评论（天津），2011（3）：72-84.

[386] 管理者真能"以德服人"吗？——社会学习和社会交换视角下伦理型领导作用机制研究/洪雁，王端旭//科学学与科学技术管理（北京），2011（7）：175-179.

[387] 复杂企业环境下辱虐式领导、团队效能、团队绩效作用机制的实证研究/马跃如，彭静，李树//中南大学学报：社会科学版（长沙），2011（4）：78-85.

[388] 团队创新氛围对成员创新行为影响的跨层次研究：集体效能感的中介作用/王欢，尤中山//技术经济（北京），2011（7）：9-13.

[389] 组织结构、知识转移渠道与研发团队创新绩效——基于高新技术企业的实证研

究/张光磊，刘善仕，申红艳//科学学研究（北京），2011（8）：1198-1206.

[390] 团队外部社会资本对团队学习能力的影响——以企业研发团队为样本的实证研究/彭灿，李金蹊//科学学研究（北京），2011（9）：1374-1381，1388.

[391] 全科服务团队模式下的家庭医生制服务探讨/吴军//中国全科医学（北京），2011（25）：2851-2853.

[392] 积极情绪的社会功能及其对团队创造力的影响：隐性知识共享的中介作用/汤超颖，艾树，龚增良//南开管理评论（天津），2011（4）：129-137.

[393] 企业文化维度构建及其对员工满意度影响的实证研究/杨君茹，费明胜//财经论丛（杭州），2011（4）：99-104.

[394] 高管团队异质性对企业绩效的影响：以我国IT产业上市公司为例/李正卫，张萍萍，李孝缪，徐松屹//浙江工业大学学报：社会科学版（杭州），2011（3）：254-258，318.

[395] 上市公司高管团队薪酬差距影响因素与影响效应：基于本土特色的实证研究/刘子君，刘智强，廖建桥//管理评论（北京），2011（9）：119-127，136.

[396] 管理者背景特征与会计稳健性——来自中国上市公司的经验证据/张兆国，刘永丽，谈多娇//会计研究（北京），2011（7）：11-18，97.

[397] 薪酬差距、企业绩效与晋升机制——高管薪酬锦标赛的再检验/巫强//世界经济文汇（上海），2011（5）：94-105.

[398] 高层管理团队异质性对企业绩效的影响研究——以股权集中度为调节变量/黄越，杨乃定，张宸璐//管理评论（北京），2011（11）：120-125，168.

[399] 网络结构、知识整合与知识型团队绩效关系研究/熊焰，李杰义//研究与发展管理（上海），2011（6）：8-16.

[400] 企业文化对知识型员工离职意图影响的实证研究/周露冰//中国集体经济（北京），2011（13）：135-136.

[401] 企业文化与财务管理目标关系的实证分析——以青岛海尔股份有限公司为例/张晶晶，赵丹，王桂英//现代营销：学苑版（长春），2011（7）：256-257.

[402] 以企业文化为导向的人力资源培训研究/刘羚先，王相平，张权林//企业活力（郑州），2011（11）：54-56.

[403] 企业创新团队胜任力的内涵模型/曹志勇，刘嘉//科技创业月刊（武汉），2011（2）：114-116.

[404] 煤矿特种作业者胜任力培训干预SD仿真分析/李乃文，邓宏斌，高桃丽//科技管理研究（广州），2011（6）：150-154.

[405] 基于胜任力的人力资源管理体系创新/黄勋敬，龙静//中国行政管理（北京），2011（4）：73-76.

[406] 乡镇领导干部核心胜任力调查——河南省新型城镇化视角下的探析/赵红亮//领导科学（郑州），2011（14）：31-32.

[407] 新生代企业家的胜任力和压力/庞飞，朱炳华//绍兴文理学院学报-哲学社会科学（绍兴），2011（3）：44-49.

[408] 试论基于胜任力的薪酬管理/靳鹏//经营管理者（成都），2011（13）：83.

[409] 基于胜任力的绩效考核应用实践——以 H 人才中心为例/陈哲娟，马达飞//人力资源管理（北京），2011（10）：55-56.

[410] 基于公务员胜任力的职业发展路径研究——以湖北省为例/杜兴洋，田进//中国行政管理（北京），2011（11）：105-109.

[411] 高校辅导员职业倦怠的应对：以胜任力为视角/孙德芬//思想政治教育研究（哈尔滨），2011（5）：125-126.

[412] 基于胜任力的高职人力资源管理专业人才培养模式研究/蒋爱先，韦国燕，赵秋霞//全国商情——理论研究（北京），2011（Z1）：71-72，76.

[413] 我国高校如何从传统招聘向有效招聘飞跃——胜任力冰山模型及人才测评方法组合应用研究/徐进//江西蓝天学院学报，2011（4）：47-49，58.

[414] 企业生命周期在企业家社会网络对企业绩效影响中的调节作用/刘果，刘苹，蔡鹏//经济体制改革（成都），2011（1）：64-68.

[415] 企业家人力资本投资收益计量模型探讨/龙永保，周清//当代经济（武汉），2011（5）：126-128.

[416] 企业家道德人格的内涵解析与作用机制/张建卫，刘玉新，张丽红//北京理工大学学报：社会科学版（北京），2011（2）：38-42，48.

[417] 基于人力资本视角的企业家全球思维研究/于林，赵士军，李明//科技与管理（哈尔滨），2011（3）：105-108.

[418] 从"企业家"到"经纪人"——集群成长过程中的乡镇政府角色转变/孙沛东，徐建牛//浙江学刊（杭州），2011（4）：200-204.

[419] 论企业家社会胜任力对创业机会识别的影响/朱晓琴，黄旭//商业时代（北京），2011（16）：85-87.

[420] 中国企业家均衡发展的理论思考：积极心理学视角/刘玉新，张建卫//华东经济管理（合肥），2011（10）：101-108.

第二节　英文期刊索引

[1] Iverson, Roderick D.Zatzick, Christopher D. The effects of downsizing on labor productivity: The value of showing consideration for employees' morale and welfare in high-performance work systems. Human Resource Management, Vol. 50, Issue 1, Jan/Feb2011, pp. 29-44.

[2] Farndale, Elaine.Van Ruiten, Joppe.Kelliher, Clare.Hope-Hailey, Veronica. The influence of perceived employee voice on organizational commitment: An exchange perspective. Human Resource Management, Vol. 50, Issue 1, Jan/Feb2011, pp. 113–129.

[3] Caza, Arran. Testing alternate predictions for the performance consequences of middle managers' discretion. Human Resource Management, Vol. 50, Issue 1, Jan/Feb2011, pp. 9–28.

[4] Bernardin, H. John. Richey, Brenda E.Castro, Stephanie L. Mandatory and binding arbitration: Effects on employee attitudes and recruiting results. Human Resource Management, Vol. 50, Issue 2, Mar/Apr2011, pp. 175–200.

[5] Li, Ji. Chu, Chris Wai Lung. Lam, Kevin C. K. Liao, Stacy. Age diversity and firm performance in an emerging economy: Implications for cross-cultural human resource management. Human Resource Management, Vol. 50, Issue 2, Mar/Apr2011, pp. 247–270.

[6] Kaplan, David M. Wiley, Jack W. Maertz, Carl P. The role of calculative attachment in the relationship between diversity climate and retention. Human Resource Management. Vol. 50, Issue 2, Mar/Apr2011, pp. 271–287.

[7] Lee, Cynthia.Liu, Jun.Rousseau, Denise M.Hui, Chun.Chen, Zhen Xiong. Inducements, contributions, and fulfillment in new employee psychological contracts. Human Resource Management, Vol. 50, Issue 2, Mar/Apr2011, pp. 201–226.

[8] Shantz, Amanda.Latham, Gary. The effect of primed goals on employee performance: Implications for human resource management. Human Resource Management, Vol. 50, Issue 2, Mar/Apr2011, pp. 289–299.

[9] Marchington, Mick. Rubery, Jill. Grimshaw, Damian. Alignment, integration, and consistency in HRM across multi-employer networks. Human Resource Management, Vol. 50, Issue 3, May/Jun2011, pp. 313–339.

[10] McClean, Elizabeth.Collins, Christopher J. High-commitment HR practices, employee effort, and firm performance: Investigating the effects of HR practices across employee groups within professional services firms. Human Resource Management, Vol. 50, Issue 3, May/Jun2011, pp. 341–363.

[11] Yan, Ming. Peng, Kelly Z.Francesco, Anne Marie. The differential effects of job design on knowledge workers and manual workers: A quasi-experimental field study in China. Human Resource Management, Vol. 50, Issue 3, May/Jun2011, pp. 407–424.

[12] Choi, Myungweon. Employees' attitudes toward organizational change: A literature review. Human Resource Management, Vol. 50, Issue 4, Jul/Aug2011, pp. 479–500.

[13] Cook, Alison.Glass, Christy. Leadership change and shareholder value: How markets react to the appointments of women. Human Resource Management, Vol. 50, Issue 4, Jul/Aug2011, pp. 501–519.

[14] Brueller, Daphna.Carmeli, Abraham. Linking capacities of high-quality relation-

ships to team learning and performance in service organizations. Human Resource Management, Vol. 50, Issue 4, Jul/Aug2011, pp. 455-477.

［15］O'Neill, Olivia A. Feldman, Daniel C. Vandenberg, Robert J. DeJoy, David M. Wilson, Mark G. Organizational achievement values, high-involvement work practices, and business unit performance. Human Resource Management, Vol. 50, Issue 4, Jul/Aug2011, pp. 541-558.

［16］Stahl, Günter K. Larsson, Rikard. Kremershof, Ina. Sitkin, Sim B. Trust dynamics in acquisitions: A case survey. Human Resource Management, Vol. 50, Issue 5, Sep/Oct2011, pp. 575-603.

［17］Lakshman, C. Post-acquisition cultural integration in mergers & acquisitions: A knowledge-based approach. Human Resource Management, Vol. 50, Issue 5, Sep/Oct2011, pp. 605-623.

［18］Drori, Israel. Wrzesniewski, Amy. Ellis, Shmuel. Cultural clashes in a 'merger of equals': The case of high-tech start-ups. Human Resource Management, Vol. 50, Issue 5, Sep/Oct2011, pp. 625-649.

［19］Teerikangas, Satu. Véry, Philippe. Pisano, Vincenzo. Integration managers' value-capturing roles and acquisition performance. Human Resource Management, Vol. 50, Issue 5, Sep/Oct2011, pp. 651-683.

［20］Dul, Jan. Ceylan, Canan. Jaspers, Ferdinand. Knowledge workers' creativity and the role of the physical work environment. Human Resource Management, Vol. 50, Issue 6, Nov/Dec2011, pp. 715-734.

［21］Scott, Kristyn A. Heathcote, Joanna M. Gruman, Jamie A. The diverse organization: Finding gold at the end of the rainbow. Human Resource Management, Vol. 50, Issue 6, Nov/Dec2011, pp. 735-755.

［22］Marmenout, Katty. Peer interaction in mergers: Evidence of collective rumination. Human Resource Management, Vol. 50, Issue 6, Nov/Dec2011, pp. 783-808.

［23］Melkonian, Tessa. Monin, Philippe. Noorderhaven, Niels G. Distributive justice, procedural justice, exemplarity, and employees' willingness to cooperate in M&A integration processes: An analysis of the Air France-KLM merger. Human Resource Management, Vol. 50, Issue 6, Nov/Dec2011, pp. 809-837.

［24］Marks, Mitchell Lee. Mirvis, Philip H. A framework for the human resources role in managing culture in mergers and acquisitions. Human Resource Management, Vol. 50, Issue 6, Nov/Dec2011, pp. 859-877.

［25］Nimon, Kim. Zigarmi, Drea. Houson, Dobie. Witt, David. Diehl, Jim. The Work Cognition Inventory: Initial evidence of construct validity. Human Resource Development Quarterly, Vol. 22, Issue 1, Spring2011, pp. 7-35.

[26] Laker, Dennis R. Powell, Jimmy L. The differences between hard and soft skills and their relative impact on training transfer. Human Resource Development Quarterly, Vol. 22, Issue 1, Spring2011, pp. 111–122.

[27] Varela, Otmar E.Cater, John James.Michel, Norbert. Similarity attraction in learning contexts: An empirical study.Human Resource Development Quarterly. Vol. 22, Issue 1, Spring2011, pp. 49–68.

[28] Madera, Juan M. Steele, Stacey T. Beier, Margaret. The temporal effect of training utility perceptions on adopting a trained method: The role of perceived organizational support. Human Resource Development Quarterly, Vol. 22, Issue 1, Spring2011, pp. 69–86.

[29] Jeung, Chang-Wook. Yoon, Hea Jun. Park, Sunyoung.Jo, Sung Jun.The contributions of human resource development research across disciplines: A citation and content analysis.Human Resource Development Quarterly. Vol. 22, Issue 1, Spring2011, pp. 87–109.

[30] Avey, James B. Reichard, Rebecca J. Luthans, Fred. Mhatre, Ketan H. Meta-analysis of the impact of positive psychological capital on employee attitudes, behaviors, and performance. Human Resource Development Quarterly, Vol. 22, Issue 2, Jun2011, pp. 127–152.

[31] Zigarmi, Drea. Nimon, Kim. Houson, Dobie. Witt, David.Diehl, Jim. A preliminary field test of an employee work passion model. Human Resource Development Quarterly, Vol. 22, Issue 2, Jun2011, pp. 195–221.

[32] Egan, Toby M. Key intersections between HRD and management. Human Resource Development Quarterly, Vol. 22, Issue 2, Jun2011, pp. 223–234.

[33] DeGeest, David. Brown, Kenneth G. The role of goal orientation in leadership development. Human Resource Development Quarterly, Vol. 22, Issue 2, Jun2011, pp. 157–175.

[34] Harvey, Michael. Kiessling, Tim. Moeller, Miriam. Globalization and the inward flow of immigrants: Issues associated with the inpatriation of global managers. Human Resource Development Quarterly, Vol. 22, Issue 2, Jun2011, pp. 177–194.

[35] Choi, Woojae.Jacobs, Ronald L. Influences of formal learning, personal learning orientation, and supportive learning environment on informal learning. Human Resource Development Quarterly, Vol. 22, Issue 3, Sep2011, pp. 239–257.

[36] Morris, Michael Lane. Heames, Joyce Thompson.McMillan, Heather S. Human resource executives' perceptions and measurement of the strategic impact of work/life initiatives. Human Resource Development Quarterly, Vol. 22, Issue 3, Sep2011, pp. 265–295.

[37] Morrell, Daniel L. Korsgaard, M. Audrey. Training in context: Toward a person-by-situation view of voluntary training. Human Resource Development Quarterly, Vol. 22, Issue 3, Sep2011, pp. 323–342.

[38] Bell, Suzanne T.Towler, Annette J. Fisher, David M. A multilevel examination of the influence of trainee-trainer gender dissimilarity and trainee-classroom gender composition dissimilarity on trainee knowledge acquisition. Human Resource Development Quarterly, Vol. 22, Issue 3, Sep2011, pp. 343-372.

[39] Trudel, Jeannie. Reio, Thomas G. Managing workplace incivility: The role of conflict management styles-antecedent or antidote? Human Resource Development Quarterly, Vol. 22, Issue 4, Dec2011, pp. 395-423.

[40] Park, Yoonhee.Jacobs, Ronald L. The influence of investment in workplace learning on learning outcomes and organizational performance. Human Resource Development Quarterly, Vol. 22, Issue 4, Dec2011, pp. 437-458.

[41] Ehrhardt, Kyle. Miller, Janice S. Freeman, Sarah J. Hom, Peter W. An examination of the relationship between training comprehensiveness and organizational commitment: Further exploration of training perceptions and employee attitudes. Human Resource Development Quarterly, Vol. 22, Issue 4, Dec2011, pp. 459-489.

[42] Nissley, Nick. The power of place in human resource development: An invitation to explore the link between learning and location. Human Resource Development Quarterly, Vol. 22, Issue 4, Dec2011, pp. 545-555. 11.

[43] Hamlin, Robert G. Ruiz, Carlos E. Wang, Jia. Perceived managerial and leadership effectiveness within Mexican and British public sector hospitals: A cross-nation comparative analysis. Human Resource Development Quarterly, Vol. 22, Issue 4, Dec2011, pp. 491-517.

[44] Walumbwa, Fred O. Luthans, Fred. Avey, James B. Oke, Adegoke. Authentically leading groups: The mediating role of collective psychological capital and trust. Journal of Organizational Behavior, Vol. 32, Issue 1, Jan2011, pp. 4-24.

[45] Ilies, Remus.Johnson, Michael D.Judge, Timothy A.Keeney, Jessica1. A within-individual study of interpersonal conflict as a work stressor: Dispositional and situational moderators. Journal of Organizational Behavior, Vol. 32, Issue 1, Jan2011, pp. 44-64.

[46] Tasa, Kevin.Sears, Greg J.Schat, Aaron C. H. Personality and teamwork behavior in context: The cross-level moderating role of collective efficacy. Journal of Organizational Behavior, Vol. 32, Issue 1, Jan2011, pp. 65-85.

[47] Martinko, Mark J.Harvey, Paul.Dasborough, Marie T. Attribution theory in the organizational sciences: A case of unrealized potential. Journal of Organizational Behavior, Vol. 32, Issue 1, Jan2011, pp. 144-149.

[48] James, Jacquelyn Boone.McKechnie, Sharon.Swanberg, Jennifer. Predicting employee engagement in an age-diverse retail workforce. Journal of Organizational Behavior, Vol. 32, Issue 2, Feb2011, pp. 173-196.

[49] Kooij, Dorien T. A. M. De Lange, Annet H. Jansen, Paul G. W. Kanfer, Ruth.

Dikkers, Josje S. E. Age and work-related motives: Results of a meta-analysis. Journal of Organizational Behavior, Vol. 32, Issue 2, Feb2011, pp. 197-225.

[50] Zacher, Hannes; Frese, Michael. Maintaining a focus on opportunities at work: The interplay between age, job complexity, and the use of selection, optimization, and compensation strategies. Journal of Organizational Behavior, Vol. 32, Issue 2, Feb2011, pp. 291-318.

[51] Armstrong-Stassen, Marjorie. Schlosser, Francine. Perceived organizational membership and the retention of older workers. Journal of Organizational Behavior, Vol. 32, Issue 2, Feb2011, pp. 319-344.

[52] Marks, Michelle.Harold, Crysta. Who asks and who receives in salary negotiation. Journal of Organizational Behavior, Vol. 32, Issue 3, Apr2011, pp. 371-394.

[53] Little, Laura M. Nelson, Debra L. Wallace, J. Craig. Johnson, Paul D. Integrating attachment style, vigor at work, and extra-role performance. Journal of Organizational Behavior, Vol. 32, Issue 3, Apr2011, pp. 464-484.

[54] Tepper, Bennett J. Henle, Christine A. A case for recognizing distinctions among constructs that capture interpersonal mistreatment in work organizations. Journal of Organizational Behavior, Vol. 32, Issue 3, Apr2011, pp. 487-498.

[55] Zhao, Bin. Learning from errors: The role of context, emotion, and personality. Journal of Organizational Behavior, Vol. 32, Issue 3, Apr2011, pp. 435-463.

[56] Beal, Daniel J. Ghandour, Louma. Stability, change, and the stability of change in daily workplace affect. Journal of Organizational Behavior, Vol. 32, Issue 4, May2011, pp. 526-546.

[57] Binnewies, Carmen.Wornlein, Sarah C. What makes a creative day? A diary study on the interplay between affect, job stressors, and job control. Journal of Organizational Behavior, Vol. 32, Issue 4, May2011, pp. 589-607.

[58] Vandenberghe, Christian1. Panaccio, Alexandra1. Bentein, Kathleen. Mignonac, Karim. Roussel, Patrice. Assessing longitudinal change of and dynamic relationships among role stressors, job attitudes, turnover intention, and well-being in neophyte newcomers. Journal of Organizational Behavior, Vol. 32, Issue 4, May2011, pp. 652-671.

[59] Leavitt, Keith.Fong, Christina T. Greenwald, Anthony G. Asking about well-being gets you half an answer: Intra-individual processes of implicit and explicit job attitudes. Journal of Organizational Behavior, Vol. 32, Issue 4, May2011, pp. 672-687.

[60] Michel, Jesse S. Kotrba, Lindsey M. Mitchelson, Jacqueline K. Clark, Malissa A. Baltes, Boris B. Antecedents of work-family conflict: A meta-analytic review. Journal of Organizational Behavior, Vol. 32, Issue 5, Jul2011, pp. 689-725.

[61] Johnson, Paul D. Shull, Amanda. Wallace, J.Craig. Regulatory focus as a mediator

in goal orientation and performance relationships. Journal of Organizational Behavior, Vol. 32, Issue 5, Jul2011, pp. 751-766.

[62] O'Boyle, Ernest H. Humphrey, Ronald H. Pollack, Jeffrey M. Hawver, Thomas H. Story, Paul A. The relation between emotional intelligence and job performance: A meta-analysis. Journal of Organizational Behavior, Vol. 32, Issue 5, Jul2011, pp. 788-818.

[63] Cronin, Matthew A. Bezrukova, Katerina. Weingart, Laurie R. Tinsley, Catherine H. Subgroups within a team: The role of cognitive and affective integration. Journal of Organizational Behavior, Vol. 32, Issue 6, Aug2011, pp. 831-849.

[64] Brouer, Robyn L. Harris, Kenneth J. Kacmar, K. Michele. The moderating effects of political skill on the perceived politics-outcome relationships. Journal of Organizational Behavior, Vol. 32, Issue 6, Aug2011, pp. 869-885.

[65] van Vianen, Annelies E.M. Shen, Chi-Tai, Chuang, Aichia. Person-organization and person-supervisor fits: Employee commitments in a Chinese context. Journal of Organizational Behavior, Vol. 32, Issue 6, Aug2011, pp. 906-926.

[66] Peus, Claudia. Money over man versus caring and compassion? Challenges for today's organizations and their leaders. Journal of Organizational Behavior, Vol. 32, Issue 7, Oct2011, pp. 955-960.

[67] Stein, Jordan H. Steinley, Douglas. Cropanzano, Russel. How and why terrorism corrupts the consistency principle of organizational justice. Journal of Organizational Behavior, Vol. 32, Issue 7, Oct2011, pp. 984-1007.

[68] James, Keith. The organizational science of disaster/terrorism prevention and response: Theory-building toward the future of the field. Journal of Organizational Behavior, Vol. 32, Issue 7, Oct2011, pp. 1013-1032.

[69] Aguinis, Herman. Gottfredson, Ryan K. Wright, Thomas A. Best-practice recommendations for estimating interaction effects using meta-analysis. Journal of Organizational Behavior, Vol. 32, Issue 8, Nov2011, pp. 1033-1043.

[70] Yang, Yang. Konrad, Alison M. Diversity and organizational innovation: The role of employee involvement. Journal of Organizational Behavior, Vol. 32, Issue 8, Nov2011, pp. 1062-1083.

[71] Van Dijk, Dina. Kluger, Avraham N. Task type as a moderator of positive/negative feedback effects on motivation and performance: A regulatory focus perspective. Journal of Organizational Behavior, Vol. 32, Issue 8, Nov2011, pp. 1084-1105.

[72] Choi, Kyoosang. Cho, Bongsoon. Competing hypotheses analyses of the associations between group task conflict and group relationship conflict. Journal of Organizational Behavior, Vol. 32, Issue 8, Nov2011, pp. 1106-1126.

[73] Mossholder, Kevin W. Richardson, Hettie A. Settoon, Randall P. Human resource

systems and helping in organizations: a relational perspective. Academy of Management Review, Vol. 36, Issue 1, Jan2011, pp. 33-52.

[74] Ployhart, Robert E. Moliterno, Thomas P. Emergence of the human capital resource: a multilevel model. Academy of Management Review, Vol. 36, Issue 1, Jan2011, pp. 127-150.

[75] Raes, Anneloes M. L. Heijltjes, Marielle G. Glunk, Ursula, Roe, Robert A. The interface of the top management team and middle managers: a process model. Academy of Management Review, Vol. 36, Issue 1, Jan2011, pp. 102-126.

[76] Boxenbaum, Eva. Rouleau, Linda. New knowledge products as BRICOLAGE: metaphors and scripts in organizational theory. Academy of Management Review, Vol. 36, Issue 2, Apr2011, pp. 272-296.

[77] Oswick, Cliff; Fleming, Peter; Hanlon, Gerard. From borrowing to blending: rethinking the processes of organizational theory building. Academy of Management Review, Vol. 36, Issue 2, Apr2011, pp. 318-337.

[78] Shepherd, Dean A. Sutcliffe, Kathleen M. Inductive top-down theorizing: a source of new theories of organization. Academy of Management Review, Vol. 36, Issue 2, Apr2011, pp. 361-380.

[79] Smith, Wendy K. Lewis, Marianne W. Toward a theory of paradox: a dynamic equilibrium model of organizing. Academy of Management Review, Vol. 36, Issue 2, Apr2011, pp. 381-403.

[80] O'leary, Michael Boyer. Mortensen, Mark. Woolley, Anita Williams.Multiple Team Membership: A Theoretical Model of its Effects on Productivity and Learning for Individuals and Teams. Academy of Management Review. Vol. 36, Issue 3, Jul2011, pp. 461-478.

[81] O'Reilly, Jane. Aquino, Kar. A Model of Third Parties' Morally Motivated Responses to Mistreatment in Organizations. Academy of Management Review, Vol. 36, Issue 3, Jul2011, pp. 526-543.

[82] Direnzo, Marco S. Greenhaus, Jeffrey. Job Search and Voluntary Turnover in a Boundaryless World: A Control Theory Perspective. Academy of Management Review, Vol. 36, Issue 3, Jul2011, pp. 567-589.

[83] Bridoux, Flore. Coeurderoy, Régis. Durand, Rodolphe. Heterogeneous Motives and the Collective Creation of value. Academy of Management Review, Vol. 36, Issue 4, Oct2011, pp. 711-730.

[84] Eberly, Marion B. Holley, Erica C. Johnson, Michael D. Mitchell, Terence R. Beyond Internal and External: A Dyadic Theory of Relations. Academy of Management Review, Vol. 36, Issue 4, Oct2011, pp. 731-753.

[85] Maertz, Carl P.Boyar, Scott L. Work-Family Conflict, Enrichment, and Balance

under "Levels" and "Episodes" Approaches. Journal of Management, Vol. 37, Issue 1, Jan2011, pp. 68-98.

[86] Lange, Donald.Lee, Peggy M.Dai, Ye. Organizational Reputation: A Review. Journal of Management, Vol. 37, Issue 1, Jan2011, pp. 153-184.

[87] Stewart, Greg L.Courtright, Stephen H.Manz, Charles C. Self-Leadership: A Multilevel Review. Journal of Management, Vol. 37, Issue 1, Jan2011, pp. 185-222.

[88] Hausknecht, John P. Trevor, Charlie O. Collective Turnover at the Group, Unit, and Organizational Levels: Evidence, Issues, and Implications. Journal of Management, Vol. 37, Issue 1, Jan2011, pp. 352-388.

[89] Huselid, Mark A. Becker, Brian E. Bridging Micro and Macro Domains: Workforce Differentiation and Strategic Human Resource Management. Journal of Management, Vol. 37, Issue 2, Mar2011, pp. 421-428.

[90] Rousseau, Denise M. Reinforcing the Micro/Macro Bridge: Organizational Thinking and Pluralistic Vehicles. Journal of Management. Vol. 37, Issue 2, Mar2011, pp. 429-442.

[91] Moliterno, Thomas P. Mahony, Douglas M. Network Theory of Organization: A Multilevel Approach. Journal of Management, Vol. 37, Issue 2, Mar2011, pp. 443-467.

[92] Bell, Suzanne T. Villado, Anton J. Lukasik, Marc A. Belau, Larisa. Briggs, Andrea L. Getting Specific about Demographic Diversity Variable and Team Performance Relationships: A Meta-Analysis. Journal of Management, Vol. 37, Issue 3, May2011, pp. 709-743.

[93] Achidi Ndofor, Hermann. Priem, Richard L. Immigrant Entrepreneurs, the Ethnic Enclave Strategy, and Venture Performance. Journal of Management, Vol. 37, Issue 3, May2011, pp. 790-818.

[94] Rosen, Christopher C. Harris, Kenneth J. Kacmar, K. Michele. LMX, Context Perceptions, and Performance: An Uncertainty Management Perspective. Journal of Management, Vol. 37, Issue 3, May2011, pp. 819-838.

[95] Shockley, Kristen M. Singla, Neha. Reconsidering Work-Family Interactions and Satisfaction: A Meta-Analysis. Journal of Management, Vol. 37, Issue 3, May2011, pp. 861-886.

[96] Becker, William J. Cropanzano, Russell. Sanfey, Alan G. Organizational Neuroscience: Taking Organizational Theory Inside the Neural Black Box. Journal of Management. Vol. 37, Issue 4, Jul2011, pp. 933-961.

[97] Dane, Erik.Paying Attention to Mindfulness and Its Effects on Task Performance in the Workplace.Journal of Management. Vol. 37, Issue 4, Jul2011, pp. 997-1018.

[98] Parmigiani, Anne; Rivera-Santos, Miguel. Clearing a Path Through the Forest: A Meta-Review of Inter organizational Relationships. Journal of Management. Vol. 37, Issue 4, Jul2011, pp. 1108-1136.

[99] Hiller, Nathan J. DeChurch, Leslie A. Murase, Toshio. Doty, Daniel. Searching for Outcomes of Leadership: A 25-Year Review. Journal of Management, Vol. 37, Issue 4, Jul2011, pp. 1137–1177.

[100] Van Dierendonck, Dirk.Servant Leadership: A Review and Synthesis. Journal of Management. Vol. 37, Issue 4, Jul2011, pp. 1228–1261.

[101] Foss, Nicolai J. Invited Editorial: Why Micro-Foundations for Resource-Based Theory Are Needed and What They May Look Like. Journal of Management. Vol. 37, Issue 5, Sep2011, pp. 1413–1428.

[102] Coff, Russell. Kryscynski, David. Invited Editorial: Drilling for Micro-Foundations of Human Capital-Based Competitive Advantages. Journal of Management, Vol. 37, Issue 5, Sep2011, pp. 1429–1443.

[103] Weinberg, Frankie J. Lankau, Melenie J. Formal Mentoring Programs: A Mentor-Centric and Longitudinal Analysis. Journal of Management, Vol. 37, Issue 6, Nov2011, pp. 1527–1557.

[104] Chiu, Shih-Chi. Sharfman, Mark. Legitimacy, Visibility, and the Antecedents of Corporate Social Performance: An Investigation of the Instrumental Perspective. Journal of Management, Vol. 37, Issue 6, Nov2011, pp. 1558–1585.

[105] Barnes, Christopher M. Hollenbeck, John R. Jundt, Dustin K. DeRue, D. Scott. Harmon, Stephen J. Mixing Individual Incentives and Group Incentives: Best of Both Worlds or Social Dilemma? Journal of Management, Vol. 37, Issue 6, Nov2011, pp. 1611–1635.

[106] Heslin, Peter A. VandeWalle, Don. Performance Appraisal Procedural Justice: The Role of a Manager's Implicit Person Theory. Journal of Management, Vol. 37, Issue 6, Nov2011, pp. 1694–1718.

[107] Schmidt, Conrad. The Battle for China's Talent. Harvard Business Review, Vol. 89, Issue 3, Mar2011, pp. 25–27.

[108] Clark, Dorie1.Reinventing Your Personal Brand. Harvard Business Review, Vol. 89, Issue 3, Mar2011, pp. 78–81.

[109] Bird, Chris.Rapple, Rebecca.Sin Phik, Li.Thompson, Mike.Ferrer, Bob. The Worst Job Interview Question: Interaction. Harvard Business Review, Vol. 89, Issue 4, Apr2011, pp. 18.

[110] Moss Kanter, Rosabeth. Cultivate a Culture of Confidence. Harvard Business Review, Vol. 89, Issue 4, Apr2011, pp. 34.

[111] Amabile, Teresa M.Kramer, Steven J. The Power of Small Wins. Harvard Business Review, Vol. 89, Issue 5, May2011, pp. 70–80.

[112] Laing, Andrew.Craig, David.White, Alex.High-Performance Office Space. Harvard Business Review, Vol. 89, Issue 9, Sep2011, pp. 32–33.

[113] Vlachoutsicos, Charalambos A. How to Cultivate Engaged Employees. Harvard Business Review, Vol. 89, Issue 9, Sep2011, pp. 123-126.

[114] Fernández-Aráoz, Claudio.Groysberg, Boris.Nohria, Nitin. How to Hang on to Your High Potentials. Harvard Business Review, Vol. 89, Issue 10, Oct2011, pp. 76-83.

[115] Vongalis-Macrow, Athena.Kaiser, David.Krakau, Bette.Murray, Myron. Stopping the Mid-Career Crisis: Interaction. Harvard Business Review, Vol. 89, Issue 11, Nov2011, pp. 24.

后　记

　　一部著作的完成需要许多人的默默贡献，闪耀着的是集体的智慧，其中铭刻着许多艰辛的付出，凝结着许多辛勤的劳动和汗水。

　　本书在编写过程中，借鉴和参考了大量的文献和作品，从中得到了不少启发，也汲取了其中的智慧菁华，谨向各位专家、学者表示崇高的敬意——因为有了大家的努力，才有了本书的诞生。凡被本书选用的材料，我们都将按相关规定向原作者支付稿费，但因为有的作者通信地址不详或者变更，尚未取得联系。敬请您见到本书后及时函告您的详细信息，我们会尽快办理相关事宜。

　　由于编写时间仓促以及编者水平有限，书中不足之处在所难免，诚请广大读者指正，特驰惠意。